陕西省高水平大学建设专项资金资助项目（2013SXTS01）
延安大学校级人文重点项目（YDS2011-04）

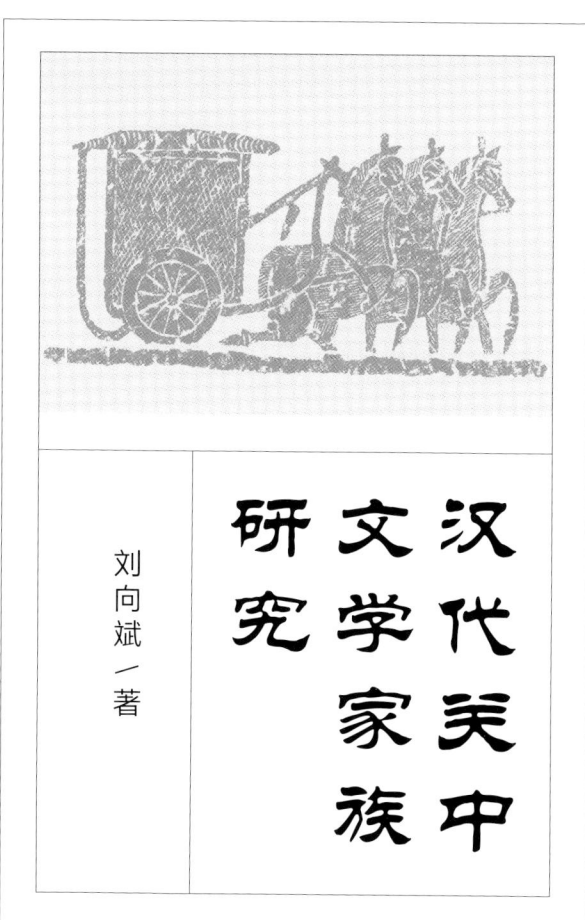

汉代关中文学家族研究

刘向斌 / 著

中国社会科学出版社

图书在版编目（CIP）数据

汉代关中文学家族研究/刘向斌著. —北京：中国社会科学出版社，2019.9
ISBN 978-7-5203-5157-7

Ⅰ. ①汉… Ⅱ. ①刘… Ⅲ. ①文学家—家族—研究—关中—汉代 Ⅳ. ①K825.6

中国版本图书馆 CIP 数据核字(2019)第 202431 号

出 版 人	赵剑英
责任编辑	顾世宝
责任校对	季　静
责任印制	戴　宽

出　　版	中国社会科学出版社
社　　址	北京鼓楼西大街甲 158 号
邮　　编	100720
网　　址	http://www.csspw.cn
发 行 部	010-84083685
门 市 部	010-84029450
经　　销	新华书店及其他书店

印刷装订	北京君升印刷有限公司
版　　次	2019 年 9 月第 1 版
印　　次	2019 年 9 月第 1 次印刷

开　　本	710×1000　1/16
印　　张	24
插　　页	2
字　　数	371 千字
定　　价	128.00 元

凡购买中国社会科学出版社图书，如有质量问题请与本社营销中心联系调换
电话：010-84083683
版权所有　侵权必究

序

暮春时节，百花吐艳。在延安大学文学院任教的刘向斌博士告诉我说，他即将在中国社会科学出版社出版一部研究汉代关中文学家族的专著，嘱我作序。我让他将书稿寄来，并抽空通读了一遍。总体感觉，该书在深化汉代文学研究方面向前迈出了可喜的一步，至少有如下三个显著特点：

其一，在纵横交错的结构框架中，将研究汉代文学的观点蕴含其中。该书分为上下两编。上编从个案研究出发，重点分析、评价了汉代关中的八个文学家族的形成历程、文学创作及文学成就；下编从历史基础、文化基础和政治基础等方面，重点探讨了汉代关中文学家族的成因、形成机制及地域分布等。作者认为："我们既要关注中国文学纵向的历史演变，也要关注其横向的存在状态。就中国古代文学而言，政治制度具有杠杆作用，时刻左右着中国文学的发展路向。而在特定的政治制度影响下，在'家天下'的政治模式中，也孕育着一个个家族。家族的兴衰与政治制度的变迁有着极为密切的关系；家族的兴衰变迁，也推动着中国文学的变化与发展。因此，在古代中国，家族应是不能忽视的、影响文学发展的主导力量之一。"作者正是利用这种纵横交错的结构框架，分析了汉代文学家族、汉代文学的发展状态，也关注了汉代家族对文学发展的深刻影响。这样的研究视角、研究观念是值得肯定的。

其二，立足于汉代关中地域文化，着眼于汉代关中家族的发展态势，以点带面，有效回答了汉代是否有文学家族的问题。20世纪80年代以来，学术界关于文学家族、家族文学的研究取得了较大的成就。从发表的相关研究成果来看，学界关注的热点主要集中于南朝、隋唐、宋元和明清时期的文学家族或家族文学，而对汉代文学家族或家族文学的研究相对比较沉寂,研究成果也较少,似乎具有"重末轻初"的倾向。之所以如此,主要涉及如何解决两个问题:一是对汉代文学内涵的理解;二是对于汉代文学家族的衡量标准。为此,该书首先讨论了"文学"及"汉代文学"的概念内涵,认为应当从当时文学发展的实际出发,摆脱狭义文学观的影响,从广义文学的角度看问题。同时,作者吸收了学术界的相关成果,确立了家族、文学家族的衡量标准,并借助汉代史料和家族文献,选择汉代关中作为研究对象,采用文史互证、地域与文学结合的研究方法,认为汉代关中区域作为当时的政治、经济和文化、教育中心,吸引了大量的文人聚居于此,培养了不少文才之士,促进了汉代文学的发展,培育了诸如马氏、刘氏、杨氏、班氏等颇有影响的文学家族。这样的结论,并非空穴来风,而是信而有征的。

其三,着眼于历史发展与变迁,探究了汉代文学家族形成的基本规律。该书非常重视梳理家族文献资料,并对相关家族的发展变化进行追根溯源。作者认为,汉代移民诸陵政策及家世背景推进了汉代文学家族的形成。结合史料及分布规律的分析,作者认为,在汉代,几乎所有的关中文学家族,都经历了官僚化、儒质化和士族化的发展历程。尤其是儒质化,可谓是汉代文学家族形成的最为关键的一步。所以,作者强调:"汉代关中文学家族之形成具有规律性。通过比较三辅地区几个文学家族的家族史,我们发现,几乎所有的家族都经历了官僚化和儒质化。而官僚化是政治基础,儒质化则是文化基础。这正是汉代关中文学家族形成的必要条件。"这样的结论,对研讨汉代文学家族及家族文学都具有重要的参考价值。

两汉四百年,西都长安,东都洛阳,政治中心不在一处,但关中由于特殊的地理环境、前代历史文化的积淀以及汉代政治文化的影响,不仅文化底蕴深厚,而且对汉代文化的发展也产生了重要的影响。在此沃土上,形成了许多有影响的家族,如军功家族、世袭贵族、经学家族、文学家族等。从发展的角度看,汉代正是文学家族、家族文学形成的重要时期,魏晋以后随着门阀士族的发展、文学的自觉以及其他众多因素,文学家族和文学集团愈来愈兴盛。无论如何,研究汉代文学,不能忽略文学家族和家族文学的研究。该书在掌握大量历史文献资料的基础上,采用个案分析与综合归纳相结合的研究方法,从地域与文学的研究视角出发，探讨了汉代关中文学家族的形成历程，分析了关中八大文学家族的文学创作与活动情况，并就其文学成就与影响予以中肯的评价，把结论建立在大量的事实材料之上。可以说，该书的出版，在一定程度上弥补了汉代关中文学研究的缺陷，并对汉代文学研究具有值得期待的参考价值。

向斌博士多年来一直致力于汉代文学的研究，曾出版《西汉赋生命主题论稿》等著作，对汉代文学有其独特的认识。本次又以汉代关中文学家族为研究对象，文史结合，考论兼顾，在以往研究的基础上开辟出新的领域，显示出开阔的学术视野。新著出版，可喜可贺。期望向斌博士继续努力，在学术研究上取得更大的成就。

是为序。

张新科
2019年5月23日
于陕西师范大学

目 录

导论 ………………………………………………………………… (1)
 第一节　研究综述 ……………………………………………… (1)
 第二节　"文学"与"汉代文学" ……………………………… (12)
  一　"文学"与"汉代文学" ………………………………… (12)
  二　汉代人的"文学"观 …………………………………… (16)
 第三节　关于"文学家族"的界定 …………………………… (25)

上编　关中文学家族个案研究

第一章　京兆杜陵杜氏家族 ……………………………………… (41)
 第一节　从律法之家走向豪族之路 …………………………… (41)
  一　杜陵杜氏渊源、世系 …………………………………… (41)
  二　杜陵杜氏在西汉的发展 ………………………………… (43)
 第二节　从豪门世族转向文学家族 …………………………… (48)
  一　杜陵杜氏在东汉的发展 ………………………………… (48)
  二　从豪门世族转向文学家族 ……………………………… (50)
 第三节　杜氏家族成员的文学创作概况 ……………………… (55)
 第四节　杜氏家族文学评析 …………………………………… (58)
  一　杜氏家族成员作品选析 ………………………………… (58)
  二　杜氏家族文学特点及成就 ……………………………… (63)
 本章小结 ………………………………………………………… (65)

第二章 京兆长安刘氏家族 ……………………………………（66）

第一节 长安刘氏发展概况 …………………………………（68）
一 "儒林之首"刘交 …………………………………………（68）
二 刘交的继任者们 …………………………………………（70）
三 长安刘氏发展概况 ………………………………………（70）

第二节 刘向父祖辈生平与创作 ……………………………（73）

第三节 刘向生平及其著述 …………………………………（78）
一 刘向生平概况 ……………………………………………（78）
二 刘向作品简介 ……………………………………………（83）

第四节 刘向的文学创作及成就 ……………………………（85）
一 质朴恬淡之诗 ……………………………………………（85）
二 独醒苦闷之赋 ……………………………………………（85）
三 理性思辨之文 ……………………………………………（89）
四 铭颂押韵之文 ……………………………………………（96）
五 《说苑》《新序》《列女传》 ……………………………（97）
六 文学成就与地位 …………………………………………（100）

第五节 刘歆生平及学术活动 ………………………………（104）
一 生平概况 …………………………………………………（105）
二 学术活动 …………………………………………………（111）

第六节 刘歆的文学创作及成就 ……………………………（116）
一 文学作品选析 ……………………………………………（116）
二 文学成就与地位 …………………………………………（124）

本章小结 ………………………………………………………（126）

第三章 左冯翊夏阳司马氏家族 ……………………………（129）

第一节 司马迁父祖辈概况 …………………………………（129）
一 司马迁先祖概况 …………………………………………（129）
二 司马谈生平概况 …………………………………………（132）

第二节 司马迁生平概况 ……………………………………（136）
一 求学与游历时期 …………………………………………（136）
二 为官与著史时期 …………………………………………（140）

三　晚年及《史记》传播 …………………………………… (143)
第三节　司马谈的文学创作及成就 ……………………………… (146)
一　司马谈的奏议文 ………………………………………… (146)
二　《论六家要指》 …………………………………………… (147)
三　司马谈与《史记》 ………………………………………… (151)
第四节　司马迁的创作及成就 …………………………………… (153)
一　生命因《史记》而不朽 …………………………………… (153)
二　作辞赋宣泄焦虑 ………………………………………… (154)
三　写书信抒发愤懑 ………………………………………… (157)
本章小结 ……………………………………………………………… (160)

第四章　扶风茂陵马氏家族 ……………………………………… (162)
第一节　马氏家族世系及地望 …………………………………… (162)
一　马氏家族的世系问题 …………………………………… (162)
二　马氏家族的地望问题 …………………………………… (165)
第二节　马氏家族在西汉的发展 ………………………………… (168)
一　西汉前期的马氏家族 …………………………………… (168)
二　西汉后期的马氏家族 …………………………………… (169)
第三节　马氏家族在东汉的发展 ………………………………… (170)
一　马援及其后裔概况 ……………………………………… (171)
二　马余及其后裔概况 ……………………………………… (174)
三　走向文化著姓 …………………………………………… (175)
第四节　马援及其子嗣的文学创作 ……………………………… (178)
一　马援的诗歌与散文 ……………………………………… (179)
二　马援子女的创作 ………………………………………… (184)
第五节　马严与马融的文学创作 ………………………………… (186)
一　马严作品简析 …………………………………………… (186)
二　马融的文学创作 ………………………………………… (187)
三　马续的文学创作 ………………………………………… (195)
四　马伦、马芝的文才 ……………………………………… (195)
第六节　扶风茂陵马氏的文学地位与影响 ……………………… (197)

一　散文创作的家族化倾向 …………………………………（197）
　　二　辞赋创作具有创新意识 …………………………………（197）
　　三　诗歌创作、研究有成就 …………………………………（198）
　　四　重视教育文人多 …………………………………………（198）
　本章小结 …………………………………………………………（199）

第五章　扶风平陵窦氏家族 …………………………………（200）
　第一节　从微细走向壮大的西汉窦氏家族 ……………………（200）
　　一　窦氏家族世系概况 ………………………………………（201）
　　二　西汉前期的窦氏家族 ……………………………………（202）
　　三　西汉中后期的窦氏家族 …………………………………（203）
　第二节　从勋臣、外戚走向文化世族之路 ……………………（205）
　　一　豪奢极欲的勋臣宗族 ……………………………………（205）
　　二　位尊权重的外戚宗族 ……………………………………（207）
　　三　东汉后期走向文化世族 …………………………………（208）
　第三节　窦氏家族文学特点及成就 ……………………………（211）
　　一　窦融散文及成就 …………………………………………（211）
　　二　窦宪等对文学的影响 ……………………………………（212）
　　三　窦章等的文学创作 ………………………………………（213）
　　四　窦武等的文学创作 ………………………………………（214）
　　五　家族文学特点及影响 ……………………………………（215）
　本章小结 …………………………………………………………（216）

第六章　扶风平陵韦氏家族 …………………………………（217）
　第一节　韦氏家族在西汉发展 …………………………………（217）
　　一　韦氏家族世系概况 ………………………………………（217）
　　二　韦贤以经学入仕 …………………………………………（218）
　　三　韦氏以《诗》传家 ………………………………………（219）
　第二节　韦氏家族在东汉的发展 ………………………………（221）
　第三节　韦氏家族的文学创作 …………………………………（223）
　　一　韦孟的四言诗 ……………………………………………（223）

二　韦贤的文学成就 ……………………………………………(226)
　　三　韦玄成的诗文 ………………………………………………(227)
　　四　韦赏、韦彪的诗学 …………………………………………(229)
　本章小结 ………………………………………………………………(230)

第七章　扶风安陵班氏家族 ……………………………………………(231)
　第一节　由"素封"家族走向仕宦宗族 …………………………………(232)
　第二节　由仕宦走向文化世族 …………………………………………(234)
　　一　班嗣与班彪 …………………………………………………(235)
　　二　班固、班超与班昭 …………………………………………(236)
　　三　班雄、班勇与班始 …………………………………………(238)
　第三节　班婕妤、班嗣与班彪的文学创作 ……………………………(239)
　　一　班婕妤的诗赋 ………………………………………………(239)
　　二　班嗣的文学个性 ……………………………………………(242)
　　三　班彪的文学成就 ……………………………………………(243)
　第四节　班固的创作与成就 ……………………………………………(246)
　　一　文学创作概况 ………………………………………………(246)
　　二　班固之赋 ……………………………………………………(247)
　　三　班固之文 ……………………………………………………(251)
　　四　班固之诗、颂、铭 …………………………………………(253)
　第五节　班超、班昭与班勇的文学创作 ………………………………(254)
　　一　班超的散文 …………………………………………………(254)
　　二　班昭的赋、文 ………………………………………………(255)
　　三　班勇的奏议 …………………………………………………(258)
　第六节　班氏家族的文学成就 …………………………………………(259)
　　一　开创了汉赋发展的新局面 …………………………………(259)
　　二　开拓了诗歌题材的新领域 …………………………………(260)
　　三　开创了史传文学的新模式 …………………………………(260)
　　四　对文学文体分类学有贡献 …………………………………(261)
　　五　在文学理论方面有成就 ……………………………………(261)
　本章小结 ………………………………………………………………(262)

第八章 弘农华阴杨氏家族 (263)

第一节 杨氏家族在西汉的发展 (264)
一 弘农华阴杨氏世系概况 (264)
二 西汉前期的发展与转变 (265)
三 西汉中后期的发展与转变 (268)

第二节 杨氏家族在东汉的发展 (269)
一 杨宝习《欧阳尚书》 (269)
二 杨震传承家学 (270)
三 杨秉、杨赐、杨彪传承家学 (270)

第三节 弘农杨氏的文学创作 (272)
一 杨敞与杨恽 (273)
二 杨震的奏疏 (275)
三 杨秉的奏疏 (276)
四 杨赐的谏文 (277)
五 杨彪的书信 (278)
六 杨修等的创作 (280)

第四节 杨氏家族的文学成就 (281)
一 散文创作有影响 (282)
二 辞赋创作有特点 (283)
三 诗歌创作有成就 (283)

本章小结 (284)

下编 汉代关中文学家族成因探索

第九章 汉代文学家族兴起的历史基础 (287)

第一节 汉代士人阶层的地位变迁 (288)
一 秦汉之际的士人命运 (288)
二 西汉中后期的士人地位 (290)

第二节 汉代宗族的形成与发展 (294)
一 汉代宗族的形成 (294)
二 汉代宗族的发展 (297)

三　汉代宗族的特点 …………………………………………… (301)
　本章小结 ……………………………………………………………… (305)

第十章　汉代文学家族形成的文化基础 ………………………………… (306)
　第一节　文化政策与儒学教育 ……………………………………… (306)
　　一　博士官制度与儒生教育 …………………………………… (307)
　　二　文化机构与文学发展 ……………………………………… (314)
　第二节　汉代文学的发展 …………………………………………… (317)
　　一　汉赋发展与文学家族 ……………………………………… (317)
　　二　汉诗发展与文学家族 ……………………………………… (318)
　　三　汉代散文与文学家族 ……………………………………… (319)
　　四　铭箴、诔碑与文学家族 …………………………………… (321)
　第三节　私学教育的兴起 …………………………………………… (322)
　　一　汉代私学教育兴起的背景 ………………………………… (323)
　　二　私学教育在汉代的发展 …………………………………… (325)
　　三　私学教育与汉代文学家族 ………………………………… (332)
　本章小结 ……………………………………………………………… (338)

第十一章　汉代三辅地区的文化核心地位 ……………………………… (340)
　第一节　三辅地区的历史沿革 ……………………………………… (340)
　第二节　人口迁徙与文化核心的形成 ……………………………… (346)
　本章小结 ……………………………………………………………… (351)

第十二章　汉代三辅地区文学家的分布特征 …………………………… (353)
　第一节　汉代三辅地区文学家的分布特征 ………………………… (353)
　第二节　三辅地区文学家族的成因 ………………………………… (359)
　本章小结 ……………………………………………………………… (362)

主要参考文献 ……………………………………………………………… (364)

后记 ………………………………………………………………………… (368)

导　论

汉代三辅与弘农地区，其范围大体与今陕西关中地区相当（当然，弘农郡也包括今河南陕县一带区域）。根据历史文献及文学文献记载，在汉代，该区域确实产生过不少文学家族。然而，若要充分、透彻地研究这个问题，有必要先做好两方面的工作：其一是学术史回顾，这有助于看清所面临的困难和问题；其二是界定"文学"及"文学家族"（或"文学世家"）等核心概念，这是探讨相关问题的前提与基础。

第一节　研究综述

在20世纪30年代，已有学者关注魏晋南北朝世族与文学之间的关系问题。比如，刘师培先生认为："试合当时各史传观之：自江左以来，其文学之士，大抵出于世族；而世族之中，父子兄弟各以能文擅名。"[①] 而陈寅恪先生更是将魏晋南北朝时期的学术、宗教发展与家族、地域联系在一起："自汉代学校制度废弛，博士传授之风气止息以后，学术中心移于家族，而家族复限于地域，故魏、晋、南北朝之学术、宗教皆与家族、地域两点不可分离。"[②] 而所谓魏晋南北朝时期学术中心移于家族，关乎地域，自然也关涉文学问题了。这些前辈学者的精粹之论，对我们探讨士族与文学、地域与文学、家族与文学研究等问题，颇具启发意义。

令人遗憾的是，在此后的半个世纪中，上述话题并不是学人所关注的焦点。直到20世纪80年代以来，随着研究观念的变化，有关文学的地

[①] 刘师培：《中国中古文学史讲义》，上海古籍出版社2000年版，第95页。
[②] 陈寅恪：《隋唐制度渊源略论稿》，上海古籍出版社1982年版，第17页。

域分布、文学地理研究、人口流动与文学之关系等方面的论文与专著才逐渐多了起来。比如，卢云的《汉晋文化地理》一书，揭示了西汉至西晋文化发达区域与各类人才分布、文化的区域构成与区域特色、文化的空间传播与发展重心，及其在各个阶段所呈现的复杂变迁；胡阿祥的《魏晋本土文学地理研究》一书，使我们对魏晋文学与地域的关系有了更为清晰的认识；唐长孺的《汉末学术中心的南移与荆州学派》一文考察了汉末荆州地区的文化活动；曹道衡的《中古文史丛稿》一书中有关汉魏六朝学术、文艺与地域、家族关系等方面的论文，也充分关注了文学人才的空间分布特征。这些论文、专著皆关注到空间地域对文学繁荣、文学人才流布的作用。随之而兴的，则是特定地域、特定时代的文学家族研究。诸如程章灿的《世族与六朝文学》、丁福林的《东晋南朝的谢氏文学集团》、李浩的《唐代关中士族与文学》等论著，"既可视为20世纪90年代家族文学研究的整合，亦可视为21世纪家族文学研究开拓的先声"[1]。李浩在《唐代关中士族与文学》一书中介绍说，受陈寅恪先生观点之启发，"从人地关系的理论前提出发，运用'地域—家族'相结合的研究方法，对唐代关中地域文学进行探讨"，使得该书成为"第一部从家族文化角度研究唐代关中地域文学的学术著作"[2]。可以说，这些论著的学术思想与学术方法，都值得我们参考。

21世纪以来，有关文学地域、文学家族或家族文学、文学世家等方面的研究论著更值得我们关注。比如，王永平的《中古士人迁移与文化交流》一书，以汉唐之间士人为中心，考察了两汉至隋唐之际士人群体的流动与文化交流的史实，力图勾勒出一条南北文化"互动"的线索。该书启发我们，应重视流动、迁入地的文化特点对文学创作的影响。再如，李浩的《唐代三大地域文学士族研究》（增订本），考察了唐代关中、山东、江南三大地域文学士族的构成、流动及其演变的历史过程与基本特征，将文学士族置于地域文化背景上，继续运用"地域—家族"的研究策略，也是时代、地域与文学关系研究的力作，颇具有方法论的指导

---

[1] 许菁频：《近三十年中国古代家族文学研究综述与展望》，《中州学刊》2010年第2期。
[2] 李浩：《唐代关中士族与文学》（增订本），中国社会科学出版社2003年版，"内容简介"。

意义。而梅新林的《中国文学地理形态与演变》一书，则围绕古代文学家的籍贯分布、流域轴线、城市轴心、文人流向、"区系轮动"模型及演化等五大要素，探讨了中国古代文学地理的形态与演变。该书最大的价值就是，为我们探讨汉代文学家族的形成与变化提供了参考依据。而且，书中所涉及的五大要素，也是我们研究相关问题时所不能忽视的。还有，刘跃进的《秦汉文学论丛》一书，不仅系统论述了秦汉各地区学术与文学的发展，有助于研究汉代文学家族的地域性特征，而且对三辅文人群体的形成、河西四郡与西北文学之关系论述精到，颇具启发意义；张剑、吕肖奂、周扬波等人的《宋代家族与文学研究》，将宋代家族分为政治、经济、军功、文化等不同类型，认为"文化家族包括以学术研究见长的学问家族，以长于思辨、著书立说为主的思想家族，以善于创作、文名辈出的文学家族"。因此，文学家族是文化家族的次生态。[①] 这对汉代文学家族的研究也很有启迪意义。当然，21世纪以来的近二十年间，各高校、科研院所培养的文学博士们，也以文学世家、文学家族或家族文学为选题，发表了近五十篇博士学位论文。当然，这些论文多着眼于中古、近古时期文学家族或家族文学的个案研究，在勾勒中国古代文学家族形成的缘由、特点、规律、影响及其文学创作、文学史定位等方面，也作了非常有意义的努力。

当然，随着相关研究的渐趋深入，一些学者开始从理论视角总结其成就与不足，以探索未来的发展路向。比如，许菁频在《近三十年中国古代家族文学研究综述与展望》一文中指出："为将中国古代家族文学研究真正推向成熟期，学界今后应在研究的系统化与全面化、理论探讨与个案研究的紧密结合以及古代家族文学的研究与家族史、地方史研究相结合等方面取得突破性的进展。"作者认为，目前学界的个案研究有三个特点：一是在地域上呈现重南轻北的现象，即研究重点主要集中在江南地区；二是在朝代上具有重末轻初的现象，即重视封建时期的末世——明清时期，而轻视封建社会初期——特别是魏晋南北朝以前的朝代；三

[①] 张剑、吕肖奂、周扬波：《宋代家族与文学研究》，中国社会科学出版社2009年版，第25页。

是成果醒目而热点集中。① 而胡建次、罗佩钦在《20世纪90年代以来我国古代家族文学研究述要》一文中指出："20世纪90年代以来，我国古代家族文学的研究内容主要体现在三个维面：一是对古代家族文学研究的理论性探讨；二是对不同历史时期与不同地域家族文学的宏观整体性研究；三是对古代家族文学的个案性考察。上述三个维面所显示出的研究成绩，标示出我国古代家族文学研究已走过了其起步阶段，正在稳步地向前迈进。"作者认为，目前有关家族文学的研究有两个不足："一是对所开展研究的理论鼓倡与探讨还不够，未能出现较多的对家族文学予以理论性探讨的文章，对其研究的理据、路径、内容、方式及相关事项等进行探究；二是所发表与出版成果还很有限，还有很多亟待开垦的角落与细致挖掘的领地。"② 这些结论基本符合实际，也是学界未来应当努力的方向。

可以看出，在20世纪的后三十年间，尽管文学家族、家族文学研究方兴未艾，但少有涉及汉代文学家族（或文学世家）、家族文学的研究。因此，有关汉代文学与家族关系的研究起步较晚。直到21世纪初，才有相关的论著零星发表。例如，孙亭玉的《论西汉的文学家庭》和《论汉代的文学家庭》是较早探讨汉代文学家族（文学家庭）的两篇论文。吴桂美的《东汉崔氏家族散文初探》、司尚羽的《东汉崔氏家族文学研究》、石布清的《崔寔及其家族文学研究》等论文，皆以东汉崔氏家族文学为研究对象。吴桂美的《东汉文学家族和家族文学略论》《东汉家族文学与文学家族》和《东汉文学的家族化和家族的文学化》等系列论文，宏观上探讨了东汉文学家族的演变历程、基本状况、文教特征及总体风貌等。她的《豪族社会的文学折光：东汉文学家族的生态透视》一书，从生态视角和家族史角度出发，勾勒了东汉文学家族的形成轨迹，并在微观层面上探讨了博陵崔氏、扶风马氏等文学家族，是较早系统地探讨汉代文学家族的论著，具有开先河的学术史意义。还有，扬州大学的博士研究生邓桂姣的《汉代扶风班氏家族文化与文学研究》（2014年博士学位论

---

① 许菁频：《近三十年中国古代家族文学研究综述与展望》，《中州学刊》2010年第2期。
② 胡建次、罗佩钦：《20世纪90年代以来我国古代家族文学研究述要》，《青海社会科学》2010年第1期。

文），专题研究了班氏家族文化与文学关系。这说明，21世纪以来的近二十年间，有关汉代文学家族或文学世家研究的清冷局面已有明显改变，开始有人不畏艰难、辛勤地开垦着这片学术空地，并发表了一定数量的专题论文，也取得了不少成绩。其中，吴桂美的《东汉崔氏家族散文初探》一文，应是目前所见最早探讨汉代文学家族的研究成果。作者认为，"崔氏是东汉文坛上较为著名的一个文学家族"，探讨"这个家族成员的散文创作，由点之管窥蠡测，折射出东汉散文创作和东汉家族文学的有关特点"。孙亭玉的《论汉代的文学家庭》一文强调，"汉代文学家庭的成就代表了汉代文学的成就……从文学家庭的外部环境来看，汉代的政治、学术的有利条件是文学家庭出现的原因；从文学家庭的内部因素来看，文学与学术的传播，成员之间的影响是主要成因"。此文是较早探讨汉代文学家庭及其成因的成果。

不仅如此，近二十年来，不少论者开始关注汉代三辅区域的文学家族研究领域。特别在汉代三辅文化与文学、文学家族的关联性研究方面，论文、专著渐趋增多。例如，在综合研究方面，曹道衡的《关中地区与汉代文学》，重点考察了关中文化与汉代文学的关联性；刘跃进的《多元文化的融汇与三辅文人群体的形成》，揭示了三辅文化与文人群体形成的关联性；胡旭的《东汉三辅多士的文学考察》，对家族文化与东汉三辅文人创作的关联性予以分析；方蕴华的《东汉三辅地区的文学创作与家族文学的兴起》，也探讨了三辅家族文学与地域文化的关联性。而梅新林的《中国文学地理形态与演变》、刘跃进的《秦汉文学地理与文人分布》等论著，则对三辅文学家的分布特点与地域文化之关系、三辅地域文学兴衰更替的历史轨迹等也有精到论述。在个案研究方面，诸如李雪莲的《两汉扶风班氏家族文学考论》、李云朵的《班氏家族文学研究》、商戈的《班氏文学家族研究》、王雪华的《两汉马氏家族及其文学研究》、田彩霞的《两汉弘农杨氏家族文学研究》、胡舒依的《汉魏弘农杨氏家族文学研究》等多篇硕士学位论文，从微观层面上探讨了汉代扶风班氏、马氏和弘农杨氏等三个文学家族的成因、创作特点与文学成就等。此外，唐会霞的《两汉右扶风马氏家族述略》《两汉右扶风四大家族研究》《西汉时期关中士人文学面貌考论》等论文，在探讨汉代关中家族（大族）发展、变迁的同时，也曾论及三辅文学家族的形成、发展及其文学成就等问题。

正是在这样的研究背景下，近二十年来，有关汉代关中地区的文学家族、家族文学的研究，主要集中于班氏、马氏、杨氏等少数几个家族。

对班氏家族的集中讨论，主要见于近年来的硕士、博士学位论文。其中，硕士学位论文约有6篇，博士学位论文只有2篇。硕士学位论文中，山东大学胡健美的《汉代班氏家族辞赋研究》（2008年）认为，班氏家族"不仅是一个史学之家，在文学方面也取得了相当大的成就"。特别在辞赋创作方面，"汉代班氏家族中今有辞赋作品流传的有班婕妤、班彪、班固、班昭四人，而这四人又在班氏家族在汉代的发展中起到了至关重要的作用"。作者选取的视角只限于班氏家族的辞赋创作，从时代与家族的交织中寻求家族文学特色的成因。湘潭大学李雪莲的《两汉扶风班氏家族文学考论》（2008年）认为，汉代的家族文化十分发达，"至迟在西汉武帝时期，世家大族就已经发展起来了"。作者强调，雄厚的经济基础、家中大量的藏书，"使世家大族中涌现了一批引领当时时代先风的博学之士"。文章主要从家族渊源开始，考察了班氏家族的家族特征、家学家风、思想传承方式及特征，并对具有代表性的班婕妤、班彪、班固、班昭等人的文学活动进行分析，认为"班氏家族个性突出，旗帜鲜明，他们的文学色彩鲜明。在赋、诗、史传文学等到方面都取得令人瞩目的成就，在中国文学史上具有十分重要的意义"。西北大学李云朵的《班氏家族文学研究》（2009年）认为，汉代班氏家族是簪缨世家、书香门第，既有文臣策士、骁勇军功，也有史学巨著、文坛奇葩。作者以班氏家族的文学创作为研究对象，"通过分析班氏成员的各种文体创作，论述其创作的具体情况及成就，并以此窥探整个家族文学创作的整体风貌"。郑州大学商戈的《班氏文学家族研究》（2011年）立足于史料，考察了班氏文学家族兴起、发展和衰落的流变过程，并"注重从社会大环境和家族自身两个方面来分析原因及其各阶段的特征"。文章还对有争议的班氏成员作品进行了考辨、分析，并从文体内容和形式结构两方面分析其创新特点。作者认为，班氏文学具有儒道结合和崇汉思想，"这两种思想特征与时代风气、社会思潮和家族传统有密切关系"。东北师范大学王啸晨的《汉代班氏家族诗、赋、文创作研究》（2014年）选取班氏家族主要成员班婕妤、班彪、班固、班昭及班超、班勇等人的诗、赋、文创作为研究对象，"以社会和家族的文化交织来审视班氏家族创作的同一性，用其成员创作的不同风貌来反观他们人生际遇同文学活动的关系"。云南大学夏晓红的《汉代班氏文学家族研究》（2016年）认为，班氏文学家族具有"家族变迁上的多样性、文学传承性上的一致性、家族成就上的综合性等特点"。各成员作品虽有个性，但在文学倾向具有内在一致性，在思想、题材、风格、意象等方面具有传承性。班氏文学家族在汉代具有承上启下的地位：受司马迁父子、刘姓皇族、刘向父子、枚乘父子等人的影响，并在史学、文学、目录学等领域对后世影响很大。而博士学位论文里面，辽宁大学王珏的《班固与汉代文学思想》（2007年）以班氏家族中成就卓著的班固为研究对象，探讨了"班固文学思想的形成原因，阐述其在汉代的特殊价值和重要地位"。作者认为，汉代文学的模拟与创新、经学对汉代文学的复杂影响和汉代文学研究中的历史纬度对班固的文学思想具有重要影响。"班固弥合了普遍存在于西汉文人著作当中的作家与汉家政治的紧张感和疏离感，代之以新的自我身份的认同，重塑其著述事业与现实政治的关系。"文章认为，班固对诸如扬雄、王褒等前代作家的文学创作经验和文学思想具有继承、反思、驳正和新变。而且，"班固在学术上属于东汉时期的'通人之学'，于汉代经学兼容并包、不主一家"。扬州大学邓桂姣的《汉代扶风班氏家族文化与文学研究》（2014年）认为，"扶风班氏家族是汉代文名鼎盛、人才辈出、文溉千秋且武功卓著的家族"。作者"从外部因素与文学之关系的角度，探讨家族、家风、学术、文学间的互动关系，探讨社会背景与家族、家风、学术、文学间的关系"，较深入地研究了班氏家族的文学成就，也颇具启发意义。这些硕士、博士学位论文从个案角度出发，以汉代著名的班氏家族为研究对象，说明汉代文学家族或文学世家已受到学院派研究者的关注。

在汉代扶风马氏家族的研究方面，吴桂美的《从豪强宗族到文化士族——东汉马氏研究》[《海南大学学报》（人文社会科学版）2007年第3期]属于比较早的研究成果。作者认为，东汉已有豪族向士族转变的现象，扶风马氏由豪强宗族发展为文化士族就说明了这一点。"扶风马氏本以军功而贵，至东汉为皇权笼络成为外戚豪族，在东汉经学兴盛、皇权对豪族的压制政策以及皇权有意对四姓小侯的经学培养大背景下，逐渐由一个豪强宗族转变成文化士族。马氏家族的文化化透露出东汉豪族社会向魏晋士族社会转变的个中信息。"吴桂美的博士学位论文《豪族社会的文学折光：东汉文学家族的生态透视》于 2008 年 9 月由黑龙江人民出版社出版。该书从家族文学的角度去透视东汉豪强社会下的家族及其文学的特点，认为家族文学是中国文学史上较为独特的一种文化现象，而魏晋六朝家族文学的繁荣并非突发之奇响，其前期积淀主要在两汉，尤其是东汉。随着文化士族的形成，以及文学的日趋繁盛，东汉文坛已经出现了一些诸如崔氏、马氏等颇为有名的文学家族，家族历时之长、文学成就之高在家族文学史上颇为显著。该书从个案角度，较为详细地分析了马氏家族的文学成就及影响，属于该领域研究的开创之作。此后，也有人从文学、史学的视角，对扶风马氏家族予以讨论。比如，西北大学王雪华的硕士学位论文《两汉马氏家族及其文学研究》（2011 年）以马氏家族的文学创作为研究对象，"探讨其整个家族的文学创作风貌"。该文"从马氏家族的家世渊源、成员的文学创作、家族整体风貌等方面，探讨了其家族在三辅地区的社会活动和文学创作"，"阐述了马氏家族的崛起及由军功转向文学家族的原因"。文章通过对马融的个案研究，认为马氏家族文学具有"儒家与道家相济的文化特点、充沛的感情色彩、凝练朴实的语言特点"等整体风貌。唐会霞的《两汉右扶风马氏家族述略》（《青海社会科学》2012 年第 5 期）一文分析了马氏家族的发展历程，认为"马氏家族以军功兴族，后来又以外戚身份走向鼎盛，最后又转变为军功、经学合一的家族"。作者指出，"在其发展的过程中，表现出文武兼擅、富于才干、积极进取、天下己任、严于律己、慎于立身的主要风貌，对国家的发展与社会的安定做出了重要的贡献，并对后世产生了深远的影响"。湖南师范大学程思宇的硕士学位论文《东汉扶风马氏家族研究》（2013 年）从史学视角出发，分析了马氏家族的发展、演变，认为马氏家族从军功起家，经历了几次兴衰后，从军功豪族发展为文化士族，并在东汉末年蜕变为地方军阀。"明帝时，马援的女儿被封为皇后，马氏家族得以达到鼎盛，马氏也成为四大外戚家族之一。明帝时设立的'四姓小侯学'，其中就有马氏。马氏家族借此良机，逐渐从军功、外戚豪族转变成为文化士族。这一成功蜕变使马氏家族保持了家族的繁荣和兴旺。"作者指出，马氏家族活跃于东汉王朝的始终，"一方面，与东汉王朝的豪族政治有极大的关系；另一方而，马氏家族在文学方面的成就，也确立了其在当时的豪族地位"。延安大学李淑芳的硕士学位论文《汉代扶风马氏家族及其文学研究》(2015年),通过对"马氏家族善文学原因的分析来窥探文学与家族的关联"。文章梳理了马氏家族的世系脉络、迁徙、演变、发展,"从地域与文学、时代与文学、家族与文学几个角度",探讨了汉代马氏家族有众多富有文辞的成员的原因,认为马氏家族成员的文学创作风格具有趋同性特点。河南师范大学孙晗的硕士学位论文《东汉马皇后与马氏家族相互影响研究》(2016年)也从史学角度,探讨了两者之间的相互影响关系。作者认为,马皇后作为"皇室与马氏家族联结的重要纽带",影响了马氏家族,也影响着"明章之治"的理政风格。"马皇后从明帝时期谨慎参与政治到章帝时期从容议政。这先后身份的转化对马氏家族命运变迁带来了不同程度的影响。"马皇后一方面支持马氏家族;另一方面也有意识地抑制其过度膨胀,以防家族遭遇覆灭的命运。作者认为,马皇后(太后)去世,马氏家族的发展路径"演变为建立军功重掌地方权力与研习儒家经典逐渐向士族演化,以军功和学术来彰显家族的影响"。可见,这些研究者或关注马氏家族史,或重视其政治、文化、军事地位,或着眼于其文学成就,或凸显其政治影响,对我们开展相关研究都是有参考价值的。

关于汉代弘农杨氏家族的研究,近二十年来也发表了一些成果。比如,武汉大学马力群的硕士学位论文《两汉时代弘农杨氏研究》(2004年),就是以东汉关中世家大族弘农杨氏为研究对象展开讨论的。文章认为,"深厚的儒学修养是杨氏得以子孙相继、高居政治要津的关键因素;正身行事、保持名节,是弘农杨氏得以在东汉中后期政治上延续不绝的保证"。所以在东汉,族大宗强、婚姻素对等并不是成为全国性名门的必要条件,"而注重个人修养与士人气节才是世家大族代表人物政治地位上升的最重要因素"。此文虽未探讨弘农杨氏的文学贡献,但有助于我们了解弘农杨氏家族由经学世家发展而为文学世家的原因、背景等。四川师范大学田彩霞的硕士学位论文《两汉弘农杨氏家族文学研究》(2011年)以考、论相结合,"全面考察了两汉时期杨氏家族的经学、文学和文化传承状况"。作者指出,杨氏家族具有"以儒学为核心的家风和家学特征",其成员的奏章也具有"儒学实质"。文章强调,"在汉代儒学兴盛的文化氛围中,杨氏家族顺应时代潮流,累世习经,笃行儒教,因符合统治者的需要,而保持了家族的稳定和兴盛;而以杨恽、杨修为代表的杨氏,因常常表现对皇权的不驯与蔑视,而被皇权打击,致使家族衰落"。作者还以西汉杨恽的《报孙会宗书》和东汉杨修的《答临淄侯笺》及赋作为例,分析了杨氏家族的家学、家风对成员文学创作的影响。西北大学胡舒依的硕士学位论文《汉魏弘农杨氏家族文学研究》(2012年),以弘农杨氏家族的家族文化和家族文学为研究对象,在梳理杨氏家族的家世渊源、在汉魏的发展状况、家族繁盛的时代背景、家学家风的成因等基础上,认为杨氏家族的家族精神表现在"深厚优良的家学修养""忠君报国的儒者情怀"和"刚正守节的家族气质"等三个方面。作者探讨了三辅地区文化对杨氏家族精神与文学方面的影响,通过对杨氏家族文学作品的个案研究,就杨氏家族文学的题材、表现手法、审美风格等进行了探讨,认为该家族的文学创作在思想内容、艺术手法、美学特征等方面具有共同点。闽南师范大学岳丽亚的硕士学位论文《汉代弘农华阴杨氏家族与文学研究》(2015年)认为,杨氏家族"以军功起家,后来转向文化世家,世代习经,家族中出现四世三公的鼎盛局面"。该文探讨了杨氏家族从军功向经学世家的转型过程,认为该家族"世代传习《欧阳尚书》,热衷办学传经,刚正廉洁,经明行修,世代德业相继"。正是在传习经学、向经学世家演进的过程中,杨氏家族中出现了能文之士。由于"经历了由经学而文学的过程",杨氏家族文学"呈现出经世致用、引经据典等特征"。所以,"杨氏家族作为汉代名族,与汉代文士及文章形成互构共进的关系"。这些文章集中讨论了杨氏家族的历史、文化与文学,并涉及家学、家风等因素,也具有重要的参考价值。

另外,吴桂美发表的一系列论文更具有探索汉代文学家族产生、发展轨迹的意味。例如,《东汉文学家族和家族文学略论》[《内蒙古社会科学》(汉文版)2007年第2期]一文认为,"东汉士族的形成发展,以及文学的日趋繁荣,造就了一批文学家族。这些文学家族或由士人累世为官、累世经学营建家族势力而成,或由外戚豪族、素封豪族或皇门豪族培养家族文化传统或习经成为儒家士族而成。相较魏晋六朝,东汉家族文学明显处于一个初级阶段;相较西汉父子两代的文学相承,东汉家族文学却在不断发展。这反映出文学的一个历史进程,为家族文学在魏晋六朝的繁荣奠定了基础"。该文从文学家族史的角度出发,对东汉"文学家族"的成因给予符合史实的评价。在《东汉家族文学与文学家族》

(《中国文学研究》2008年第3期)一文中,吴桂美探讨了"东汉文学家族的基本状况,揭示出东汉文学家族的文教特征,分析其成因和影响,由此勾勒出东汉家族文学的来龙去脉和总体风貌"。而在《东汉文学的家族化和家族的文学化》(《求索》2010年第10期)一文中,她进一步深化了前述论文的主题。文章指出,"家族文学在魏晋南北朝最为繁盛,而这种繁盛在东汉就已打下基础。这基于东汉文坛独特的文学家族化与家族文学化现象。文学家族化是指文学的载体是由游士到士大夫,再发展为士族,家族的文学化是指素封豪族与皇门、外戚豪族的士族化。由于文化士族阶层的形成,东汉社会出现了不少颇可圈点的文学家族。对东汉文学这一独特景观的研究,既可以增加东汉文学研究的视角,又可以拓宽家族文学研究的广度"。这些观点也皆颇具有理论探讨的意味。正是在上述"点"的研究基础上,吴桂美出版了汉代文学家族研究方面的专著——《豪族社会的文学折光:东汉文学家族的生态透视》。如前所述,该书不仅从生态视角分析了汉代文学家族的生成过程,而且以崔氏家族、马氏家族等为个案,探讨了影响汉代文学家族生成的各种因素。这些研究,都是非常有意义的。

综上所述,虽然有关汉代文学家族、家族文学或文学世家的论文比较少,但也呈现出欣欣向荣的景象。如前所述,这些论文或从宏观、或从微观角度探索了两汉的文学家族、文学世家的形成、发展、特点及其文学创作、影响等,显示出少有人问津的学术沉寂局面已被打破,而且有渐趋繁兴的势头。特别是一些硕士、博士研究生对东汉扶风班氏、扶风马氏、弘农杨氏等文学家族的个案研究,可谓近年来讨论的热点话题之一。这说明,汉代关中地区的文学家族,已经受到学界的关注。不过,时代的久远,史料的阙如,尤其是家族史资料的稀缺,使得多数论者将关注的焦点集中于东汉时期少数的几个家族,从而忽视了对两汉关中文学家族的整体性探讨。

总之,中国古代文学家族研究尚存在诸多缺憾。一是范围限于局部。大量的研究者聚焦于宋、元、明、清时期江南地域的文学家族,相对轻视了早期历史阶段或北方地域的文学家族研究。二是理论缺少提炼,一些概念的使用比较混乱。例如,文学家族、文学世家、文学家庭等概念有重叠、交叉之处,但并不相同,而学术界尚没有统一的说法。三是研究方法有待改进。文学家族（世家）研究是多学科交叉性研究，文学是研究的基点，而政治、经济、文化、教育、地理、宗族、宗教、方志、谱牒、哲学等皆可作为观察的视角或依据。所以，多学科交叉研究法的探索，便显得尤为重要。四是论题具有"重末轻初"倾向。尤其在汉代文学家族研究方面，显得比较冷清。究其原因，这一方面由于史书记载比较简略，相关家族史、家谱、文学家传记、碑志等资料很有限，给该领域的研究带来了不少的困难；另一方面，资料的有限和文献梳理的艰难，在相当程度上也影响了研究力量的投入。

第二节 "文学"与"汉代文学"

我们对"文学"概念的理解，必然影响对"汉代文学"这一概念的理解。这其实是文学观的问题。因为时至今日，仍有人质疑汉代有"文学"的存在。确实，若从"狭义文学"观来衡量，汉代究竟有多少作品可划入"文学"范畴？因此，研究汉代文学家族，讨论汉代关中区域的文学家族现象，首先亟须解决的应是"汉代文学"的内涵与外延问题。可以说，这是本书立论的基础。

一 "文学"与"汉代文学"

文学是什么？这个问题至今没有一个很好的答案。人们会说，我不能说出文学是什么，但可以说出什么不是文学。因此，这是一个很棘手的问题。其实，早在20世纪二三十年代，人们对文学的性质问题便争论不已。比如，刘永济、胡适和朱东润等诸位先生，就对文学的内涵有着不同的理解。

刘永济在其《文学论》中认为，人类有起疑、求真、感乐、慰苦和解纷等五种特性。"第一第二为哲学科学发达之胚胎，第五为政治法律道德成立之基础，唯第三第四最合于艺术之真义。文学亦艺术之一，故文学即由此而生。因文学以能了悟一切人情物态，而复具判断之力者，为最完满也；以能增高感情，纳于温柔敦厚之中者，为最优美也。然则一切学术，源头莫不相同，而归宿亦当无异。特其取径有别，中似异趣，实非背驰。倘观察或有未明，遂不免横生异议矣。"① 可见，刘永济从功能、功用的角度出发，认为文学是表现人的"感乐"和"慰苦"的，是用来抒情的，而这显然与"起疑"和"求真"的哲学，"解纷"的政治学、法律与道德等明显不同。胡适在《白话文学史》中认为，自然的、发自内心情感的创作才是文学。他认为，中国的文学有两条路："一条是那模仿的，沿袭的，没有生气的古文文学，一条是那自然的，活泼泼的，表现人生的白话文学。"② 显然，胡适主张白话文学，更注重文学的语体形式③。朱东润的《中国文学批评史大纲》则关注文学内容与文学形式的统一问题。章培恒指出："正是因为朱先生所要求于文学的，乃是伴随着独特个性（'独拔怀抱'）的、强烈的感动而产生的激情（'情灵摇荡'）和以创新为标的（'新变'）的审美特征（'绮縠纷披'），自不能让作家在传统的模式中讨生活，将古代文学作为偶像，当然更不能接受与那种崇古的主张相表里的今不如古的文学观，而必然提倡文学在总体上是向前发展的观点。"④ 可见，三位学者对"文学"的理解角度有别：刘永济关注文学的内容，胡适关注文学的形式，而朱东润则更关注二者的统一。

实际上，对于文学内涵与外延的界定，涉及的就是内容与形式的问题。若只关注内容而忽略了形式，就忽视了文学的审美特征；或只关注形式而忽视了内容，则文学似乎没有了灵魂。所以，正如章培恒先生所言，"就文学而言，内容与形式本是浑然一体的；形式变了，内容也就变了。而美即体现于形式之中。若将内容与形式分作第一、第二，也就是把内容与形式割裂开来了。这在实际上是办不到的，在理论上则将文学

---

① 刘永济的《文学论》由太平洋印刷公司于1924年初版。该书第一章为《何为文学》，文中所引观点见于该章。参见《刘永济集——文学论·默识录》，中华书局2010年版，第6—7页。

② 胡适《白话文学史》原由新月书店初版于1928年，文中所引参见上海古籍出版社1999年版，第14页。

③ 胡适对"白话"的解释：一是戏台上说白的"白"，就是说得出、听得懂的话；二是清白的"白"，就是不加粉饰的话；三是明白的"白"，就是明白晓畅的话。《白话文学史》，上海古籍出版社1999年版，第7页。

④ 朱东润《中国文学批评史大纲》由开明书店1944年初版，引文参见上海古籍出版社2001年版；章培恒《中国文学批评史大纲导读》，第11页。

的审美特征降到了次要的地位"①。所以，文学的内容和形式本不可分，二者浑然一体，不存在第一性、第二性的问题。

那么，汉代的文学是否具备了二者的统一了呢？我们应当如何界定其内涵与外延？这真是一个值得思考的问题。刘跃进曾撰文谈及他研究秦汉文学时所面临的困惑，其实就是基于秦汉文学的内涵与外延问题所发的感慨：

> 研究秦汉文学，面临的最大困惑还不是史料的匮乏，而是如何确定研究对象的问题。秦汉文学史料的内涵和外延是什么？哪些内容应该进入文学史？哪些历史人物可以视为文学家？哪些作品属于文学创作？运用什么样的标准来评价这些作家和作品？诸如此类的问题，似乎约定俗成，不言而喻。但是，如果仔细追究起来，古往今来，其实又是见仁见智的问题，分歧无处不在，迄无定论。②

如此说来，即使在今天，界定汉代文学的内涵与外延仍是一个棘手的问题。

回顾中国文学观念史，我们发现，事实上，20世纪以来，中国人的"文学"观念经历了由宽而窄、由窄而宽的演变历程。"20世纪前后，随着西方学术观念的传入，'文学'的观念发生了巨大的变化。此后，中国古代文学作品无外乎归为四类，即诗歌、戏剧、小说、散文。而前三类逐渐成为主流，相对而言，过去的大宗文章反而退居次要地位。就秦汉文学史而言，主要是辞赋、史传、诗歌（乐府、五言诗）、散文（有的还包括小说）等四类。前三类的文体界限比较清晰，唯独散文，最为驳杂。凡是前三者所不收者，都可以归之于'散文'类。因此，'散文'的涵义最为丰富。换言之，除了诗歌、戏剧、小说之外，所有的文学作品都可以称之为散文。"③就是说，在20世纪之前，"至少在先秦两汉，文学的

---

① 章培恒：《中国文学批评史大纲导读》，载朱东润《中国文学批评史大纲》，上海古籍出版社2001年版，第3页。

② 刘跃进《秦汉文学史研究的困境与出路》一文发表于《文学遗产》2003年第6期，亦见载于刘跃进《秦汉文学论丛》，凤凰出版社2008年版，第3—4页。

③ 刘跃进：《秦汉文学编年史》，商务印书馆2006年版，"导论"第5—6页。

大宗是广义的'文'"。进入20世纪之后，除了前三类界限明晰外，"散文"的范围似乎被无限放大，并从20世纪初期开始延续了30年。①

20世纪30年代，随着西方文学理论的大量传入，出现了狭义的文学观念，主张文学必须是内容上情感丰富，形式上富丽堂皇。比如，刘大白在《中国文学史》中就认为，"只有诗篇、小说、戏剧，才可称为文学"②。20世纪50年代之后，一方面是方法论的变革，另一方面则基本延续了30年代以来的纯文学观念。从方法论角度看，文学史的编纂者们运用历史唯物主义方法论，从而使当时的文学史更具有"史"的意味；而在文学观念方面，诗歌（包括乐府）、戏剧、散文、小说仍然是主流，而对辞赋的探讨则很少。其他诸如对策、上疏、碑铭、奏议、书论等，几乎不被当作文学作品。20世纪60年代以来，文学作品又成为揭露古代社会黑暗现实的基本依据，因此文学又具有解读历史、赞美新时代的功能。而且，这种运用庸俗社会学方法论解读文学的现象，一直延续到20世纪80年代初。

进入20世纪80年代，随着改革开放步伐的加快，人们的思想得到了进一步的解放，这也带动了文学研究观念、文学观念的变革。人们或从文学本位探讨文学的发展，或从人性视角关注文学的内涵，或从文化学视角观照文学作品，显示出文学研究已进入多元化时代。虽然其时人们对文学外延的界定适度扩大了，但狭义文学观仍然居于主流地位，广义文学观尚未被广泛倡导和接受。20世纪90年代，学术界开始立足本土思考文学的特质问题，并提出"去西方化"的文学口号，这显然有助于广义文学观的传播与接受。21世纪初，"文学经典"成为文学研究的关键词，促使人们重新回到传统的文学文本，去探讨文学的外延与内涵。学术界重新倡导广义文学观，以致文学的外延也被进一步放大。诸如郭英德的《中国古代文体学论稿》、刘跃进的《秦汉文学编年史》、王启才的《汉代奏议的文学意蕴与文化精神》等，基本上坚持了这种文学观念。所

---

① 比如，林传甲的《中国文学史》、黄人的《中国文学史》、陈柱的《中国散文史》等延续魏晋以来刘勰、萧统等人的大文学观，将诸子、辞赋、骈文、碑传以及各种应用文体如对策、上疏等皆列入散文的研究范围。

② 刘大白：《中国文学史》，上海大江书铺1933年版，转引自刘跃进《秦汉文学编年史》，商务印书馆2006年版，第7页。

以，汉代诸如碑铭、颂赞、诔辞、奏议、对策、上言等应用性文体，自然也被当作文学作品来看待。有关近百年来中国文学观由狭义向广义的变迁历程，刘怀荣《近百年中国大文学研究及其理论反思》一文有较为详尽的梳理，认为从20世纪初期开始倡导大文学观，直至20世纪的后二十年，更多的研究者主张大文学观，并在理论上和实践上取得了不少的成绩。[1]

可见，20世纪以来，中国古代文学研究表现为沿袭、变革与回归的过程，文学观也随之发生了由广而狭、由狭而广的变化。尤其是21世纪的回归传统，充分说明学术界已认识到西方文论与中国文学实际之间存在着不协调。所以，我们千万不能依据西方的文学观念来衡量汉代文学的实际，否则将会闹出"削足适履"的笑话。毕竟，由于中、西方文学传统的不同，文学观也存在显著差异。既如此，探讨汉代的文学家族，我们须立足于汉代文学实际，遵从汉代人的文学观。因此，梳理汉代人的文学观之衍变，将有助于我们对汉代文学的内涵与外延的界定。

二　汉代人的"文学"观

汉代人的文学观属于泛文学观，因而将应用性文体也纳入了"文学"的视野。同时，汉代人重视文学的政治功用，所以"杂"和"用"是汉代文学的基本特点。在上古汉语中，"文"指"花纹、纹饰"的意思。东汉许慎在《说文解字叙》中说："仓颉之初作书也，盖依类象形，故谓之文。其后形声相益，即谓之字。文者，物象之本；字者，言孳乳而寖多也。"因此，"文"即依据万物之形进行摹写，具有图画、纹饰的意味。《左传·襄公二十五年》引孔子之言：

> 仲尼曰："《志》有之：'言以足志，文以足言。'不言，谁知其志？言之无文，行而不远。"

意思很明确，"言"是用来表达情志的，而"文"可以使言辞更优美。所以，不言语则没有人能够了解其内心想法，言辞没有文采则影响其传播

---

[1] 刘怀荣：《近百年中国大文学研究及其理论反思》，《东方论丛》2006年第2期。

的范围和效果。可见，先秦之"文"更具有追求形式美的意味。因此，《论语》中所谓"文质彬彬"，显然指内容与形式的相得益彰。

不过，汉代人所持的文学观，延续了先秦时期的"文"之观念，继承了儒家崇实尚用、有补时政的文学主张。恰如《毛诗序》所称：

> 诗者，志之所之也。在心为志，发言为诗。情动于中而形于言，言之不足，故嗟叹之，嗟叹之不足，故咏歌之，咏歌之不足，不知手之舞之，足之蹈之也。情发于声，声成文谓之音。治世之音安以乐，其政和；乱世之音怨以怒，其政乖；亡国之音哀以思，其民困。故正得失，动天地，感鬼神，莫近于诗。先王以是经夫妇，成孝敬，厚人伦，美教化，移风俗。

可见，诗歌因外界感发而作，与政治关系密切，其作用在于"经夫妇，成孝敬，厚人伦，美教化，移风俗"。因此，重政治教化应是汉代比较通行的文学观。比如，汉代散文多为有补时用的策对、奏议、章表等，汉代的碑铭、颂赞等劝勉的意味也非常浓郁，汉乐府诗"皆感于哀乐，缘事而发，亦可以观风俗，知薄厚"（《汉书·艺文志》），同样具有政治实用价值。

不仅如此，汉赋作家也坚持有补时用的文学观。比如，枚乘的《七发》认为，优美的言辞、要言妙道具有感发人心的作用，可以疗救疾病，所谓"今太子之病，可无药石针刺灸疗而已，可以要言妙道说而去也"。从《七发》中，我们似乎看到了优美言辞的感发力量，而这正是枚乘的作赋目的。司马相如认为，作赋应当文质并重，赋迹、赋心兼备：

> 合綦组以成文，列锦绣而为质。一经一纬，一宫一商，此赋之迹也。赋家之心，苞括宇宙，总览人物，斯乃得之于内，不可得其传也。[①]

锦绣为质、綦组成文，正是司马相如赋的基本特点。但是，司马相如并

[①] 转引自（晋）葛洪《西京杂记》卷二，载《西京杂记》（外二十一种），上海古籍出版社1991年版，第9页。

非一味地追求宏大摛艳的美学效果，而是在赋中适度表达其政治观点，以凸显其赋作的有用性。所以，司马迁认为，"相如虽多虚辞滥说，然其要归引之节俭，此与诗之风谏何异"①。可见，司马迁已经看到，在"虚辞滥说"的背后，恰恰体现了司马相如有补于世的文学观念。

西汉后期的扬雄尽管追慕相如赋的文采富艳，但他作赋兼重文辞之美与有益时用。不过，汉成帝虽赏识其文采，却不关注其讽谏用意。这让扬雄失望万分：

> 雄以为赋者，将以风之也，必推类而言，极丽靡之辞，闳侈钜衍，竞于使人不能加也，既乃归之于正，然览者已过矣。往时武帝好神仙，相如上《大人赋》，欲以风，帝反缥缥有陵云之志。由是言之，赋劝而不止，明矣。又颇似俳优淳于髡、优孟之徒，非法度所存，贤人君子诗赋之正也，于是辍不复为。②

可见，扬雄晚年之所以不愿再作辞赋，是因为他认为辞赋"劝而不止"，无益于政，且赋家的身份地位很低，位同俳优。这充分说明，扬雄更看重文学的政治功用价值。他在《法言·吾子》中也表达了相似的观点：

> 或曰："赋可以讽乎？"曰："讽乎！讽则已，不已，吾恐不免于劝也。"……或问："景差、唐勒、宋玉、枚乘之赋也，益乎？"曰："必也淫。""淫则奈何？"曰："诗人之赋丽以则，辞人之赋丽以淫。如孔氏之门用赋也，则贾谊升堂，相如入室矣。如其不用何？"……或问："君子尚辞乎？"曰："君子事之为尚。事胜辞则伉，辞胜事则赋，事、辞称则经。足言足容，德之藻矣！"③

扬雄的"欲讽反劝"说同样立足于政教功用观。他赞同辞赋之"丽"，却

---

① （汉）司马迁：《史记》卷一百一十七《司马相如列传》，中华书局1982年版，第3073页。
② （汉）班固：《汉书》卷八十七下《扬雄传》，中华书局1962年版，第3575页。
③ 参见张少康、卢永璘编《先秦两汉文论选》，人民文学出版社1996年版，第459—460页。

反对因过分修饰而丧失讽谏意义的辞赋创作行为。可见，扬雄坚持儒家的教化文学观，但并未否定文辞华美的文学性。至西汉后期，刘向、刘歆父子将诗赋列为一体，初步树立了文学独立的观念。同时，他们主张"感物造耑""材知深美""可与图事"的作赋价值，① 显然也是着眼于辞赋创作的有用性。

东汉时期，崇实尚用的文学观仍占据主导地位。光武帝刘秀曾在《赐隗嚣书》中表示厌烦"浮语虚辞"②，而汉明帝也曾下诏禁止奏疏有过多的"浮词"③。从此，重视事功、反对"浮语虚辞"成为东汉前期文学的基本美学追求。比如，班彪欣赏《史记》"辩而不华，质而不野，文质相称"（《后汉书·班彪列传》），正是崇尚质朴观念的体现。班固在《〈典引〉序》中也表达了类似观点：

> 伏惟相如《封禅》，靡而不典；扬雄《美新》，典而无实。然皆游扬后世，垂为旧式。臣固才朽不及前人，盖咏《云门》者难为音，观隋和者难为珍。不胜区区，窃作《典引》一篇，虽不足雍容明盛万分之一，犹启发愤懑，觉悟童蒙，光扬大汉，轶声前代，然后退入沟壑，死而不朽。④

班固批评司马相如的《封禅书》"靡而不典"，扬雄的《剧秦美新》"典而无实"，说明他并不主张靡丽虚辞，而认为文章应当典雅务实。当然，东汉文学并未一味地追求平实典雅而不重视辞藻华美。可以说，从东汉中后期开始，重文辞华美的风气已非常浓郁。王充在《论衡》中反对"虚妄"，主张为文有补于世用，恰说明其时文人多"虚妄"之辞，而忽略了文学的政治实用性。在《论衡·艺增篇》中，王充指出："世俗所

---

① （汉）班固：《汉书》卷三十《艺文志》，中华书局1962年版，第1755页。

② 刘秀在给隗嚣的信中云："吾年垂四十，在兵中十岁，厌浮语虚辞。即不欲，勿报。"（南朝宋）范晔：《后汉书》卷十三《隗嚣公孙述列传》，中华书局1965年版，第527页。

③ 据《后汉书·明帝纪》，明帝下诏称："先帝诏书，禁人上事言圣，而间者章奏颇多浮词，自今若有过称虚誉，尚书皆宜抑而不省，示不为谄子蚩也。"可见，明帝显然是继踵其父而发布的命令。参见范晔《后汉书》卷二《显宗孝明帝纪》，中华书局1965年版，第109页。

④ （梁）萧统编，（唐）李善注：《文选》卷四十八，岳麓书社2002年版，第1486—1487页。

患，患言事增其实；著文垂辞，辞出溢其真，称美过其善，进恶没其罪。何则？俗人好奇，不奇，言不用也。故誉人不增其美，则闻者不快其意；毁人不益其恶，则听者不惬于心。"① 从王充的批评之中，可以看到东汉中后期的文学言辞不实、崇尚华美的文风倾向。

总体来看，汉代人的文学观是"混沌"的泛文学观。在汉代，"文章""文""文辞"的含义可能与"文学"的含义最为切近。例如，《汉书·公孙弘卜式兒宽传》将司马迁、司马相如、王褒、刘向等列为"文章"之士②，而他们也是西汉知名的文学家。不过，《汉书》中"文章"的外延较大，不限于现代意义上的"文学"。据《汉书·扬雄传》载，扬雄"实好古而乐道，其意欲求文章成名于后世，以为经莫大于《易》，故作《太玄》；传莫大于《论语》，作《法言》；史篇莫善于《仓颉》，作《训纂》；箴莫善于《虞箴》，作《州箴》；赋莫深于《离骚》，反而广之；辞莫丽于相如，作四赋。"可见，班固将《太玄》《法言》《训纂》《州箴》《反离骚》《长杨赋》《羽猎赋》《甘泉赋》《河东赋》等皆谓之"文章"，这说明当时"文章"还包括学术著作。《汉书》作者有时还将"文辞"与"文章"并称。例如，《汉书·地理志》云："景、武间，文翁为蜀守，教民读书法令，未能笃信道德，反以好文刺讥，贵慕权势。及司马相如游宦京师诸侯，以文辞显于世，乡党慕循其迹。后有王褒、严遵、扬雄之徒，文章冠天下。"③ 可见，"文辞"与"文章"的含义较近。《汉书》中经常用"能属文""善属文""能属文辞"等来描述传主颇有文才

---

① （汉）王充：《论衡》，贵州人民出版社1993年版，第521页。
② 班固《汉书》卷五十八载："是时，汉兴六十余载，海内艾安，府库充实，而四夷未宾，制度多阙。上方欲用文武，求之如弗及，始以蒲轮迎枚生，见主父而叹息。群士慕向，异人并出。卜式拔于刍牧，弘羊擢于贾竖，卫青奋于奴仆，日磾出于降虏，斯亦曩时版筑饭牛之朋已。汉之得人，于兹为盛，儒雅则公孙弘、董仲舒、兒宽，笃行则石建、石庆，质直则汲黯、卜式，推贤则韩安国、郑当时，定令则赵禹、张汤，文章则司马迁、相如，滑稽则东方朔、枚皋，应对则严助、朱买臣，历数则唐都、洛下闳，协律则李延年，运筹则桑弘羊，奉使则张骞、苏武，将率则卫青、霍去病，受遗则霍光、金日磾，其余不可胜纪。是以兴造功业，制度遗文，后世莫及。孝宣承统，纂修洪业，亦讲论六艺，招选茂异，而萧望之、梁丘贺、夏侯胜、韦玄成、严彭祖、尹更始以儒术进，刘向、王褒以文章显，将相则张安世、赵充国、魏相、丙吉、于定国、杜延年，治民则黄霸、王成、龚遂、郑弘、召信臣、韩延寿、尹翁归、赵广汉、严延年、张敞之属，皆有功迹见述于世。参其名臣，亦其次也。"中华书局1962年版，第2634页。
③ （汉）班固：《汉书》卷二十八下《地理志第八下》，中华书局1962年版，第1654页。

的特点。比如，《楚元王传》中说刘辟疆"能属文"，刘向"通达能属文辞"，刘歆"通《诗》、《书》，能属文"；《贾谊传》中评价贾谊"能诵《诗》《书》属文"；《公孙刘田王杨蔡陈郑传》中认为桓宽"博通善属文"；《傅常郑甘陈段传》中称赞陈汤"博达善属文"；《儒林传》中强调董仲舒"能持论，善属文"。而在汉代，刘辟疆、刘向、刘歆、贾谊、桓宽、董仲舒等人皆是知名的文学家。这又说明，《汉书》中的"文""文章""文辞"的含义较近，但与现今"文学"的含义并不相同，而是有着泛化的"文学"意义。汉代常见的文体有诗、赋、表、奏、议、书、疏、颂、铭、箴、诔、策、对、谏、论、说、祝、序、戒、答、教、封事、便宜等，依《汉书》所记来看，它们皆属于"文""文辞"或"文章"的范畴。这也说明，汉代人的文学观应是泛文学观，而非纯文学观。所以，界定汉代文学的内涵与外延时，必须立足于汉代实际，切不可依据现今的文学观去度量它。

汉代的这种泛文学观念一直延续到魏晋南北朝时期。比如，曹丕《典论·论文》中的文学观仍具有广义的性质："夫文本同而末异：盖奏议宜雅，书论宜理，铭诔尚实，诗赋欲丽。此四科不同，故能之者偏也，唯通才能备其体。"曹丕的"四科八体说"虽被当作"文学自觉"的重要依据，但"文本同而末异"意在说明奏、议、书、论、铭、诔、诗、赋等皆为"文"，只不过各类"文"之间具有差异性。范晔的《后汉书》文体分类更加精细化，但仍承袭着汉代的泛文学观。在《文苑列传》中，"文"与"文章"仍然属于广义的"文学"。比如：

崔琦字子玮……以文章博通称。所著赋、颂、铭、诔、箴、吊、论、《九咨》、《七言》，凡十五篇。

边韶字孝先，陈留浚仪人也。以文章知名……著诗、颂、碑、铭、书、策，凡十五篇。

王隆字文山……能文章，所著诗、赋、铭、书凡二十六篇。

岑子孝亦以文章显……著颂、诔、《复神》、《说疾》凡四篇。

夏恭字敬公……善为文，著赋、颂、诗、《励学》凡二十篇。

李尤字伯仁……少以文章显……所著诗、赋、铭、诔、颂、《七叹》、《哀典》，凡二十八篇。

　　李胜，亦有文才，为东观郎，著赋、诔、颂、论数十篇。

　　边让字文礼……少辩博，能属文……著诗、颂、碑、铭、书、策，凡十五篇。

　　郦炎字文胜……有文才，解音律，言论给捷，多服其能理。

　　张超字子并……有文才……著赋、颂、碑文、荐、檄、笺、书、谒文、嘲，凡十九篇。

可见，诗、赋、颂、碑、铭、书、策、诔、箴、吊、论、荐、檄、笺、嘲、赞、奏、令、记、谒文、祝文、连珠、哀辞等皆属于"文"或"文章"，显然与"纯文学"有着一定的距离，而具有"泛文学"的意味。

　　在南朝齐、梁时期，《文心雕龙》和《文选》的作者或编纂者所持的仍然是泛文学（或杂文学）观。从刘勰的《文心雕龙》所列文体来看，骚、诗、乐府、赋、颂、赞、祝、盟、铭、箴、诔、碑、哀、吊、对问、七体、连珠、谐、隐、史传、诸子、论、说、诏、策、檄、移、封禅、章、表、奏、启、议、对、书、记等皆为"文"，其中包括文饰之文和实用之文两大类。所以，刘勰的文学观并非"纯文学"观，仍然持泛文学观。不过，从同时代的萧统所持的文学观来看，似乎与刘勰有了一定程度的差异。

　　从《文选》的选文标准来看，重视文采的意识增强了。在《文选序》中，萧统提出"踵其事而增华"的观点，这说明到了南朝梁代，重视文采似乎已成为一种自觉意识。而且，萧统关注文学的娱乐功能，重视辞采富艳的功能意义，所谓"譬陶匏异器，并为入耳之娱；黼黻不同，俱为悦目之玩"及"综辑辞采""错比文华"等。但不难发现，在各类文体的排列次序上，《文选》将"义尚光大"、关乎政教的辞赋列于首位，且所列三十八个门类的作品主要由两部分构成：诗、赋、骚、七、对问、设论、辞、颂、赞、吊文等门类的作品均以抒情、体物为主，属于文学作品；而诏、册、令、教、文、表、上书、启、弹事、笺、奏记、书、移、檄、箴、铭、诔、碑文、墓志、行状、哀、祭文等门类的作品皆是以实用为主的应用文，其间也有相当多的作品是立意较好、文辞优美的散文或骈体文。可见，《文选》所持的仍是一种泛文学观。这正与当时中国文学的发展实际相一致。由于这个缘故，徐复观在《中国文学精神》一书中认为，萧统的《文选》对后人误解西汉文学精神、过度夸大班固的文学史地位具有明显责任：

> 对西汉文学的误解，实始于《昭明文选》。萧统以统治者的地位，主持文章铨衡，他会不知不觉地以统治者对文章的要求，作铨衡的尺度，而偏向于汉赋两大系列中表现"才智深美"的系列，即他所标举的"义归乎翰藻"。同时，他把赋与骚完全分开……这样一来，不仅时代错乱，文章发展的流变不明，并且很显明地是重赋而轻骚，贬损了楚辞对西汉文学家所发生的感召作用，因而隐没了楚辞这一系列在汉代文学中的实质的意义。再加以在十类之赋中，首列《京都赋》，这在统治者的立场，可说是很自然的，但《京都赋》可以说是纯技巧的、不反映人生政治社会的作品，可以说是"非人间化的文学"。这样一来，便容易使人感到文学中是以赋为首，而赋中又系以《京都赋》为首。在《京都赋》中一开始便是班固的《两都赋》，接着是张平子的《三都赋》，便容易使人误会这类的赋最有汉代文学的代表性。明徐师曾《文体明辨》，在其赋的序说中谓"至于班固，辞理俱失"，可谓知言，所以两汉中最不能了解《离骚》的便是班固。两汉思想、文学的转盛为衰，班氏父子实为关键人物，此当别为论述。要之，班氏好贡腴而缺乏时代批评精神，故其文章之胸怀气象，远不足与西汉诸公相比。但《文选》中所录两汉人文字，独以班氏一人为最多，更足以增加后人对班氏在两汉文学真正地位之误解。凡此，乃就《文选》一书之大体言之。

徐复观认为，萧统不选严忌的《哀时命》、司马相如的《哀二世赋》、董仲舒的《士不遇赋》、东方朔的《七谏》、刘向的《九叹》、王褒的《九怀》，就不能使人了解西汉文人的内心世界和处境感悟。"一直到东汉王逸注《楚辞》，可以说两汉伟大文学家的心灵，大多是由屈原的遭际和巨制所感动、所启发的。同时，因西汉去战国未远，一人专制对心灵之毒害未深，所以西汉文学家，常想突破政治的网罗，举头天外，由此而对政治、社会人生的感愤特深、涵融特富、气象特宏，不是一人专制完全成熟以后的文学作家，可比拟于万一。但因《文选》出而把两汉尤其是西汉的这一方面文学精神、面貌，完全隐没了。"徐先生接着强调："再从另一方面看，已把文学的范围扩大到散文这一方面，……萧统《文选》中收集了许多散文作品，但因统治者厌恶谏诤，可谓出于天性。他的父亲梁武帝晚年尤为显著。所以萧统竟然把奏议这一重要的文学作品完全隐没，而仅在上书这一类中稍作点缀。于是西汉在这一方面许多涵盖时代、剖析历史的大文章，又一起隐没掉了。这可以说是以一人统治欲望之私，推类极于千载之上。"而且，由于唐代以诗赋取士而将《文选》的地位提得特高，而清乾嘉学派又以《文选》为宗极，"于是在民初以来，造成一种观念，认为《文选》是代表中国的'纯文学'，也即是代表了中国汉、魏、晋、唐、宋、齐、梁的真正文学。但清人所标榜的'选学'的著作，连萧统所宗尚的文学艺术形式的这一方面，也全无理解，更何能深入到文学的核心问题。所以通过《文选》去看西汉文学，而说它是宫廷文学，这是捕风捉影，好为附会之谈的人们的自然结论"。[①]

徐氏在许多方面触及《文选》不良影响的核心。不过，他的担忧也有些过了。因为凡治汉代文学者，不可能仅仅依从《文选》，而忽略了诸如《史记》《汉书》《后汉书》《三国志》《楚辞章句》《说苑》《七略》《论衡》等文史典籍中有关文学文献的记载。而且，从文体大宗而言，两汉时期确以辞赋为宗，奏议由于少了"踵事增华"的色彩、骚赋又不具有与汉赋对等的地位，而楚骚也并非两汉文学的唯一精神支柱，所以《文选》的选录标准是有不足之处，但尚没有到一无是处的地步。即使以班氏文学地位的扩大化问题而言，《文选》也没有过分偏离事实。而且，若从 20 世纪以来持续百年之久的纯文学观

---

① 徐复观的观点皆引自徐复观《中国文学精神》，上海书店出版社 2004 年版，第 372—374 页。按，徐复观所谓"张平子的《三都赋》"，误。《三都赋》为左思所作，张平子所作应是《二京赋》。

而论,《文选》选编者的眼光也富有前瞻性。因为他们毕竟认识到了文学的真正特点。可以说,《文选》持有重视文采华美、兼重实用的泛文学观。

综上,所谓"纯文学"观念的形成,确实是在秦汉之后的魏晋时期才有了渐趋明朗的意识。而在此之前,说实在话,并没有极其明朗的文学观念界线。既如此,是否就可以作为否定秦汉有文学的依据呢?我以为,这样的判定显然是武断的。毕竟,中国文学一路走来,无论如何不能斩断源与流的关系。我们如果把先秦时期的诗三百、楚辞、史传文学等作为源头的话,则两汉时期不仅有诸如诗歌、史传文、政论文等先秦时期出现的传统文体,而且还有诸如乐府、辞赋、铭诔、论赞、连珠、哀吊等各种新文体的相继出现。所以,两汉文学是对前代文学的继承与发展。即使依所谓的纯文学观念来衡量,毋庸置疑,汉代是有文学存在的!更何况,汉代人具有明显的泛文学观念,则文学作品更多。

第三节 关于"文学家族"的界定

我们如何理解"家族"?简单讲,就是许多有特定关系的家庭聚居在一起。既然能够聚居,显然有相应的联系纽带。就古代中国的家族而论,有共同男性祖先的血缘关系,就是重要的联系纽带。所以,徐扬杰在《中国家族制度史》中这样定义家族:

> 家族是以家庭为基础的,是指同一个男性祖先的子孙,虽然已经分居、异财、各爨,成了许多个体家庭,但是还世代相聚在一起(比如共住一个村落之中),按照一定的规范,以血缘关系为纽带结合成为一种特殊的社会组织形式。要构成家族,第一必须是一个男性祖先的子孙,从男系计算的血缘关系清楚;第二必须有一定的规范、方法,作为处理族众之间的关系的准则;第三必须有一定的组织系统,如族长之类,领导族众进行家族活动,管理族中的公共事务。不论哪个历史阶段、哪种具体形态的家族组织,这三个基本特

点都是缺一不可的。①

这样的定义确实具有一定的普适性,但可能与汉代的家族不一定完全吻合。因为在汉代,似乎并没有如此完善的家族制度。徐扬杰也认识到了这一点:"战国、两汉时期,人们之间的血缘关系之所以比较松弛,家族组织之所以处于衰落的状况,从根本上说,是由当时的社会经济条件决定的,而其中最主要的,又是在生产力发展的基础上,出现了商品经济比较活跃的局面,商品货币关系在一定程度上侵蚀了农村生活,冲击了人们的宗法思想和家族观念,使得人们无法在新的历史条件下重新建立起严格的家族组织。"② 而由此导致的结果,就是在汉代出现了由强宗大族向世家大族转变的现象,并在东汉中叶以后,出现了"世家大族式家族制度"③。可见,汉代的家族,实际上是强宗大族或世家大族,具有超越血缘宗法色彩的豪强特点。也就是说,汉代的家族因其特点时代的原因,而具有"世家"的特点。

那么,何谓"世家"?在《史记》中,"世家"的含义比较宽泛。唐代司马贞注解《史记·吴太伯世家》云:"系家者,记诸侯本系也,言其下及子孙常有国。故孟子曰:'陈仲子,齐之系家。'又董仲舒曰:'王者封诸侯,非官之也,得以代为家也。'"④ 可见,"世家"原谓"系家",指某个世卿、世禄家族的世系继替。《史记》列入"世家"体例,多是给那些享有世袭爵位特权的家族撰写家族史。当然,《史记》中的"世家"概念已在一定程度上被泛化,既指爵位世袭之家,也指有功于世且代代承传的家族,甚至包括外戚、皇族的世系更替等。比如,《孔子世家》《陈涉世家》《萧相国世家》《留侯世家》等皆是男性先祖有功于世的家族史;而《外戚世家》《梁孝王世家》《五宗世家》等则属皇亲、国戚之属的家族史。正如司马迁在《三王世家》中所言:

---

① 徐扬杰:《中国家族制度史》,武汉大学出版社2012年版,第4页。
② 同上书,第152页。
③ 同上书,第156页。
④ (汉)司马迁:《史记》卷三十一《吴太伯世家》唐司马贞《索隐》,中华书局1982年版,第1445页。

古人有言曰："爱之欲其富，亲之欲其贵。"故王者疆土建国，封立子弟，所以褒亲亲，序骨肉，尊先祖，贵支体，广同姓于天下也。是以形势强而王室安。自古至今，所由来久矣。①

可见，在汉代，"世家"多指社会门第高、世代做大官、具有共同男性祖先的大家族。当然，后世的人们也将数代传承某种专长的家族称为"世家"，比如"体育世家""音乐世家""美术世家""教育世家"等，即沿用了这个含义。所以，我们借用"家族"这一术语，实际上具有"世家"的特点。顾名思义，所谓文学家族，自然是世代传承文学技能或世代有从事文学创作活动的家族。而学界在探讨某个家族的文学创作与成就时，往往会用文学家族、文学家庭等概念。我们认为，文学家庭是一个共时性、个体性的概念，容易使人忽略其历时性变化，也就是家庭成员的代际传承。而文学家族具有共时性、群体性色彩，也能反映出历史性变化。当然，更多情况下，文学家族即文学世家。这个概念既关注了某个家族的历时性，也不忽视其共时性，因而更具有描述性色彩。

　　李真瑜在《文学世家：一种特殊的文学家群体》一文中认为，文学世家具有五个方面的特征：一是其形成表现出家族文化上的长期积累；二是理论和创作上具有明显的家学特点；三是女性作家的出现背后，家族文化起着明显的作用；四是延续时间长；五是家族文学作品的编辑刊刻是文学世家在文学上的一个标志性成果。②该文对文学世家这个概念作了学术史意义上的界定。杨晓斌、甄芸则在《我国古代文学家族的渊源及形成轨迹》一文中认为，一个文学家族应具备三个条件："从纵向考察，在同一世家大族内部几代延续不断都有文章或文学创作，他们的创作不仅数量多，而且引领风骚；从横向考察，一个时代的集部作品几乎被当时的一些不同姓氏的世家大族所包揽或垄断；从时限考察，只能出现在刘宋及其以后。"③可以说，两文的观点皆有可取之处，也有值得商

---

① （汉）司马迁：《史记》卷六十《三王世家》，中华书局1982年版，第2114页。
② 李真瑜：《文学世家：一种特殊的文学家群体》，《文艺研究》2003年第6期。
③ 杨晓斌、甄芸：《我国古代文学家族的渊源及形成轨迹》，《新疆大学学报》（哲学·人文社会科学版）2005年第1期。

权的地方。李真瑜对文学世家外延与内涵的界定，可能更符合魏晋、隋唐以后的文学世家。而若以这样的标准来衡量，则汉代几乎没有文学世家。因此，这样的界定不符合文学世家初兴阶段的实际。而杨晓斌等的"三条件"说，则显得更为苛刻。若这样来衡量，则可能确实在刘宋以后才有文学世家。可见，两文的发表及相关见解，反映出 21 世纪初学界对魏晋之前文学家族的发展情况了解不够的状况。

而梅新林认为，政治文化制度是促进或制约文学世家发展的诸多外部因素中最直接、最重要的因素，所以应以政治文化制度变革为核心动力，通过家族史与文学史的双重梳理，对中国通代文学世家发展历程进行历史还原，即前中后三大时段、三重形态的相互衔接与有序推进：两汉至南北朝是"经学—文学世家"与"门阀—文学世家"双重形态的衔接与演进；隋唐为"门阀—文学世家"与"科宦—文学世家"混合形态的交替与演进；两宋至明清主要呈现为"科宦—文学世家"主流形态的承变与演进。他认为，生命周期与文学贡献度是衡量和确定文学世家历史地位的两大核心指标。根据生命周期，可将文学世家分为小型、中型、大型和巨型四大类型；根据贡献度，又可分为普通文学世家、重要文学世家和杰出文学世家。[①] 可见，梅新林认为，文学世家具有主流形态下的多元存在特点，应以生命周期和文学贡献度作为衡量其历史地位的两个核心指标。若综合运用这两个指标，则文学世家更是一种多元化、多向度的存在。可以说，梅新林的这种理论分析是有事实基础的。根据历史记载来看，两汉时期的文学世家确实具有"经学—文学世家"与"门阀—文学世家"的双重衔接特点，而且其生命周期或长或短，其文学贡献度也或巨或微，其特点自然非单一化，而具有多元性特点。

综合上述观点，我们认为，文学家族是指世代相承某种文学专长的家族（因为文学创作能力也可以称为一种专长）。因此，代代有文辞传世的家族可称为文学世家。当然，我们还须明确汉代文学、汉代文学家等基本概念，因为这是讨论汉代文学家族的基础。在前面，我们已就"文学"的内涵与外延予以论述，并认为汉代人所持的是泛文学观。所以，

---

① 梅新林：《文学世家的历史还原》，《中国社会科学》2011 年第 1 期。

我们采纳了刘跃进的观点,并依据汉代的文体发展实际,也认为诸如章、奏、表、驳议及诗、赋、碑、诔、铭、赞、连珠、箴、吊、论、书、颂、记、祝、对问、设论、章句等"各类优秀的文章体裁,理应进入文学史家的视野"①。对汉代文学家的界定,可依据下列五个条件。其中,除了应具备第一个条件外,至少须具备另外四个条件中的两个:其一,须是汉代(公元前206年至公元220年)的文学创作者;其二,有上述相关文体作品传世者;其三,虽无作品但有关史志载其有作品篇目者;其四,有文学理论、文学批评等著作存世者;其五,有关传记记其能文,或记其参与过文学创作活动者。因此,只要是代代有文学家出现的家族(有时候是隔代相传),我们就认为该家族是文学家族。

从目前学术界的研究现状来看,人们似乎更为关注魏晋及之后的文学家族或文学世家研究。因为魏晋时期是门阀世族制度盛行的时代,这为文学家族的形成创造了制度条件;家谱、家族史等的撰写兴于魏晋,这也为研究者提供了相应的资料依据。不过,学界怀疑魏晋之前有文学家族的存在,这自然并不符合实际。当然,和魏晋南北朝时期的陈郡谢氏、琅琊王氏等文学家族相比,汉代除了夏阳司马氏、淮阴枚氏、扶风班氏、涿郡崔氏等少数家族的成员具有借述作传名后世的自觉意识外,多数家族成员的文学创作只是陈述己见、效命皇朝的一种附带性政治活动。而且,他们多以创作颂、赞、箴、铭、碑、诔、书、记、文、论、章、奏、议、疏、表、对策、连珠、遗令等"时文"为主。而这些"时文",往往不能入纯文学持论者的"法眼",因而使汉代文学的研究受到了很大的限制,研究视野日趋缩小。近一个世纪以来,许多中国古代文学研究者们似乎一直在尾随西方的研究观念,似乎不用西方的方法就无以创新,不用西方的观念就是一种倒退或落后。这确实是一种尴尬的处境!所以,21世纪以来,学术界兴起经典化与去西方化的呐喊与争论,正是针对这种既矛盾又尴尬、困惑的问题而发的。

我们认为,尊重中国文学史的实际是第一位的。在西方所谓的"纯文学"观念没有引进中国之前,中国本有自己的文学观念。尽管这种观

---

① 刘跃进:《秦汉文学编年史》,商务印书馆2006年版,"导论"第9页。

念经历了长期的演变过程，而且是基于文体分类的结果①，但其核心思想基本上是一种大文学观念。正是在这种观念的引领之下，中国文学走过了近两千年的历史。回顾20世纪以来中国文学研究的学术史历程，我们不无遗憾地发现，我们在研究和讨论中国古代文学的同时，也正在越来越远离着我们的文学本真面貌。所以，20世纪末以来的历史反思是很必要的。尽管在反思的过程中，学术界中确实存在抛弃"旧"的纯文学观念的同时，有使用"新"的大文化观念的倾向，并由此偏离了文学发展的实际。这同样值得我们警惕。

---

① 郭英德认为，中国文体的生成方式不外三途：一是作为行为方式的文体分类；二是作为文本方式的文体分类；三是文章体系内的文体分类。他说，"中国古代文体的生成大都基于与特定场合相关的'言说'这种行为方式，这一点从早期文体名称的确定多为动词性词语便不难看出。人们在特定的交际场合中，为了达到某种社会功能而采取了特定的言说行为，这种特定的言说行为派生出相应的言辞样式，于是人们就用这种言说行为（动词）指称相应的言辞样式（名词）。久而久之，便约定俗成地生成了特定的文体。而中国古代的文体分类正是从对不同文体的行为方式及其社会功能的指认中衍生出来的"。而且，"这种作为行为方式的文体分类积淀为传统的资源，在两汉时期仍然衍生绵延，成为文体分类的重要生成方式"。作者列举东汉王充《论衡·佚文》遵五经六艺为文、诸子传书为文、造论著说为文、上书奏记为文、文德之操为文，认为"王充实际上是将文人写作视为一种独特的行为方式，以不同的行为方式作为分类标准，进行文章类型的划分"。而蔡邕《独断》中有关天子令群臣之文诸如策书、制书、诏书、戒书及群臣上天子之书如章、奏、表、驳议，也"体现出作为行为方式的文体分类的某些特征"。至于东汉刘熙《释名》对一些文体的解释，"大多是从这些文体所相对应的行为方式及其社会功能着眼的"。作者强调，"作为文本方式的文体分类是从作为行为方式的文体分类中派生出来的"。而"由行为方式向文本方式变迁的结果，是特定的社会行为方式的特征最终积淀到某一文体形态之中，成为这一文体形态的本质属性，而不能从其文本方式中剥离出来了……经由行为方式向文本方式的变迁，文体分类的社会性深深地蕴藏于文体的文本方式之中，并由文体独特的行为方式及其社会功能得以彰显"。至于第三种方式，郭英德认为，"汉人所谓'文章'盖有广、狭二义，狭义的'文章'略近于今人所说的'文学'。但即使是狭义的'文章'，其中所包含的文体也仍然相当庞杂。可以说，中国古代的文体分类正是在这样一种庞杂的文章体系之内生成的"。这种基于文章体系内的文体分类肇始于西汉末刘歆的目录学著作《七略》。在《七略》中，诗赋略与六艺略、诸子略、兵书略、术数略、方技略等并列，"著录的是狭义的'文章'中最纯粹的文学作品——诗与赋。据《汉书·艺文志》，《诗赋略》将所收著作分为五类，即屈原赋类、陆贾赋类、荀卿赋类、杂赋类、歌诗类。在这里，既有赋与诗两种文体的区别，又有赋体中四种类型作品的类分。这种二级分类的文体分类方法，不仅为中国古代文体分类提供了基本的操作范型，也为中国古代文体分类提供了重要的思想资源"。而且，"无论《诗赋略》文体分类的义例如何，它毕竟是第一次在狭义的文章体系内对不同文体进行直接的分类。在这一意义上，《诗赋略》堪称中国古代文章体系内的文体分类的发端，在中国古代文体分类学中具有首创意义"。所以，作者认为在两汉时期文体分类意识的增强和延续传统的过程中，体现了文学观念的一种演进过程。参见氏著《中国古代文体学论稿》（北京大学出版社2005年版）第29—53页的有关论述。

但不可否认，人们开始认真地对待本土文化背景下的中国古代文学现象了。尤其是20世纪90年代以来，回归传统的呼声越来越强烈。正是在这样的学术背景下，刘跃进编写《秦汉文学编年史》《秦汉文学论丛》等，就是从泛文学观的角度，为秦汉文学研究搜集了大量可资依据的有价值资料。2003年，刘跃进在《文学遗产》第6期发表了《秦汉文学史研究的困境与出路》[①]一文，认为秦汉文学史研究应当重视三重境界：回归原典、综合性研究与文学史探索。其中，回归原典是基础，综合性研究是系统化过程，而文学史撰写则需关注古代文学的生成观念与演变轨迹。所以，凡在汉代出现过的文体，不管后世文学史家如何看待，都应进入我们的研究视野。这样，依照纯文学的观点去剖析汉代文学显然不符合文学史实际。只有遵从历史实际，摒弃使人深感削足适履的纯文学观念，才能走进汉代文学的本真状态。所以，我们即将进行的汉代关中区域的文学家族研究，就是在这种泛文学观念的支持下展开的。

那么，我们该如何衡量汉代的文学家族？严格意义上讲，文学家族应是指世代以文辞创作为业并有所传承者。然而，正如梅新林所言，根据生命周期，文学世家可分为小型、中型、大型、巨型四种类型；根据文学贡献度，则有普通、重要和杰出三种类型。而若将两个指标综合运用，则文学世家至少分为十二种类型。自然，传承三代或三代以上者必然属于文学世家，而生命周期较短、传承两代者能否算作文学世家？我们认为，与魏晋及其以后的文学世家不同，汉代毕竟是文学家族的初兴时期。所以，探讨该时期的文学家族，我们不能严格依据世代以文辞创作为业作为唯一的衡量标准。一方面，文学创作的职业化应是宋元明清时期才有的现象，宋元之前的诸多文人并不具有职业化特征。另一方面，我们认为，只要留下了文辞（或史志中记载其有文辞作品传世）的作者们，皆可作为关注的对象。若这样来衡量，两汉三辅地区便不乏世代有文辞创作的文学家族了。例如，西汉扶风韦氏、长安刘氏、夏阳司马氏，东汉扶风班氏、扶风马氏、扶风窦氏、弘农杨氏等。若依据泛文学观念及两代相承即为世家的标准来衡量，汉代不仅存在文学家族，而且为数不少。当然，我们将以生命周期和文学贡献度两个指标为基础，既要关

[①] 后收入《秦汉文学论丛》，凤凰出版社2008年版。

注历时久远的大型、巨型家族成员的文学贡献与成就,也不会忽视仅存两代或三代的小型、中型家族的文学成就与影响,力图站在历史真实的基础上,努力运用宏观与微观、历时与共时相结合的研究方式,采用多学科交叉研究的视角与方法,以达到我们的预期研究目标。

上编

关中文学家族个案研究

"关中"并不是行政区划，而是一种文化地理概念。那么，汉代"关中"的范围如何界定？史念海、萧正洪、王双怀主编的《陕西通史·历史地理卷》根据史料记载，就"关中"的得名，征引诸多说法予以解释。① 这说明，人们对"关中"的理解存在差异。这种差异来自地理观念，也来自文化观念。需要强调的是，本书所用地名，皆载于《史记·货殖列传》《汉书·地理志》和《后汉书·郡国志》。

在《史记》中，"关中"一词出现的频率较高。司马迁在《史记·货殖列传》中对"关中"有这样的描述：

> 关中自汧、雍以东至河、华，膏壤沃野千里。自虞夏之贡以为上田，而公刘适邠，大王、王季在岐，文王作丰，武王治镐，故其民犹有先王之遗风，好稼穑，殖五谷，地重，重为邪。及秦文、(孝)[德]、缪居雍，隙陇蜀之货物而多贾。献公徙栎邑，栎邑北却戎翟，东通三晋，亦多大贾。孝、昭治咸阳，因以汉都，长安诸陵，四方辐凑并至而会，地小人众，故其民益玩巧而事末也。南则巴蜀。巴蜀亦沃野，地饶卮、姜、丹沙、石、铜、铁、竹、木之器。南御滇僰，僰僮。西近邛笮，笮马、旄牛。然四塞，栈道千里，无所不通，唯褒斜绾毂其口，以所多易所鲜。天水、陇西、北地、上郡与关中同俗，然西有羌中之利，北有戎翟之畜，畜牧为天下饶。然地亦穷险，唯京师要其道。故关中之地，于天下三分之一，而人众不过什三；然量其富，什居其六。②

---

① 《陕西通史·历史地理卷》第八章《历史军事地理》中，对关中地名的来历作了以下解释："由于关中最初并不是正式的地方行政区划，所以有多种解释。根据《史记·货殖列传》的说法，关中自汧、雍以东至河、华。汧谓汧水（作者按：应作'汧谓汧水'），雍谓雍山，河谓黄河，华谓华山。但《史记》中有时将汉中、陕北也包括在关中的范围之内。后来还有些说法，大抵都是就关立论的。一说是它在函谷关、大散关、武关和萧关之间；一说在函谷关和陇关中间；一说在函谷关和散关的中间。此外还有其他一些说法。这些说法虽然晚出，但同战国秦汉时期的所谓四塞意义大体相同，相当符合当时的情况。"该书由史念海、萧正洪、王双怀主编，陕西师范大学出版社1998年版。

② （汉）司马迁：《史记》卷一百二十九《货殖列传》，中华书局1982年版，第3261—3262页。

据此，关中的边界分别为汧、雍、河、华：汧谓汧水，在今陕西千阳县；雍乃雍山，在今陕西凤翔县；河即黄河；华即西岳华山。就是说，关中指自汧水、雍山至黄河、华山一带的区域。显然，这是西汉时期关于"关中"的狭义解释。事实上，司马迁在《货殖列传》中又将汉中、陕北部分地域也包括在关中范围内，这大概是对"关中"的广义解释了。另据《史记》卷七《项羽本纪》载，今陕北、陕南的部分区域也被纳入"关中"范围：

> 项王、范增疑沛公之有天下，业已讲解，又恶负约，恐诸侯叛之，乃阴谋曰："巴、蜀道险，秦之迁人皆居蜀。"乃曰："巴、蜀亦关中地也。"故立沛公为汉王，王巴、蜀、汉中，都南郑。而三分关中，王秦降将以距塞汉王。项王乃立章邯为雍王，王咸阳以西，都废丘。长史欣者，故为栎阳狱掾，尝有德于项梁；都尉董翳者，本劝章邯降楚。故立司马欣慰塞王，王咸阳以东至河，都栎阳；立董翳为翟王，王上郡，都高奴。①

由此可见，项羽将巴蜀、汉中等西南区域亦称为"关中"地，并将陕北上郡（当为今陕北南部）一带纳入关中范围。项羽将秦降将章邯立为雍王、长史司马欣为塞王、董翳为翟王，将关中分割为三个部分：咸阳以西、咸阳以东至河、上郡。因此，这里的"三分关中"，显然是将关中分为北、中、南三个部分。

按说，"关中"即诸关之中的意思。《史记·高祖本纪》云："令沛公西略地入关。与诸将约，先入定关中者王之。"唐司马贞《史记索隐》注云："韦昭云：'函谷、武关也。'又《三辅旧事》云：'西以散关为界，东以函谷为界，二关之中谓之关中。'"②《史记·项羽本纪》云："人或谓项王曰：'关中阻山河四塞，地肥饶，可都以霸。'"南朝宋裴骃《史记集解》引徐广之语："东函谷，南武关，西散关，北萧关。"③ 如

---

① （汉）司马迁：《史记》卷七《项羽本纪》，中华书局1982年版，第316页。
② （汉）司马迁：《史记》卷八《高祖本纪》，中华书局1982年版，第356页。
③ （汉）司马迁：《史记》卷七《项羽本纪》，中华书局1982年版，第315页。

此，关中即四关之中。《史记》最早并大量使用"关中"这个区域性名称，全书提及四十余次。而唐代颜师古为《史记·高帝本纪》作注云："自函谷关以西，总名关中。"这可能是最接近历史真相的解释。在《史记·秦始皇本纪》中，曾提到秦始皇在各地大造行宫时说："关中计宫三百，关外四百余。"这里的"关中"和"关外"，是以函谷关为界来划定的。"关外"指函谷关之外，而"关中"指函谷关之中。秦汉时期，以诸如"关中""关外"进行对比叙述的，还有"关内"与"关外"、"关东"与"关西"、"山东"与"山西"、"关右"与"关左"等。因此，汉代还有"关内侯"与"关外侯"的爵位区分。可见，不论是地名还是爵名，无一例外是以函谷关和崤山为分界点的。据《汉书·地理志》，西汉"关中"大体包括京兆尹、左冯翊、右扶风和弘农郡等四个地区。之所以将弘农郡纳入关中，与汉武帝东移函谷关有关。汉武帝时期，函谷关曾向东迁移，便将弘农郡也划进了"关中"范围。而据《后汉书·郡国志》，东汉时期，这四个区域的建置仍在，但所辖县有调整和变化。

据《汉书·地理志》，京兆尹原属秦内史，武帝建元六年（前135）分为右内史，太初元年（前104）改为京兆尹，有县十二：长安、新丰、船司空、蓝田、华阴、郑、湖、下邽、南陵、奉明、霸陵、杜陵。① 这些县以长安为中心，分布在"关中"东部、东南部一带。左冯翊原属秦内史，武帝建元六年（前135）分为左内史，太初元年（前104）更名为左冯翊，有县二十四：高陵、栎阳、翟道、池阳、夏阳、衙、粟邑、谷口、莲勺、鄜、频阳、临晋、重泉、郃阳、祋祤、武城、沈阳、襄德、徵、云陵、万年、长陵、阳陵、云阳。② 这些县主要分布在长安北部、东北部、西北部一带。右扶风原属秦内史，武帝建元六年（前135）分为右内史，太初元年（前104）更名主爵都尉为右扶风，有县二十一：渭城、槐里、鄠、盩厔、斄、郁夷、美阳、郿、雍、漆、栒邑、隃糜、陈仓、杜阳、汧、好畤、虢、安陵、茂陵、平陵、武功。③ 这些县分布在长安的西部、西南部一带。弘农郡，武帝元鼎四年（前113）置，有县十一：弘

---

① （汉）班固：《汉书》卷二十八上《地理志上》，中华书局1962年版，第1543—1544页。
② 同上书，第1545页。
③ 同上书，第1546—1547页。

农、卢氏、陕、宜阳、黾池、丹水、新安、商、析、陆浑、上雒。① 可见，弘农郡包括今商洛一带、函谷关在内的河南陕县以西区域。

而据范晔《后汉书·郡国志》，京兆尹下辖县为：长安、霸陵、杜陵、郑、新丰、蓝田、长陵、商、上雒、阳陵等十县。② 可见，东汉时期京兆尹所辖县有了调整和变化。变化之一，长陵、阳陵西汉时原属冯翊，商、上雒西汉时原属弘农郡；变化之二，减少了船司空、华阴、湖、下邽、南陵、奉明等六县；变化之三，东汉时将湖、华阴两县归于弘农郡。左冯翊下辖县有：高陵、池阳、云阳、祋祤、频阳、万年、莲勺、重泉、临晋、郃阳、夏阳、衙、粟邑。③ 可见，除了将长陵、阳陵调整给京兆尹外，东汉时期左冯翊所辖县大量减少，减少了栎阳、翟道、谷口、鄜、武城、沈阳、襄德、徵、云陵等九个县。右扶风下辖槐里、安陵、平陵、茂陵、鄠、郿、武功、陈仓、汧、渝（隃）麋、雍、栒邑、美阳、漆、杜阳。④ 和西汉时期对比，东汉右扶风少了渭城、蓥屋、斄、郁夷、好畤、虢等六县。东汉弘农郡下辖陕、黾池、新安、宜阳、陆浑、卢氏、湖、华阴等八县。⑤ 与西汉时对比，少了弘农、丹水、商、析、上雒等五县（如前所述，商、上雒划归京兆尹），而将原属京兆尹的湖、华阴两县归于弘农郡管辖。

综上所述，基本上属于"关中"地区的京兆尹、左冯翊、右扶风和弘农郡等行政区所辖县，曾在两汉时期发生过变化。根据相关史料来看，变化的原因是多方面的。不过，帝都的东迁，对关中人口的影响是明显的。可以说，东汉建都城于洛阳，使得关中地区的人口总量不是增加了，而是减少了，而且减少的幅度很大。⑥ 这对关中经济、文化、教育的影响

---

① （汉）班固：《汉书》卷二十八上《地理志上》，中华书局1962年版，第1548—1549页。
② （南朝宋）范晔：《后汉书》志第十九《郡国一》，中华书局1965年版，第3403页。
③ 同上书，第3405页。
④ 同上书，第3406页。
⑤ 同上书，第3401页。
⑥ 据《汉书·地理志》载，汉平帝元始二年（2），京兆尹有682468人、左冯翊有917822人、右扶风有836070人、弘农郡有475954人，总人口达2912314人。而据《后汉书·郡国志》载，东汉顺帝永和五年（140），京兆尹285574人、左冯翊有145195人、右扶风有93910人、弘农郡有199113人，总人口为723792人。从中可以看出，"关中"地区人口锐减，140年间减少了将近220万人。

都是明显的。

当然，关中不仅是地理概念，也是地域文化概念。这是因为，生活在不同地域的人，总具有相似的文化精神风貌。而所谓文化精神，其实就是一种比较稳定的文化传统。从特定地域看，这也是生活在特定地域的人们的一种恒久而稳定的文化心理。关于关中文化精神，李浩先生曾在其专著《唐代关中士族与文学》中予以归纳总结，主要有五点：其一是人文化成的礼乐精神，其二是耕稼本业的重农精神，其三是开拓进取的冒险精神，其四是经世致用的事功精神，其五是学究天人的宇宙精神。① 那么，关中精神的这五大内涵是否具有普适性意义？汉代关中人是否已形成了这五大精神？

如前所引，司马迁在《史记·货殖列传》中说，"自虞夏之贡以为上田，而公刘适邠，大王、王季在岐，文王作丰，武王治镐，故其民犹有先王之遗风，好稼穑，殖五谷，地重，重为邪"。根据唐司马贞《史记索隐》所注，"地重"即"重耕稼"，"重为邪"即"畏罪不敢为奸邪"。唐张守节《史记正义》亦云："言关中地重厚，民亦重难不为邪恶。"② 由此可见，汉代之前的关中人承先王之遗风，好稼穑、重耕稼、守规矩、不奸邪。但是，秦汉以来，关中风气发生了变化："孝、昭治咸阳，因以汉都，长安诸陵，四方辐凑并至而会，地小人众，故其民益玩巧而事末也。"③ 可见，秦汉时期的移民政策，导致关中区域地小人众，百姓开始本末倒置，不再以重耕稼为本，而是重商业、益玩巧为务。汉代关中的这种风气，也为《汉书·地理志》所记载：

> 故秦地于《禹贡》时跨雍、梁二州，《诗·风》兼秦、豳两国。昔后稷封斄，公刘处豳，大王徙岐，文王作丰，武王治镐，其民有先王遗风，好稼穑，务本业，故《豳诗》言农桑衣食之本甚备。有鄠、杜竹林，南山檀柘，号称陆海，为九州膏腴。始皇之初，郑国穿渠，引泾水溉田，沃野千里，民以富饶。汉兴，立都长安，徙齐

---

① 李浩：《唐代关中士族与文学》，中国社会科学出版社2003年版，第24—30页。
② （汉）司马迁：《史记》卷一百二十九《货殖列传》，中华书局1982年版，第3262页。
③ 同上书，第3261页。

诸田，楚昭、屈、景及诸功臣家于长陵。后世世徙吏二千石、高訾富人及豪杰并兼之家于诸陵。盖亦以强干弱支，非独为奉山园也。是故五方杂厝，风俗不纯，其世家则好礼文，富人则商贾为利，豪杰则游侠通奸。濒南山，近夏阳，多阻险轻薄，易为盗贼，常为天下剧。又郡国辐凑，浮食者多，民去本就末，列侯贵人车服僭上，众庶放效，羞不相及，嫁娶尤崇侈靡，送死过度。①

根据《汉书》的记载来看，关中原有"好稼穑，务本业"的"先王遗风"，但在秦汉时期受到了冲击。追根溯源，秦始皇之初，关中因郑国渠修成而百姓富饶，从而渐次形成崇尚奢靡的文化心理。西汉初年，为了"强干弱支"，充实京师，汉王朝实行移民诸陵的政策。其最为明显的结果是，整个关中区域成为"五方杂厝，风俗不纯"的文化杂交地。流风所及，就上层社会而言，世家喜好礼文，富人重视商贾为利，豪杰则喜欢游侠通奸，风俗不纯、追求各异；就下层社会来看，由于关中靠近南山（秦岭），易为盗贼所聚，加之"浮食者众"，百姓便去本逐末，不务稼穑。由此，列侯贵人讲究车马衣饰，甚至为此竟僭越犯上，而普通百姓竞相效法，婚嫁丧葬皆重侈靡，追求奢华，成一时风气！

总之，根据史书记载，汉代关中区域虽居各关隘之中，却是西汉的政治、经济、文化、教育的中心。由于交通的发达便利，而成为多元文化交融的区域。在这种多元文化的影响下，关中区域成为多元价值观并存的区域。因此，以长安为中心，以京兆、冯翊、扶风、弘农为基础，汉代关中文学家族便逐渐孕育、成长起来，一些家族甚至成为横跨两汉的文学世家。相对而言，比较著名的有京兆杜陵杜氏、京兆长安刘氏、左冯翊夏阳司马氏、扶风茂陵马氏、扶风平陵窦氏、扶风平陵韦氏、扶风安陵班氏和弘农华阴杨氏等八个家族。

---

① （汉）班固：《汉书》卷二十八下《地理志下》，中华书局1962年版，第1642—1643页。

第 一 章

京兆杜陵杜氏家族

"京兆尹"所辖县在两汉时期是有不同的。这一点，前面已经作了介绍。不过，无论是在西汉还是在东汉，"京兆"均包括长安及其周边区县。而杜陵原为杜县，秦武公时设。[①] 钱穆《史记地名考》云："杜陵故城万年县东南十五里。汉杜陵县，汉宣帝陵邑也，北去宣帝陵五里。"[②] 杜陵在两汉时皆隶属于京兆尹。本章探讨的"京兆杜陵杜氏"，就是居住在西汉杜陵县的杜氏家族。

第一节 从律法之家走向豪族之路

在汉代关中地区，京兆杜陵杜氏的开山鼻祖应是汉武帝时的酷吏杜周。杜周以掾吏起家，最终位至三公，富贵无比。根据史料记载，杜周之子杜延年、延年之子杜钦、杜钦从子杜业、杜业从孙杜笃等皆有文辞作品传世。尤其是东汉时期的杜笃，其作品在当时也有一定的影响力。所以，杜陵杜氏当是兴起于掾吏、传承三代以上的文学家族。

一 杜陵杜氏渊源、世系

西汉杜陵杜氏堪称官僚宗族。若追溯其祖宗渊源，可谓绵绵久远。先秦时期，杜氏即聚居于杜城。至秦，杜赫为大将军，采邑在南阳衍邑，世称"杜衍"，汉代杜陵杜氏就出自杜衍。关于其先祖渊源，《新唐书·

[①] （汉）司马迁：《史记》卷五《秦本纪》，中华书局1982年版，第182页。
[②] 钱穆：《史记地名考》，商务印书馆2001年版，第276页。

宰相世系表》载：

> 杜氏出自祁姓，帝尧裔孙刘累之后。在周为唐杜氏，成王灭唐，以封弟叔虞，改封唐氏子孙于杜城，京兆杜陵县也。杜伯入为宣王大夫，无罪被杀，子孙分适诸侯之国，居杜城者为杜氏。在鲁有杜洩，避季平子之难，奔于楚，生大夫绰。绰生段，段生赫，赫为秦大将军，食采于南阳衍邑，世称为"杜衍"。赫少子秉，上党太守，生南阳太守札。札生周，御史大夫，以豪族徙茂陵。三子：延寿、延考、延年。延年字幼公，御史大夫、建平敬侯。六子：缓、继、他、绍、绪、熊。熊字少卿，荆州刺史，生后汉谏议大夫穰，字子饶。二子：敦、笃。敦字仲信，西河太守，生邦，字召伯，中散大夫。三子：宾、宏、繁。宾字叔达，举有道不就。二子：翕、崇。崇字伯括，司空掾，生畿。畿字伯侯，魏河东太守、丰乐戴侯。三子：恕、理、宽。恕字伯务，弘农太守、幽州刺史。生预，字元凯，晋荆州刺史、征南大将军、当阳侯。四子：锡、跻、耽、尹。锡字世嘏，为尚书左丞……①

可见，杜氏世系比较复杂，出自祁姓，尧之裔孙刘累之后，西周时为唐杜氏。周成王时，居于杜城者为杜氏。秦时，杜周曾祖父杜赫为大将军，食邑在南阳衍邑，因世称衍邑为"杜衍"。杜赫少子杜秉为上党太守，杜秉之子杜札为南阳太守，杜札生杜周。若根据当时的官制衡量，杜周祖父杜秉、父亲杜札等皆为俸禄二千石的高官。如此，杜周的家世背景应非常不错，杜氏属于官僚宗族的行列。

然而，杜周之父杜札何时、因何为南阳太守，史著不明，不得而知。而且，因史书记载不详，杜周是杜札的嫡子还是庶子，是长子还是少子，也无法明判。据《史记·酷吏列传》载："杜周者，南阳杜衍人。义纵为南阳守，以为爪牙，举为廷尉史。事张汤，汤数言其无害，至御史。"②

---

① （宋）欧阳修、（宋）宋祁：《新唐书·宰相世系表》，中华书局1975年版，第2418—2419页。

② （汉）司马迁：《史记》卷一百二十二《酷吏列传》，中华书局1982年版，第3152页。

那么，杜周因何为南阳太守义纵之"爪牙"，史载不详，亦不得而知。根据《新唐书·宰相世系表》来看，杜周之父曾任南阳太守，应是义纵的前任，两人或有交集。从表面上来看，杜周家世背景不错，但他或非依赖家族背景入仕，而从卑微小吏干起，凭借自身的努力和才干，才得到义纵的赏识、举荐而渐次升迁。所以，作为杜陵杜氏的开山鼻祖，杜周虽出身官宦之家，但起步于卑微的掾吏。

追溯杜氏家族渊源，根据《新唐书·宰相世系表》所载，杜氏远祖有姓名者，最早为周宣王时的大夫杜伯。杜伯后裔在鲁国者有杜洩，生杜绰。杜绰生杜段，杜段生赫，杜赫少子杜秉为上党太守，生南阳太守杜札，杜札生杜周。如此，杜洩为杜周七世祖。可以看出，总体来看，杜氏家族在先秦及秦汉之际的地位并不低。

二　杜陵杜氏在西汉的发展

讨论杜氏家族在西汉的发展，本不能忽视杜周之父、南阳太守杜札的奠基作用。但本章所论，乃杜周这一支系的发展情况。据《史记·酷吏列传》，杜周籍贯为南阳杜衍，当是其祖籍。[①] 武帝时，杜周以家赀豪富、吏二千石迁徙于扶风茂陵，其少子杜延年又徙于杜陵。[②] 所以，杜延年的后人杜缓、杜钦、杜业等，当以杜陵为籍。杜周这一支系是由小吏之家而逐渐成为豪门世族的。可以说，南阳杜衍人杜周由小吏而为廷尉，也为杜氏家族的未来发展奠定了良好的基础。

杜周，字长孺[③]。据《史记·酷吏列传》载，杜周最初为南阳太守、酷吏义纵之"爪牙"，受其赏识，举荐给酷吏张汤，为廷尉史。由于他"奏事中上意，任用，与减宣相编，更为中丞十余岁"。据《史记》本传载，"其治与宣相放，然重迟，外宽，内深次骨。宣为左内史，周为廷尉，其治大放张汤而善候伺。上所欲挤者，因而陷之；上所欲释者，久系待问而微见其冤状"。可见，杜周效法酷吏减宣、张汤，外表宽厚而心

---

① （汉）司马迁：《史记》卷一百二十二《酷吏列传》，中华书局1982年版，第3153页。
② 据《汉书·杜周传》："初，杜周武帝时徙茂陵，至延年徙杜陵云。"中华书局1962年版，第2683页。
③ （汉）司马迁《史记》卷一百二十二《酷吏列传》唐张守节《正义》云："《杜氏谱》云字长孺。"中华书局1982年版，第3153页。

狠手辣。在漫长的执法职业生涯中，练就了察言观色的本领，并根据皇帝的想法而判案。他身为廷尉，位至九卿，正是汉武帝用法深刻之时，因而出现了"二千石系者新故相因，不减百余人。郡吏大夫举之廷尉，一岁至千余章"。在这样的情况下，杜周往往通过酷刑完成审讯，屈打成招，所谓"以掠笞定之"。而且，由于人数众多，"廷尉及中都官诏狱逮至六七万人，吏所增加十万余人"。他一度被废免职，后为执金吾，"逐盗，捕治桑弘羊、卫皇后昆弟子刻深，天子以为尽力无私，迁为御史大夫"。可以看出，杜周的仕途道路上，铺满了高官的累累白骨。他的做派、处事方式，为其子杜延寿、杜延考所继承："家两子，夹河为守。其治暴酷皆甚于王温舒等矣。"作为酷吏，杜周获得了丰厚的俸禄、金钱，也使杜氏家族发展了起来："杜周初征为廷史，有一马，且不全；及身久任事，至三公列，子孙尊官，家訾累数巨万矣。"司马迁这样评价，"杜周从谀，以少言为重"。[①] 可见，杜周由卑微小吏而位至三公，子孙为尊官，家产巨万，虽与武帝时严刑酷法的政治大环境有关，更与其善于揣摩武帝心思、外宽内深的酷吏作派关系密切。当然，杜周以无名小吏而为尊官巨富，家产累数巨万，这为杜陵杜氏的发展奠定了坚实基础。

据《新唐书·宰相世系表》，杜周生有三子：长子延寿、次子延考、少子延年。据《汉书·杜周传》载，"始周为廷史，有一马，及久任事，列三公，而两子夹河为郡守，家訾累巨万矣。治皆酷暴，唯少子延年行宽厚云"[②]。可见，杜周长子延寿、次子延考皆官至郡守，且与乃父杜周一样，皆行"酷暴"之事。而且，如前文引述《史记》所载，其"酷暴"程度比王温舒更甚。不过，杜周少子延年却比较"宽厚"。可以说，杜延年的"宽厚"，既赢得了人们的尊重，也相应地巩固了杜氏家族在西汉时期的政治地位。

杜延年字幼公，承家学而明法律。他一反乃父、乃兄的酷暴风格，为人宽厚，为杜氏家族的发展转向奠定了良好基础。昭帝初年，曾任军

[①] （汉）司马迁：《史记》卷一百二十二《酷吏列传》，中华书局1982年版，第3152—3154页。

[②] （汉）班固：《汉书》卷六十《杜周传》，中华书局1962年版，第2661页。

司空、谏大夫，因告发上官桀谋反有功，封为建平侯。他原在大将军霍光身边为吏，霍光擢其为太仆右曹给事中，可谓霍光肱股。《汉书·杜周传》载，"光持刑罚严，延年辅之以宽"①。由于他"论议持平，合和朝廷"，对巩固霍光的辅政大臣地位具有重要作用。昭帝崩，昌邑王刘贺即位不久被废。在确定新继位者的过程中，杜延年积极斡旋。因皇曾孙刘询与他的中子杜佗"相爱善"，杜延年也觉得刘询"德美"，因劝霍光、张安世等立刘询为帝。宣帝即位后，因有策立之功，他的食邑增至四千三百户。《汉书》本传称，延年"为人安和，备于诸事，久典朝政，上任信之，出为奉驾，入给事中，居九卿位十余年，赏赐赂遗，訾数千万"。可见，在汉宣帝时，他深受皇帝信任，位居九卿十多年之久，家财富厚达数千万之巨。杜延年后因霍禹谋反事而受牵连，便以九卿之位担任边吏，任北地太守，后迁西河太守。五凤年间（前57—前54），为御史大夫，三年后病死，谥敬侯。②

总体看，杜氏家族在第二代杜延年时已发生了一些变化。首先，杜延年居九卿之位达十余年，于此可见杜氏家族地位之稳固；其次，杜延年是杜氏家族第一个封侯的家族成员，并深得皇帝的信任；再次，杜延年的家产达数千万之巨，富贵无比；最后，他也是杜氏家族第一个在史上留下文辞者。可以说，从杜延年开始，杜氏家族有了向文化家族转化的迹象。

关于杜延年长兄延寿、次兄延考的子嗣情况，史载不明。因此，杜氏第三代主要是杜延年的七个儿子。据《汉书·杜周传》附《杜延年传》，延年有子七人，长子杜缓嗣爵，中子杜钦以经学知名，其余五人皆至大官。少子杜熊历任五郡太守、三州刺史，最有能名。③而前引《新唐书·宰相世系表》载，延年有缓、继、他、绍、绪、熊等六子，唯独少了杜钦。对此，赵超在其专著《新唐书宰相世系表集校》中也表示深感困惑："《前汉书·杜周传》：缓六弟。则延年有七子矣。缓中弟钦最知名，《表》独阙之，何邪？"我们认为，从典籍产生的时间上推断，可能

---

① （汉）班固：《汉书》卷六十《杜周传》，中华书局1962年版，第2662页。
② 同上书，第2662—2665页。
③ 同上书，第2667页。

是《新唐书·宰相世系表》在史料传抄的过程中有误。比如，《汉书》中的"杜佗"，在《新唐书》中为"杜他"，便是一例。因此，遵从《汉书》或较为准确。而据有关记载推断，杜佗当为延年第三子，而杜钦是第四子。①

杜缓为延年长子，父死，嗣爵建平侯。据《汉书·杜周传》附《杜缓传》，杜缓年轻时为郎，宣帝本始年间，曾以校尉身份随赵充国击匈奴，返回后拜官谏大夫，后升任上谷都尉、雁门太守。其父延年死，他"征视丧事，拜为太常，治诸陵县"。元帝初即位，谷价昂贵、百姓流离。永光年间（前43—前41），西羌反叛，他曾向朝廷资助钱粮，前后累计价值达数百万钱。这说明，杜陵杜氏在元帝时仍是家赀富有的官僚豪族。除杜缓、杜钦外，史书所记延年其他儿子的情况甚略。比如，中子杜佗（他）与宣帝刘询相友善，除了杜钦，五人皆至大官，尤以杜熊最知名。

如前所述，杜钦乃延年第四子。在兄弟七人之中，杜钦虽"官不至"，却"最知名"。据《汉书·杜周传》附《杜钦传》：

> 钦字子夏，少好经书，家富而目偏盲，故不好为吏。茂陵杜邺与钦同姓字，俱以材能称京师，故衣冠谓钦为"盲杜子夏"以相别。钦恶以疾见诋，乃为小冠，高广财二寸，由是京师更谓钦为"小冠杜子夏"，而邺为"大冠杜子夏"云。②

在杜氏家族的第三代中，杜钦是通经之士。由于"目偏盲"这一生理缺陷，以致无法出仕为官，人称"盲杜子夏""小冠杜子夏"。成帝时，大

---

① 赵超编著：《新唐书宰相世系表集校》（上），中华书局1998年版，第181页。《新唐书·宰相世系表》中所列多为有官职者，而杜钦虽知名当世，但从未做过高官，所以失载的可能性较大。另外，班固比欧阳修、宋祁等年代要早，所拥有史料可能更接近于事实。所以，班氏所记应是真实的。另外，《汉书·杜周传》附《杜延年传》云，延年中子杜佗与刘询关系很好。这个"中子"如何理解？据《新唐书·宰相世系表》，杜佗是杜延年第三子。而所谓"中子"，即居于"中间"者，而第三位正是中间位置。《汉书·杜周传》所附《杜缓传》云，杜钦为杜缓"中弟"，则杜钦也在中间位置，或许只能排行第四了。如此，杜佗与杜钦或在杜延年的七个儿子中分别排行第三位和第四位。只有这样，才勉强与史书所记相合。所以，杜钦当为杜延年第四子。

② （汉）班固：《汉书》卷六十《杜周传》，中华书局1962年版，第2667页。

将军王凤以外戚辅政，由于王凤之父王禁与杜缓"相善"，王凤也知道杜钦有才能，便奏请任命他为"职闲无事"的大将军军武库令。他"为人深博有谋"，深得王凤信任。据记载，成帝为太子时，就以好色闻名。即位之后，皇太后下诏选良家女。为此，杜钦曾通过王凤两次上书，向太后进谏，不为采纳。因其兄子与皇太后妹妹司马君力私通，杜钦因"惭惧"而自请去官。成帝诏举贤良方正，合阳侯梁放举荐杜钦，便于白虎殿上策对，为议郎，复以病免。不久，他再入王凤幕府，"国家政谋，凤常与钦虑之"。尽管他"优游不仕"，但"子及昆弟支属至二千石者且十人"。① 可见，因杜钦与大将军王凤关系特别，杜陵杜氏在成帝时更加发达，有近十人成为二千石高官。应当说，杜氏是西汉后期最具实力的官僚宗族之一。

杜氏第四代、杜缓之子杜业主要生活于成帝、哀帝时。与杜钦不同，他与外戚王氏关系一般，甚至很差。据《汉书·杜周传》附《杜业传》，杜缓死后，杜业嗣爵，娶成帝之妹颖邑公主，公主无子先亡。而杜业"有材能，以列侯选，复为太常。数言得失，不事权贵，与丞相翟方进、卫尉定陵侯淳于长不平"②。而且，杜业多次上书言事，与外戚王氏相抵牾，曾先后任太常、上党都尉等。哀帝崩，王莽秉政，杜业被徙合浦，忧病而死，卒谥荒侯。杜业爵位传子至孙而绝。

西汉后期，杜氏家族中还有一位值得关注的成员。其人名叫杜参，《汉书·艺文志》载其赋二篇。颜师古注云："刘向《别录》：'臣向谨与长社尉杜参校中秘书。'刘歆又云：'参，杜陵人，以阳朔元年病死，死时年二十余。'"③ 如此，杜参是杜陵人，在成帝时为博士弟子，任长社尉，曾与刘向一同参校秘书。汉成帝阳朔元年（前24），杜参因病而卒。资料所限，虽不能明其世系，但很可能也是杜周后裔，或许是杜延年之孙或从孙也未可知。

总之，从杜周起至杜业止，杜陵杜氏历经四代，渐由小吏而为豪门

---

① （汉）班固：《汉书》卷六十《杜周传》附《杜钦传》，中华书局1962年版，第2667—2678页。

② （汉）班固：《汉书》卷六十《杜周传》附《杜业传》，中华书局1962年版，第2678页。

③ （汉）班固：《汉书》卷三十《艺文志》，中华书局1962年版，第1749—1750页。

世族，由律法之家走上了豪族之路。如《汉书·杜周传》所言，杜周为廷史时只有一马，位列三公之后，两个儿子为郡守，家产累巨万。少子杜延年位居九卿长达十余年，家产数千万。杜延年有七个儿子，长子杜缓嗣爵，其余五人至大官。杜钦虽"优游不仕"，但其子及昆弟同族者将近十人位至二千石。杜缓死后，其子杜业嗣爵，与汉成帝妹颍邑公主结婚。事实上，世族豪门与皇族联姻，皇权与世族联手，逐渐成为西汉后期的基本政治格局。这也是杜氏家族得以兴盛的重要原因。

第二节 从豪门世族转向文学家族

杜氏家族成员之中，杜延年通法明经，颇有文辞，而且非常重视子弟的教育和培养。因此，七个儿子之中，杜钦更是通经之士，且能文善辩。而杜缓之子杜业也以才能见称，文辞合于时用。所以，杜氏家族在西汉时已走向新变之路，孕育出了杜延年、杜钦、杜业等文学之士。可以说，杜陵杜氏是在西汉时期开始从豪门世族走向文学家族之路的，只不过在东汉时期表现得更为明显而已。

一 杜陵杜氏在东汉的发展

如前所述，杜氏家族在西汉时辉煌无限、地位甚高，出现了十几位二千石的高官。不过，汉平帝时，由于王莽秉政，杜氏家族的地位日衰。两汉交替之际，杜陵杜氏的政治地位更是发生了很大变化。到了东汉时期，杜氏家族之中，出现了杜笃等有文名于当世的成员，意味着走向文学家族已成必然趋势。

西汉末年，杜氏失爵之后，子孙可能流布各地者甚多。其中，东汉文学家杜笃是杜陵杜氏的直系后代。据《新唐书·宰相世系表》，"熊字少卿，荆州刺史，生后汉谏议大夫穰，字子饶。二子：敦、笃"。杜熊为杜延年第七子。据《汉书·杜周传》附《杜缓传》云，"缓六弟，五人至大官，少弟熊历五郡二千石，三州牧刺史，有能名"[1]。这说明，杜延年七个儿子中，杜熊的行政能力最为突出。若按《新唐书》所载，杜笃

---

[1] （汉）班固：《汉书》卷六十《杜周传》附《杜缓传》，中华书局1962年版，第2667页。

曾祖父为杜延年,祖父为荆州刺史杜熊,父为后汉谏议大夫杜穰,兄为杜敦。这与《后汉书》所载并不一致。据《后汉书·文苑传》:

> 杜笃字季雅,京兆杜陵人也。高祖延年,宣帝时为御史大夫。笃少博学,不修小节,不为乡人所礼。居美阳,与美阳令游,数从请托,不谐,颇相恨。令怒,收笃送京师。会大司马吴汉薨,光武诏诸儒诔之,笃于狱中为诔,辞最高,帝美之,赐帛免刑……笃后仕郡文学掾。以目疾,二十余年不窥京师。笃之外高祖破羌将军辛武贤,以武略称。笃常叹曰:"杜氏文明善政,而笃不任为吏;辛氏秉义经武,而笃又怯于事。外内五世,至笃衰矣!"女弟适扶风马氏。建初三年,车骑将军马防击西羌,请笃为从事中郎,战没于射姑山。所著赋、诔、吊、书、赞、《七言》、《女诫》及杂文,凡十八篇。又著《明世论》十五篇。子硕,豪侠,以货殖闻。[①]

范晔《后汉书》明确告诉我们,延年为杜笃高祖父。而且,杜笃自叹不如先祖,有所谓"内外五世,自笃衰矣!"所以,我们认为,《后汉书》的记载或相对准确,而《新唐书》的记载有误。如此推测,延年应是杜笃的高祖父。这样,杜笃的世系为:杜延年→杜熊→杜(某)→杜穰→杜笃→杜硕[②]。所以,杜笃当为杜业从孙。作为杜陵杜氏的直系后裔,杜

[①] 关于杜笃的生平事迹,参见范晔《后汉书》卷八十上《文苑列传上》,中华书局1965年版,第2595—2609页。

[②] 赵超《新唐书宰相世系表集校》第181页云:"《订伪》……(又)《后汉书·杜笃传》:高祖延年,据《表》则为曾祖。""《四校记》:《后汉书》——○上《笃传》:'高祖延年。'《新表》则……以笃为延年曾孙,均与此不合。"从时间上考证,《后汉书》本传称杜笃于章帝建初三年(78)任车骑将军马防的从事中郎,并战殁于射姑山。据陆侃如《中古文学系年》云:"杜笃生年无考,如果他死时年近六十,则当生于二○年左右,本年约二十余岁。"按:"本年"指建武二十年(44)。若陆氏推测准确,且杜笃与其父相差三十岁的话,则杜笃之父杜穰当生于公元前9年前后,其祖父杜熊则可能生于前29年前后,即汉成帝建始四年。而杜延年卒于宣帝五凤年间(前57—前54)。这样来推测,杜熊不可能在成帝建始年间出生。显然,两者相差近三十年。即使杜笃在建武二十年(44年)为三十岁,则其当生于公元10年前后,仍以父子相差三十岁为推测标准,则其父当生于前20年前后,其祖当生于前50年前后,其曾祖也不可生子了。所以,杜延年当为杜笃高祖父无疑,《新唐书·宰相世系表》确实有误。合理的推测,应是在杜熊与杜穰之间少了一代。

笃已真正走向文学创作之路，是东汉著名的文学家。不过，杜笃之子杜硕以"货殖闻"，说明该家族至少在东汉初还比较富有。另外，根据《后汉书·文苑传》的记载，杜笃之妹嫁给扶风马氏，又说明杜陵杜氏与扶风马氏这两个关中豪族曾有联姻关系。另据《后汉书·马援列传》所载，"京兆杜笃之徒数百人，常为食客，居门下"。① 杜笃凭借妹妹嫁给马氏的婚姻关系，曾依附马防为食客，这说明杜氏家族确实今不如昔！

关于东汉杜氏家族的发展情况，史载不详。除《后汉书·文苑传》载杜笃、杜笃之妹、杜笃之子的情况外，唯从《新唐书·宰相世系表》中，可以约略看到杜笃之兄杜敦这一支系的情况："敦字仲信，西河太守。生邦，字召伯，中散大夫。三子：宾、宏、繁。宾字叔达，举有道不就。二子：翕、崇。崇字伯括，司空掾，生畿。畿字伯侯，魏河东太守、丰乐戴侯。三子：恕、理、宽。恕字伯务，弘农太守、幽州刺史。生预，字元凯，晋荆州刺史、征南大将军、当阳侯。"可见，杜敦曾为西河太守，其子杜邦曾为中散大夫。杜邦三子之中，唯记杜宾"举有道不就"，其他二子无闻。杜宾生二子，其中杜崇曾为司空掾，生杜畿。而杜畿为西晋史学家、经学家杜预之祖父，这与《晋书》卷三十四《杜预传》所记一致："杜预，字元凯，京兆杜陵人也。祖畿，魏尚书仆射。父恕，幽州刺史。预博学多通，明于兴废之道。"这样，关于杜氏家族在汉代的发展情况，当止于司空掾杜崇。而据《后汉书·南匈奴列传》载，和帝永元六年（94），有杜崇上言朱徽事②。从时间来推断，当不是杜预的曾祖父、后汉司空掾杜崇。史料原因，杜陵杜氏家族在东汉的发展情况，我们只能略记其大概。

二 从豪门世族转向文学家族

在先秦时期，杜氏家族可谓渊源有自，也属于贵胄之后。据《新唐书·宰相世系表》，作为帝尧之后刘累之裔孙，西周时为唐杜氏。周成王

---

① （南朝宋）范晔：《后汉书》卷二十四《马援列传》，中华书局1965年，第857页。
② 据范晔《后汉书》卷八十九《南匈奴列传》载，"（永元）六年春，皇甫棱免，以执金吾朱徽行度辽将军。时单于与中郎将杜崇不相平，乃上书告崇，崇讽西河太守令断单于章，无由自闻。而崇因与朱徽上言"云云。

灭唐，唐杜氏子孙被安置于杜城（京兆杜陵），故以杜为氏。在杜氏先祖之中，周宣王时期的大夫杜伯无罪被杀，子孙被迫流布诸侯各国。其中，在鲁国的杜洩又避季氏之难，投奔楚国。杜洩生杜绰，为楚大夫。杜绰生杜段，杜段生杜赫。而杜赫为秦国大将军，当因军功而以南阳"衍邑"为食邑，世称"杜衍"。① 可见，在先秦时期，杜氏已由贵胄变为军功之族。阎爱民在其《汉晋家族研究》一书中认为：

  在贵族的演变历程中，特权阶层主要经历世卿世禄的分封贵族、军功武人贵族以及门阀士族这些不同类型的发展阶段，而汉晋正是处于由军功食封贵族向门阀士族的转变时期。从社会群体的构成上说，两汉与魏晋的贵族之间有着家族类型上的区别。汉代的贵族是战国以来军功贵族宗族的延续，武人为多，如西汉"皆武人屈起，亦有鬻缯屠狗清滑之徒"。魏晋士族，主要是由儒学世家和官宦世家演变而成，文化人为多，家族的儒学之风是其最大的特色。日本学者习惯称六朝士族为"文人贵族"，也不无道理。汉晋间贵族的身份由武向文逐渐转变。②

  从杜陵杜氏的家族简史中，我们发现，杜氏在先秦时期即经历了由食封贵族而为军功宗族的演变。而导致转变的关键人物就是杜赫。南阳杜衍作为杜赫的食邑，成为杜氏家族发展史上新的策源地。但是，杜赫小儿子杜秉曾任上党太守，生南阳太守杜札。这说明，早在汉武帝之前，该家族已完成了由军功家族而为官宦家族的转变。杜札之子杜周从小吏做起，因精通律法而为廷尉、御史大夫。这说明，杜周少年时期家境不错，曾接受过良好的教育。

  杜周后"以豪族徙茂陵"，使得京兆之地成为杜氏家族新的根据地。就是在汉代关中这片土地上，杜氏家族的性质继续发生着改变。而杜延年就是助其改变的关键人物。他一改乃父杜周"外宽"而"内深次骨"的酷吏做派，"为人安和"且"论议持平"，首先从改变家风做起。尽管

---

① （宋）欧阳修、（宋）宋祁：《新唐书·宰相世系表》，中华书局1975年版，第2418页。
② 阎爱民：《汉晋家族研究》，上海人民出版社2005年版，第304页。

杜延年继承家学、"亦明法律",但他更懂得平衡各方势力,懂得"和"的重要性。因而,在纷繁复杂的官场上,杜延年游刃有余。比如,昭帝始元四年(前83),他揭发上官桀父子谋反,封为建平侯,食邑两千户。他劝谏辅政大臣霍光"宜修孝文时政,示以俭约宽和",稳定了汉王朝的政局。昭帝崩,杜延年建议霍光、张安世立皇曾孙刘询为帝,因使食邑增至四千三百户。宣帝下诏有司"论定策功",认为"太仆杜延年功比朱虚侯刘章"。由于深得宣帝信任,他"出为奉驾,入给事中,居九卿位十余年,赏赐赂遗,赀数千万"。霍光之子霍禹谋反,杜延年以"霍氏旧人"而受牵连,"以故九卿外为边吏",先后担任北地太守、西河太守,并于宣帝五凤年间任御史大夫,前后获得赏赐黄金一百二十斤。[①] 可以说,杜氏家族的地位得以稳固,重要的原因在于杜延年善于以"和"处事。

当然,在杜氏家族的发展史上,杜延年的两个儿子杜缓、杜钦也起了重要的作用。杜缓作为延年长子,继承了爵位,也进一步巩固了杜氏家族的政治地位。昭帝时,杜缓为上谷都尉、雁门太守。宣帝时,杜缓为太常,也能秉承其父遗风,和缓处事,"官属称其有恩"。元帝永光年间,西羌反叛,杜缓并不吝啬钱财,先后向朝廷资助钱粮达数百万钱。[②] 可以说,杜缓为朝廷分忧而慷慨解囊,这是颇有远见的行为。他的慷慨也得到了回报,其子杜业与成帝之妹颍邑公主结婚,终于使杜家与皇室建立了姻缘关系。这无疑有利于稳固杜氏家族的政治地位。

杜钦为杜缓"中弟",字子夏。据《汉书·杜周传》附《杜钦传》所载,杜钦"少好经书,家富而目偏盲,故不好为吏"。茂陵杜邺与他同姓、同字,两人都"以材能称京师"。为了区别,当时的"衣冠"著姓便称其为"盲杜子夏"。杜钦讨厌人们以缺陷称谓自己,便自著小冠,"高广财二寸",因被改称为"小冠杜子夏",杜邺为"大冠杜子夏"。杜钦能够对家族做出贡献,主要得益于辅政大将军王凤的赏识和重用。汉成

---

① (汉)班固:《汉书》卷六十《杜周传》附《杜延年传》,中华书局1962年版,第2662—2665页。

② (汉)班固:《汉书》卷六十《杜周传》附《杜缓传》,中华书局1962年版,第2666页。

帝时，由于王凤父亲、顷侯王禁与杜钦哥哥、建平侯杜缓"相善"，王凤也"深知钦能"，便奏请杜钦担任"职闲无事"的大将军军武库令。据《汉书》载，杜钦"为人深博有谋"，他多次引经据典劝说王凤，警惕年轻的皇帝好色误国。成帝下诏"举贤良方正能直言士"，杜钦上策对，劝谏成帝"正后妾，抑女宠，防奢泰，去佚游，躬节俭，亲万事，由辇道，亲二宫之飨膳，致晨昏之定省"。从中可见，杜钦是一位敢于直言进谏之士。杜钦曾任议郎，后以病免官，继续在大将军王凤幕府之中任职，"国家政谋，凤常与钦虑之"。他曾举荐名士王骏、韦安世、王延世，解救冯野王、王尊、胡常等，"当世善政，多出于钦者"。不久，京兆尹王章上封事，认为王凤有"专权蔽主之过"，建议成帝罢免王凤。杜钦建议王凤上书请罪，"文指甚哀"，最终王章遭弹劾，死于狱中，而王凤的地位则更为稳固。当然，杜钦甘当王凤幕后参谋，也获得了丰厚的回报。由于与成帝之舅、辅政大臣王凤关系密切，"钦子及昆弟支属至二千石者且十人"[①]。对杜氏家族而言，再添将近十位二千石高官，其社会、政治地位可想而知。因此，无论如何，这都是了不起的贡献！可以说，正是在杜延年、杜缓、杜钦等人的努力下，杜陵杜氏才真正成为不可小视的官僚宗族、衣冠著姓。

其实，杜氏家族也是在这种变化中逐渐成为文化世族的。从前面的介绍中，我们知道，在杜陵杜氏的发展史上，杜周仅仅是一位奠基者。而真正促其发展、转型者，则是杜延年、杜缓、杜钦父子三人。尤其是杜延年，他重视子弟教育，培养出了杜钦这样的通经之士，也培养出了五名高官。尤其是小儿子杜熊，"历五郡两千石，三州牧刺史，有能名"。[②] 而在元帝、成帝时，则有杜缓、杜钦等人护佑着杜氏家族继续发展。杜陵杜氏出了将近十位二千石高官，也说明杜氏家族非常重视子弟、后裔的教育。因此，在西汉后期，杜氏家族逐渐走向文化转型之路。这是一种大趋势！当然，若寻找具体原因，这也与杜缓之子、建平侯、太

---

① （汉）班固：《汉书》卷六十《杜周传》附《杜钦传》，中华书局1962年版，第2667—2678页。

② （汉）班固：《汉书》卷六十《杜周传》附《杜缓传》，中华书局1962年版，第2667页。

常、颍邑公主的丈夫杜业有一定的关系。

成帝末年，杜缓死，杜业嗣爵。他也颇有才能，"以列侯选，复为太常"。据有关传记来看，杜业最大的特点是"不事权贵"，甚至"与丞相翟方进、卫尉定陵侯淳于长不平"。淳于长是红阳侯王立的外甥。由此可见，杜业与王氏交恶。杜业曾"坐法免官"，后任函谷关都尉。哀帝即位后，杜业上书举荐朱博，评析政局，认为"王氏世权日久，朝无骨鲠之臣，宗室诸侯微弱，与系囚无异，自佐史以上至大吏皆权臣之党"。上书的结果是，朱博得到重用，杜业复为太常。哀帝崩，王莽秉政，杜业"忧恐"发病而死，谥"荒侯"，爵位则"传子至孙绝"。[①] 由此，杜氏家族渐次衰微。

不过，据前引《新唐书·宰相世系表》所载，杜氏家族的威权在东汉时虽不如西汉时那样炽热，但也不至于冷落无闻。关于杜熊之后的世系情况，前已述及。杜熊之孙杜穰字子饶，曾任谏议大夫。杜穰之子杜敦字仲信，曾任西河太守。杜敦之子杜邦字召伯，曾任中散大夫。杜邦生杜宾、杜宏、杜繁。杜宾字叔达，"举有道不就"，显然无意于仕途。杜宾生杜翕、杜崇。杜崇字伯括，任司空掾。所以，杜氏家族在东汉时期也在发展，除了杜笃这样的文学才士外，也有家族成员继续为官，在魏晋时期仍不乏封侯者。比如，杜崇生杜畿，字伯侯，曾任魏河东太守、丰乐戴侯。杜畿生杜恕、杜理和杜宽。其中，杜恕字伯务，任弘农太守、幽州刺史。杜恕生杜预，字元凯，为晋荆州刺史、征南大将军、当阳侯。

总之，杜陵杜氏的开山鼻祖是杜周。杜周起于文法小吏，但最终位至三公，豪富无比，使得杜氏家族在当时影响颇大。当然，杜氏成为富豪世族是在昭、宣之时。这种局面的形成，有赖于杜周少子杜延年及其子嗣们的共同努力。杜延年多次受到宣帝赏赐，"赀数千万"。延年长子杜缓在元帝永光年间资助朝廷钱粮，价值达数百万钱之多，确实富贵无比。在杜延年的七个儿子中，除了嗣爵的杜缓、通晓经学的杜钦而外，其余五人皆做大官，杜氏由此成为官僚豪族。而杜钦与外戚权臣王凤交往密切，使杜氏家族中位至二千石者增加了近十人之多！在这个庞大的

[①] （汉）班固：《汉书》卷六十《杜周传》附《杜业传》，中华书局1962年版，第2678—2683页。

数字背后，可以看到杜陵杜氏的政治影响力。西汉后期，杜缓长子杜业身为汉成帝妹夫，敢于与师丹、翟方进、淳于长等权臣、外戚相抗，也能说明这一点。恰如《汉书·杜周传论》所云：

> 张汤、杜周并起文墨小吏，致位三公，列于酷吏。而俱有良子，德器自过，爵位尊显，继世立朝，相与提衡，至于建武，杜氏爵乃独绝，迹其福祚、元功儒林之后莫能及也。自谓唐杜苗裔，岂其然乎？及钦浮沉当世，好谋而成，以建始之初深陈女戒，终如其言，庶几乎《关雎》之见微，非夫浮华博习之徒所能规也。业因势而抵陒，称朱博，毁师丹，爱憎之议可不畏哉！[1]

另外，杜氏家族也在西汉后期悄然发生着改变。他们拥有财富，但不忘子弟教育。正因为如此，诸如杜延年、杜钦、杜参、杜业、杜笃等皆有文辞传世，且杜钦、杜业、杜笃等文学修养较高，并为班固、刘勰等文学理论家所关注。这说明，杜氏不仅是富豪世族，而且堪称传承几代的文学世家。

第三节 杜氏家族成员的文学创作概况

在杜氏家族成员中，杜延年、延年中子杜钦、杜钦兄子杜业、不明世系的杜参及杜业从孙杜笃等皆有文辞作品传世。其中，杜延年、杜钦、杜业、杜参的作品载于《汉书》，严可均《全汉文》卷三十一有辑录；杜笃作品载于《后汉书》《文选》等典籍，严可均《全后汉文》卷二十八有辑录。如此，从广义文学观的角度衡量，杜陵杜氏堪称汉代的文学家族。

杜延年（？—约前55）[2]，字幼公，杜周第三子。今存文《奏记霍光争侯史吴事》和《劝霍光修孝文时政》两则，皆见载于《汉书·

---

[1]（汉）班固：《汉书》卷六十《杜周传》，中华书局1962年版，第2683页。
[2] 据班固《汉书》卷六十《杜周传》附《杜延年传》载，"五凤中，征入为御史大夫。延年居父官府，不敢当旧位，坐卧皆异其处。是时四夷和，海内平，延年视事三岁，以老病乞骸骨，天子忧之……后数月薨，谥曰敬侯，子缓嗣"。宣帝五凤年间只有四年。若杜延年是五凤元年（前57）为御史大夫，三年后为五凤三年（前55），则杜延年当卒于该年之后。

杜周传》。① 严可均《全汉文》只载前文，后文失载。两文皆关政事，当作于汉昭帝时。《劝霍光修孝文时政》仅存数语。据《汉书》卷六十《杜周传》附《杜延年传》载，昭帝时承武帝奢侈之弊，连年收成不好，百姓流离失所。杜延年因劝霍光，当修孝文帝节俭之政："年岁比不登，流民未尽还，宜修孝文时政，示以俭约宽和，顺天心，说（悦）民意，年岁宜应。"两文皆为劝谏之文，应用色彩明显。

杜钦（？—约前7）②，字子夏，杜延年第四子。杜钦好经书而有智略，因"目偏盲"而"不好为吏"，但"最知名"，主要生活在宣帝、元帝及成帝时。他曾入大将军王凤幕府，与王凤过从甚密。杜钦一生著述颇多，有说、疏、奏记、策对等十三篇。《汉书·杜周传》附《杜钦传》有《说王凤》《重说王凤》《举贤良方正对策》《白虎殿对策》《戒王凤》《复说王凤起就位》《复说王凤举直言极谏》等③。另外，《汉书·冯奉世传》有其《上疏追讼冯奉世前功》《奏记王凤理冯野王》④；《汉书·西南夷两粤朝鲜传》有《说王凤处置夜郎等国》⑤；《汉书·西域传》有《说王凤绝罽宾》⑥；《汉书·沟洫志》有《说王凤治河》⑦；《汉书·外戚传下》有《说王凤重后父》⑧等。从内容来看，这些作品以劝谏王凤为主，应写于元帝建昭年间至成帝河平年间⑨。

---

① （汉）班固：《汉书》卷六十《杜周传》，中华书局1962年版，第2663—2664页。
② 据《汉书·元后传》，"阳朔三年秋，凤病"，不久去世（中华书局1962年版，第4024页）。杜钦依附王凤，当自此为止。据《汉书·杜周传》附《杜钦传》，杜钦被王凤赏识，源于其兄杜缓与王凤父王禁熟悉，故杜钦年岁或小于王凤。而杜钦"悠游不仕，以寿终"，故姑且认为他卒于成帝绥和二年（前7）。中华书局1965年版，第2678页。
③ （汉）班固：《汉书》卷六十《杜周传》附《杜钦传》，中华书局1962年版，第2668—2678页。
④ （汉）班固：《汉书》卷七十九《冯奉世传》，中华书局1962年版，第3300—3304页。
⑤ （汉）班固：《汉书》卷九十五《西南夷两粤朝鲜传》，中华书局1962年版，第3844页。
⑥ （汉）班固：《汉书》卷九十六上《西域传上》，中华书局1962年版，第3886—3887页。
⑦ （汉）班固：《汉书》卷二十九《沟洫志》，中华书局1962年版，第1689页。
⑧ （汉）班固：《汉书》卷九十七下《外戚传下》，中华书局1962年版，第3974页。需要说明的是，文中所引各篇文章之名，皆依据严可均《全汉文》卷三十一所载。
⑨ 刘跃进认为，杜钦《上疏追讼冯奉世前功》作于元帝刘奭建昭三年（前36），《说王凤》《复说王凤》《说王凤重后父》等文作于成帝刘骜建始二年（前31），《举贤良方正对策》作于成帝刘骜建始三年（前30），《白虎殿对策》作于成帝建始四年（前29），《说王凤处置夜郎等国》作于成帝河平二年（前27）。刘跃进：《秦汉文学编年史》，商务印书馆2006年版，第256—266页。

杜业（？—约前1），杜缓子，杜钦从子，主要生活在汉成帝、哀帝时期。杜业身处尊位，却敢于与外戚、权贵相抗，文辞以奏议、书论等为主。《汉书·杜周传》附《杜业传》有《上书追劾翟方进》《上书言王氏世权》[①]。严可均《全汉文》卷三十二除收录这两篇文章外，另收录其《奏事》《说成帝绍封功臣》等文。

杜参（？—前24），京兆杜陵人。《汉书·艺文志》载其有赋二篇，曾与刘向一同参校秘书。资料所限，虽不能明其世系，但属于杜陵杜氏家族成员当无疑。因列于此，以待来贤考证其世系情况。

杜笃（？—78）[②]，字季雅，曾祖为杜熊，杜业从孙，东汉著名文学家，作品传世者甚多。据《后汉书·文苑传》，杜笃"所著赋、诔、吊、书、赞、《七言》、《女诫》及杂文，凡十八篇。又著《明世论》十五篇"。其中，《后汉书·文苑传》收录《论都赋》[③]。严可均《全后汉文》卷二十八收录《论都赋》《祓禊赋》《首阳山赋》《书槴赋》《众瑞赋》及《通边论》《展武论》[④]《连珠》《迎钟文》《大司马吴汉诔》《吊比干文》等。逯钦立《先秦汉魏晋南北朝诗·汉诗卷五》录其七言诗《京师上巳篇》残句。《隋书·经籍志》著录《杜笃集》一卷。在杜陵杜氏成员中，杜笃的文学成就最高。赋作除了《论都赋》完整外，其余皆为残篇。《祓禊赋》《首阳山赋》及《书槴赋》皆见载于《艺文类聚》。《众瑞赋》为残句，见载于《北堂书钞》。

综上，杜陵杜氏家族成员之中，杜延年、杜钦、杜业、杜参、杜笃等皆有文辞传世。其中，杜钦的策、论，杜业的疏奏，杜笃的赋、诔皆有较高的艺术水平。尤其是杜笃的《论都赋》，对后世的影响较大。

[①] （汉）班固：《汉书》卷六十《杜周传》附《杜业传》，中华书局1962年版，第2679—2681页。

[②] 据《汉书·文苑列传》，杜笃在汉章帝建初三年（78）随马防平羌乱，结果死于战场。

[③] （南朝宋）范晔：《后汉书》卷八十上《文苑列传上》，中华书局1965年版，第2595—2609页。

[④] 严可均认为，《通边论》《展武论》当为《明世论》十五篇中的两篇，参见《全后汉文》卷二十八。严氏在《通边论》题后按语云："《后汉·杜笃传》又著《明世论》十五篇。此与《展武论》，盖即十五篇之二。"

第四节　杜氏家族文学评析

在杜氏家族成员中，杜延年的奏议、杜钦的论议与策对、杜业的奏议与书论、杜笃的诔、赋等作品各具特点，并富有个性化色彩。

一　杜氏家族成员作品选析

(一) 杜延年《奏记霍光争侯史吴事》简析

在杜陵杜氏家族中，杜延年是最早留下文辞作品者，今存散文两篇，其中《奏记霍光争侯史吴事》较为完整。据《汉书·杜延年传》，杜延年作此文时，已擢升为太仆右曹给事中。关于创作缘起，由于燕王刘旦谋反事牵连到御史大夫桑弘羊，弘羊之子桑迁逃入其父故吏侯史吴府中藏匿。桑迁被捕，侯史吴亦因此被捕入狱。不久，侯史吴遇赦出狱。而廷尉王平、少府徐仁认为，侯史吴藏匿要犯，不能赦免。于是，徐仁岳父、丞相车千秋召集中两千石和众博士于公车门，共议侯史吴之罪，都认为其行为"不道"，车千秋因上众议封事。而霍光则认为"千秋擅召中两千石以下，外内异言"，还将王平、徐仁罢免入狱。此事引起朝野震动，以为丞相车千秋也会遭受连坐之罪。于是，杜延年作此文以劝谏霍光。作者写道：

> 吏纵罪人，有常法，今更诋吴为不道，恐于法深。又丞相素无所持守，而为好言于下，尽其素行也。至擅召中两千石，甚无状。延年愚，以为丞相久故，及先帝用事，非有大故，不可弃也。间者民颇言狱深，吏为峻诋，今丞相所议，又狱事也。如是以及丞相，恐不合众心。群下喧哗，庶人私议，流言四布，延年窃重大将军失此名于天下也！

表面上看，此文似为丞相车千秋开脱。实际上，杜延年从大局着眼，旨在维护霍光声誉，具有纠偏意识，就是劝谏霍光不要持刑太重，有"论议持平，合和朝廷"之用意。该文循循善诱，款款道来，认为侯史吴私藏逃犯虽为"不道"，但不能用法太"深"，而且，丞相所为也非无故。

作者抓住霍光的重名心理，直言"群下喧哗，庶人私议，流言四布，延年窃重将军失此名于天下也"。这自然引起霍光的重视。可见，此文能切中要害，用语平质，语调平和，颇有瞻前顾后意识，表现出政治家的远见卓识。

（二）杜钦的论议与策对之文

杜钦善于论说，能发挥其熟悉儒家经典的优长，引经据典而不尚空谈，且切于时务，并时时处处站在对方立场上考虑问题，因而易被接受和采纳。总体看，杜钦的论议之文具有典雅平正的特点。

在《说王凤》《重说王凤》两文中，作者希望王凤劝谏成帝不要贪恋美色。他并没有采用危言耸听的述说方式，而是语气平和，娓娓道来，并在结尾处阐述利害，提醒王凤从大局出发，不忘自己的职责。在《说王凤》中，作者云："将军辅政，宜因始初之隆，建九女之制，详择有行义之家，求淑女之质，毋必有声色技能，为万世大法。夫少，戒之在色，《小卞》之作，可为寒心。唯将军常以为忧。"显然，作者是站在对方的立场上阐明观点的。《重说王凤》亦云："唯将军信臣子之愿，念《关雎》之思，逮委政之隆，及始初清明，为汉家建无穷之基，诚难以忽，不可以遴。"另外，《戒王凤》《复说王凤起就位》《复说王凤举直言极谏》等也有类似特点。不过，杜钦之文并非风格、特点单一。比如，《说王凤处置夜郎等国》《说王凤绝厥宾》《说王凤治河》《上疏追讼冯奉世前功》《奏记王凤理冯野王》等，就与前列之文有所不同，而是因事立议，以陈明利害为主旨，能切中要害，且表述恳切自然。

至于杜钦的策对之文，则另具特色。其中，《举贤良方正对策》和《白虎殿对策》写得较好。作者站在汉王朝未来发展的立场上，针对灾异所显示的各种征兆，认为帝王必须清明政治，招贤纳谏，远佞近贤，节俭节欲，关注民生。只有这样，才能使汉王朝走向兴旺、健康之路。两文虽各有侧重，但主题相对集中，且立足经典，用语精准，辞气激切，切中时弊，具有较强的说服力。比如，杜钦在《举贤良方正对策》中说：

>如不留听于庶事，不论材而授位，殚天下之财以奉淫侈，匮万姓之力以从耳目，近谄谀之人而远公方，信谗贼之臣以诛忠良，贤俊失在岩穴，大臣怨以不以，虽无变异，社稷之忧也。天下至大，

> 万事至众，祖业至重，诚不可以佚豫为，不可以奢泰持也。唯陛下忍无益之欲，以全众庶之命。

可见，文章采用排比修辞手法，字里行间充满激切之气，表现出忧虑国家的士人情怀。再如，在《白虎殿对策》中，作者这样写道：

> 殷因于夏尚质，周因于殷尚文，今汉家承周、秦之敝，宜抑文尚质，废奢长俭，表实去伪。孔子曰"恶紫之夺朱"，当世治之所务也。臣窃有所忧，言之则拂心逆指，不言则渐日长，为祸不细，然小臣不敢废道而求从，违忠而耦意。臣闻玩色无厌，必生好憎之心；好憎之心生，则爱宠偏于一人；爱宠偏于一人，则继嗣之路不广，而嫉妒之心兴矣。如此，则匹妇之说，不可胜也。唯陛下纯德普施，无欲是从，此则众庶咸说，继嗣日广，而海内长安。

据史料记载，汉成帝时，女宠日盛。成帝迷恋女色，无所顾忌。因此，杜钦之论确实是在针砭时弊，而且立论高远，可谓高瞻远瞩。而成帝最终无继嗣，也不幸被杜钦言中。这也说明，杜钦之文并非空疏，而是切于时用。

（三）杜业的切时弊之文

杜业身处西汉末年，正是外戚王氏干政、女宠日盛之时。作为皇帝妹夫、世族嗣侯，杜业似乎有着天然的责任感。因此，他的散文具有很强的针对性，切合时弊，陈述利害，议论色彩比较强。比如，《上书追劾翟方进》和《上书言王氏世权》就是这样的作品。

《上书追劾翟方进》可能作于成帝绥和二年（前7）二月[1]。据《汉书》本传称，杜业"与丞相翟方进、卫尉淳于长不平"[2]。所以，杜业写

---

[1] 刘跃进《秦汉文学编年史》认为，该文作于成帝绥和二年（前7）二月（商务印书馆2006年版，第289页）。据《汉书·成帝纪》载，"（绥和二年）二月壬子，丞相翟方进薨"（中华书局1962年版，第329页）。另据《汉书·杜业传》，"其春，丞相方进薨，业上书言"云云（中华书局1962年版，第2679页），则刘跃进所言是。

[2] （汉）班固：《汉书》卷六十《杜周传》附《杜业传》，中华书局1962年版，第2678页。

作此文，显然有建议皇帝追责的意味。文章主要追述了故丞相翟方进过去所行之事，认为他结党营私、奸贤不分、黑白颠倒、滥用职权，而且谗陷他人、心胸狭隘、睚眦必报，真可谓劣迹斑斑：

> 方进终不举白，专作威福，阿党所厚，排挤英俊，托公报私，横厉无所畏忌，欲以熏燎天下。天下莫不望风而靡，自尚书近臣皆结舌杜口，骨肉亲属莫不股栗。威权泰盛而不忠信，非所以安国家也。今闻方进卒病死，不以慰示天下，反复赏赐厚葬，唯陛下深思往事，以戒来今。

可见，单从行文特点看，此文语气激切，多用排比，多以事实说话，不以空言发论。而且振振有词，条条有理，力透纸背，读之让人不觉生寒，似冷气透背而入。

《上书言王氏世权》作于哀帝即位之初①。此文重点陈述王氏专权的危害，也是言辞急切，针对性很强。文中写道："王氏世权日久，朝无骨鲠之臣，宗室诸侯微弱，与系囚无异，自佐史以上至于大吏皆权臣之党。"作者重点列举了曲阳侯王根、高阳侯薛宣、安昌侯张禹的斑斑劣迹，指出哀帝处于"孤独特立，莫可据杖，权臣易世，意若探汤"的境地，因此建议哀帝"宜蚤以义割恩，安百姓心"。作者还重点举荐了朱博，认为他可以安刘氏，就像当年的周勃、陈平。该文特点与上文相似，也能指陈时弊。此外，杜业的《奏事》和《说成帝绍封功臣》两文的文辞特点也与前述两文相似，且都有切中时弊的用世之意。

（四）杜笃的赋与诔

杜笃是东汉早期的辞赋家、文学家。他的《论都赋》是东汉较成熟的都邑赋，约作于建武二十九年（53）。② 关于创作缘起，据《后汉书·

---

① 《汉书》本传称，"会成帝崩，哀帝即位，业复上书言"云云，此文即《上书言王氏世权》。
② 刘跃进认为，该赋约作于建武二十九年（53）前后，因为赋中所涉及都是在建武二十九年（53）前后的事实。杜笃因目疾而二十余年不窥京师，建初三年（78）随马防击西羌，"逆推至本年凡二十六年"。而且，"这一时期，傅毅有《洛都赋》（《艺文类聚》六十一）、《反都赋》（《水经注·伊水注》），崔骃也有《反都赋》（《艺文类聚》六十一）等，似乎都是针对杜笃之论而作"（《秦汉文学编年史》，第376页）。

文苑传》:"笃以关中表里山河,先帝旧京,不宜改营洛邑,乃上奏《论都赋》。"可见,作者主张建都长安,显然是以赋代奏。如其序中所言:

> 臣闻知而复知,是为重知。臣所欲言,陛下已知,故略其梗概,不敢具陈。昔殷庚去奢,行俭于亳;成周之隆,乃即中洛。遭时制都,不常厥邑。贤圣之虑,盖有优劣;霸王之姿,明知相绝。守国之势,同归异术;或弃去阻厄,务处平易;或据山带河,并吞六国;或富贵思归,不顾见袭;或掩空击虚,自蜀汉出,即日车驾,策由一卒;或知而不从,久都境(硗)埆。臣不敢有所据。窃见司马相如、扬子云作辞赋以讽主上,臣诚慕之,伏作书一篇,名曰《论都》,谨并封奏如左……是时山东翕然狐疑,意圣朝之西都,惧关门之反拒也。客有为笃言:"彼坎井之潢污,固不容夫吞舟;且洛邑之淳潜,曷足以居乎万乘哉?咸阳守国利器,不可久虚,以示奸萌。"笃未甚然其言也,故因为述大汉之崇,世据雍州之利,而今国家未暇之故,以喻客意。

可见,杜笃认为,古代建都本无定规,只是"遭时制都,不常厥邑"。他之所以作赋,一则倾慕司马相如、扬雄作赋讽谏;二则光武帝幸临长安之后,曾下诏修缮旧都;三则人们对都城选址议论纷纷,或长安,或洛阳,主张不一。而他的赋,不过陈述选长安为都者的观点而已。所以,与其说该赋的重点是铺陈描述,倒不如说是"论"事明理。赋中全面回顾了长安的建都史,盛赞长安地势险要,可攻可守,是帝王渊囿,守国利器,所谓"用霸则兼并,先据则功殊;修文则财衍,行武则士要;为政则化上,篡逆则难诛;进攻则百克,退守则有余"。在赋作后半部分,作者还不失时机地大唱赞歌,并在结尾再次陈述了自己的观点。

从结构来看,该赋虽假托"客"之口吻,但主要是自己陈述,是论而不辩。这和之前赋作有意设立对立观点有明显不同。该赋铺陈中有议论,议论中有铺陈,以铺陈代议论,显然不属于赋之常格。该赋注重协韵,讲究对偶、用典,句式以四字句为主,杂有三字句、五字句、六字句、七字句,句式多变,语调铿锵,已初具骈体赋的特征。应该说,该赋对班固的《两都赋》、张衡的《二京赋》皆有影响。

杜笃的另一个代表作是《大司马吴汉诔》，内容相对完整。据《后汉书》本传称，"会大司马吴汉薨，光武诏诸儒诔之，笃于狱中为诔，辞最高，帝美之，赐帛免刑"。可见，该诔深得光武帝赏识，杜笃因此重获自由。该诔为韵体文，四言成句，写得较好，但今存作品似不完整。至于杜笃的其他作品，皆为残句，不便评价。刘勰认为，"杜笃贾逵，亦有声于文，迹其为才，崔傅之末流也"（《文心雕龙·才略》）。言下之意，杜笃、贾逵虽有文辞传世，但成就远逊色于崔骃、傅毅，属于二流、三流作家。不过，作为东汉前期的重要作家，杜笃的《论都赋》对后世都邑赋是有影响的，其《大司马吴汉诔》等碑诔文也能垂范后世。

二 杜氏家族文学特点及成就

杜陵杜氏家族文学作品传世者虽不多，但有奏议、说、疏、奏记、策对、书论、赋、诔、诗等多种文体。所以，就文体而言，杜氏家族文学具有多样化特点。

（一）总体特点

通过前面的简要分析，我们发现，杜氏家族文学总体上具有三大特点。

一是现实针对性强。杜氏家族成员绝不空发论议，而具有解决现实问题的针对性。可以说，杜延年、杜钦、杜业、杜笃的作品都具有很强的现实针对性。比如，杜延年的《奏记霍光争侯史吴事》，立足现实，分析事理，委婉地劝谏霍光不要树敌太多，更不能用法太深。杜钦《说王凤》《重说王凤》《举贤良方正对策》《白虎殿对策》等也是针对现实问题有感而发。杜笃的《论都赋》则针对定都争议而作，认为长安是帝王渊囿、守国利器，具有以赋代奏的创作用意。

二是长于推理分析。从今存作品来看，杜氏家族文学绝少抒情色彩，基本上以议论为主，故而皆擅长推理分析，这可能与明律法的家学渊源有一定关系。因此，诸如杜延年的《奏记霍光争侯史吴事》、杜钦的《说王凤》与《重说王凤》、杜业的《上书追劾翟方进》等都推理严密、逻辑性很强。甚至杜笃的《论都赋》虽为赋体，但也重在议论、说理，同样具有非常明显的推理、论证色彩。

三是用词质朴，不尚浮华。总体看，杜氏家族文学作品皆用词质朴，没有华丽的辞藻。多数作品表达直率，不以含蓄见长。这在杜钦、杜业的作品中表现得最为明显。同样，杜笃的《论都赋》虽为赋体，却不以文辞华美为追求，而是以用语质朴为特点。

(二) 成就及影响

杜陵杜氏家族中，杜钦的策论、杜业的疏奏、杜笃的赋诔等文辞水平较高，对后世有一定的影响。归纳起来，主要有以下三个方面。

一是杜钦的策对、论说具有务实色彩。班固评价其文有"补过将美"的特点[①]，刘勰在《文心雕龙》中两次评述杜钦之文："杜钦之对，略而指事，辞以治宣，不为文作。"（《议对》）杜钦不是为文而作，而是为事而作，具有明显的务实色彩。同时，刘勰认为杜钦善辩，不会曲折委婉表述，而是辞气飞泻而下，直陈要害，不留情面，不给人以任何回旋余地："杜钦文辨，楼护唇舌，颉颃万乘之阶，抵噓公卿之席，并顺风以托势，莫能逆波而溯洄矣。"（《论说》）这也较准确地指出杜钦的策对、论说独树一帜的个性特点。事实上，杜钦之文的这两个特点，成为后世政论文追求的目标与方向。

二是杜笃的《论都赋》对后世影响较大。该赋发表之后，许多文人参与相关讨论，并引发了同题作赋现象。这既是西汉梁园文学群体创作辞赋之遗响，也是建安文人同题创作之前驱。同时，这对丰富与开拓汉赋题材也有积极意义。该赋是东汉首篇都邑赋，班固的《两都赋》、张衡的《二京赋》等，应是其余响。

三是杜笃的《大司马吴汉诔》用语工切，颇为感人，也能垂范后世。《文心雕龙·诔碑》评价说："杜笃之诔，有誉前代；《吴诔》虽工，而他篇颇疏：岂以见称光武而改盼千金哉！"可见，刘勰认为，杜笃之所以写得比较成功，是因为急于得到光武帝的肯定，期望获得"千金"之赐。碑诔之文，盛于东汉后期。而杜笃之诔产生尚早，对后世碑诔文创作具有示范意义。

[①] （汉）班固：《汉书》卷六十《杜周传》，中华书局1962年版，第2678页。

本章小结

　　杜陵杜氏在先秦时期属于贵族,并在西汉初年堪称冠族。不过,杜周并没有依靠家族势力,而是通过自身努力位至三公,为该家族的再发展奠定了基础。武帝、宣帝时期,杜氏家族逐渐从律法之家转向文化世族,出现了杜延年、杜钦、杜业、杜参、杜笃等能文之士,堪称兴起于掾吏的文学家族。可以说,这既是杜氏家族发展的必然结果,也是时代发展的必然结果。恰如《文心雕龙·时序》所云:"文变染乎世情,兴废系乎时序。"事实上,文学的发展与时代兴废关系密切,文学家族的出现也与时代兴废密切相关,杜陵杜氏家族便是典型的例证。

第 二 章

京兆长安刘氏家族

汉代刘氏皇族原本属于丰、沛细族，绝非名门望族。据《汉书》载，汉高祖刘邦原为秦泗水郡沛县丰邑中阳里人①，青少年时期游手好闲，"不事家人生产作业"②。可见，刘邦出身贫贱。直到刘邦灭秦建汉之后，刘氏宗族方成为世所瞩目的皇族。刘邦兄弟四人中，长兄刘伯早亡，次兄刘仲在家务农，同父异母弟刘交为儒生，曾师从浮丘伯学《诗》。刘交最有文化，与刘邦的关系最密切。本章所论，就是刘交这一支系。

汉朝建立后，刘氏皇族封为王侯者渐多。随着时间的推移，至文帝、景帝时期，分封各地的刘姓皇族枝繁叶茂、遍布各地，渐成气候，以至于出现了诸如"吴楚之乱"这样的政治事件。所以，汉武帝即位后，为防备诸侯王作乱，借"推恩令"削藩，使得诸侯王的地盘日益分解，越来越小，子孙们尽管为王为侯，但"惟得衣食税租，不与政事"，早已丧失了抗衡中央的能力。到了哀帝、平帝之际，甚至已成为"不为士民所尊，势与富室亡异"的普通宗族了③。而刘交第四子刘富这一支系，却在

---

① 据班固《汉书》卷一《高帝纪上》，"高祖，沛丰邑中阳里人也"。颜师古注云："沛者，本秦泗水郡之属县。丰者，沛之聚邑耳。"中华书局1962年版，第1页。

② （汉）班固：《汉书》卷一《高帝纪上》，中华书局1962年版，第2页。

③ 据《汉书·诸侯王表》："汉兴之初，海内新定，同姓寡少，惩戒亡秦孤立之败，于是剖裂疆土，立二等之爵。功臣侯者百有余邑，尊王子弟，大启九国……然诸侯原本以大，末流滥以致溢，小者淫荒越法，大者睽孤横逆，以害身丧国。故文帝采贾生之议分齐、赵，景帝用晁错之计削吴、楚。武帝施主父之册，下推恩之令，使诸侯王得分户邑以封子弟，不行黜陟，而藩国自析……景遭七国之难，抑损诸侯，减黜其官。武有衡山、淮南之谋，作左官之律，设附益之法，诸侯惟得衣食税租，不与政事。至于哀、平之际，皆继体苗裔，亲属疏远，生于帷墙之中，不为士民所尊，势与富室亡异。"可见，刘氏皇族在汉初势力不大。随着时间推移，至哀、平之际，刘氏不仅枝叶繁盛，人口众多，而且地位已与富室无别，且不为士民所尊。

西汉后期因刘向、刘歆父子而令人瞩目。

关于刘交，据《汉书·楚元王传》，"（刘邦）至霸上，封交为文信君，从入蜀汉，还定三秦，诛项籍。即帝位，交与卢绾常侍上，出入卧内，传言语诸内事隐谋"①。可见，在刘邦起事过程中，刘交始终追随左右。所以，汉高祖六年（前201），便以"先有功"而被封为楚王，并以彭城为中心，凭借雄厚实力独据一方。至第三代，楚王刘戊生性暴虐，曾与吴王刘濞联合反叛。失败后，刘戊自杀。吴楚之乱平，景帝立楚元王刘交第三子、宗正、平陆侯刘礼为楚王。

而刘交第四子刘富，在景帝即位时被封为休侯。在吴楚之乱爆发之前，刘富曾劝说刘戊勿反，刘戊不听，甚至以言语威胁刘富。于是，刘富携老母妻子逃至长安。②吴楚乱平，刘富被景帝更封为红侯，当归"山东"封邑，因"太夫人与窦太后有亲，惩山东之寇，求留京师，诏许之，富子辟疆等四人供养，仕于朝"③。从此之后，刘富之子刘辟疆、孙刘德、曾孙刘向、玄孙刘歆等便定居于长安。

那么，刘富这一支系的籍贯，究竟该依从刘交的籍贯沛郡呢？还是以刘交所在楚国的都城彭城为籍贯？还是以所居地为籍贯？依常识而论，籍贯基本上以三代为界，三代以内为籍贯，三代以上为祖籍。这样，刘富这一支当以所居之地为籍贯。④事实上，在汉代，人们基本上以所居之地为籍贯。比如，杜周原籍南阳杜衍，武帝时迁徙于茂陵。后来，杜周幼子杜延年别居于杜陵，杜延年后裔的籍贯便是杜陵。依此而论，刘富于景帝时定居长安之后，其子刘辟疆、孙刘德、曾孙刘向、玄孙刘歆等皆久居于长安，

---

① （汉）班固：《汉书》卷三十六《楚元王传》，中华书局1962年版，第1921页。
② 据《汉书·楚元王传》载，"休侯使人谏王，王曰：'季父不吾与，我起，先取季父矣。'休侯惧，乃与母太夫人奔京师"。中华书局1962年版，第1924页。
③ （汉）班固：《汉书》卷三十六《楚元王传》，中华书局1962年版，第1925页。
④ 梅新林《中国文学地理形态与演变》认为："按惯例，籍贯应限于三代以内，三代以上为祖籍。则自刘邦建立汉朝，刘氏王族居于长安之后，三代以下的后裔，皆应以所居长安为籍贯，以沛县为祖籍（西汉诸王分封郡国，但邸第多在长安）。据此，刘氏王族著名文学家中，以刘邦本人及刘邦同父异母之刘交、刘邦子刘友、孙刘安计入原籍外，文帝子刘武、景帝子刘胜、庶子刘越、武帝刘彻、刘彻子刘弗陵、宣帝子刘钦、刘邦曾孙刘偃、楚元王刘交孙刘辟疆、刘辟疆子刘德、孙刘向、刘向子刘歆、江都王刘建女刘细君，皆应计籍于首都长安。"复旦大学出版社2006年版，第44页。

则该支系应以长安为籍，故称其为"京兆长安刘氏"。

刘富这一支传承家学，也创造了文化辉煌。刘富次子刘辟疆曾以书自娱，昭帝初被霍光举为宗正。刘辟疆子刘德复为宗正，深得宣帝看重，封为阳城侯，刘氏因刘德而官宿卫者多达二十余人。所以，在昭、宣之时，该支系已转化为官僚宗族。而在元、成之世，该家族进一步转化为文化世族。总之，长安刘氏家族中，刘辟疆、刘德、刘向、刘歆等四代皆有文辞传世，堪称汉代关中的文学世家。

第一节 长安刘氏发展概况

西汉时期，长安刘氏发展不错，多人或王或侯，并对西汉政局时有影响。为了叙述方便，本节重点介绍楚元王刘交及其继任者概况，以及刘交第四子刘富、刘富子刘辟疆、刘辟疆子刘德等人概况。

一 "儒林之首"刘交

在刘邦弟兄四人之中，以刘交的儒学水平为最高。有学者认为，刘交"是同辈兄弟中最有文化修养的一人，家族的学术文化传统亦由其所开创"。如果追溯其学术渊源，当属于战国末期大儒荀子的再传弟子。[1] 因此，楚元王刘交堪称京兆长安刘氏家族的开山鼻祖。据《汉书·楚元王传》：

> 楚元王交字游，高祖同父少弟也。好书，多材艺。少时尝与鲁穆生、白生、申公俱受《诗》于浮丘伯。伯者，孙卿门人也。及秦焚书，各别去。高祖兄弟四人，长兄伯，次仲，伯蚤卒……汉六年，既废楚王信，分其地为二国，立贾为荆王，交为楚王，王薛郡、东海、彭城三十六县，先有功也……元王既至楚，以穆生、白生、申公为中大夫。高后时，浮丘伯在长安，元王遣子郢客与申公俱卒业。

---

[1] 邓骏捷《西汉楚元王家族学术文化传统探论》认为："根据陆德明《经典释文·叙录》等有关文献的记载，孔子授《诗》子夏，六传而至荀卿，荀卿授《诗》浮丘伯，为《鲁诗》之祖，可见楚元王家族的《诗》学是传承自战国后期儒学大师荀子的。"《烟台大学学报》（哲学社会科学版）2011年第1期。

> 文帝时，闻申公为《诗》最精，以为博士。元王好《诗》，诸子皆读《诗》，申公始为《诗》传，号《鲁诗》。元王亦次之《诗》传，号曰《元王诗》，世或有之。①

可见，刘交"好书"而"多材艺"，早年曾受《诗》于荀子门人浮丘伯。高祖六年（前201），刘交以功被封为楚王。刘交至楚地，便任命同门穆生、白生和申公为中大夫。可以说，汉代最早的儒学中心首先在彭城形成。因此，"楚元王是西汉初年首倡儒学的诸侯，有'儒林之首'之称（朱彝尊《经义考》引刘诚语）"②。

吕后时，浮丘伯在长安，楚元王派遣次子刘郢客、中大夫申培至长安，继续师从浮丘伯学《诗》，最终都完成了学业。

据《汉书·儒林传》，申公为鲁人，少年时代与楚元王刘交师从齐人浮丘伯学《诗》。"汉兴，高祖过鲁，申公以弟子从师入见于鲁南宫。"汉高祖祭祀孔子，可能与刘交的劝说有关，这事关汉王朝的政治、文化走向。楚元王死后，刘郢客嗣爵，任申公为太子傅。太子刘戊立为楚王，"胥靡申公"，申公便"归鲁退居家教"，兰陵王臧、代郡赵绾皆为申公弟子。③ 因此，浮丘伯为《鲁诗》之鼻祖，申培为《鲁诗》第一代传人。楚元王刘交师从浮丘伯学《诗》，学习的应该也是《鲁诗》。他虽未卒业，但由于好《诗》，便要求诸子皆读《诗》。申公完成学业后为《诗》作传，号称《鲁诗》。④ 楚元王刘交则"亦次之《诗》传"，给《诗》作注，号称《元王诗》。所以，《元王诗》当效法《鲁诗》而作，或曾吸收了《鲁诗》的观点。总之，《元王诗》的发表，奠定了长安刘氏家族的家学基础，促进了该家族家学传统的形成。这为后世子孙的文化转向奠定了

---

① （汉）班固：《汉书》卷三十六《楚元王传》，中华书局1962年版，第1921—1922页。
② 邓骏捷：《西汉楚元王家族学术文化传统探论》，《烟台大学学报》（哲学社会科学版）2011年第1期。
③ （汉）班固：《汉书》卷八十八《儒林传》，中华书局1962年版，第3608页。
④ 据《汉书》卷八十八《儒林传》，申公在刘戊时"退居家教……弟子自远方至受业者千余人，申公独以《诗经》为训故以教，无传，疑者则阙弗传"（中华书局1962年版，第3608页）。按：根据《汉书·楚元王传》，申培曾在学成后为《诗经》作传，号称《鲁诗》。而据《汉书·儒林传》所载，申培用"训故"教授《诗经》而"无传"，就是对有关"训故"不作解释。而这与申培"作传"成《鲁诗》似乎矛盾。

良好的基础。

二 刘交的继任者们

据《汉书·楚元王传》，刘交至少有子七人：刘辟非、刘郢客、刘礼、刘富、刘岁、刘艺、刘调。其中，刘辟非因病早卒。吕太后听政之时，元王次子刘郢客为宗正，封上邳侯。文帝前元元年（前179），刘交死，谥"元王"。[①] 因太子辟非早卒，文帝前元二年（前178），刘交次子、上邳侯刘郢客嗣爵，是为楚夷王。其时，申公不再担任博士之职，复为中大夫，任太子傅。文帝前元四年（前176），楚夷王死。文帝前元六年（前174），太子刘戊嗣爵。

汉景帝即位时，刘交长子、次子皆亡，便"以亲亲"封楚元王"宠子"五人：刘礼为平陆侯、刘富为休侯、刘岁为沈犹侯、刘艺为宛朐侯、刘调为棘乐侯。可见，至景帝初年止，楚元王家族中被封王者有刘交、刘郢客、刘戊三人，被封侯者有刘礼、刘富、刘岁、刘艺、刘调五人。这说明，刘交子孙不仅尊贵，而且多人位至王侯。景帝前元三年（前154），刘戊因不满封邑被削去薛郡、东海郡，便与吴王刘濞联合反叛，失败自杀。宗正、平陆侯刘礼嗣爵，是为楚文王（在位4年）。此后，楚安王刘道（在位22年）、楚襄王刘注（在位14年）、楚节王刘纯（在位16年）及楚王刘延寿（在位32年）相继嗣爵。至宣帝地节元年（前69），刘延寿因谋立广陵王刘胥为帝，事泄自杀，国除。

综上所述，楚元王及其继任者，先后有刘交、刘郢客、刘戊、刘礼、刘道、刘注、刘纯、刘延寿等八人先后相继为楚王。除了休侯刘富这一支系而外，沈犹侯刘岁及其子刘受、宛朐侯刘艺、棘乐侯刘调及子刘应、孙刘庆等，共计六人封侯。

三 长安刘氏发展概况

楚元王众多儿子中，只有刘富这一支系在元、成之前的发展情况尚

[①] 据《汉书》卷十四《诸侯王表》，楚元王在高帝"六年正月丙午立，二十三年薨"。又云，"孝文二年，夷王郢客嗣，四年薨"。（中华书局1962年版，第397页）汉高祖在前206年灭秦，西汉纪元开始（实际上，刘邦是在前202年称帝的）。如此，从高帝六年（前201）至文帝前元元年（前179），刚好二十三年。

好，诸如刘德之父刘辟疆、刘德、刘德长子刘安民等人的地位尚且显赫。不过，元、成之后，刘德次子刘向、刘向子刘歆等人的处境，已与别的宗族大体相类，不过是宗室后裔而已，并无特别之处。

刘富乃刘向曾祖父、刘交第四子①。景帝初即位，便"以亲亲"封刘富为休侯。楚王刘戊谋反前，刘富曾多次谏其勿反。刘戊不听，并威胁要杀掉他。刘富迫不得已，携老母妻子等逃至长安。②吴楚之乱起，刘富先因刘戊谋反事遭连坐免侯，并被削掉皇族属籍。景帝前元三年（前154），吴楚之乱平，又以"数谏戊"更封为红侯。由于其母与窦太后有亲戚关系，加之山东不平静，刘富及子刘辟疆等四人以供养太夫人之名，得留仕于京师。汉景帝中元元年（前149），红侯刘富死，谥为"懿"。刘富传国至曾孙：怀侯刘登在位一年、敬侯刘嘉在位二十四年、哀侯刘章在位一年。从景帝初至武帝元朔四年（前125），因刘章无子而国绝。③

刘辟疆字少卿，乃刘富次子、刘向之祖父。据《汉书·楚元王传》附《刘辟疆传》，他"亦好读《诗》，能属文"。武帝时，曾以宗室子身份，参与议论朝政之事，并"冠诸宗室"。刘辟疆早年"清静少欲，常以书自娱，不肯仕"。昭帝即位后，霍光辅政。经人举荐，刘辟疆方以"先帝之所宠"，官拜光禄大夫、长乐卫尉，④时年已八十。不久，又徙为宗正，数月之后卒。⑤

刘辟疆之子刘德字路叔，刘向之父。据《汉书·楚元王传》，他"修

---

① 据《汉书·楚元王传》，因楚太子刘辟非早卒，楚元王死后，吕后让宗正刘郢客嗣爵，是为楚夷王，则刘郢客当为次子。楚夷王死，其子刘戊嗣爵。吴楚之乱平，楚王刘戊自杀，于是景帝又封宗正、平陆侯刘礼为楚王。这样，按照汉代父死子继、兄死弟继的嗣爵规则，刘礼为刘交第三子，则刘富当是第四子。而且，当休侯刘富劝说刘戊不要冒险叛乱时，刘戊非但不听，反而威胁刘富："季父不吾与，我起，先取季父矣。"根据古代伯、仲、叔、季的排行方式，则刘富当为第四子无疑。

② 据《汉书》卷三十六《楚元王传》载，"王戊稍淫暴，二十年，为薄太后服私奸，削东海、薛郡，乃与吴通谋。二人谏，不听，胥靡之，衣之赭衣，使杵臼雅舂于市。休侯使人谏王，王曰：'季父不我与，我起，先取季父矣。'休侯惧，乃与母太夫人奔京师"（中华书局1962年版，第1924页）。

③ 据《汉书》卷十五上《王子侯表上》，中华书局1962年版，第433页。

④ 据《汉书》卷七《昭帝纪》，始元二年（前85），"以宗室毋在位者，举茂才刘辟疆、刘长乐皆为光禄大夫，辟疆守长乐卫尉"。中华书局1962年版，第220页。

⑤ （汉）班固：《汉书》卷三十六《楚元王传》，中华书局1962年版，第1926页。

黄老术，有智略"。少年时期数次言事，为武帝所赏识，称为"千里驹"。昭帝即位时，三十余岁的刘德尚待诏丞相府。昭帝始元初年，迁宗正丞。因其父刘辟疆为宗正，徙为大鸿胪丞，迁太中大夫。刘辟疆死后，继任宗正。他"常持老子知足之计"，丧妻，霍光欲将女儿嫁给他，他"不敢取，畏盛满也"。因得罪霍光，侍御史便以诽谤罪弹劾刘德，被免为庶人，"屏居山田"。刘德后任青州刺史，一年后复为宗正。因参与策立宣帝有功，"以定策赐爵关内侯"。地节年间，宣帝"以亲亲行谨厚封为阳城侯"。刘德在位十一年，"宗家以德得官宿卫者二十余人"。① 这说明，至宣帝时，长安刘氏已成为官僚宗族。其实，刘德在宣帝时地位很高，并被列入十一功臣行列，画像入麒麟阁。② 这是汉代首次采用的表彰方式，影响很大。大臣们以入麒麟阁为荣，以不入为耻。刘德尽管位高权重，但他宽厚好施，家产过百万，或用于赈济昆弟，或用于供给宾客饮食。宣帝五凤二年（前56），次子刘向因伪铸黄金获罪，刘德曾上书自讼。同年卒，谥为"缪侯"。

刘安民乃刘德长子，宣帝地节年间为郎中右曹。宣帝五凤二年（前56），阳城侯刘德死，刘安民嗣爵。其弟刘向因伪铸黄金之罪入狱，阳城侯刘安民上书，"入国户半，赎更生罪"，得以减免死罪。刘安民死后，子刘庆忌嗣爵，复为宗正、太常。刘庆忌死，子刘岑嗣爵，任诸曹中郎将，位列校尉，终至太常。刘岑死，其子刘飒嗣爵。总之，刘德长子刘安民这一支系，在西汉时期持续享受侯爵俸禄，一直到王莽败亡为止③。

---

① 有关刘德的生平，主要载于《汉书》卷三十六《楚元王传》，第1927—1928页。

② 据《汉书·李广苏建传》，"甘露三年，单于始入朝。上思股肱之美，乃图画其人于麒麟阁，法其形貌，署其官爵、姓名。唯霍光不名，曰大司马大将军博陆侯姓霍氏，次曰卫将军富平侯张安世，次曰车骑将军龙额侯韩增，次曰后将军营平侯赵充国，次曰丞相高平侯魏相，次曰丞相博阳侯丙吉，次曰御史大夫建平侯杜延年，次曰宗正阳城侯刘德，次曰少府梁丘贺，次曰太子太傅萧望之，次曰典属国苏武。皆有功德，知名当世，是以表而扬之，明著中兴辅佐，列于方叔、召虎、仲山甫焉"。中华书局1962年版，第2468—2469页。

③ 有关楚元王刘交及其子孙的生平史略，载于《汉书》卷三十六《楚元王传》第1921—1928页。通过比较后发现，与《汉书》卷十八《外戚恩泽侯表》第697页所载并不一致。按照《恩泽侯表》，刘安民在宣帝五凤二年（前56）嗣爵，在位八年，宣帝黄龙元年（前49）卒，谥节侯。元帝初元元年（前48），刘安民鳌侯刘庆忌嗣爵，在位二十一年，刘庆忌当卒于汉成帝河平元年（前28）。又云"居摄元年，侯飒嗣，王莽败，绝"。这样看来，从河平二年（前27）至居摄元年（6）计三十四年之间，当有刘岑等后继者嗣爵。

刘富因避难而居于长安，此后便久居于长安。在漫长的发展过程中，刘富这一支系获得封侯者共有刘富、刘登、刘嘉、刘章及刘德、刘安民、刘庆忌、刘岑、刘飒等九人。不过，长安刘氏虽为皇室宗亲，但更具有官僚宗族的特点。而且，刘富之子刘辟疆、孙刘德等亦善创作，这为该家族的转型发展奠定了基础。

第二节　刘向父祖辈生平与创作

如前所述，楚元王刘交好《诗》，并有《元王诗》传世。不仅如此，他还要求诸子皆读《诗》。如此，刘富也曾读《诗》，很可能颇有文学修养。受其影响，刘富次子刘辟疆继承家学传统，好读《诗》，善写作，以书自娱，并有文辞作品传世。而刘辟疆子刘德好黄老之术，善言事，亦有文学作品传世。

刘交（约前246—前179）[1]，字游，刘向高祖父，著有《元王诗》。在少年时代，刘交曾与鲁穆生、白生、申公俱师从孙卿门人浮丘伯学《诗》，是战国末期大儒荀子的再传弟子。据《汉书·儒林传》：

> 仲尼既没，七十子之徒散游诸侯，大者为卿相师傅，小者友教士大夫，或隐而不见……儒术既黜焉，然齐鲁之间学者犹弗废，至于威、宣之际，孟子、孙卿之列咸遵夫子之业而润色之，

---

[1]　楚元王刘交的卒年，《汉书》有明确记载。据《汉书》卷十四《诸侯王表》，"楚元王交，高祖弟。六年正月丙午立，二十三年薨"。可见，汉高祖六年（前201）刘交被封为楚王，在位二十三年，则当死于汉文帝前元元年（前179）。第二年（文帝前元二年），"夷王郢客嗣，四年薨"。参见中华书局1962年版，第397页。关于其生年，史料阙如，无法推断。不过，刘邦兄弟四人，刘邦排行第三，刘交排行第四，两人为同父异母兄弟，年龄或相差不大。据《汉书》卷一下《高帝纪第一下》，刘邦于高帝十二年三月下诏云："吾立为天子，帝有天下，十二年于今矣""夏四月甲申，帝崩于长乐宫。"（第78—79页）刘邦生于前256年，死于前195年，享年62岁。若刘交与刘邦相差十岁，则他大约生于前246年。秦始皇于前221年统一天下，前212年采纳李斯建议焚书。参见《史记》卷六《秦始皇本纪第六》，中华书局1982年版，第234—259页。另据《汉书·楚元王传》称，刘交少时从浮丘伯学《诗》，秦始皇焚书之后，方与穆生、白生、申生等一同告别老师。如此，在秦始皇下令焚书时刘交年龄当在34岁左右。楚汉战争时期，刘交随刘邦左右。高祖六年（前201），刘交被封为楚王时，时年或为45岁。若以此推定，刘交卒年可能是67岁。

以学显于当世……及至秦始皇兼天下，燔《诗》《书》，杀术士，六学从此缺矣……汉兴，言《易》自淄川田生；言《书》自济南伏生；言《诗》，于鲁则申培公，于齐则辕固生，燕则韩太傅……申公，鲁人也。少与楚元王交俱事齐人浮丘伯受《诗》。汉兴，高祖过鲁，申公以弟子从师入见于鲁南宫。吕太后时，浮丘伯在长安，楚元王遣子郢与申公俱卒学。元王薨，郢嗣立为楚王，令申公傅太子戊。戊不好学，病申公。及戊立为王，胥靡申公。申公愧之，归鲁退居家教，终身不出门。复谢宾客，独王命召之乃往。弟子自远方至受业者千余人，申公独以《诗经》为训故以教，亡传，疑者则阙弗传……弟子为博士十余人，孔安国至临淮太守，周霸胶西内史，夏宽城阳内史，砀鲁赐东海太守，兰陵缪生长沙内史，徐偃胶西中尉，邹人阙门庆忌胶东内史，其治官民皆有廉节称。其学官弟子行虽不备，而至于大夫、郎、掌故以百数。申公卒以《诗》《春秋》授，而瑕丘江公尽能传之，徒众最盛。及鲁许生、免中徐公，皆守学教授。韦贤治《诗》，事（博士）大江公及许生，又治《礼》，至丞相。传子玄成，以淮阳中尉论石渠，后亦至丞相。玄成及兄子赏以《诗》授哀帝，至大司马车骑将军，自有传。由是《鲁诗》有韦氏学。[①]

可见，如果说申培是《鲁诗》第一代传人，则浮丘伯当为《鲁诗》开创者。在《汉书·儒林传》中，《鲁诗》位列首位，所占篇幅较多，对申培及《鲁诗》后学介绍详细。而且，申公的弟子们多至大官，甚至有诸如韦贤、韦玄成等为丞相。这说明，《鲁诗》在西汉的影响力非常大。在《汉书·艺文志》中，《鲁诗》仍被列于首位：

  诗经二十八卷，鲁、齐、韩三家。鲁故二十五卷。鲁说二十八卷。齐后氏故二十卷。齐孙氏故二十七卷。齐后氏传三十九卷。齐孙氏传二十八卷。齐杂记十八卷。韩故三十六卷。韩内传四卷。韩外传六卷。韩说四十一卷。毛诗二十九卷。毛诗故训传三十卷。凡

[①] 参见《汉书》卷八十八《儒林传》，中华书局1962年版，第3591—3608页。

诗六家，四百一十六卷。

　　……孔子纯取周诗，上采殷，下取鲁，凡三百五篇，遭秦而全者，以其讽诵，不独在竹帛故也。汉兴，鲁申公为诗故训，而齐辕固、燕韩生皆为之传。或取春秋，采杂说，咸非其本义。与不得已，鲁最为近之。三家皆列于学官。又有毛公之学，自谓子夏所传，而河间献王好之，未得立。①

可见，《鲁诗》对《诗经》的解读更贴近于原意。楚元王与申培同为浮丘伯弟子，由此推断，《元王诗》当属《鲁诗》体系。而《汉书·艺文志》未录之，说明《元王诗》远没有齐、鲁、韩、毛四家《诗》知名。当然，《毛诗》因未立学官，也仅在《艺文志》中略微提及，何况并非名儒的刘交所撰述的《元王诗》了！不过，班固在《汉书·楚元王传》中称"世或有之"，则至少在东汉和帝时，《元王诗》可能尚有传本存世。据《汉书·楚元王传》，刘交好《诗》，要求诸子皆读《诗》。所以，《元王诗》之所以未在社会上流传，很可能是刘交把它当作教育子弟读《诗》的一种家学读本。当然，与四家诗一样，《元王诗》也是注解《诗经》之作。因此，在《诗经》传播史上，刘交当有一席之地。

　　刘富（约前211—前151）②，刘向曾祖父。据《汉书·楚元王传》载，楚元王刘交好《诗》，要求诸子皆读《诗》，则刘富也曾习《诗》，早年曾受《诗》学熏陶。虽无作品传世，或亦有较高文化修养。其子刘辟疆、孙刘德皆有文才，说明他重视子孙教育。这对提升后代的文化水平及文学创作能力是有影响的。

---

① 参见《汉书》卷三十《艺文志》，中华书局1962年版，第1707—1708页。
② 刘富的卒年可以推算出来，而其生年不详。据《汉书》卷十五上《王子侯表第三上》，"休侯富，楚元王子"。"（元年）四月乙巳封，三年，以兄子楚王戊反，免。三年，侯富更封红侯，六年薨，谥曰懿。"就是说，景帝前元元年（前156），刘富被封为休侯。景帝前元三年（前154），楚王刘戊反，他因连坐而被免爵。同年，吴楚之乱平，景帝更封他为红侯。刘富卒于景帝前元六年（前151），死后谥为"懿"。（《汉书》第433页）。刘富为刘交第四子，若父子年龄相差35岁，则他可能生于前211年，卒年或为60岁。

刘辟疆（前164—前85）[1]，字少卿。刘辟疆像乃祖刘交一样好《诗》，且能属文，善论议。《汉书·艺文志》载录其赋八篇，可能作于武帝、昭帝之时。惜今不存，无法论其文学成就。不过，《汉志》将赋分为屈原赋、陆贾赋、孙卿赋和杂赋四类，而刘辟疆赋归于"陆贾赋"。刘永济指出："昔昭明选文，骚赋异卷；彦和论艺，别赋于骚；而班志艺文，但称屈赋，不名楚骚。尝思其故，盖萧、刘别其流而班氏穷其源耳。"[2]可以推测，刘辟疆赋与陆贾赋相近，两者间或为源流关系。陆贾赋今不存，因此无法推断刘辟疆赋的特点。不过，《汉书·艺文志》中归于"陆贾赋"者还有枚皋赋、司马迁赋与扬雄赋。枚皋赋今不存。据《汉书·贾邹枚路传》，枚皋作赋很快，数量不少，但"其文骫骳，曲随其事，旨得其意，颇诙笑，不甚闲靡"。若将司马迁、扬雄赋作比较，发现两人赋的主旨与风格并不一样。前者以述志为本，而后者以讽谏为宗。不过，司马迁、扬雄皆依经作赋，或儒或道，少纵横之气，多铺陈之语。以此推定，刘辟疆赋或有类似特点。

刘德（约前115—前56）[3]，字路叔，好黄老之术而有智略。《汉书·

---

[1] 关于刘辟疆的生卒年推断，主要依据如下。第一，《汉书》卷三十六《楚元王传》云，"昭帝即位，或说大将军霍光曰：'……今将军当盛位，帝春秋富，宜纳宗室……'光然之，乃择宗室可用者。辟疆子德待诏丞相府，年三十余，欲用之。或言父见在，亦先帝之所宠也。遂拜辟疆为光禄大夫，守长乐卫尉，时年已八十矣。徙为宗正，数月卒"（第1926页）。第二，《汉书》卷七《昭帝纪》载，"（始元）二年春正月……以宗室毋在位者，举茂才刘辟疆、刘长乐皆为光禄大夫，辟疆守长乐卫尉"（第220页）。第三，《汉书》卷十九下《百官公卿表第七下》载，"（孝昭始元）二年：光禄大夫刘辟疆为宗正，数月卒"（第792页）。第四，汉代人计算年龄以虚岁，而非周岁。综合以上四点，昭帝始元二年（前85）春正月，刘辟疆被任命为光禄大夫、长乐卫尉时，他已八十岁了。同年某月，他又徙任宗正，任职数月之后卒。因此，刘辟疆当死于始元二年（前85），卒年八十岁。由此上推，则他当生于文帝前元十六年（前164）。

[2] 参见刘永济《十四朝文学要略》卷二《汉至隋》，中华书局2007年版，第95页。

[3] 关于刘德卒年，《汉书》卷十九下《百官公卿表第七下》有明确记载：（汉昭帝）元凤元年（前80），"太中大夫刘德为宗正，数月免"。昭帝元凤三年（前78），"青州刺史刘德为宗正，二十二年薨"（第795—796页）。这样，若从元凤元年（前80）刘德任宗正算起，他卒于汉宣帝神爵四年（前58）；若从昭帝元凤三年（前78）任宗正算起，他卒于宣帝五凤二年（前56）。另据《汉书》卷十八《外戚恩泽侯表第六》，阳城缪侯刘德，"以宗正关内侯行谨重为宗室率，侯。（地节）四年三月甲寅封，十年薨。五凤二年，节侯安民嗣"（第697页）。而《汉书》卷三十六《楚元王传第六》载，"德字路叔，……地节中，以亲亲行谨厚封为阳城侯……立十一年，子向坐铸伪黄金，当伏法，德上书讼罪。会薨"（第1927—1928页）。钱穆《两汉经学今古文平议》载《刘向歆父子年谱》认为，五凤二年（前56），"向年二十四岁。父德卒，兄安民（转下页）

艺文志》著录阳城侯刘德赋九篇，隶属于"屈原赋"，与庄忌、贾谊、枚乘、司马相如、刘彻、王褒、刘向等赋家并列。刘德赋无目无辞，亦难知其风格特点。而庄忌、贾谊、枚乘、司马相如、刘彻、王褒、刘向等诸家的赋作今皆可见，按照刘永济先生的观点衡量，班固将这些赋家同列一类，至少说明其赋作源流相近。因此，按照现存赋作来推断，他们的赋作风格虽各异，但皆祖述屈骚，具有超然出众的想象力和寄托情思于虚幻的共同点。例如，庄忌的《哀时命》、贾谊的《吊屈原赋》、司马相如的《大人赋》与《长门赋》、王褒的《九怀》、刘向的《九叹》等或祖述楚骚，或追慕屈原，或哀时叹命，往往通过构建虚幻的想象世界而寄托情思，伤感色彩比较浓郁。而刘德好黄老之术，其赋作或有仿骚特点。据此推测，建构虚幻世界、具有超拔自然的想象力或许是刘德赋作的重要特点。

总之，刘交早年学《诗》，其后好《诗》、注《诗》，并以《诗》传家。他派遣次子刘郢客、中大夫申培到长安向浮丘伯学《诗》，要求诸子读《诗》，成就了《鲁诗》传人申培，也确立了以《诗》传家的家学传统。刘郢客继任楚王后，申培被委任为王太子傅，继续教授《诗》。申培是《鲁诗》传人，则刘氏家族成员接受的显然是《鲁诗》。如此，刘富、

（接上页）嗣侯。向以典方铸作事系狱，得逾冬减死论"。"至地节四年至五凤二年，凡十一年，正与德传立十一年向坐法，德上书讼罪相符，表作'十年'，脱一'一'字。"（商务印书馆2001年版，第21—22页）刘跃进《秦汉文学编年史》认为，刘德卒于汉宣帝神爵四年（前58）。他的依据是《汉书》刘德本传载刘德为阳城侯"立十一年"卒，《百官公卿表》元凤三年载："青州刺史刘德为宗正，二十二年薨。"他认为，"元凤三年至本年正好为二十二年。本传同，《诸侯年表》作二十三年，误"（商务印书馆2006年版，第228页）。其实，钱穆的观点符合史实。因为《百官公卿表》计时从刘德担任青州刺史算起。从昭帝元凤三年（前78）至宣帝五凤二年（前56）刚好二十二年。而《外戚恩泽侯表》计时从宣帝地节四年（前66）算起，刘德为阳城侯十一年，则至宣帝五凤二年（前56）刚好为十一年。因此，刘德卒于宣帝五凤二年（前56）。至于其生年，据《汉书·楚元王传》，刘辟疆担任宗正时，刘德年三十余。而辟疆于昭帝始元二年（前85）任宗正，时已80岁，则他年长刘德近五十岁。由此推测，刘德生年约在武帝元鼎二年（前115）前后。《汉书》卷三十六《楚元王传第六》载，刘德"少时数言事，召见甘泉宫，武帝谓之'千里驹'"（第1927页）。如此，武帝召见刘德当在其15岁至20岁，可能在武帝天汉元年（前100年）至太始二年（前95年）之间。查《汉书》卷六《武帝纪》（第199—211页），汉武帝在此时段两次驻跸甘泉宫：天汉元年（前100）春正月、天汉四年（前97）春正月（朝诸侯王）。而刘德被召见可能在天汉四年（前97），若他生于元鼎二年（前115），则是年18岁，也符合年龄"少"的特点。这样，刘德享年约五十九岁。

刘辟疆、刘德等应接受了以《鲁诗》为主的家学教育，这对他们从事文学创作具有明显影响。刘辟疆、刘德的赋作不存于世，使我们无法窥其原貌特点，只能据所属赋作类型的共性特点，加以推测。毋庸置疑，在西汉赋史上，两人自有一席之地。

第三节　刘向生平及其著述

长安刘氏家族几乎代代任宗正，代代有文人。任宗正者，先后有刘郢客、刘辟疆、刘德、刘庆忌等。而刘向虽未担任宗正，却曾任宗正给事中。为文人者，有刘交、刘辟疆、刘德、刘向、刘歆等。若从刘富开始算起，则长安刘氏确实是文学世家了。前面，我们介绍了刘向父祖辈的生平与创作情况，本节将重点介绍长安刘氏家族的第五代刘向的生平及著述情况。刘向生活在昭帝、宣帝、元帝、成帝时期，一生仕途不顺，屡受打击，多次沉浮。但在文学创作与文化典籍的整理方面，刘向做出了杰出贡献，是文学史上具有较高地位和深远影响的文学家。

一　刘向生平概况

刘向（前79—前8）[①]，字子政，本名更生，刘德次子。据《汉书·楚元王传》附《刘向传》载，宣帝地节二年（前68），他以父任为辇郎，

[①] 关于刘向生卒年，学界众说纷纭，主要有四说：一是生于昭帝元凤四年（前77），卒于哀帝建平元年（前6），王先谦等持此说；二是生于昭帝元凤二年（前79），卒于成帝绥和元年（前8），钱穆等持此说；三是卒于绥和二年（前7），姚振宗持此说；四是卒于成帝元延四年（前9），周寿昌持此说。刘跃进《秦汉文学编年史》赞同钱穆的观点。他援引清人梅毓《刘更生年表》、周旵《刘子政生卒年月及其著述考辨》、钱大昕《廿二史考异》、钱穆《刘向刘歆父子年谱》等论著的有关观点，认为："从《汉书·礼乐志》记述可知，刘向卒于成帝之前（按：'前'误，当为'时'），不可能卒于哀帝即位之建平元年明矣。钱穆说是。据此上推七十二年，则刘向生于本年"。参见商务印书馆2006年版，第208页。关于这一问题，《秦汉文学编年史》第286—287页也有详细介绍，可参阅。近年来，关于刘向生卒年也有新说。比如，柏俊才《刘向生卒年新考》（《文学遗产》2012年第3期）认为，刘向生于昭帝元凤五年（前76），卒于哀帝建平二年（前5）。赵章超《刘向生平辨正两题》（《古籍整理研究学刊》2014年第3期）坚持了钱穆的观点，但对其他说法也给予严密考证，从而得出可信结论。事实上，综合各种史料来看，钱穆的观点还是信而有征，难以否定的。

时年十二岁。① 宣帝神爵二年（前60），刘向二十岁，便"以行修饬"为谏议大夫。② 其时宣帝效法"武帝故事"，诏选"名儒俊材"置于左右，刘向"以通达能属文辞，与王褒、张子侨等并进对，献赋颂凡数十篇"。可见，无论在德行还是文学才能方面，刘向都深得宣帝赏识。作为侍从文人，他也积极创作辞赋，献赋颂作品达数十篇之多。这说明，刘向早期的生活与仕途比较顺利。

人的一生，顺与不顺总会相伴相生。刘向在二十四岁时，便遭遇了一次人生挫折。由于仕途顺利，刘向的功名心更为强烈起来。恰好，他所面对的汉宣帝不折不扣地效法起汉武帝来。宣帝一方面召集文学侍从创作赋颂以歌功颂德、粉饰太平；另一方面也期待长寿不老、喜好神仙方术。而在武帝时，刘向之父刘德曾参与审理淮南王刘安谋反案，缴获了《枕中鸿宝苑秘书》。由于刘德喜好黄老道家，便将该书占为己有。该书介绍了"神仙使鬼物为金之术"，也录有邹衍的"重道延命方"。刘向小时候读过该书，"以为奇"。为迎合宣帝之喜好，刘向便将此书献出，自称可以按照书中的方法炼金。宣帝很高兴，下诏由他负责炼金之事。但是，不懂炼金术的刘向并没有完成任务，而且"费甚多，方不验"，炼金终告失败。宣帝五凤二年（前56），二十四岁的刘向以"铸伪黄金"之罪入狱，依法当定为死罪。为此，其父阳城侯刘德曾上书自讼求情，不久病亡。其兄刘安民嗣爵阳城侯后，上书将阳城侯国的食邑户数减半，

---

① 汉代有任子制度。据黄留珠介绍，"任子制就是依靠前辈的官位（地位）、功劳保任后代为官的制度……汉之任子制乃沿袭秦葆子制而来，是世官制的一种遗存形式……两汉任子基本的形式有父任、兄任两种。官吏任子有一定限制条件，即必须是'两千石以上'的官吏和'视事满三年'者；任子的数目则以'一人'为限。黄留珠先生经过研究后认为，汉代任子形式并不局限于上述两种，还有以宗家任、以族父任、以外戚任、以姊任、以祖父任等多种形式。而且，"两千石"也非必然限制的条件，任子的数目"二人以上乃至多人者极为常见，并不受一人之限"。黄留珠指出，"两汉任子制度，是一种照顾在职大官僚利益的变态世袭制"。参见黄留珠《秦汉仕进制度》，西北大学出版社1985年版，第210—215页。

② 据《汉书》卷三十六《楚元王传第六》附《刘向传》，刘向"既冠，以行修饬为谏议大夫"。一般而言，古代男子二十岁行冠礼，表示已经成年。当然，这在汉代也有特殊情况。比如，汉武帝十六岁时便行冠礼，并开始独立执政。而刘向并非特殊人物，也无特殊情况要求他提前行冠礼。自然，按照常规，他应是在二十岁行冠礼的。所以，刘向应是在宣帝神爵二年（前60）被任命为谏议大夫的。

以赎其罪。① 宣帝借台阶就下,"亦奇其材",依律以"逾冬减死论",刘向得免死罪。五凤三年（前55）,《穀梁春秋》立为官学。宣帝征诏刘向习《穀梁春秋》,并讲论《五经》于石渠阁②,拜官郎中、给事黄门,后迁任散骑谏大夫给事中等职。

汉元帝初元元年（前48）,经太傅萧望之、少傅周堪举荐,刘向以"宗室忠直,明经有行"擢升为散骑宗正给事中,与太傅萧望之、少傅周堪、侍中金敞"同心辅政",力图抑制外戚许、史及宦官弘恭、石显,结

---

① 据《汉书》卷三十六《楚元王传第六》载,"（刘德）立十一年,子向坐铸伪黄金,当伏法,德上书讼罪。会薨,大鸿胪奏德讼子罪,失大臣体,不宜赐谥置嗣。制曰：'赐谥缪侯,为置嗣。'"（第1928页）可见,刘德在宣帝五凤二年（前56）曾上书为儿子更生求情。据刘跃进《秦汉文学编年史》考证,汉宣帝地节四年（前66）,"三月,刘德封为阳城侯,刘向时年十四岁"。商务印书馆2006年版,第217页。刘德在位十一年,至宣帝五凤二年（前56）刚好十一年,所以刘向因伪铸黄金之罪入狱当是该年,时年二十四岁。

② 据《汉书·儒林传》,"瑕丘江公,受《穀梁春秋》及《诗》于鲁申公,传子至孙为博士。武帝时,江公与董仲舒并。仲舒通《五经》,能持论,善属文。江公呐于口,上使与仲舒议,不如仲舒。而丞相公孙弘本为《公羊》学,比辑其议,卒用董生。于是上因尊《公羊》家,诏太子受《公羊春秋》,由是《公羊》大兴。太子既通,复私问《穀梁》而善之。其后浸微,唯鲁荣广王孙、皓星公二人受焉。广尽能传其《诗》、《春秋》,高材捷敏,与《公羊》大师眭孟等论,数困之,故好学者颇复受《穀梁》。沛蔡千秋少君、梁周庆幼君、丁姓子孙皆从广受。千秋又事皓星公,为学最笃。宣帝即位,闻卫太子好《穀梁春秋》,以问丞相韦贤、长信少府夏侯胜及侍中乐陵侯史高,皆鲁人也,言穀梁子本鲁学,公羊氏乃齐学也,宜兴《穀梁》。时千秋为郎,召见,与《公羊》家并说,上善《穀梁》说,擢千秋为谏大夫给事中,后有过,左迁平陵令。复求能为《穀梁》者,莫及千秋。上愍其学且绝,乃以千秋为郎中户将,选郎十人从受。汝南尹更始翁君本自事千秋,能说矣,会千秋病死,征江公孙为博士。刘向以故谏大夫通达待诏,受《穀梁》,欲令助之。江博士复死,乃征周庆、丁姓待诏保宫,使卒授十人。自元康中始讲,至甘露元年,积十余岁,皆明习。乃召《五经》名儒太子太傅萧望之等大议殿中,平《公羊》、《穀梁》同异,各以经处是非。时,《公羊》博士严彭祖、侍郎申挽、伊推、宋显,《穀梁》议郎尹更始、待诏刘向、周庆、丁姓并论。《公羊》家多不见从,愿请内侍郎许广,使者亦并内《穀梁》家中郎王亥,各五人,议三十余事。望之等十一人各以经谊对,多从《穀梁》。由是《穀梁》之学大盛。庆、姓皆为博士。姓至中山太傅,授楚申章昌曼君,为博士,至长沙太傅,徒众尤盛。尹更始为谏大夫、长乐户将,又受《左氏传》,取其变理合者以为章句,传子咸及翟方进、琅邪房凤。咸至大司农,方进丞相,自有传"。（《汉书》卷八十八《儒林传第五十八》,第3617—3618页）可见,刘向先从沛郡蔡千秋学习《穀梁春秋》,千秋死,后从瑕丘江公之孙学习。江博士死,又从梁周庆（字幼君）、丁姓（字子孙）学习,从宣帝元康（前65—前61）中开始,至甘露元年（前53）结束,历时十余年。甘露三年（前51）,在太子太傅萧望之的主持下,《公羊》博士严彭祖、侍郎申挽、伊推、宋显、许广等与《穀梁》议郎尹更始、待诏刘向、周庆、丁姓、中郎王亥等共争论于石渠阁,最终以《穀梁春秋》获胜而结束。从此,《穀梁春秋》之学大盛。因此,刘向得宣帝重视,可能与其精通《穀梁春秋》有关。

果反被外戚许、史及宦官弘恭、石显所谮诉。刘向与周堪并入狱，萧望之被免官。初元二年（前47）春，发生地震，他得以出狱。同年秋，被征为中郎。该年冬，再次发生地震，刘向暗中使外亲上变事，建议元帝"退恭、显以章蔽善之罚，进望之等以通贤者之路"。事泄，以"毁离亲戚""为臣不忠""诬罔不道"之罪而被免为庶人。元帝永光元年（前43），曾上《条灾异封事》进谏，未得元帝重视。永光四年（前40），刘向"依兴古事，悼己及同类"，而著《疾谗》《擿要》《救危》《世颂》等八篇。① 此后，闲居家中达十余年之久，直到元帝竟宁元年（前33）五月。这一年，元帝死，成帝即位，弘恭、石显等被罢免，他也为此正式更名为刘向②。

建始元年（前32），成帝以"故九卿"召拜刘向为中郎，领护三辅都水，迁光禄大夫。河平三年（前26），领校中《五经》秘书③。在此期间，他比类相从，编成《洪范五行传论》十一篇，采《诗》《书》所载贤妃贞妇、兴国显家可以效法者及孽嬖乱亡者，依序次完成《列女传》八篇，并采传记、行事著成《新序》《说苑》五十篇上奏。④ 成帝深感其言，但终不能用。此后，他多次上书进谏，虽为成帝认可，但言不为所用，迁为中垒校尉。由于刘向"常显讼宗室，讥刺王氏及在位大臣"，终

---

① 刘跃进以为，刘向于元帝永光元年（前43）作《条灾异封事》，永光四年作《疾谗》《擿要》《救危》《世颂》等共八篇。此后十多年，更生闲居废事于家中。参见《秦汉文学编年史》，第249—250页。

② 刘跃进认为："（元帝刘奭竟宁元年）五月，元帝死。太子刘骜即皇帝位，是为成帝……刘向变名，由刘更生改为刘向。时年四十七岁。"参见《秦汉文学编年史》，第259页。

③ 据刘跃进考证，汉成帝刘骜河平三年（前26），"刘向五十四岁，校中秘书。刘向校经传诸子诗赋。步兵校尉任宏校兵书，太史令尹咸校数术，侍医李柱国校方技"。参见《秦汉文学编年史》，第267页。按：此事见载《汉书·艺文志》中，参见《汉书》，第1701页。

④ 关于《列女传》《新序》《说苑》作年，学界有分歧。刘跃进以为："钱穆《汉刘向刘歆父子年谱》根据《刘向传》记载《新序》《说苑》《列女传》在《谏昌陵宫》之后，遂定其作于永始元年。我以为，三书未必成于同一年。"刘跃进引《玉海》卷五五"艺文"有关介绍后认为："据此，《新序》本年（即汉成帝刘骜阳朔元年）已经完成，而《说苑》成于鸿嘉四年，至于《列女传》之成书年代不详，但是根据东海出土文献，在元延三年之前已经问世，故其下限不晚于该年。"作者还援引罗根泽《〈新序〉〈说苑〉〈列女传〉不作始于刘向考》，认为罗根泽的说法"或有道理，因为新近发现的简帛资料时常有见于三书者，说明刘向编辑三书乃辑录故事而成"。参见《秦汉文学编年史》，第269—270页。根据以上学者意见，以及有关考古发现，结合刘向曾领典校秘书的经历，三书为刘向辑录成册的可能性很大，而非其独创可知矣。

不为王氏及同僚所容,故连年不得升迁,居官列大夫之位长达三十余年!成帝绥和元年(前8),刘向卒,享年七十二岁。

　　综上,青年时代的刘向确实有不切实际的幻想,也敢于冒险实践。他小时候读过《枕中鸿宝苑秘书》,感到很有意思("以为奇"),在宣帝好神仙、方术的政治环境鼓励下,竟然未作验证就敢于上书请命,企图根据《枕中鸿宝苑秘书》之法炼金。这种敢于尝试的理想主义精神令人钦佩,但遭受失败并险些丢命的教训也要汲取。免除死罪的刘更生再次迎来人生机遇,就是宣帝下诏让他学习《穀梁春秋》。他的学术视野由此发生了变化,自由游走于今文经学与古文经学之间,并在石渠阁会议上崭露头角,成为令人瞩目的学术新星。作为皇室宗亲,刘向愿意把全部精力用于国家建设,全心全意地服务于汉王朝。汉元帝即位后,在萧望之、周堪的举荐下,学问有成的刘向也想在政治、仕途上有一番作为。可惜时运不佳,他所在的萧望之集团,根本不是史高、许嘉、许章外戚集团及弘恭、石显宦官集团的对手。在激烈的党争中,萧望之被迫自杀,周堪入狱,刘向则被免为庶人。这次经历对刘向一生的影响是巨大的。尽管仕途上失败了,但刘向在家闲居时,似乎能够沉静下来,踏踏实实地搜求典籍,认认真真地钻研学问。这种历练,最终使刘向成为真正的"醇儒"。[①] 所以,在汉成帝时,刘向的主要任务是整理典籍文献,顺便也根据阴阳五行思想写奏疏,而且主要针对外戚王氏,其结果自然为王氏所不容。根据《汉书》本传,刘向"为人简易无威仪,廉靖乐道,不交接世俗,专积思于经术,昼诵书传,夜观星宿,或不寐达旦"[②]。可见,他整天沉潜于学问,何暇观察外政?而他给汉成帝开出的治国良方,却是依赖同姓、抵制外戚。[③] 正如孟祥才先生所言,"刘向是当时最有学问的知识分子之一。他身上既有知识分子的政治敏感,也有知识分子迂腐

---

　　① 梁启超在《论中国学术思想变迁之大势》中这样评价刘向:"刘中垒粹然醇儒,然为当时阴阳五行说所困,不能自拔。"上海古籍出版社2001年版,第66页。

　　② (汉)班固:《汉书》卷三十六《楚元王传第六》附《刘向传》,中华书局1962年版,第1963页。

　　③ 据《汉书·楚元王传》载,"向每召见,数言:'公族者国之枝叶,枝叶落则本根无所庇廕(荫);方今同姓疏远,母党专政,禄去公室,权在外家,非所以强汉宗、卑私门、保守社稷、安固后嗣也。'"中华书局1962年版,第1966页。

之气。他对学问专心致志……然而，在政治上，他的迂腐又是十分明显的。尽管他对王氏擅权的危险早有觉察并不幸言中，但他提出的挽救办法以刘氏贵族取代王氏外戚，则是绝对行不通的"①。所以，刘向在有生之年所能做的，就是通过精研学问，将儒家经典思想与阴阳五行观念相结合，为即将结束的西汉王朝尽绵薄之力。总而言之，刘向的一生，既是辉煌的，也是悲剧性的。辉煌在学术、学问、文学，悲剧在政治、仕途和观点不被采纳。他在后半生主要依赖汉成帝，显然也是他迫不得已的地方。所以，在刘向死后十三年，王氏代汉被他不幸言中。这也是时代使然！就是说，是历史选择了他，而不是他选择了历史。这是刘向一生的悲剧之所在。

二　刘向作品简介

刘向一生著述颇丰，可谓经、史、子、集皆备，是西汉后期著名的学者和文学家。他参与校注皇家藏书，整理先秦诸子百家，编著有关史书、史料，积极参与文学创作，今存诗、赋、散文等作品不少。其中，部分散文作品见载于《汉书》。严可均《全汉文》卷三十五至卷四十录其部分辞赋及散文作品。

刘向的文学作品或存于《汉书》，或载于其他典籍。其中，诗、赋作品皆不载于《汉书》。现存《七言》诗残句共六句，逯钦立《先秦汉魏晋南北朝诗·汉诗卷二》录其诗歌残句。今存其赋作（包括存目）十篇。其中，《请雨华山赋》《雅琴赋》《围棋赋》《九叹》等尚有内容，而《芳松枕赋》《合赋》《麒麟角杖赋》《行过江上弋雁赋》《行弋赋》《弋雌得雄赋》等仅存目。② 颂、铭类作品有《高祖颂》《杖铭》《熏炉铭》。③

---

① 孟祥才：《秦汉人物散论》，上海古籍出版社2005年版，第383页。
② 刘向的辞赋作品不载于《汉书》。《汉书·艺文志·诗赋略》将其赋归于"屈原赋"，云"刘向赋三十三篇"（第1748页）。严可均《全上古三代秦汉三国六朝文·全汉文》只收录了《请雨华山赋》（残篇）、《雅琴赋》（残句）、《围棋赋》（残句）和《九叹》（商务印书馆1999年版，第361—367页）。费振刚、胡双宝、宗明华辑校《全汉赋》未收录《九叹》，收录了《松枕赋》（《芳松枕赋》）、《合赋》、《麒麟角杖赋》、《行过江上弋雁赋》、《行弋赋》、《弋雌得雄赋》等存目（北京大学出版社1993年版，第151—159页）。
③ 刘向的颂、铭，见载于严可均《全上古三代秦汉三国六朝文·全汉文》（商务印书馆1999年版，第387页）。

散文作品以奏、疏、问、对、说等为主，多载于《汉书》中。其中，《使外亲上变事》《条灾异封事》《极谏用外戚封事》《谏营昌陵疏》《复上奏灾异》载《汉书·楚元王传》；《理甘延寿陈汤疏》载《汉书·陈汤传》；《奏劾甘忠可》残句载《汉书·李寻传》；《对成帝甘泉泰畤问》载《汉书·郊祀志下》；《日食对》载《汉书·五行志》；《说成帝定礼乐》载《汉书·礼乐志》。而《诫子歆书》见载于《艺文类聚》《初学记》和《御览》。①

如前所述，汉元帝时期，刘向作《疾谗》《擿要》《救危》《世颂》等八篇，遂闲居家中十余年。成帝即位后，先后作《洪范五行传论》十一篇，完成《列女传》八篇，著成《新序》《说苑》五十篇。据《汉书·艺文志》载，《六艺略》中载刘向有《五行传记》十一卷②、《新国语》五十四篇；《诸子略》载刘向所序六十七篇（包括《新序》《说苑》《世说》《列女传颂图》）、《说老子》四篇。③

严可均辑录《全汉文》中，还收录有《战国策书录》《管子书录》《晏子书录》《孙卿书录》《韩非子书录》（疑为刘向作）、《列子书录》《邓析书录》《官尹子书录》（疑依托），《子华子书录》（宋人伪托），《说苑叙录》等，《五纪说》《五纪论》及《七略别录》《新序》《说苑》（《说苑》二十卷之外佚文）等。④

刘向的著述作品散佚甚多。在《隋书·经籍志》中，尚有不少作品。比如，《隋书》卷三十三《志第二十八·经籍二·史》载录刘向整理《战国策》三十二卷、《列士传》二卷、《列女传》十五卷（曹大家注）、《列仙传赞》三卷（孙绰赞）和《列仙传赞》二卷（晋郭元祖赞）、《世本》二卷、《七略别录》二十卷；《隋书》卷三十四《志第二十九·经籍三·子》中载录刘向《新序》三十卷、《说苑》二十卷；《隋书》卷三十五《志第三十·经籍四·集》载录《刘向集》六卷。

---

① 刘向散文名称，以严可均辑《全汉文》所录名称为准。《全汉文》，商务印书馆1999年版，第368—379页。
② 据《隋书·经籍志》，"《尚书洪范五行传论》十一卷，汉光禄大夫刘向著"。
③ 参见《汉书》卷三十《艺文志》，中华书局1962年版，第1701—1746页。
④ 参见严可均辑《全汉文》，商务印书馆1999年版，第379—407页。

第四节　刘向的文学创作及成就

从前面的介绍来看，刘向的文学作品涉及诗、赋、书、说、疏、奏、铭、颂、序、议、论等多种文体，可谓是一位多产而全能型的作家。从文学角度来看，现就其诗、赋、散文、颂、铭等略作分析、评价，其他作品概不涉及。

一　质朴恬淡之诗

据逯钦立《先秦汉魏晋南北朝诗》，刘向的诗歌辑录于萧统《文选》李善注，共有七言残句六句，逯钦立因以《七言》命名。① 这六句七言残诗用词较质朴，颇具口语化色彩："博学多识与凡殊""时将昏暮白日午""羯来归耕永自疏""结构野草起屋庐""宴处从容观诗书""山鸟群鸣我心怀"。可见，除最后一句外，其他五句韵脚均为同一韵部。这也说明，这些诗句可能不是出自一首诗中。就内容而言，约略可见作者与世无争、诗书相伴的安逸，和士大夫闲散、从容、磊落、单纯的心境。由于不是完整的诗作，也难以蠡测作者所要表达的情怀。不过，可以肯定的是，西汉后期已有较为成熟的七言诗，刘向或为代表性的诗人之一。因此，从中国诗歌发展史的角度来衡量，这六句七言残诗，对研究七言诗的产生与发展具有重要的文献价值。

二　独醒苦闷之赋

据《汉书·楚元王传》附《刘向传》，刘向"以通达能属文辞"，而与王褒、张子侨等成为宣帝身边的侍从文人。此时，充满激情与幻想的青年刘向积极创作辞赋，"献赋颂凡数十篇"。这说明刘向的辞赋作品很多。当然，刘向在中晚年应也创作过辞赋。《汉书·艺文志》载"刘向赋三十三篇"，可能仅是刘向的部分赋作，是历经时间的淘洗而留下的部分

---

① 参见逯钦立辑校《先秦汉魏晋南北朝·汉诗卷二》，中华书局1983年版，第115页。

作品。

今存赋作中，只有存录于《楚辞》的《九叹》借屈子之事抒怀，属抒情言志之作。其他作品，或残篇，或残句，或存目。比如，《请雨华山赋》错讹不可读，从文字内容来看，似为写景之作，有神仙遐思。《雅琴赋》与《围棋赋》仅存残句。前者为音乐赋，后者可能为哲理赋①。《芳松枕赋》《合赋》《麒麟角杖赋》有存目，显然是咏物赋。《行过江上弋雁赋》《行弋赋》《弋雌得雄赋》等也有存目，从题目看，可能写畋猎之事。可见，刘向辞赋题材广泛，写景、写畋猎、写音乐、咏物皆有。从内容来看，既有写景、叙事之赋，也有说理、言情之作。

现就《九叹》略作分析。《汉志》将刘向赋列入"屈原赋"，可能与他创作拟骚赋《九叹》相关。因为今存其他作品，无论从内容还是表现技巧方面，实在看不出与屈赋相类之处。东汉王逸在《楚辞章句》中蠡测《九叹》的创作主旨②：

> 《九叹》者，护左都水使者光禄大夫刘向之所作也。向以博古敏达，典校经书，辩章旧文。追念屈原忠信之节，故作《九叹》。叹者，伤也，息也。言屈原放在山泽，犹伤念君，叹息无已，所谓赞贤以辅志，骋词以曜德者也。

王逸认为，《九叹》是追念屈原忠信之节，旨在赞贤辅志、骋词曜德。这说明，刘向作《九叹》，当与自身处境相关。

---

① 严可均辑《全后汉文》卷三十五在《围棋赋》辑录文后按语云："案：《艺文类聚》七十四引马融《围棋赋》，亦有此四语。"（参见《全后汉文》，第361页）这似乎说明两赋著作权尚有争议？实际上，马融《围棋赋》中语为："略观围棋兮，法用于兵。三尺之局兮，为战斗场。陈聚士卒兮，两敌相当。拙者无功兮，弱者先亡。"（参见《全后汉文》，第170页）两相对比，刘向赋为"略观围棋，法用于兵。怯者无功，贪者先亡"。显然前两句相同而后两句内容有别。或许，马融受到刘向此赋的影响而作《围棋赋》。

② 严可均辑《全后汉文》卷五十七所载录王逸的作品中有此序，商务印书馆1999年版，第588页。

《九叹》作于何时，史载不详。从内容来看，可能作于汉元帝时。①我们知道，刘向在宣帝时曾因炼金之事险些丧命，但无外戚、佞臣进谗言之忧。而且，他受宣帝重用，也无感慨之缘，自然不可能作《九叹》。汉元帝初元元年（前48），经太傅萧望之、少傅周堪举荐，刘向擢升为散骑宗正给事中。因与萧望之、周堪等参劾外戚许、史及中书宦官弘恭、石显等，而被废为庶人，在家闲居长达十五年之久②。这种经历，可能让刘向与屈原之间产生了心灵上的共鸣。屈原为楚贵族，与楚怀王同宗共祖，反而遭受谗陷被放逐，而刘向为汉皇室宗亲，与汉元帝同根共祖，却因遭受外戚、宦官谗陷而被废。这种相似的经历，应是他作《九叹》的重要原因。所以，《九叹》中感慨屈原的悲惨经历，其实也是借以自况。

《九怀》共分为九部分，除了开头部分，其他八部分皆有小标题：逢纷、离世、怨思、远逝、忧苦、愍命、思古、远游。如前所述，刘向闲居家中，"依兴古事，悼己及同类"，而著《疾谗》《擿要》《救危》《世颂》等八篇。这与《九叹》表达的情怀应是一致的。《九怀》中的屈原与怀王，恰是现实中的刘向与元帝刘奭。在《九叹·忧苦》中，作者对

---

① 林维纯在《刘向编辑〈楚辞〉初探》一文中认为："从全篇的郁结悲凉情调看，《九叹》当写于周堪、张猛被石显迫害致死，自己又被废默这十余年中，因《汉书·刘向传》有云：'显诬谄猛，令自杀于公车。更生伤之，乃著《疾谗》《擿要》《救危》及《世颂》凡八篇，依兴古事，悼己及同类，遂废十余年'。这八篇文字没流存下来，但从残存的篇目中，可知它和《九叹》是同一主题的。"该文载于《暨南学报》（哲学社会科学版）1984年第3期。而王以宪在《刘向与"九体"之骚》一文中认为："既然他能依《尚书》而谏，作《列女传》'以戒天子'，著《新序》、《说苑》'以助观览，补遗阙'，也就有可能以《楚辞》为'谏书'向成帝进言。所以他编《楚辞》，并将己作《九叹》附于篇末，就不是寻常的那种借追悼古人来抒情言志，其中表现出了他强烈而又深重的对现实政局的清醒认识和对王朝命运的担忧之情，因而他要像屈原一样奋起抗争。"该文载于《创作评谭》2005年第6期。按：林维纯明确地判定《九叹》作于元帝时，而王以宪则认为刘向编《楚辞》向成帝进言时将《九叹》附于篇末，则说明《九叹》可能作于元帝时，也可能作于成帝时。

② 据《汉书·萧望之传》，宣帝时，萧望之与史高、弘恭、石显等不相容，而史高与弘恭、石显相表里。元帝初即位，萧望之等建议更改中书令让士人担任，反而惹急了史高等。元帝犹豫不决，让刘向任宗正。萧望之被迫自杀后，周堪、刘向继续联手抵制许、史及弘恭、石显，但难以与史高、弘恭集团相抗。参见《汉书》，第3284页。刘向于元帝初元二年（前47）因使外亲上变事被免为庶人，至元帝竟宁元年（前33），在家闲居十五年。同年六月成帝即位，刘向才再次入仕。就是说，在元帝时期，刘向被长期放逐于朝廷之外。

《离骚》及《九章》的评价,使我们更为深切地感受到这一点:"览屈氏之《离骚》兮,心哀哀而怫郁。声嗷嗷以寂寥兮,顾仆夫之憔悴。拨谄谀而匡邪兮,且澋忍之流浴……叹《离骚》以扬意兮,犹未惮于《九章》。长嘘吸以于悒兮,涕横集而成行。伤明珠之赴泥兮,鱼眼玑之坚藏。同驽骡与乘驵兮,杂斑驳与阗茸。"所以,《九叹》前半部分感叹屈原之遭遇,而后半部分则重点述己意之不平。作者在赋尾写道:"悲余性之不可改兮,屡惩艾而不移。服觉皓以殊俗兮,貌揭揭以巍巍。譬若王乔之乘云兮,载赤霄而凌太清。欲与天地参寿兮,与日月而比荣。登昆仑而北首兮,悉灵圉而来谒。"作者非常清楚,自身的处境遭遇既是环境所迫,也是自身秉性所致。赋中生发的游仙幻想,确因现实的压迫而具有浓郁的生命焦虑色彩。

关于《九叹》之主旨,或认为"是代言体式的政治抒情组诗"①,或认为是"代屈原立言悼屈悯屈的仿作"②,或认为"不仅仅是悼古述志之作,它更是反映了一位'老之将至'的皇族宗亲对于汉室命运的担忧和对自己不同流合污高洁品质的自怜"③。确实,《九叹》表达了一位"老资格"的皇室宗亲对刘氏皇权不稳的担忧,具有浓重的政治抒情色彩。可惜刘向所赖非人,也不懂借力打力的技巧,故劝谏并未得到应有重视,反而屡遭外戚、权臣的排挤:

> 向自见得信于上,故常显讼宗室,讥刺王氏及在位大臣,其言多痛切,发于至诚。上数欲用向为九卿,辄不为王氏居位者及丞相御史所持,故终不迁,居列大夫官前后三十余年,年七十二卒。卒后十三岁而王氏代汉。④

刘向的担忧不幸言中,其实是社会趋势使然。刘向不愿意自我欺骗,而多数朝臣也清楚厝薪于火上的危险,只是宁愿相信安全而已!这说明,

---

① 王以宪:《刘向与"九体"之骚》,《创作评谭》2005年第6期。
② 纪晓建:《刘向编辑〈楚辞〉考论》,《南通大学学报》(社会科学版)2013年第3期。
③ 黄志东:《刘向与西汉中晚期文学研究》,硕士学位论文,西北师范大学,2013年。
④ (汉)班固:《汉书》卷三十六《楚元王传》附《刘向传》,中华书局1962年版,第1966页。

刘向确有屈原"世人皆醉我独醒"的孤独、无助与无奈。这大概就是《九叹》最想表达的。

三 理性思辨之文

刘向的散文作品很多，涉及书、说、疏、奏、序、议、论等诸体，但以奏、疏、议、对、说为主，都具有政论色彩。除了《使外亲上变事》和《条灾异封事》作于元帝时外，其他作品当作于成帝之时。

（一）早期奏议劾政敌

这类散文主题相对比较集中。这类作品多针对元、成时期外戚、宦官干预朝政而发议论。作者站在刘姓皇族立场上，对外戚专权、宦官干政忧心忡忡，并竭力主张进贤远佞，抑制外戚与宦官的权力。

《使外亲上变事》对刘向一生影响颇大，使其被"坐免为庶人"。关于该文的创作背景，《汉书·楚元王传》《汉书·萧望之传》皆有介绍。元帝即位，朝中形成三大政治派系：一是由史高、许嘉、许章等组成的史许外戚派，二是由宦官弘恭、石显等组成的宦官派，三是由太傅萧望之、少傅周堪、侍中金敞和散骑宗正给事中刘向等组成的辅政派。早在宣帝时，萧望之与大司马车骑将军史高、中书令宦官弘恭、石显等不相容。元帝即位后，萧望之便建议用贤士更换弘恭、石显，由此惹怒史高、弘恭、石显等，外戚、宦官结成联盟。① 因此，周堪、刘向下狱，萧望之被免官。初元二年（前47）春、冬两次地震，为免遭宦官及外戚的借机报复，刘向便暗中以外亲的名义上此变事。② 作者认为，"有过之臣不宜复用"是错误的，并列举季布、兒宽、董仲舒、夏侯胜等事例，得出"无负国家，有益天下"的"有过之臣"仍可重用的结论，建议元帝

---

① 据《汉书》卷七十八《萧望之传》所载，"初，宣帝不甚从儒术，任用法律，而中书宦官用事。中书令弘恭、石显久典枢机，明习文法，亦与车骑将军高为表里，论议常独持故事，不从望之等"。汉元帝初即位，萧望之"以为中书政本，宜以贤明之选……白欲更置士人，由是大与高、恭、显忤。上初即位，谦让重改作，议久不定，出刘更生为宗正"（第3284页）。

② 据《汉书·楚元王传》附《刘向传》，"其春地震……冬，地复震。时恭、显、许、史子弟侍中诸曹，皆侧目于萧望之等，更生惧焉，乃使其外亲上变事"（第1930页）。据《汉书》卷九《元帝纪》，（初元二年）"诏曰：'……乃二月戊午，地震于陇西郡……'秋七月，诏曰：'岁比灾害，民有菜色，惨怛于心……今秋禾麦颇伤。一年中地再动。'"（第281—282页）因此，此文当作于汉元帝初元二年（前47）冬。

"宜退恭、显以章蔽善之罚，进望之等以通贤者之路"。该文采用对比论证法，语气恳切，用词质朴，但太重视目的而忽略了艺术性。这应是刘向散文的早期特点。

《条灾异封事》篇幅较长，写得很好，是刘向散文的代表作。文中有"初元以来六年矣"之语，可证当作于永光元年（前43），亦即刘向被免为庶人五年之后。关于此文的创作缘起，源于《使外亲上变事》带来的连锁反应①：

> 书奏，恭、显疑其更生所为，白请考奸诈。辞果服，遂逮更生系狱，下太傅韦玄成、谏大夫贡禹，与廷尉杂考。劾更生前为九卿，坐与望之、堪谋排车骑将军高、许、史氏侍中者，毁离亲戚，欲退去之，而独专权。为臣不忠，幸不伏诛，复蒙恩征用，不悔前过，而教令人言变事，诬罔不道。更生坐免为庶人。而望之亦坐使子上书自冤前事，恭、显白令诣狱置对。望之自杀。天子甚悼恨之，乃擢周堪为光禄勋，堪弟子张猛光禄大夫给事中，大见信任。恭、显惮之，数谮毁焉。更生见堪、猛在位，几己得复进，惧其倾危，乃上封事谏曰：……

可见，刘向非常渴望能够复出入仕，但所能依赖者只有光禄勋周堪、光禄大夫给事中张猛。他非常担心弘恭、石显的多次谮毁会使周堪、张猛倾危失位，如此则自己复出的希望将会落空。因作此文，建议元帝"杜闭群枉之门，广开众正之路"，明显将矛头指向外戚许、史及宦官弘恭、石显等。

作者从"灾异并起，天地失常"谈起，首先提出"相让"乃"和之至"的观点，认为"众贤和于朝，则万物和于野"。然后，从史事入手，回顾了虞舜倡相让之风，文王、武王、周公皆以"和"为尚，"以和致和，获天助也"。周幽王、周厉王时，"朝廷不和，转相非怨"，灾异屡现。东周时，"尹氏世卿而专恣，诸侯背叛而不朝，周室卑微"，灾异更

---

① （汉）班固：《汉书》卷三十六《楚元王传》附《刘向传》，中华书局1962年版，第1932页。

为频繁。作者提出,"和气致祥,乖气致异;祥多者其国安,异众者其国危,天地之常经,古今之通义也"。

接着,文章由古及今,认为之所以灾异屡现,是因为"贤不肖浑淆,白黑不分,邪正杂糅,忠谗并进"。而追根溯源,他直言不讳地指出,"谗邪之所以并进者,由上多疑心,既已用贤人而行善政,如或谮之,则贤人退而善政还。夫执狐疑之心者,来谗贼之口;持不断之意者,开群枉之门。谗邪进则众贤退,群枉盛则正士消"。所以,奸邪乱政的根本原因是帝王执政不明。刘向用非常形象的语言评价元帝的用人缺失:"出令则如反汗,用贤则如转石,去佞则如拔山"!他建议元帝,应"放远佞邪之党,坏散险诐之聚,杜闭群枉之门,广开众正之路,决断狐疑,分别犹豫,使是非炳然可知"。只有远佞近贤,杜绝谮毁,广开言路,昌明贤正之路,处事果断,英明决断,才能使"百异消灭,而众祥并至"。

该文篇幅较长,但中心论点明确,是一篇较好的政论文。刘向熟悉历史,具有史才、史识和强烈的"殷鉴"意识。同时,他非常熟悉儒家经典。因此,该文的另一个特点是引经据典。据笔者统计,文中引用《尚书》《诗经》《春秋》《周易》《论语》等儒家经典,而《诗经》的引用频率最高,多达十四次。作者还善用引用、比喻、对偶、排比、反问、对比等多种修辞手法,使该文典雅而不艰涩,平直而文辞美。这也说明,刘向的政论文创作已渐臻于完美之境。

(二)后期奏议忧国事

成帝初即位,处理了弘恭、石显等宦官,刘向得以复出,并正式更名为刘向,显然有弃旧迎新的用世期待。然而,成帝压制了宦官集团,却给了外戚王氏更多专权的机会,这让刘向忧心忡忡。据《汉书·楚元王传》附刘向本传,"是时帝元舅阳平侯王凤为大将军秉政,倚太后,专国权,兄弟七人皆封为列侯。时数有大异,向以为外戚贵盛,凤兄弟用事之咎"①。可见,刘向在成帝时所作奏疏,非常关注国家安危,而且往往将矛头指向外戚专权问题。

在《谏营昌陵疏》中,刘向立足国家安危,提出"薄葬"建议。他

---

① (汉)班固:《汉书》卷三十六《楚元王传》附《刘向传》,中华书局1962年版,第1949—1950页。

认为营建昌陵太过奢侈，并语气激切地指出："德弥厚者葬弥薄，知愈深者葬愈微。无德寡知，其葬愈厚，丘陇弥高，宫庙甚丽，发掘必速。"这样言辞激烈的话语，也只有刘向这样的人敢说。因为他并无私心，一心为汉王朝的安危着想。总体看，该文字里行间，皆可见作者用心良苦、忠心为国的恳切之意。比如，"陛下慈仁笃美甚厚，聪明疏达盖世，宜弘汉家之德，崇刘氏之美，光昭五帝、三王，而顾与暴秦乱君竞为奢侈，比方丘陇，说愚夫之目，隆一时之观，违贤知之心，亡万世之安，臣窃为陛下羞之"。就其特点而言，一是引经据典、以史为鉴；二是善用排比、辞气激切；三是对比论证、说服力强；四是敢于直言、忠心可鉴。更为重要者，此文具有强烈的忧患意识。

《极谏用外戚封事》是刘向后期散文的代表作，作于外戚王氏权势盛大、刘氏宗室处境幽微的背景下。据《汉书·楚元王传》，"时上无继嗣，政由王氏出，灾异浸甚。向雅奇陈汤智谋，与相亲友，独谓汤曰：'灾异如此，而外家日盛，其渐必危刘氏。吾幸得同姓末属，累世蒙汉厚恩，身为宗室遗老，历事三主。上以我先帝旧臣，每进见常加优礼，吾而不言，孰当言者？'向遂上封事极谏"[①]。可见，刘向对"政由王氏出"的现象深感担忧，因作此文极谏。此文可能作于成帝阳朔二年（前23）。[②] 从结构来看，该文四段，自然分为四个部分。

第一部分篇首即提出论点："臣闻人君莫不欲安，然而常危；莫不欲存，然而常亡。失御臣之术也。夫大臣操权柄，持国政，未有不为害者也。"作者列举历史事例，指出权臣乱国甚至亡国的危害性。第二部分从汉初诸吕"骄盈无厌，欲危刘氏"谈起，直陈外戚王氏集团权力过大，若不加约束，必将重蹈历史覆辙：

> 今王氏一姓乘朱轮华毂者二十三人，青紫貂蝉充盈幄内，鱼鳞左右。大将军秉事用权，五侯骄奢僭盛，并作威福，击断自恣，行

---

① （汉）班固：《汉书》卷三十六《楚元王传》附《刘向传》，中华书局版1962年版，第1956页。

② 钱穆《刘向歆父子年谱》云，（阳朔二年，戊戌），"向年五十七岁，上《论王氏封事》"。参见《两汉经学今古文平议》，第47页。刘跃进亦云，该年四月"刘向作《极谏用外戚封事》。时年五十七岁"。参见《秦汉文学编年史》，第271页。

污而寄治，身私而托公，依东宫之尊，假甥舅之亲，以为威重。尚书、九卿、州牧、郡守皆出其门，管执枢机，朋党比周。称誉者登进，忤恨者诛伤；游谈者助之说，执政者为之言。排摈宗室，孤弱公族，其有智能者，尤非毁而不进。远绝宗室之任，不令得给事朝省，恐其与已分权；数称燕王、盖主以疑上心，避讳吕、霍而弗肯称。内有管、蔡之萌，外假周公之论，兄弟据重，宗族磐互。历上古至秦、汉，外戚僭贵未有如王氏者也。虽周皇甫、秦穰侯、汉武安、吕、霍、上官之属，皆不及也。

第三部分指出，如放纵外戚王氏专权，刘氏政权倾危，必将有"累卵之危"："事势不两大，王氏与刘氏亦且不并立，如下有泰山之安，则上有累卵之危。陛下为人子孙，守持宗庙，而令国祚移于外亲，降为皂隶，纵不为身，奈宗庙何！妇人内夫家，外父母家，此亦非皇太后之福也。"第四部分明确提出建议："夫明者起福于无形，销患于未然。宜发明诏，吐德音，援近宗室，亲而纳信，黜远外戚，毋授以政，皆罢令就第，以则效先帝之所行，厚安外戚，全其宗族，诚东宫之意，外家之福也。王氏永存，保其爵禄，刘氏长安，不失社稷，所以褒睦外内之姓，子子孙孙无疆之计也。"否则，"田氏复见于今，六卿必起于汉"。

如果说刘向早期所作奏疏、封事具有为自己谋利的自我立场意味，其后期奏疏则早已抛弃了名利、富贵，站在刘姓王朝的立场上思考未来。因角度不同，思想境界差异很大。该文结构严谨，论证有力，情感激切。就其创作特点而言，一是引经据典、以史为鉴，具有鲜明的"殷鉴"意识；二是不说空话，有的放矢，具有很强的现实针对性；三是善用修辞，手法多样，诸如引用、对比、对偶、比喻、排比等皆有，强化了语言表达的气势色彩；四是用词质朴，明白晓畅；五是抒情方式独特，字里行间溢满真情，一位忧国者形象因此而跃然纸上。

总体看，刘向的政论散文具有相似的特点，而且风格也相似。因此，诸如《理甘延寿陈汤疏》《复上奏灾异》《对成帝甘泉秦畤问》《说成帝定礼乐》等奏疏，也有引经据典、以史为鉴、用词质朴、善用修辞的特点。可以说，刘向的散文继承了西汉政论散文的特点，也对东汉疏牍文的创作有明显影响。

(三) 诫子之文显家风

刘向的《诫子歆书》也颇有特点。据严可均《全汉文》，该文见载于《艺文类聚》《初学记》①，是一篇书信体散文，体现了刘向的家训思想。兹录全文：

> 告歆无忽，若未有异德，蒙恩甚厚，将何以报。董生有云："吊者在门，贺者在闾。"言有忧则恐惧敬事，敬事则必有善功而福至也。又曰："贺者在门，吊者在闾。"言受福则骄奢，骄奢则祸至，故吊随而来。齐顷公之始，藉霸者之余威，轻侮诸侯，亏跂蹇之容，故被鞍之祸，遁服而亡。所谓贺者在门，吊者在闾也。兵败师破，人皆吊之，恐惧自新，百姓爱之。诸侯皆归其所夺邑，所谓吊者在门，贺者在闾。今若年少，得黄门侍郎，要显处也。新拜皆谢贵人叩头，谨战战栗栗，乃可必免。

此文应作于成帝建始三年（前 30）前后，刘歆被任命为黄门侍郎后不久。② 由于汉代家训文献相对较少，则《诫子歆书》便是尤显珍贵的家训类作品。

---

① 参见严可均辑《全汉文》，商务印书馆 1999 年版，第 378—379 页。
② 据《汉书》卷三十六《楚元王传》附《刘歆传》载，"歆字子骏，少以通《诗》《书》能属文召，见成帝，待诏宦者署，为黄门郎。河平中，受诏与父向领校秘书，讲六艺传记，诸子、诗赋、数术、方技，无所不究"。中华书局 1962 年版，第 1967 页。那么，刘歆何时被任为黄门侍郎？陆侃如《中古文学系年》（上）认为，汉成帝河平三年（前 26），刘歆为黄门郎，受诏与父向领校秘书。参见人民文学出版社 1985 年版，第 4 页。显然，这个说法与史书记载不一致。《汉书·楚元王传》附《刘歆传》明确说，刘歆先任为黄门侍郎，河平中方受诏与刘向领校秘书。而据《汉书》卷十《成帝纪》载，成帝在建始三年（前 30）冬十二月下诏举贤良："丞相、御史与将军、列侯、中二千石及内郡国举贤良方正能直言极谏之士，诣公车，朕将览焉。"中华书局 1962 年版，第 307 页。另据《汉书》卷九十八《元后传》载，"大将军凤用事，上遂谦让无所颛。左右常荐光禄大夫刘向少子歆通达有异材。上召见歆，诵读诗赋，甚说之，欲以为中常侍，召取衣冠。临当拜，左右皆曰：'未晓大将军。'上曰：'此小事，何须关大将军？'左右叩头争之。上于是语凤，凤以为不可，乃止。其见惮如此"。中华书局 1962 年版，第 4018—4019 页。综合上述史料来看，刘向为光禄大夫是在建始元年（前 32），刘歆被成帝召见当在该年之后。而建始三年（前 30）诏举贤良方正能直言极谏之士，则刘歆可能在该年前后被成帝召见。成帝见到刘歆后，很欣赏其才学，初欲任命为中常侍，因大将军王凤反对作罢。因此，成帝方任命刘歆为黄门侍郎。

作者采用对比手法，围绕董仲舒的名言"吊者在门，贺者在闾"和"贺者在闾，吊者在门"的不同含义，告诫刘歆初入仕途不可大意，而要谨慎从事，因为忧可致福，而福可致祸。例如，齐顷公刚即位，依赖齐桓公霸主的余威而轻视诸侯，结果遭致失败。但他能汲取教训，决心改过自新，最终百姓拥戴、诸侯归附。刘向从正反两个方面告诉儿子，只有处事谨慎，认真做事，才会有善功，才会招致福至；若遇福骄奢，骄奢忘忧，则必致祸来。因此，人生在世，应富不忘忧、贵不骄奢。可见，刘向并非直接灌输道理，而通过对比，给刘歆以思考的空间，让他在体悟与理解中接受自己的观点。这种儒雅、含蓄的表达方式，体现了刘向极其深厚的文化涵养。

(四) 书评之文显才学

刘向一生校雠经典，也创作了许多类似于"序"的散文作品。这些作品，堪称一篇篇书评。诸如《战国策书录》《管子书录》《晏子书录》《孙卿书录》《韩非子书录》《列子书录》《邓析书录》《官尹子书录》《子华子书录》《说苑叙录》等都是这样的作品。其中，《韩非子书录》《官尹子书录》《子华子书录》等三篇有争议。严可均以为，《韩非子书录》可能是刘向所作，而《官尹子书录》和《子华子书录》疑是宋人依托[1]。

有人指出，"最早的叙录诞生于刘向的笔下"。而这些叙录"多叙述古代学术之变迁及对古代典籍之评价，包括书名篇名、校勘经过、著者生平、著述原委、书篇真伪、内容是非、学术源流等，刘向用文学的笔法写学术专论，寄寓了深厚的个人情感，他的叙录就成了最早的书评"[2]。这些书评不仅具有学术意义，也彰显了作者的才学，寄予了作者的用世之心。比如，《战国策书录》分析了战国时期的纷乱、人们期求统一的历史趋势，并公平合理地评价了战国策士的历史功过，表达了以史为鉴的观点。而《管子书录》《晏子叙录》《孙卿书录》则将书评与评人相结合，并侧重于人物评价，具有史家作传的色彩。

---

[1] 参见严可均辑《全汉文》，商务印书馆1999年版，第384—386页。
[2] 邱东玎：《刘向散文对西汉文风的继承和超越》，硕士学位论文，重庆师范大学，2004年，第34页。

总体看，这些书录具有学术色彩，叙事言理较明晰，对研究相关作品具有参考价值。可以说，"刘向的叙录既是在评书，也是在评人，'知人论世'谈文章，刘向以他的文学实践验证了此命题的合理性。他的叙录实际上是一个个文人、政治家的小传。这种书评的创作方式为后世人所采用"①。

四 铭颂押韵之文

"铭"原题写在器皿上。先秦时的青铜铭文，就是铭的早期形式。此后，铭也可刻在石头上。秦汉以来，"铭"成为一种文体。李斯的碑刻文，即属于铭。刘勰《文心雕龙·铭箴》云："箴诵于官，铭题于器，名目虽异，而警戒实同。箴全御过，故文资确切；铭兼褒赞，故体贵弘润；其取事也必核以辨，其摛文也必简而深，此其大要也。"②而西汉的"铭"传世者不多，刘向今存有《杖铭》《熏炉铭》，内容比较完整。

《杖铭》是四言韵文，颇有讽谏意味。③如前所述，铭有"御过"和"褒赞"功用。此铭四字为句，基本上是两句一韵。作者先谈"杖"之功用："历危乘险，匪杖不行。年耆力竭，匪杖不强。有杖不任，颠跌谁怨。有士不用，害何足言。"可见，作者以"杖"作比，以为"士"为国家之"杖"。作者认为，选择"杖"当重视其材质："都蔗虽甘，殆不可杖。佞人悦己，亦不可相。杖必取便，不必用味。士必用贤，何必取贵。"显然，此铭以"杖"譬喻，意在讽谏帝王用人应分清奸贤，不必讲究贵贱，应当着眼于"用"，只要有益于政即可用之。而《熏炉铭》似不完整。作者依物赋形，着重于对熏炉外形的描写和功用的介绍。比如，"上贯太华，承以铜盘。中有兰麝，朱火青烟。蔚术四塞，上连青天"。此铭最大的特点是四字为句，句尾协韵。

"颂"原为《诗经》的音乐类别，有赞美祖先、神灵的色彩，后发展

---

① 邱东玎：《刘向散文对西汉文风的继承和超越》，硕士学位论文，重庆师范大学，2004年，第34页。
② （南朝梁）刘勰著，郭晋稀译注：《白话文心雕龙》，岳麓书社1997年版，第107页。
③ 严可均辑《全汉文》录此铭自《艺文类聚》，注云："按：此铭亦作崔瑗。《御览》作冯植，恐非。"今从严氏。参见《全汉文》，第387页。

为一种歌功颂德的文体。刘勰《文心雕龙·颂赞》云："颂者，容也，所以美盛德而述形容也。"① 西汉时期，"颂"亦盛行，刘向、扬雄皆有创作，但所存作品不多。东汉时期，班固、傅毅、马融、崔瑗、蔡邕皆为作"颂"名家。而刘向的《高祖颂》仅存开头部分残句，句式为四言。②作者追溯了刘氏祖源，后面或会涉及刘邦生平的介绍及其功业的赞美。可以看出，该颂两句为韵，换韵频繁。

从整体上看，刘向的铭、颂等皆为四言韵体文，而且讲求押韵，注重用韵规范，或换韵，或一韵到底，但基本上遵从了偶句相押的用韵规则。可以说，刘向的铭颂继承了前代铭颂的特点，也在一定程度上推动了后世碑铭文走向成熟。

五 《说苑》《新序》《列女传》

《说苑》《新序》《列女传》是刘向晚期作品，皆编成于汉成帝在位期间。根据学者考证，成书时间可能并不相同。③ 据《汉书·楚元王传》附《刘向传》："向睹俗弥奢淫，而赵、卫之属起微贱，逾礼制。向以为王教由内及外，自近者始。故采取《诗》《书》所载贤妃、贞妇，兴国显家可法则，及孽嬖乱亡者，序次为《列女传》，凡八篇，以戒天子。及采传记行事，著《新序》《说苑》凡五十篇奏之。"④ 可见，刘向编此三书，显然有劝谏、补缺的政治用意。

《汉书·艺文志·诸子略》载刘向所序六十七篇，就包括《新

---

① （南朝梁）刘勰著，郭晋稀译注：《白话文心雕龙》，岳麓书社1997年版，第81页。
② 《高祖颂》见载于《汉书》卷一下《高祖纪下》赞曰："刘向云战国时刘氏自秦获于魏。秦灭魏，迁大梁，都于丰……是以颂高祖云：'汉帝本系，出自唐帝。降及于周，在秦作刘。涉魏而东，遂为丰公。'"参见《汉书》，第81页。按：严可均《全汉文》录此颂，开头为"汉家本系"，与《高帝纪赞》有一字之差。严可均注云："《汉书·高帝纪赞》。按：刘向有《世颂》八篇。"如此，则此颂或是《世颂》中的一部分。参见《全汉文》，第387页。
③ 关于三书的作年，钱穆《刘向歆父子年谱》认为作于汉成帝永始元年（前16）："永始元年，乙巳。向年六十四岁，上疏谏起延陵……向为《列女传》《新序》《说苑》。"参见《两汉经学今古文平议》，第49—50页。刘跃进《秦汉文学编年史》认为："三书未必成于同一年。"他认为《新序》成于成帝阳朔元年（前24年），刘向时年五十六岁。《说苑》成于成帝鸿嘉四年（前17），刘向时年六十三岁。《列女传》最晚成于成帝元延三年（前10），刘向时年七十岁。分别参见该著第267、274、285页。
④ （汉）班固：《汉书》卷三十六《楚元王传》，中华书局1962年版，第1957—1958页。

序》《说苑》《世说》《列女传颂图》等在内。这说明，刘歆在编辑整理《七略》时，已将这些书皆看作儒学类作品。这并不完全符合实际。屈守元先生指出："刘向之为人，有两点值得特别注意：一是他好为直言极谏，虽累次获罪，并不退缩……《说苑》（以及他所序的其他资料，包括《新序》《列女传》等）在某种程度上，他是把它当作'谏书'用的，陈古讽今，集腋成裘，当然就不限于儒门一家之言了。二是他博学广闻，长期从事中（皇家）外（民间）一切藏书的搜集和整理，左右采获，并蓄兼收。《说苑》之作倒近乎'兼儒、墨，合名、法'，'街谈巷语，道听途说'的杂家和小说家……选编历代小说作品，把《说苑》也算进去，并无可非议。把《说苑》看成是带有一定古代小说集性质的书，这是符合中国小说发展的历史实际的。"[1] 其实，不惟《说苑》如此，《新序》《列女传》皆可作为"小说"来阅读，皆具有很强的故事性。

《说苑》中所选故事皆来自前代典籍。作者选取故事时，非常重视通过对话的方式陈述事理，并有简单的人物形象刻画与塑造，颇具小说色彩。而且，每卷一主题，用若干故事多层面揭示主题。因此，刘义庆所撰《世说新语》，应是对刘向《说苑》的效法与模仿。比如：

>　　董安于治晋阳，问政于蹇老。蹇老曰："曰忠，曰信，曰敢。"董安于曰："安忠乎？"曰："忠于主。"曰："安信乎？"曰："信于令。"曰："安敢乎？"曰："敢于不善人。"董安于曰："此三者足矣。"（《政理》）
>
>　　齐景公伐宋，至于岐隄之上，登高以望，太息而叹曰："昔我先君桓公，长毂八百乘，以霸诸侯。今我长毂三千乘，而不敢久处于此者，岂其无管仲欤？"弦章对曰："臣闻之，水广则鱼大，君明则臣忠。昔有桓公，故有管仲。今桓公在此，则车下之臣尽管仲也。"（《尊贤》）

---

[1] 屈守元：《〈说苑校证〉序言》，载刘向撰，向宗鲁校证《说苑校证》，中华书局1987年版，第2—4页。

《说苑》所集故事，皆为讲道理服务。不过，作者通过对话方式刻画人物性格，确实具有小说的意味。

而《新序》的故事性更强，小说意味更浓。严可均《全汉文》辑录《新序》佚文中，有不少精彩的故事片段①：

> 孔子见宋荣启期，老，白首衣弊服，鼓琴自乐。孔子问曰："先生老而穷，何乐也？"启期对曰："吾有三乐，天生万物，以人为贵，吾得为人，一乐也。人生以男为贵，吾得为男，二乐也。人生命有伤天，吾年九十岁，是三乐也。贫者士之常，死者人之终，居常以守终，何不乐乎？"

> 齐景公游海上，乐之，六月不归。令左右，敢言归者死。颜歜谏曰："君乐治海上，不乐治国，倘有治国者，君且安得乐出海也。"公据戟将斫之。歜抚衣而待之曰："君奚不斫也！昔桀杀关龙逢、纣杀王子比干，君奚不斫！以臣参此二人，不亦可乎？"公遂归。

可见，阅读《新序》，是让人们在享受故事的过程中，悟出道理来。就是说，《说苑》在于"说"，而《新序》在于"悟"。这正是二者的不同之处。

《列女传》的编纂源于刘向"睹俗弥奢淫，而赵、卫之属起微贱，逾礼制"。刘向认为，"王教由内及外，自近者始"。按照这样的观点，他从《诗经》《尚书》等儒家典籍中所载"贤妃贞妇""兴国显家可法则"者作为正面引导榜样。同时，他也将"孽嬖乱亡者"作为反面教材，而编成《列女传》八篇。② 因此，《列女传》作为女教读本，更重视于"教"。作者也是通过一则则的故事，为当时的贵族女性们树立了效法、学习的榜样，也选取了可资借鉴的反面例证，以示警诫。当然，由于具有"谏书"色彩，加之刘向是站在儒家立场上看待贵族女性的教育问题的。所以，作者认为，女性可以维系一个家庭、一个家族乃至一个国家的稳定。《列女传》将女性的作用扩大化到政治的高度，远远超出了家庭的范围。

总之，刘向《说苑》《新序》《列女传》各有侧重：《说苑》重

---

① 两则故事均摘自《全汉文》，参见严可均辑《全汉文》第398、399页。
② （汉）班固：《汉书》卷三十六《楚元王传》，中华书局1962年版，第1957页。

"说",《新序》贵"悟",而《列女传》主"教"。从共性角度言之,借故事说理是三书一致的地方。而正因为借用故事,使得三书皆具有鲜明的叙事色彩,并在人物形象的塑造、故事情节的展开、人物语言的设计上颇为用心,使得三书具有明显的小说意味。有学者指出,其中的一些作品"堪称中国古代早期小说精品"①。

六 文学成就与地位

刘向是经学家,也是文学家,是学者型作家。刘向研习经学,兼通古文经学、今文经学,因《榖梁春秋》而知名天下。他知识渊博,不仅通儒,也善道家、阴阳家、法家等。刘向将治经、理政、创作归为一途,是中国古代文学史上颇有影响的文学家。归纳起来,刘向的文学成就如下。

(一)文学文献领域成就突出

汉元帝时,刘向在家闲居的十五年里,已整理了不少典籍文献。元帝永光四年(前40),他著有《疾谗》《摘要》《救危》《世颂》等八篇。②而从成帝河平三年(前26)开始,刘向领校皇家图书近二十年,他校雠典籍,考辨释疑,整理了大量的文献典籍。比如,《战国策》就是刘向主持整理的。他根据"国别者略以时次之……除重复,得三十三篇"。③《战国策》流传至今,是研究先秦史传文学的重要文献。他还主持整理《楚辞》,将西汉时期的模拟之作也收集其中,从而使"楚辞"突破时代和地域的限制,而成为一种文体形态。这对研究屈原及其作品在汉代的接受具有重要价值,也是我国较早的楚辞作品总集。④他将汉代人的模拟之作收入《楚辞》中,成为后世学者研究楚辞的接受与传播的重

---

① 周蔚:《刘向小说艺术成就浅论》,《苏州大学学报》(哲学社会科学版)2004年第3期。
② 据刘跃进《秦汉文学编年史》(第250页),永光四年(前40),刘向"著《疾谗》《摘要》《救危》及《世颂》"。
③ 参见刘向《战国策书录》,载严可均辑《全汉文》,商务印书馆1999年版,第379页。
④ 陆侃如、高亨、黄孝纾选注《楚辞选·前言》介绍:"西汉末年的学者刘向曾编集一部《楚辞》,里边包含楚国伟大诗人屈原、宋玉的杰作,也包含西汉人模仿屈、宋的作品。"注云:"刘向原本大约包含下列十三篇:《离骚》第一、《九辨》第二、《九歌》第三、《天问》第四、《九章》第五、《远游》第六、《卜居》第七、《渔父》第八、《招隐士》第九、《招魂》第十、《九怀》第十一、《七谏》第十二、《九叹》第十三。(今本次序是后人改动的。)"参见《楚辞选》,古典文学出版社1956年4版,第1—2页。

要文献，也是研究汉代辞赋发展的重要资料。刘向在整理文献典籍的过程中，曾著有《战国策书录》《管子书录》《晏子书录》《孙卿书录》等。每一篇"书录"，其实就是一篇简要的"学术史"回顾。这对了解西汉后期文化典籍的基本情况、研究相关典籍都具有很高的参考价值。

（二）开文学文体学和目录学研究之先河

在中国文学史上，有关文体的分类与文学理论的研究兴盛于魏晋南北朝。因此，学术界一般把魏晋时期作为"文学自觉"的时代。实际上，早在西汉后期，文体分类意识与文学理论探讨已渐趋兴起。刘向、刘歆父子利用领校"中秘书"的便利条件，有意识地将文学与非文学区别开来，并形成代表性成果《七略》。《七略》是中国第一部文体分类学专著，也是我国最早的目录学专著。《七略》原稿已不可知，从《汉书·艺文志》可知，刘向、刘歆父子首先将文学与非文学区分了开来：

> 汉兴，改秦之败，大收篇籍，广开献书之路。迄孝武世，书缺简脱，礼坏乐崩，圣上喟然而称曰："朕甚闵焉！"于是建藏书之策，置写书之官，下及诸子传说，皆充秘府。至成帝时，以书颇散亡，使谒者陈农求遗书于天下。诏光禄大夫刘向校经传诸子诗赋，步兵校尉任宏校兵书，太史令尹咸校数术，侍医李柱国校方技。每一书已，向辄条其篇目，撮其指意，录而奏之。会向卒，哀帝复使向子侍中奉车都尉歆卒父业。歆于是总群书而奏其《七略》，故有《辑略》，有《六艺略》，有《诸子略》，有《诗赋略》，有《兵书略》，有《术数略》，有《方技略》。今删其要，以备篇籍。①

在刘向整理的基础上，刘歆辑成《七略》，包括《辑略》《六艺略》《诸子略》《诗赋略》《兵书略》《术数略》《方技略》。"诗赋"独立归为一类，明显与六艺、诸子、兵书、术数、方技相区别，说明刘向、刘歆父子已清晰地看到了文学与非文学的区别。不仅如此，他们将辞赋文体进一步细化为屈原赋、陆贾赋、荀卿赋和杂赋四类，对赋体文学的分类研究也有意义。

---

① 参见《汉书》卷三十《艺文志》，中华书局1962年版，第1701页。

(三) 在中国小说研究史上地位突出

刘向的《说苑》和《新序》，可谓是中国较早的笔记小说集。因为所收集的故事采自先秦典籍和民间传说。可以说，《说苑》重"说"，而《新序》重"悟"。前者通过对话性故事"讲"道理，后者通过故事性对话"悟"道理。尽管刘向所收录的故事有长有短，短则数言，长则数百字，但这些作品多具有较强的故事性，在人物形象的塑造与刻画方面也颇有特点。比如，《齐景公游于牛山》，通过齐景公、高子与晏子的对话描写，用对比手法将齐景公的惧死、高子的谄媚和晏子的机智刻画了出来。他如《齐有田巴先生》《孔子见宋荣启期》等，也是通过语言和动作刻画人物性格的，使这些人物活灵活现，跃然纸上。因此，生动、形象而有教育意义，这是刘向为中国小说所探索的一条道路。这说明，早在西汉后期，以《说苑》《新序》等为代表的笔记小说已取得了不错的成绩。通过比较，刘义庆的《世说新语》与《说苑》《新序》有诸多相似性，意味着《世说新语》很可能受到《说苑》《新序》的启发与影响。所以，在中国小说发展史上，刘向也有不容忽视的地位。

(四) 在诗赋、散文领域颇有贡献

一是刘向存诗数句，却是研究中国七言体诗歌发展的重要线索。其实，西汉早期诗歌已有七言体，楚歌可为代表。比如，刘邦《大风歌》、刘彻《瓠子歌》《秋风辞》《天马歌》等。不过，据传是武帝时期所作的《柏梁诗》，就是一首七言体联句诗。关于该诗真伪，学者聚讼不已。[①]

[①] 逯钦立辑《先秦汉魏晋南北朝诗·汉诗卷一》："东方朔别传曰：孝武元封三年，作柏梁台，诏群臣二千石有能为七言者，乃得上座……逯按：《诗纪》从章樵本《古文苑》，各官下附以人名，今据韩本删之。顾炎武《日知录》据《史》《汉》纪传年表，辨此诗年代、官、人皆相抵牾，因定为后世依托。考《汉书·武帝纪》，于建元六年即出大司农一官名，与此抵牾相同。吾人如信班书，不得独疑此诗。且此诗出《东方朔别传》，此《别传》即班书朔传所本也。"中华书局 1962 年版，第 97 页。可见，顾炎武认为是伪作，而逯钦立并不认为是伪托之作。关于《柏梁诗》的真伪问题，程毅中先生有较为详细的考辨。作者认为："前人如严羽认为'七言起于汉武《柏梁》'(《沧浪诗话·诗体》)，并不怀疑它是伪托……游国恩先生曾有《柏梁台诗考证》专论，对前人所提出的理由都加以重新检讨，认为不能成立。同时又提出新的疑问，认为它的时代大抵不能早于魏晋。然而王力先生却从它押韵'之''咍'同部，认为用的是先秦古韵。与汉武帝时代不会相差太远（见《汉语诗律学》导言）。总之，这首诗还不无疑问。当然，《柏梁诗》在西汉是一个孤立的现象，除此之外还没有这样整齐曼长的七言诗。整个汉代还是楚歌体占优势，或者说七言诗还停留在酝酿试验的阶段。"参见《中国诗体流变》，中华书局 1992 年版，第 45—56 页。

不过，据《汉书·东方朔传》，东方朔有八言诗、七言诗各上、下两篇，似乎说明汉武帝时期出现七言体诗并非不可能，也非孤立现象。① 而刘向的七言诗，确是西汉有七言体诗歌的直接证据。二是他的辞赋题材多样，内容涉及面较广，丰富了辞赋表现的领域。三是刘向的政论散文既有西汉早期散文的纵横雄辩之气，也有东汉政论散文典雅醇厚、文辞质朴的美学追求，预示着东汉散文的未来发展走向。从这个意义上讲，刘向的散文具有承前启后、继往开来的文学史意义。

（五）在文学理论方面贡献很大

其一，在赋体文学方面，刘向曾谈及辞赋兴起的原因，认为是"周道寝坏"，"聘问歌咏不行于列国""学《诗》之士逸在布衣"，导致诗歌衰微，方有"贤人失志之赋作"。他认为，辞赋在发展过程中，与《诗》之"微言大义"间的距离越来越远。诸如荀卿、屈原之赋尚有"恻隐古诗之义"，而至唐勒、宋玉及汉代的枚乘、司马相如、扬雄等人的赋作，则"竞为侈俪闳衍之词，没其风谕之义"。② 重要者，他将辞赋分为四类，使我们看到了汉代人的辞赋分类标准，也说明刘向非常重视文学源流的探讨与思考，体现了考镜源流的文学史意识。其二，在诗歌研究方面，刘向对汉乐府的特点有非常精准的把握，认为其特点是"感于哀乐，缘事而发"，具有"观风俗，知薄厚"的功用价值。③ 这个观点，至今仍

---

① 据《汉书》卷六十五《东方朔传》载，"朔之文辞，此二篇最善。其余《封泰山》《责和氏璧》及《皇太子生禖》《屏风》《殿上柏柱》《平乐观赋猎》，八言、七言上下，《从公孙弘借车》，凡刘向所录朔书具是矣"。参见中华书局1962年版，第2873页。

② 据《汉书》卷三十《艺文志第十》载，"传曰：'不歌而诵谓之赋，登高能赋可以为大夫。'言感物造耑，材知深美，可与图事，故可以为列大夫也。古者诸侯卿大夫交接邻国，以微言相感，当揖让之时，必称《诗》以谕其志，盖以别贤不肖而观盛衰焉。故孔子曰'不学《诗》，无以言'也。春秋之后，周道浸坏，聘问歌咏不行于列国，学《诗》之士逸在布衣，而贤人失志之赋作矣。大儒孙卿及楚臣屈原离谗忧国，皆作赋以风，咸有恻隐古诗之义。其后宋玉、唐勒。汉兴，枚乘、司马相如下及扬子云，竞为侈丽闳衍之词，没其风谕之义"。参见中华书局1962年版，第1755—1756页。

③ 《汉书》卷三十《艺文志第十》载，"自孝武立乐府而采歌谣，于是有代、赵之讴，秦、楚之风，皆感于哀乐，缘事而发，亦可以观风俗，知薄厚云"。参见中华书局1962年版，第1756页。

为研究汉乐府诗歌的学者们所沿用。其三，刘向研究屈原作品也有独到见解。例如，他认为屈赋有"恻隐古诗之义"；认为屈原在《离骚》中所表达的情志理想，其实在《九章》中也非常明显，所谓"叹《离骚》以扬意兮，犹未殚于《九章》"（《九叹·忧苦》）。刘向对屈原及其《离骚》《九章》的评价，也是后世楚辞学研究者所不能忽视的。

总之，刘向一生身历四帝，生于昭帝时期，而仕于宣帝、元帝、成帝时期。在宣帝时期，刘向虽遭遇过挫折，但作为文学侍从，创作颇丰，惜其作品散佚太多，难窥其真貌。不过，刘向受诏习《穀梁春秋》，沉潜于儒学研究，精通经学，使他在石渠阁会议上成为一颗学术新星。而在元帝时期，他多次批评外戚、宦官，受外戚史高、宦官弘恭、石显等人的排挤。闲居在家的十五年里，他专心典籍研究，为后来的文学研究与文学创作奠定了基础。在成帝时期，他又将批评的矛头指向外戚王氏，以致长期身居列大夫之职，只能通过典校秘书寄寓其政治理想。刘向上承高祖刘交心向儒学遗风，精研儒学，以《诗》传家，为西汉后期儒林巨擘。他校雠典籍、编纂文学总集、开展文体分类研究、从事文学创作、探究文学理论，是长安刘氏家族中成就卓著、在中国文学史上占有一席之地的文学大家。

第五节　刘歆生平及学术活动

刘向有三子，分别是刘伋、刘赐和刘歆，"三子皆好学"。其中，"长子伋，以《易》教授，官至郡守；中子赐，九卿丞，蚤卒；少子歆，最知名"①。可见，刘向的三个儿子皆颇有学问，尤以刘歆最为知名。

---

① （汉）班固：《汉书》卷三十六《楚元王传》附《刘歆传》，中华书局1962年版，第1966页。

一　生平概况

刘歆（约前48—23）[①]，字子骏。后改名为刘秀，字颖叔。[②] 据《汉

[①] 刘歆卒年相对明确，《汉书》卷九十九下《王莽传下》载，"（地皇）四年……歆怨莽杀其三子，又畏大祸至，遂与（王）涉、（董）忠谋，欲发……七月……刘歆、王涉皆自杀"（第4179—4185页）。因此，刘歆于王莽地皇四年（23）七月自杀。实际上，该年三月，刘玄被拥立为帝，即更始帝。因此，陆侃如《中古文学系年》系于淮阳王更始元年（23年）（人民文学出版社1985年版，第53页），刘跃进《秦汉文学编年史》亦系于此年（商务印书馆2006年版，第322页）。而其生年不详。钱穆《刘向歆父子年谱》云："歆生年无考。成帝初即位，歆盖弱冠，其年当较王莽稍长。又扬雄生年，刘向二十七岁，据成帝即位二十一年。雄、歆年盖相若，子云犹或稍长。"（《两汉经学今古文平议》，第40页）而关于扬雄生年，钱穆《两汉经学今古文平议》第23页、陆侃如《中古文学系年》（上）第1页、刘跃进《秦汉文学编年史》第235页皆系于宣帝甘露元年（前53）。如此，按照钱穆先生推测，刘歆当比扬雄年龄小。而费振刚等以为，刘歆约生于前53年，即宣帝甘露元年（《全汉赋校注》，广东教育出版社2005年版，第316页）。陆侃如以为："歆生年史无明文，以一生事迹推之，当生于前五〇年左右。"[《中古文学系年》（上），第5页] 王保顶《论刘歆》指出，刘歆"生年史无明载，大约生于元帝初元元年（公元前48年）前后"（《池州师专学报》1994年第2期）。根据《汉书·楚元王传》，"歆字子骏，少以通《诗》、《书》，能属文召，见成帝，待诏宦者署，为黄门郎。河平中，受诏与父向领校秘书，讲六艺传记，诸子、诗赋、数术、方技，无所不究"。此处言其"少"，当在20岁以下。而其父刘向有《诫子歆书》，有"今若年少，得黄门侍郎，要显处也"之语，也应是刘歆不足20岁的旁证。设若刘向《诫子歆书》作于成帝建始元年（前32年），按照费振刚等的说法，则刘歆时年已22岁，显然已不"少"。所以，他不可能生于宣帝甘露元年（前53）。综合推测，他生于元帝初元元年（前48年）前后的可能性较大。这样，即使刘歆在建始四年（前29年）被任命为黄门郎，也符合"少"的特点。

[②] 据《汉书·楚元王传》，"初，歆以建平元年改名秀，字颖叔云"（第1972页）。《礼记·曲礼下》云："君子已孤不更名。"刘跃进借此援引元代陈澔《集说》："名者，始生三月之时，父所命也。父没而改之，孝子所不忍也。"他说："按：刘向二十二岁时，父亲刘德即已去世，此时已经过去二十五年，刘向更名，似于礼不合。而其子刘歆在刘向卒后二年（前6年）也改名刘秀，也不合当时礼制。"（《秦汉文学编年史》，第259—260页）笔者认为，以当时礼制，刘向、刘歆父子改名确实不合礼法。不过，刘向更名，可能源于其仕途的不顺，期望更名以自新、自信。刘歆更名，则可能为了迎合当时的谶纬传言。所以，颜师古在注《汉书》时引东汉应劭之语云："《河图赤伏符》云'刘秀发兵捕不道，四夷云集龙斗野，四七之际火为主'，故改名，几以趣也。"（第1972页）《后汉书·窦融传》亦有智者云："汉承尧运，历数延长。今皇帝姓号见于图书。自前世博物道术之士谷子云、夏贺良等，建明汉有再受命之符，言之久矣，故刘子骏改易名字，冀应其占。及莽末，道士西门君惠言刘秀当为天子，遂谋立子骏。"两条证据皆自东汉，似乎说明刘歆有意为之。钱穆先生《刘向歆父子年谱》以为："哀帝名欣，讳欣曰喜，刘歆之改名，殆以讳嫌名耳。"（《两汉经学今古文平议》，商务印书馆2001年版，第83页）虽然如此，刘歆可改其他名字，而专改为"刘秀"，显然不是无意之事，而是有意为之了。那么，光武帝是否也曾因谶纬更名为刘秀呢？

书·楚元王传》附《刘歆传》载：

> 歆，字子骏，少以通《诗》《书》能属文召，见成帝，待诏宦者署，为黄门郎。河平中，受诏与父向领校秘书，讲六艺传记，诸子、诗赋、数术、方技，无所不究。向死后，歆复为中垒校尉。
>
> 哀帝初即位，大司马王莽举歆宗室有材行，为侍中太中大夫，迁骑都尉、奉车光禄大夫，贵幸。复领《五经》，卒父前业。歆乃集六艺群书，种别为《七略》。语在《艺文志》。①

可见，刘歆博通《诗》《书》，善写文章，兴趣广泛而能力出众。成帝建始年间，年轻的刘歆便以才能授黄门郎。② 河平三年（前26），受诏与父刘向领校秘书。绥和元年（前8），父亲刘向死后，为中垒校尉。成帝绥和二年（前7）四月，哀帝即位，经王莽举荐，刘歆为侍中太中大夫，迁骑都尉、奉车光禄大夫。③ 可见，刘歆在西汉末官运亨通，贵幸无比。哀帝建平元年（前6），他受诏继续乃父刘向遗业，最终完成了《七略》。

事实上，《七略》体现了刘向、刘歆父子的学术思想。关于刘向、刘歆学术思想之分歧，据《汉书·楚元王传》附《刘歆传》：

> 歆及向始皆治《易》……及歆校秘书，见古文《春秋左氏传》，歆大好之。时丞相史尹咸以能治《左氏》，与歆共校经传。歆略从咸

---

① （汉）班固：《汉书》卷三十六《楚元王传》，中华书局1962年版，第1967页。

② 陆侃如以为，刘歆为黄门郎的时间是河平三年（前26）。他说："据《成帝纪》，向于三年奉命校中秘书。歆于二年以凤故未拜，则为郎当亦三年事，时歆年二十余。"[《中古文学系年》（上），人民文学出版社1985年版，第5—6页] 这个问题与刘歆的生年相关。前面已经讨论，刘歆可能生于元帝初元元年（前48），他任黄门郎当在成帝建始年间（前32—前28）。

③ 关于刘歆得王莽举荐升迁、复领校五经的时间，刘跃进系于哀帝建平元年（前6）（《秦汉文学编年史》，第294页），而钱穆《刘向歆父子年谱》系于成帝绥和二年（前7）四月（《两汉经学今古文平议》，第67页）。陆侃如亦系于绥和二年："刘歆议毁庙，为侍中，太中大夫，迁骑都尉，奉车光禄大夫，复领《五经》，撰《七略》。"[《中古文学系年》（上），第17页] 根据史料推定，刘歆升迁可能是哀帝建平元（前6）年的前一年（绥和二年，前7）。至于其受诏复领校秘书，可能是哀帝建平元年（前6），而非上一年。

及丞相翟方进受，质问大义。初《左氏传》多古字古言，学者传训故而已，及歆治《左氏》，引传文以解经，转相发明，由是章句义理备焉。歆亦湛靖有谋，父子俱好古，博见强志，过绝于人。歆以为左丘明好恶与圣人同，亲见夫子，而公羊、穀梁在七十子后，传闻之与亲见之，其详略不同。歆数以难向，向不能非间也，然犹自持其《穀梁》义。及歆亲近，欲建立《左氏春秋》及《毛诗》《逸礼》《古文尚书》皆列于学官。哀帝令歆与《五经》博士讲论其义，诸博士或不肯置对，歆因移书太常博士，责让之。[1]

于此可知，刘向、刘歆父子的经学思想有差异。刘向好今文经学《穀梁春秋》，而刘歆好古文经学《左氏春秋》。刘歆还向丞相史尹咸、丞相翟方进学习《左传》，"质问大义"。据《汉书·儒林传》载，尹更始习《穀梁春秋》，为谏大夫、长乐户将，"又受《左氏传》，取其变理合者以为章句，传子咸及翟方进、琅邪房凤"[2]。另外，刘向及长子刘伋、少子刘歆皆治《易》。刘伋曾以《易》教授，可见其学《易》之精。至于刘向、刘歆父子，在《易》学上也有学术分歧。钱穆《刘向歆父子年谱》云:[3]

    时学者可分两派：一好言灾异，一好言礼制。言灾异，本之天意。言礼制，揆之民生。京房、翼奉、刘向、谷永、李寻之徒言灾异，贡禹、韦玄成、匡衡、翟方进、何武之徒言礼制。向晚年议兴辟雍，亦昌言礼乐矣。王、贡言礼，皆主俭约，重民生；向重教化，又微不同，盖仍是武、宣一脉。莽、歆新政，托于符命，则言灾异之变也。其措施多慕古昔，切民事，则言礼之裔也。然亦盛夸饰，兼袭武、宣遗风。

可见，《易》分言灾异、言礼制两派。言灾异重天意，言礼制贵民生。而在西汉后期，政治环境的改变，使得《易》学大盛。例如，《易》"京氏

---

[1] （汉）班固：《汉书》卷三十六《楚元王传》，中华书局1962年版，第1967页。
[2] （汉）班固：《汉书》卷八十八《儒林传》，中华书局1962年版，第3618页。
[3] 钱穆：《两汉经学今古文平议》，商务印书馆2001年版，第65页。

学"传人京房即"以明灾异得幸"。① 这正是刘向、刘歆父子精研《易》学的思想背景。② 而《易》学总是与灾异论相联系,西汉末又与符命说联系了在一起。可以说,刘向一生言灾异,而刘歆则喜符命说。这是刘歆对《易》学思想的一种变相改革。他于建平元年更名为"秀",很可能也是由符命思想所促使。③

刘歆好古文经学,曾多次与父亲刘向讨论《穀梁春秋》与《左氏春秋》的异同。哀帝时,刘歆受到重用,便期望立《左传》《毛诗》《逸礼》及《古文尚书》等于学官④。建平元年(前6),哀帝诏令他与《五经》博士讲论其义,"诸博士或不肯置对",刘歆非常生气,便与房凤、王龚等"因移书太常博士,责让之"。⑤ 此事引起名儒光禄大夫龚胜、大司空师丹等人的震怒。哀帝建平三年(前4),刘歆因惧诛而自请外任,出守河内,徙守五原太守,作《遂初赋》。⑥ 这是刘歆人生历程中的一个

---

① (汉)班固:《汉书》卷八十八《儒林传》,中华书局1962年版,第3601—3602页。
② 据《汉书》卷三十《艺文志》,"及秦燔书,而《易》为筮卜之事,传者不绝。汉兴,田何传之。讫于宣、元,有施、孟、梁丘、京氏列于学官,而民间有费、高二家之说。刘向以中《古文易经》校施、孟、梁丘经,或脱去'无咎'、'悔亡',唯费氏经与古文同"。中华书局1962年版,第1704页。
③ 据《汉书》卷三十《楚元王传》附《刘歆传》,"初,歆以建平元年改名秀,字颖叔云"。颜师古注云:"应劭曰:《河图赤伏符》云'刘秀发兵捕不道,四夷云集龙斗野,四七之际火为主',故改名,几以趣也。"(第1972页)不过,钱穆先生《刘向歆父子年谱》认为,刘歆改名是为了避哀帝刘欣名讳:"哀帝名欣,讳'欣'曰'喜'。歆之改名,殆以讳嫌名耳。宣帝名'询',兼避'洵'、'荀',改'荀子'曰'孙子'。以此观之,后世之说,殆不足信。"(《两汉经学今古文平议》,第83页)陆侃如认为,钱穆的观点"较应说为妥"。[《中古文学系年》(上),第20页]其实,刘歆的改名,既为避名讳,也有"冀应符命"的期待。
④ 据刘跃进《秦汉文学编年史》第295页援引桓谭《新论》云:"子子政、子子骏、子骏兄子伯玉,三人俱为通人,尤珍重《左氏》,教授子孙,下至父妇女,无不读诵者,此亦蔽也。"若此,则刘向亦好《左传》,这似乎与《汉书》所记有所出入。
⑤ 据《汉书·儒林传》,"房凤字子元,不其人也。以射策乙科为太史掌故。太常举方正,为县令都尉,失官。大司马骠骑将军王根奏除补长史,荐凤明经通达,擢为光禄大夫,迁五官中郎将。时,光禄勋王龚以外属内卿,与奉车都尉刘歆共校书,三人皆侍中。歆白《左氏春秋》可立,哀帝纳之,以问诸儒,皆不对。歆于是数见丞相孔光,为言《左氏》以求助,光卒不肯。唯凤、龚许歆,遂共移书责让太常博士,语在《歆传》。"(第3619页)所以,《移书让太常博士书》乃刘歆、房凤、王龚等共作。
⑥ 刘跃进《秦汉文学编年史》系于本年(第298页),陆侃如《中古文学系年》(上)系于建平元年(前6)(第19页),钱穆《刘向歆父子年谱》亦系于建平元年。根据时间间隔推断,刘跃进说或可取,故从之。

转折点。

建平四年（前3），刘歆转为涿郡太守，以病免官。① 此后，复为安定属国都尉。哀帝元寿二年（前1），哀帝死后，王莽出任大司马，专秉朝政，迎立中山王刘衎为帝。经王莽举荐，刘歆为右曹太中大夫，迁中垒校尉。据《汉书·平帝纪》，"太皇太后临朝，大司马莽秉政，百官总己以听于莽"②。平帝元始元年（1）正月，王莽为安汉公。自此而后，汉家政权便旁落王氏。"于是附顺者拔擢，忤恨者诛灭。王舜、王邑为腹心，甄丰、甄邯主击断，平晏领机事，刘歆典文章，孙建为爪牙。丰子寻、歆子棻、涿郡崔发、南阳陈崇皆以材能幸于莽。"③ 于此可见，刘歆深受王莽重用。平帝元始元年（1）二月，置羲和官，秩二千石。刘歆是首任羲和官，迁京兆尹。平帝元始五年（5）秋，羲和刘歆以治明堂、宣教化封为红休侯。④ 王莽为实现篡汉目的，先从秉政开始。平帝死后，孺子婴即位，王莽再行居摄大权。在此过程中，刘歆积极为王莽谋划，也实现了其富贵的欲望和梦想。当然，刘歆也只想让王莽居摄，而非取代刘氏。但形势所迫，刘歆只能顺王莽之意。⑤ 所以，王莽篡位之后，于新莽始建国元年（9）封刘歆为国师，赐爵"嘉新公"。始建国二年（10），其子刘棻获罪，被流放幽州。天凤元年（14），刘歆考定律历，著《三统历谱》。地皇四年（23），王莽败，刘歆自杀。⑥

---

① 陆侃如《中古文学系年》（上）第22页系于本年。
② （汉）班固：《汉书》卷十二《平帝纪》，中华书局1962年版，第384页。
③ （汉）班固：《汉书》卷九十九上《王莽传上》，中华书局1962版，第4045—4046页。
④ 据《汉书》卷十八《外戚恩泽侯表》，"以侍中羲和与平晏同功侯，（五年）闰月丁酉封，王莽篡位，为国师公，后为王莽所诛"（第716页）。实际上，刘歆是自杀，而非王莽所诛。
⑤ 据《汉书》卷九十九中《王莽传中》，"初，甄丰、刘歆、王舜为莽腹心，倡导在位，褒扬功德；'安汉'、'宰衡'之号及封莽母、两子、兄子，皆丰等所共谋，而丰、舜、歆亦受其赐，并富贵矣，非复欲令莽居摄也。居摄之萌，出于泉陵侯刘庆、前辉光谢嚣、长安令田终术。莽羽翼已成，意欲称摄。丰等承顺其意，莽辄复封舜、歆两子及丰孙。丰等爵位已盛，心意既满，又实畏汉宗室、天下豪杰。而疏远欲进者，并作符命，莽遂据以即真，舜、歆内惧而已。丰素刚强，莽觉其不说，故徙大阿、右拂、大司空丰，托符命文，为更始将军，与卖饼儿王盛同列"（中华书局1962年版，第4123页）。
⑥ 参见《汉书》卷九十九上《王莽传上》，中华书局1962年版，第4046—4123页。

关于刘歆，多人有评价。而且见仁见智，各有立场。① 实际上，刘歆虽是汉室宗亲，但与皇帝的关系渐行渐远。成帝、哀帝、平帝和孺子婴与刘歆一样，都是从刘姓祖根繁衍而来的。除此而外，对刘歆而言，他们与王莽并无实质性差异。甚至可以说，刘歆与王莽的关系更为亲密。他俩毕竟曾是同僚、朋友，相互知根知底，彼此非常熟悉。不像汉成帝，尽管高高在上，却连任命刘歆为中常侍这样的"小事"都要受大将军王凤的节制。至于哀帝、平帝、孺子婴，也只能听命于太皇太后王政君，而王政君又听从王莽的建议。就这样，不是依赖皇帝的信任，而是凭借王莽的举荐，很快让刘歆的官位一路高升。因此，生活的经历教育了刘歆，他的宗族意识远没有其父刘向那么强烈。

若抛开学者的头衔，单从政治角度来看，刘歆确实是一位与时俱进的投机者。汉成帝时，他只能身居位尊权微的职位，主要与父亲刘向一同校中秘书。哀帝即位，他受诏继承父业，领校秘书，完成了《七略》。这都是学术上的事情。由于曾与王莽同为黄门侍郎，刘歆深得王莽敬重。在其帮助下，加之自身才华出众，刘歆步步高升。当然，他投奔王莽并积极辅助他完成政治野心，并非只为高官厚禄，主要原因是他始终期望将古文经学立于官学，而王莽可以为他提供实现理想的条件。刘歆喜好

---

① 孟繁治在《刘向刘歆扬雄之比较》中指出："刘歆凭借父辈的事业之梯，少年得志，青年时代就具有了他父亲晚年才成就的学问大家的声誉，但他不谙政治的深沉，误入歧途，结果一失足成千古恨，不仅死于非命、而且遭后世唾骂。"〔《许昌师专学报》（社会科学版）1991 年第 3 期〕王铁《重评刘歆》认为："他在西汉末年的政治变迁中，能以自己的信仰指导自己的行动，不顾一姓的私利，顺应社会上大多数人的愿望，这也正是一个学者的可贵之处。"〔《华东师范大学学报》（哲学社会科学版）1994 年第 2 期〕王保顶《论刘歆》认为："刘歆争立古文经是为了厘正西汉末今文经学空疏与妖妄的积弊，建立致用的学术，他并非一概排斥今文经。刘歆依附王莽的目的，是试图通过王莽的地位和影响对社会现实进行改革，镇定、维护即将灭亡的西汉政权，这与他争立古文经是一脉相承的，是理论到实践的一大转变。"（《池州师专学报》1994 年第 2 期）孟祥才《角色错位的悲剧——评刘歆》认为："刘歆是西汉末年最负盛名的一位学者，在目录学、古文经学等领域达到了那个时代的高峰。如果他不慕高官厚禄而潜心学术，他会留给后世更多的成果。然而，由于时代条件的制约与他对官位的热衷，促使他走上为王莽篡汉服务的道路。最后，又使他在灵魂的自我拷问中参加诛杀王莽的改变密谋，并以自杀结束悲剧的一生。"（《齐鲁学刊》1997 年第 2 期）姜汉卿、傅荣贤《知人论世说刘歆》认为："刘歆之'媚莽助篡'，本质上和他的学术见解密切相关，非为政治起见，不可借端以诘难、致疑其人品。我们甚至反过来认为刘歆是一位品行高洁、学业精进、对我国学术文化发展和传播作出巨大贡献的学者。"〔《盐城师范学院学报》（人文社会科学版）2007 年第 6 期〕

古文经学，曾与乃父刘向争论，也敢于向权臣挑战，即便因此而被贬官左迁，他也不改初衷。平帝即位，王莽专权秉政，给刘歆倡立古文经学于官学提供了便利条件。他秉承王莽意图，加快了复古的步伐。他负责治明堂、辟雍、定律历，很快成为负责"儒林史卜"的思想学术界领袖。他的官位也由右曹太中大夫、中垒校尉而为羲和、京兆尹，封爵红休侯。因此，在西汉末年，刘歆可谓仕途顺畅。

汉平帝死后，三岁的孺子婴即位。在刘歆等人的辅助下，王莽位高权重，由大司马、安汉公到宰衡，再到"摄皇帝""假皇帝"，这使他的政治野心越来越大。在孺子婴年满六岁时，即初始元年（8）十二月，新朝建立，王莽由"假皇帝"而成为"真皇帝"。在王莽篡逆改朝之后，刘歆一如既往，积极为新莽王朝服务，甚至以刘汉宗亲的身份担任"国师"、受封嘉新公，成为新朝四辅之一。他的儿子刘棻、刘泳封侯，女儿刘愔嫁给王莽太子王临。然而，刘歆的两子一女最终死于非命之后，刘歆内心痛苦而又不能明确表现。加之心灵的拷问也日渐折磨着他，使刘歆基本上生活在"二重人格"的煎熬与痛苦中。① 当王莽的统治走向穷途末路时，刘歆曾有劫持王莽降汉的想法，甚至计划等到太白金星出现后取而代之，终因事情败露而自杀。他的自杀，不仅因为内心的恐惧，也可能有羞愧难当的心理原因。对刘歆而言，选择自杀也是一种生命解脱和灵魂自救。所以，若站在皇家后裔的立场上看待他，刘歆显然有投机的意味，必然被推向道德审判台。而若站在文士的立场来看，则刘歆的投机也是一种仕进策略与手段。遗憾的是，刘歆不是普通的文士，而是汉室宗亲，这是他难以逃避的宿命！

二 学术活动

在西汉后期，刘歆继刘向而成为思想学术界的领袖，也是值得关注的文学家。刘歆的一生，学术与文学的成就远比政治功绩光彩照人。因

---

① 孟祥才认为："从新朝建立到他自杀身死，整整十四个年头，刘歆显然是在对自己灵魂的不断拷问中，在难以排解的煎熬中度过的。然而，他又只能将这种痛苦深深地埋在心中，不能对任何人诉说。在公开的场合，特别是在朝廷例行的礼仪中，他还必须对王莽表现出诚惶诚恐的恭敬之情，还必须将王莽的篡弑行径歌颂为应天意而顺民心的空前义举。刘歆就这样过着二重人格的生活。"（《秦汉人物散论》，上海古籍出版社2005年版，第392页）

此，刘歆尽管因政治投机而为后世学人所不齿，但其学术影响与文学成就为人所瞩目和赞扬。

刘歆的学术活动始于汉成帝河平三年（前26）。正如前面所介绍，刘歆首先以黄门侍郎的身份参与典校中秘书，并逐渐形成自己的学术思想，认为古文经学优于今文经学。为此，他与父亲辩论，积极争取最高统治者的支持。孟祥才认为，刘歆在学术方面有两大贡献：一是刘氏父子在《七略》中展示了"可贵的人文主义和清醒的现实主义"；二是刘歆"挑起了经学上的今古文之争，从而打破了今文经学独霸思想学术阵地的局面"。[①] 刘向、刘歆父子等从河平三年（前26）开始，至绥和元年（前8），在将近二十年的时间里，整理了大量的文献典籍。这一点，从刘向的著述情况中可见一斑。应该说，刘歆也参与整理了，但署名权不可能给予刘歆。因此，传世文献中有关刘歆的著述并不多。

根据《汉书》本传所载，刘歆早年治《易》，因参与校书，才发现《春秋左氏传》而"大好之"。于是先后拜尹咸、翟方进为师习《左传》。据《汉书·儒林传》，西汉时期，先有张苍、贾谊、张敞、刘公子修《春秋左氏传》。贾谊作《左氏传训故》，授贯公，贯公子长卿为荡阴令，授张禹，张禹授尹更始，尹更始传子尹咸及翟方进、胡常，胡常授贾护，贾护授陈钦，陈钦授王莽。而刘歆从尹咸、翟方进习《左传》，"由是言《左氏》者本之贾护、刘歆"。[②] 刘歆与王莽可谓师出同门，都是尹更始的再传弟子。这也是两人能够合作的基础。不仅如此，刘歆为《左氏春秋》作注，不满于过去学者对"古字古言"的"传训故"方式，而是"引传文以解经，转相发明，由是章句义理备焉"[③]。刘歆在重新编订《左传》时，适时地将阴阳五行学说思想加了进来[④]，实际上也搭建了古

[①] 孟祥才：《秦汉人物散论》，上海古籍出版社2005年版，第384—386页。
[②] （汉）班固：《汉书》卷八十八《儒林传》，中华书局1962年版，第3620页。
[③] （汉）班固：《汉书》卷三十六《楚元王传》附《刘歆传》，中华书局1962年版，第1967页。
[④] 顾颉刚《汉代学术史略》指出："因为王莽是一个笃信阴阳五行说的人，所以他既继承了匡衡的主张，用阴阳说定了南北郊，还要更进一步，用五行说定群神之祀……他们把这宗材料插入古文学的两部经典：第一是刘歆重编的《左传》……第二是王莽征求通晓之士的《月令》，说太皞是春季的帝，句芒是春季的神；炎帝是夏季的帝，祝融是夏季的神；黄帝是中央的帝，后土是中央的神；少皞是秋季的帝，蓐收是秋季的神；颛顼是冬季的帝，玄冥是冬季的神。一年本来是四时，到这时硬把它拉长，成为五时了。"（人民出版社2008年版，第82—83页）

文经学与今文经学之间的桥梁。

我们知道，哀帝建平元年（前6），奉车都尉刘歆曾主张将《左氏春秋》《毛诗》《逸礼》《古文尚书》立于官学，只有光禄大夫房凤、光禄勋王龚积极支持，却遭到丞相孔光、大司空师丹及今文经学博士等的反对。平帝元始年间，刘歆受命"治明堂、辟雍"、负责"儒林史卜"及"考定律历"。① 在短短的四五年时间里，凭借学术总负责人的身份和王莽的大力支持，刘歆终于将《左氏春秋》《毛诗》《逸礼》《古文尚书》等古文经学立于官学。② 不仅如此，元始四年（4），"立《乐经》，益博士员，经各五人。征天下通一艺教授十一人以上，及有逸《礼》、古《书》《毛诗》《周官》《尔雅》、天文、图谶、钟律、月令、兵法、《史篇》文字，通知其意者，皆诣公车。网罗天下异能之士，至者前后千数，皆令记说廷中，将令正乖缪，一异说云"③。此事由王莽总策划，刘歆负责具体落实。在这次统一思想的"大规模学术运动"中，刘歆"既把古文学的种子散播到民间，又令今文学增加许多敌人"④。同时，他还负责组织全国各地的学者整理古文字，为古文经学的推广扫除文字方面的障碍。据《汉书·艺文志》：

> 汉兴，闾里书师合《苍颉》、《爰历》、《博学》三篇，断六十字以为一章，凡五十五章，并为《苍颉篇》。武帝时司马相如作《凡将篇》，无复字。元帝时黄门令史游作《急就篇》，成帝时将作大匠李长作《元尚篇》，皆《苍颉》中正字也。《凡将》则颇有出矣。至元始中，征天下通小学者以百数，各令记字于庭中。扬雄取其有用者以作《训纂篇》，顺续《苍颉》，又易《苍颉》中重复之字，凡八十九章。⑤

---

① （汉）班固：《汉书》卷三十六《楚元王传》，中华书局1962年版，第1972页。
② 据《汉书》卷八十八《儒林传》，"自武帝立《五经》博士，开弟子员，设科射策，劝以官禄，讫于元始，百有余年，传业者浸盛，支叶蕃滋，一经说至百余万言，大师众至千余人，盖禄利之路然也……平帝时，又立《左氏春秋》《毛诗》《逸礼》《古文尚书》，所以罔罗遗失，兼而存之，是在其中矣。"（第3620—3621页）
③ （汉）班固：《汉书》卷九十九上《王莽传上》，中华书局1962年版，第4069页。
④ 顾颉刚：《汉代学术史略》，人民出版社2008年版，第74—75页。
⑤ （汉）班固：《汉书》卷三十《艺文志》，中华书局1962年版，第1720—1721页。

可以看出，平帝元始年间，"征天下通小学者"百余人，由扬雄整理为《训纂篇》八十九章。"汉代通行的文字，据《仓颉篇》只有三千三百字，现在《训纂篇》就有五千三百字了……这是文字学的一回大整理，他们用了这手段奠定了经古文学的基础。"① 这说明，刘歆为古文经学立为官学做了大量的准备工作。

在刘歆一生的学术活动中，对后世学术界影响最大者，当是由其最终完成的《七略》。关于《七略》的成书年代，学术界是有分歧的。刘跃进认为是哀帝建平元年（前6），而陆侃如认为是成帝绥和二年（前7）。实际上，《七略》应成书于成帝绥和二年（前7）与哀帝建平元年（前6）之间②。《七略》非刘歆独立完成，而是在刘向《别录》的基础上完成的。"《别录》也是分类依次纂集众书序录的，如果跟后世之书相比，颇似清代的《四库全书总目提要》。刘歆编撰《七略》，在分类上又有所

---

① 顾颉刚：《汉代学术史略》，人民出版社2008年版，第75页。
② 刘跃进《秦汉文学编年史·西汉文学编年》认为："刘歆《上校〈山海经〉表》自称刘秀，盖在建平以后所作。又作《七略》，也成书于本年之后。"（第294页）陆侃如《中古文学系年》（上）认为："（绥和二年），刘歆议毁庙，为侍中，太中大夫，迁骑都尉，奉车光禄大夫，复领五经，撰《七略》……哀帝于四月即位，莽七月免，歆被荐当在五、六月间。"（第17页）按：刘跃进未说明推断的依据，而陆侃如则列举《汉书》刘歆本传、《汉书·艺文志》、《隋书·经籍志》等为依据。《汉书·楚元王传》附《刘歆传》云："歆字子骏，少以通《诗》《书》能属文召，见成帝，待诏宦者署，为黄门郎。河平中，受诏与父向领校秘书，讲六艺传记、诸子、诗赋、数术、方技，无所不究。向死后，歆复为中垒校尉。哀帝初即位，大司马王莽举歆宗室有材行，为侍中太中大夫，迁骑都尉、奉车光禄大夫，贵幸。复领《五经》，卒父前业。歆乃集六艺群书，种别为《七略》。"（第1967页）《汉书·艺文志》载："至成帝时，以书颇散亡，使谒者陈农求遗书于天下。诏光禄大夫刘向校经传诸子诗赋，步兵校尉任宏校兵书，太史令尹咸校数术，侍医李柱国校方技。每一书已，向辄条其篇目，撮其指意，录而奏之。会向卒，哀帝复使向子侍中奉车都尉歆卒父业。歆于是总群书而奏其《七略》，故有《辑略》，有《六艺略》，有《诸子略》，有《诗赋略》，有《兵书略》，有《术数略》，有《方技略》。"（第1701页）另据《隋书》卷三十二《经籍志一》云："至于孝成，秘藏之书，颇有亡散，乃使谒者陈农，求遗书于天下。命光禄大夫刘向校经传诸子诗赋，步兵校尉任宏校兵书，太史令尹咸校数术，太医监李柱国校方技。每一书就，向辄撰为一录，论其指归，辨其讹谬，叙而奏之。向卒后，哀帝使其子歆嗣父之业。乃徙温室中书于天禄阁上。歆遂总括群篇，撮其指要，著为《七略》：一曰《集略》，二曰《六艺略》，三曰《诸子略》，四曰《诗赋略》，五曰《兵书略》，六曰《术数略》，七曰《方技略》。"综合以上史料记载，并未说明刘歆很快即完成《七略》。而且，从中可以透露，刘向已经完成了相当数量的工作。至于刘歆完成了哪些内容，不得而知。尽管如此，从绥和二年（前7）四月至建平元年（前6），约有八个多月的时间，刘歆在此期间完成父亲遗业也有可能。

加详，有所发展，当属无疑，但绝非一人另起炉灶。"① 此外，《七略》也体现了"辨伪"的自觉意识。关于这方面的内容，可见刘向有关"书录"中的说明。至于刘歆是否也有增补，实在无从考察。"辨语比较简单，根据亦显单薄，但在取证方面已经包括作者时代、思想内容、语言特征等，说明辨伪方法已颇齐备。"② 总之，《七略》贯彻了"辨章学术，考镜源流"的分类原则，成为中国图书目录学的先驱之作。《七略》已佚，有关《七略》的梗概内容，可见于《汉书·艺文志》，因为《汉书·艺文志》就是由《七略》"善其要"而成的。在严可均《全汉文》中，辑录了佚文多则，对研究秦汉文学有参考价值。③

刘歆在哀帝时继刘向而领校中秘书时，曾对《山海经》进行全面的整理。据刘歆《上山海经表》介绍，《山海经》原有三十二篇，经整理后为十八篇。④ 而今传本《山海经》为十八篇，概为刘歆所定而传世未变，可能保持了刘歆所编订的《山海经》原貌特征。关于《山海经》编校本最终完成的时间，只能推其大概。刘歆在《上山海经表》（《上校〈山海经〉表》）中称"侍中、奉车都尉、光禄大夫臣秀、领校秘书言校秘书太常属臣望"云云，则《山海经》的校对完成当在其改名之后。同时，表中自称"侍中、奉车都尉、光禄大夫"，则必然在哀帝在位期间、刘歆未有新任命之前。⑤ 平帝元始元年（1），刘歆被封为"羲和"官，掌教化、典文学。这样，《上山海经表》应作于元始元年（1）之前。陆侃如认为："从官衔上知道不能作于本年以后，从改名秀上知道也不能在本年之前。"⑥ 照此推断，该表应是哀帝建平元年（前6）所作，《山海经》的校对也在该年完成。

汉平帝即位之后，刘歆备受重用，除了建明堂、辟雍，还"典儒林

---

① 孙钦善：《中国古文献学史简编》，高等教育出版社2002年版，第75页。

② 同上书，第77页。

③ 严可均辑：《全汉文》，商务印书馆1999年版，第420—424页。

④ 《上山海经表》云："所校《山海经》凡三十二篇，今定为一十八篇，已定。"（严可均辑：《全汉文》，商务印书馆1999年版，第410页）

⑤ 据《汉书》卷三十六《楚元王传》附《刘歆传》载，"哀帝初即位，大司马王莽举歆宗室有材行，为侍中太中大夫，迁骑都尉、奉车光禄大夫，贵幸。复领《五经》，卒父前业"（第1976页）。如此，此《表》中可能有错讹，应该是"侍中、骑都尉、奉车光禄大夫"。

⑥ 参见陆侃如《中古文学系年》（上）"哀帝建平元年"条目（第20页）。

史卜之官"。因此，刘歆负责考定律、历，修改历法，并著有《钟历书》《三统历》及《三统历谱》《尔雅注》等。① 可以说，刘歆所作的这些努力，既为他所倡立的古文经学扫清了学术障碍，也为王莽代汉步伐的加快创造了学术、思想条件。尤其是《钟历书》和《三统历》的完成，为王莽礼乐复古、改制提供了学理上的支持。而这一切成果，全变成了王莽实现政治野心的垫脚石。当然，刘歆的学术贡献不能用政治后果去衡量。他毕竟是一个学者，需要彰显其安身立命的价值和意义。

第六节 刘歆的文学创作及成就

相对而言，刘歆的文学成就似乎逊色于学术成就。他一生可能创作了不少文学作品，但由于作品亡佚严重，许多作品已难窥其真貌。《隋书》卷三十五《经籍志四》载"汉太中大夫《刘歆集》五卷"，这说明在唐代时刘歆的作品尚存五卷。明代张溥《汉魏六朝百三家集》中，收录有《刘子骏集》。今据严可均《全汉文》卷四十至卷四十二所录刘歆的作品有：

《遂初赋》（相对完整）、《甘泉宫赋》（存残篇）、《灯赋》等赋三篇；散文有《孝武庙不毁议》《惠景及太上皇寝园议》（见《汉书·韦玄成传》）、《功显君丧服议》（载《汉书·王莽传上》）、《移书让太常博士》（载《汉书·楚元王传》附《刘歆传》）、《三统历》（《汉书·律历志》）及《上山海经表》《七略》（佚文辑录）、《答文学》（残句）、《与扬雄书从取方言》（真伪难定）、《新序论》（有争议）；另有《斛铭》（《隋书·律历志上》）和《钟律书》（《隋书·牛弘传》，真伪不定，有待考订）等。

一 文学作品选析

（一）题材多样的赋作

刘歆今存赋作3篇。《甘泉宫赋》可能作于成帝永始四年（前13），

---

① 参见钱穆《刘向歆父子年谱》，载《两汉经学今古文平议》，第108—110页。

也可能作于元延二年（前11）、元延四年（前9）或绥和二年（前7）。①近年来，也有人认为该赋作于汉平帝元始五年（5）②。据陆侃如考证，元延二年（前11），成帝郊祀甘泉泰畤、汾阴后土，扬雄随从参与，并于同年正月、三月、十二月分别作《甘泉赋》《河东赋》《羽猎赋》。次年秋，又作《长杨赋》。刘歆《甘泉宫赋》"可能与扬雄《甘泉赋》同时作，故假定在本年"③。综合考量，永始四年（前13）为恢复郊祀制度后的首次祭祀，最有可能参加的应是刘向而非刘歆。而元延二年（前11）的祭祀，成帝或诏令诸如扬雄、刘歆等文才之士参与。所以，《甘泉宫赋》作于元延二年（前11）的可能性较大。现兹录其残篇如下：

> 轶陵阴之地室，过阳谷之秋（增）城。回天门而凤举，蹑黄帝之明庭。冠高山而为居，乘昆仑而为宫。按轩辕之旧处，居北辰之闳中。背共工之幽都，向炎帝之祝融。封峦为之东序，缘石阙之天梯。桂木杂而成行，芳盻向之依依。翡翠孔雀，飞而翱翔，凤凰止而集栖。甘醴涌于中庭兮，激清流之泠泠。黄龙游而蜿蟺兮，神龟沉于玉泥。离宫特观，楼比相连。云起波骇，星布弥山。高峦峻阻，临眺旷衍。深林蒲苇，涌水清泉。芙蓉菡萏，菱荇苹蘩。豫章杂木，梗松柞械。女贞乌勃，桃李枣檖。

该赋首先从远望的视角，按照移步换景的方式，从下而上、由远而近，颇为生动地描写了甘泉宫周围的地理形胜、巍峨雄壮的山门、层层

---

① 刘跃进认为："刘歆亦有《甘泉宫赋》，疑亦作于本年（即成帝永始四年）前后。"参见《秦汉文学编年史》，第280页。据《汉书》卷十《成帝纪》载，"（永始）四年春正月，行幸甘泉，郊泰畤，神光降集紫殿"（第324页）。实际上，成帝即位后，丞相匡衡建议祀南北郊，停止了甘泉郊祀制度。匡衡免官，刘向认为不能违背祖制，又恢复了武帝时的郊祀制度。（参见《汉书》卷二十五下《郊祀志下》，第1253—1259页）所以，成帝在位期间，曾四次幸甘泉宫祭祀。自永始四年（前13）开始，每隔两年，都要到甘泉宫，郊泰畤，而且时间固定。据《汉书》卷十《成帝纪》载，"（元延）二年春正月，行幸甘泉，郊泰畤。三月，行幸河东，祠后土……冬，行幸长杨宫，从胡客大校猎。宿赟虞宫，赐从官……四年春正月，行幸甘泉，郊泰畤……三月，行幸河东，祠后土……（绥和）二年春正月，行幸甘泉，郊泰畤……三月，行幸河东，祠后土"（第326—329页）。所以，刘跃进的推测或有道理，但不确定性是存在的。

② 彭春艳：《刘歆〈遂初赋〉〈甘泉宫赋〉作年新考》，《兰台世界》2014年10月中旬刊。

③ 陆侃如：《中古文学系年》（上），人民文学出版社1985年版，第9—14页。

叠叠的宫墙和盘旋曲折的步道、郁郁葱葱的花草树木。接着，作者又从近观的视角，由仰视而俯视，细致入微地描写了甘泉宫殿的形貌、庭院等特点，有孔雀、凤凰、黄龙等装饰的灵动飞檐，还有庭院中的潺潺清泉与假山神龟，以及重叠相连的楼观、星罗棋布的奇花异木等。

在刘歆之前，枚乘的《梁王菟园赋》、司马相如的《长门赋》等也涉及宫殿描写，但两赋中的宫殿并非所描写的重心。而《甘泉宫赋》是现存第一篇描写汉代宫殿的赋作，刘歆当为第一个写宫殿赋的赋家。可以推测，作者采用先外后内、先上后下、先远后近的视角，次序井然、有条不紊地铺陈了甘泉宫的壮丽之美。在赋史上，该赋开后世宫殿赋之先河，诸如李尤的《德阳殿赋》、王延寿的《鲁灵光殿赋》、杨修的《许昌宫赋》皆步其后尘，或曾受此赋的启发与影响。

《遂初赋》约作于哀帝建平三年（前4）。① 刘歆在校中秘书时见《左氏传》而"大好之"。建平元年（前6），他受诏欲与今文经学博士们讲论古文经学与今文经学的异同、优劣，却遭诸博士们的冷遇，因与光禄大夫房凤、光禄勋王龚"共移书让太常博士"，并引发以今文经学起家的当权者龚胜、师丹的震怒。他们给刘歆戴上"改乱旧章，非毁先帝所立"的帽子。而此时哀帝初立，羽翼未丰，无法保全刘歆等。迫于压力，下诏"出龚等补吏，龚为弘农，歆河内，凤九江太守，至青州牧"。② 而据《汉书·楚元王传》附《刘歆传》，刘歆"由是忤执政大臣，为众儒所

---

① 刘跃进指出："刘歆因坚持立《左传》于学官，得罪众人，出为五原太守。但是上年歆尚在京城。而哀帝卒于后年，刘歆又回到京城。这两年在外地，姑系于此。"参见《秦汉文学编年史》，第298页。据《汉书》卷十一《哀帝纪》第340页载，建平二年（前5），哀帝听从夏贺良"汉家历运中衰，当再受命，宜改元异号"的建议，"以建平二年为太初元将元年。号曰陈圣刘太平皇帝"。另据《汉书》卷七十五《眭两夏侯京翼李传》第3192—3193页，汉成帝时，齐人甘忠可作《天官历》《包元太平经》，并有弟子夏贺良、丁广世、郭昌等。中垒校尉刘向奏请以"假鬼神罔上惑众"之罪将其下狱，甘忠可病死狱中。哀帝即位后，司隶校尉谢光建议重启甘忠可所言改元之事，时任奉车都尉的刘歆"以为不合五经，不可施行"。在骑都尉李寻、长安令郭昌、司隶校尉谢光等运作下，哀帝不顾刘歆等人反对，听从夏贺良的建议。所以，刘歆在建平二年（前5）尚在京师。且《遂初赋》中有"得玄武之嘉兆兮，守五原之烽燧"之句，亦可说明是赴五原太守任途中所作。因此，刘跃进的推断有道理，故从之。不过，彭春艳在《刘歆〈遂初赋〉〈甘泉宫赋〉作年新考》(《兰台世界》2014年10月中旬刊)中认为，根据刘歆履官经历，《遂初赋》可能作于汉哀帝建平二年（前5）十月到十二月，聊备一说，供参考。

② （汉）班固：《汉书》卷八十八《儒林传》，中华书局1962年版，第3619页。

讪，惧诛，求出补吏，为河内太守。以宗室不宜典三河，徙守五原，后复转在涿郡，历三郡守"①。可见，在孤立无援的情况下，刘歆自请外任，也是政治压力感与生命仄迫感陡然剧增所致。

刘歆最初外任为河内太守，因"宗室不宜"守河内，故而转徙五原太守。此赋所写，正是赴任五原途中的见闻与感慨。该赋前有小序，当为后人所加，非刘歆所撰。序称："是时朝政已多失矣，歆一论议见排摈，志意不得，之官，经历故晋之城，感今思古，遂作斯赋。以叹征事，而寄己意。"而所谓"遂初"，"意谓辞去官职，实现隐退的本原"②。不过，该赋开头即用"遂初"二字："昔遂初之显禄兮，遭闾阖之开通。"这里的"遂初"显然是"当初"之意。因此，刘歆是离任京官、赴任地方官，与辞官隐退是有区别的。不过，这也暗含有因政治风险太大，故辞去京官而到地方上躲避风头之意，这似乎就是"隐退"之意。

该赋通篇采用骚体的形式，历述旅途中的所见所思，在回顾和感慨历史的过程中有着失意的愤懑和无奈。在开头部分，作者回顾了曾经的经历：

> 蹑三台而上征兮，入北辰之紫宫。备列宿于钩陈兮，拥大常之枢极。总六龙于驷房兮，奉华盖于帝侧。惟太阶之侈阔兮，机衡为之难运。惧魁杓之前后兮，遂隆集于河滨。遭阳侯之丰沛兮，乘素波以聊戾。得玄武之嘉兆兮，守五原之烽燧。二乘驾而既俟，仆夫期而在途。驶太行之严防兮，入天井之乔关。历岗岑以升降兮，马龙腾于起摅。舞双驷以优游兮，济黎侯之旧居。心涤荡以慕远兮，回高都而北征。

赋中的紫宫即紫微宫，比喻皇宫。刘歆曾任黄门侍郎、侍中，可出入宫中，陪伴皇帝左右。赋中说，因仕途晋升艰难，朝中执政者又无力回天，自己害怕常在帝王之侧会遭遇不测，故出任河内太守。而朝中险恶丛生，人言沸腾，经过占卜，认为到北方去最为吉利，这才转徙五原太守。因

---

① （汉）班固：《汉书》卷三十六《楚元王传》，中华书局1962年版，第1972页。
② 费振刚等：《全汉赋校注》，广东教育出版社2005年版，第319页注（1）。

此，赋作开头主要述说离开京师、外任五原太守的原因。

接着，历述过了太行山之后，进入晋国旧地。先后经过长平、长子、屯留、吾余、下虒、铜鞮、侯田、太原、晋阳、雁门、云中、临沃等地之后，终于来到了苦寒之地五原郡。而且，每经过一地，总有历史人物、历史事件映入脑海。令人感兴趣的是，凡进入作者历史回忆中的人与事件，似乎都与帝王的贤明、暗弱或臣子的忠、奸等有关。可以想见，作者是借咏叹史事而抒写现实困境与愤懑之情。这是值得关注的一种话语策略。例如：

> 虽韫宝而求贾兮，嗟千载其焉合？昔仲尼之淑圣兮，竟隘穷乎陈蔡。彼屈原之贞专兮，卒放沈于湘渊。何方直之难容兮，柳下黜而三辱。蘧瑗抑而再奔兮，岂材知之不足。扬蛾眉而见妒兮，固丑女之情也。曲木恶直绳兮，亦小人之诚也。以夫子之博观兮，何此道之必然。空下时而曜世兮，自命已之取患。悲积习之生常兮，固明智之所别。叔群既在皂隶兮，六卿兴而为杰。荀寅肆而颛恣兮，吉射叛而擅兵。憎人臣之若兹兮，责赵鞅于晋阳……攸潜温之玄室兮，涤浊秽于太清。反情愫于寂寞兮，居华体之冥冥。玩书琴以条畅兮，考性命之变态。运四时而览阴阳兮，揔万物之珍怪。虽穷天地之极变兮，曾何足乎留意。长恬淡以欢娱兮，固圣贤之所喜。

如前所述，从该赋内容来看，确实有离开险恶的政治旋涡、避祸隐处的意味。在那遥远的五原之地，作者在历经艰辛后重获自由，可以任情安排自己的生活，也算契合了"遂初"的主旨意义。

《遂初赋》祖继屈原的《远游》书写格局，但为汉赋开拓了新的题材领域和结构模式。刘勰将汉赋的题材归纳为京殿、苑猎、述行、序志四类[1]。而此赋是述行赋，应是中国较早的纪游赋。同时，刘歆首次使用"地—人—史—景"的结构模式，从中可以看出"历史被激活，记忆在苏醒，悲剧在重演，批评在延续"。因此，这种结构模式"不再只是一类赋

---

[1] 《文心雕龙·诠赋》："夫京殿苑猎，述行序志，并体国经野，义尚光大，既履端于倡序，亦归余于总乱。"

作的布局，而是作者在思考评论，在表达着他们的痛心疾首与渴望安顿"。① 因此，在"地—人—史—景"的结构背后，有着作者清醒的现实观照和对自身处境的理性认知。不惟如此，该赋展示了北方大地厚重、悲远、沉郁的人文景观与雄健、邈远、凄冷的自然景观，二者相映生辉，有效地衬托了赋中所体现的悲情与凄苦。正如刘勰《文心雕龙·事类》所云，"刘歆《遂初赋》，历叙于纪传，渐渐综采矣"。该赋对赋史的贡献有二：一是开纪行赋之先河，其结构模式为辞赋开辟新天地。诸如班彪的《北征赋》、班昭的《东征赋》、蔡邕的《述行赋》等皆受其影响，并蔚为大观，成为汉赋四大题材之一。二是该赋用词华美，情景交融，且叙事与抒情结合，辨理与体悟共存，开启了后世辞赋重视辞采华美的审美追求。

另外，刘歆的《灯赋》属四言体咏物赋，具有诗体赋的基本特征。作者对灯的特点描写比较细致，且微见寄托，所谓"明无不见，照察纤微，以夜继昼，烈者所依"。总体衡量来看，可能是残篇。

总之，刘歆赋虽只存三篇，但分属宫殿、纪行、咏物三类，赋作题材范围比较广泛。尤其是《遂初赋》，写作技巧很好，表现了一种新的"述志"策略，为后世赋家所效法。

（二）刘歆散文选析

刘歆今存散文无争议者六篇，而且表、议、书、论皆有，并各有特点。其中，《孝武庙不毁议》和《移书让太常博士》两文较有代表性。

《孝武庙不毁议》见载于《汉书·韦玄成传》。刘跃进以为，该文作于成帝刚即位的竟宁元年（前33）②，这与事实不符。据《汉书·韦贤传》，哀帝即位后，丞相孔光、大司空何武奏言："永光五年制书，高皇帝为汉太祖，孝文皇帝为太宗。建昭五年制书，孝武皇帝为世宗。损益之礼，不敢有与。臣愚以为迭毁之次，当以时定，非令所为擅议宗庙之意也。臣请群臣杂议。"议论的结果，光禄勋彭宣、詹事满昌、博士左咸等五十三人皆以为"孝武皇帝虽有功烈，亲尽宜毁"。而太仆王舜、中垒

---

① 冯小禄：《汉赋书写策略与心态建构》，人民出版社2010年版，第144页。
② 刘跃进以为，（竟宁元年）"刘歆为中垒校尉，作《孝武庙不毁议》、《孝景及太上皇寝园议》"（《秦汉文学编年史》，商务印书馆2006年版，第260页）。

校尉刘歆却认为，"孝武皇帝功烈如彼，孝宣皇帝崇立之如此，不宜毁"。① 而据《汉书·百官公卿表》，成帝绥和元年（前8），"驸马都尉王舜为太仆，二年病免"②。绥和二年（前7）三月，汉成帝死。该年四月，哀帝即位。同年六月，孔光、何武奏议毁庙，而此时王舜为太仆。所以，该文应写于绥和二年（前7）与哀帝建平元年（前6）之间。该文虽冠名王舜，实为刘歆所作。③

该文回顾了历史上"猃狁"（后为匈奴）屡次侵犯中国的危害性。汉代以来，边境屡遭匈奴侵扰，和亲之策也难解"侵暴无已"的局面。如此述说，为后文肯定武帝之功绩作了很好的铺垫。接着，文章从两个方面陈述理由，以否定毁武帝庙的说法。一是武帝兴武修文，使汉朝走向强大。武帝北击匈奴、南伐百粤、东伐朝鲜、西伐大宛，既使四境安宁，也开拓了疆土，所谓"四垂无事，斥地远境，起十余郡"。同时，武帝招集贤俊，"兴制度，改正朔，易服色，立天地之祠，建封禅，殊官号，存周后，定诸侯之制，永无逆争之心，至今累世赖之"。其功劳堪与建大业的高帝、德至厚的文帝相比拟。所以，在宣帝之时，以武帝"功至著"而谥号为"世宗"。二是按照天子七庙的传统礼制，"天子三昭三穆，与太祖之庙而七"。根据礼制，"以七庙言之，孝武皇帝未宜毁；以所宗言之，则不可谓无功德"。而且，刘歆一改尊经之议，进而提出"至尊至重"为标准，不能囿于经传："迭毁之礼，自有常法，无殊功异德，固以亲疏相推及。至祖宗之序，多少之数，经传无明文。至尊至重，难以疑文虚说定也。"最后得出结论：武帝庙不能毁。

可见，该文论点明确，证据充足，推理严密，思路清晰。而且，作者破立结合，正反兼顾，善于用典，语言质朴。不仅如此，句式或长或短，或舒缓或短促，字里行间时时可见其情感之激切。因此，该文是一篇较好的散文作品。

《移书让太常博士》是刘歆最为知名的散文。该文作于哀帝建平元年

---

① （汉）班固：《汉书》卷七十三《韦贤传》附《韦玄成传》，中华书局1962年版，第3125—3127页。

② （汉）班固：《汉书》卷十九下《百官公卿表下》，中华书局1962年版，第841页。

③ 据严可均辑《全汉文》，"此议列名先王舜，以位尊也。据下文云歆又以为，明是刘歆文"。商务印书馆1999年版，第412页。

（前6），载于《汉书·楚元王传》附《刘歆传》。就其创作背景而论，刘歆欲立《左氏春秋》《毛诗》《逸礼》《古文尚书》于学官，哀帝让刘歆与《五经》博士讲论其观点，却受到"不肯置对"的冷遇，刘歆因作此文。关于作者问题，《汉书·楚元王传》附《刘歆传》记为刘歆作。而《汉书·儒林传》则云，"唯（房）凤、（王）龚许歆，遂共移书责让太常博士，语在《歆传》"①。按常理推定，此文应是刘歆独撰，请房凤、王龚签名附议，故《儒林传》称"共移书责让太常博士"。

这是一篇言辞激烈、批评色彩很强、颇具说服力和感染力的散文。这篇作品的发表，也让刘歆等人付出了贬黜外任的代价。第一部分追述了儒经散佚的原因。一是战国时期"孔氏之道抑，而孙吴之术兴"。二是"暴秦""燔经书，杀儒士，设挟书之法，行是古之罪，道术由是遂灭。"作者回顾了《五经》博士立于学官的情况，认为武帝时期"离于全经，固已远"。第二部分介绍了发现、整理《尚书》《逸礼》《左氏春秋》等古文经的经过，并对当前"缀学之士"的学风进行了激烈的批评：

> 往者缀学之士不思废绝之阙，苟因陋就寡，分文析字，烦言碎辞，学者罢老且不能究其一艺。信口说而背传记，是末师而非往古，至于国家将有大事，若立辟雍、封禅、巡狩之仪，则幽冥而莫知其原。犹欲保残守缺，挟恐见破之私意，而无从善服义之公心，或怀妒嫉，不考情实，雷同相从，随声是非，抑此三学，以《尚书》为备，谓《左氏》为不传《春秋》，岂不哀哉！

所谓"往者"，似乎是批评过去的学风，实际上只是一种委婉的说法而已。如此激烈的批判言辞，可以看出刘歆对今文经学之士的强烈不满。第三部分中，刘歆不忘支持自己的本家汉哀帝，赞美哀帝"德通神明，继统扬业""闵文学错乱""依违谦让"，但对当今之士"深闭固距，而不肯试，猥以不诵绝之，欲以杜塞余道，绝灭微学"的做法表示了强烈不满，认为他们对古文经的冷漠态度是"众庶"行为，而非"士君子"风范。第四部分中，刘歆认为，既然"礼失求之于野"，则"古文不犹愈

---

① （汉）班固：《汉书》卷八十八《儒林传》，中华书局1962年版，第3619页。

于野乎"?所以,对经学应"兼包大小之义,岂可偏绝"。在文章的结尾,刘歆更为激切地指责龚盛、师丹等当今诸儒,"若必专已守残,党同门,妒道真,违明诏,失圣意,以陷于文吏之议,甚为二三君子不取也"。

如前所述,以刘歆"与时俱进"、善于审时度势的处世性格而论,刘歆似乎不应该如此激切、愤懑。但是,因事关学理,刘歆求真尚实的意志力很强。加之龚胜、师丹等依赖权势而蔑视刘歆,让他的内心深处的尊严遭遇不可忍受的挑战。因此,他吹响了反挑战、反权威的号角,甚至大声指责,表现出敢于挑战权威的勇气,使该文言辞激切而语气刚劲。当然,刘歆也并非一味地指责、谩骂,而是以事实为据,以理服人,通过对比分辨古文经学与今文经学之优劣,表现出很强的论辩能力和很高的写作水平。刘勰对此文评价很高。他说:"相如之《难蜀老》,文晓而喻博,有移檄之骨焉。及刘歆之《移太常》,辞刚而义辨,文移之首也;陆机之移百官,言约而事显,武移之要者也。"(《文心雕龙·檄移》)因此,该文应是移文之精品。

二 文学成就与地位

刘歆今存文学作品不多,但许多作品有开创意义。比如,《遂初赋》《甘泉宫赋》《移书让太常博士》等,为后世评论者所关注,在中国文学史上具有不容忽视的地位和影响。特别是,刘歆据刘向《别录》而撰成的《七略》中,也有许多文学方面的探讨,诸如辞赋源流、辞赋分类、辞赋特点等值得关注。在汉代文学史上,刘歆在诸多领域皆取得了较高成就。由于他的作品多有散佚,今存作品数量很少,而且也有一些作品存在争议。因此,我们仅以现存文献为依据,对刘歆的文学成就加以概括。

首先,在汉赋发展史上有不容忽视的地位。刘歆的《甘泉宫赋》是汉赋史上较早描写宫殿的赋作,《遂初赋》是较早的纪游赋,皆有开创之功。而他最终编纂而成的《七略》,"考镜源流,辨章学术",是研究汉赋发展的重要参考文献。刘歆父子着眼于文学发展史,使我们比清晰地看到了汉赋的起源、发展及衍变轨迹,对汉赋发展史的研究具有深远的意义。刘歆与父亲刘向,在辞赋理论方面也有值得关注的贡献。从《汉书·艺文志》中可以看出"刘氏父子重讽谏的赋学价值观"。而且,"刘氏父子的赋学批评不仅注意到了文化背景与创作主体之间的关联,更重要的是在批评方法上确立了融文学批评于历史背景的考察之中这一双重的观照维度,开创了史、论结合的批评范式。后世的挚虞、刘勰等人的赋论,继承了这一传统,并使赋学批评在理论形态上日臻完善。'不歌而诵谓之赋',在刘向、刘歆看来,这是赋之为赋的基本特征,也是《诗赋略》划分歌诗与辞赋这两种文体的最基本的标准,并由此划开了'歌'与'诵'的分野。尽管这种标准所着眼的仅仅是传播形式,而不是文体内部的基本特征"。[1]

其次,刘歆在汉代散文史上有一定的地位。他的《移书让太常博士》辞情急切而理据皆备,说理充分而语气刚劲,可谓是情理交融的散文佳作,被刘勰称为"文移之首"。相比较而言,刘歆散文虽也引用经典,但引用频率远没有刘向的散文高,且用语较质朴,用词简约,不失典雅,似乎更接近于东汉散文的特点。因此,刘歆的散文,可谓开东汉散文新风气之先河。

最后,在文学文献典籍的整理方面有杰出贡献。《七略》是刘向、刘歆父子共同完成的。因时代久远,我们很难分清两人所作的内容。清代严可均《全汉文》卷四十一辑录《七略》残文,署于刘歆名下,似乎意在说明刘歆的贡献。这些残文不见于《汉书·艺文志》者甚多,是研究东汉之前文学发展的重要参考文献。比如,关于宣帝征召九江被公,《七略》佚文这样说:"孝宣皇帝诏征被公,见诵《楚辞》,被公羊裘,母老,每一诵,辄与粥。"关于庄忽奇,则如是说:"或言庄夫子子,或言族家子庄助昆弟也。从行至茂陵,诏造赋。"还有关于扬雄辞赋的作年、扬雄的生年、杜参的卒年等皆是弥足珍贵的文学史料,值得关注。所以,刘歆在最终修改完成《七略》的过程中,可能也填补了大量的文献史料。只因班固等编写《汉书·艺文志》时有大量删略,以致将刘歆所作的许多工作湮没掉了,自然不能凸显其作用了。不管怎样,刘歆在文学文献典籍的整理所做出的贡献,还是有目共睹的。《七略》既是我国现存较早的目录学专著,更是后世研究东汉之前文学的重要文献。这是刘歆对中国文学的最大贡献。

---

[1] 冷卫国:《刘向、刘歆赋学批评发微》,《文学遗产》2010年第2期。

总之，在中国文化史上，刘向、刘歆皆被称为文献学家。父子两代完成的《七略》影响深远，其成就至今仍为人们所关注。由于生活环境、自身处境有别，他们的人生道路也有差异。刘向身历昭、宣、元、成时期，目睹了西汉王朝由盛而衰的变化。刘歆身历元、成、哀、平和新莽时期，经历了由衰而乱的变化。不过，外戚干政是父子俩共同经历过的政治生态，灾异思想盛行、谶纬思想兴起是两人共同体验过的文化环境。他们都凭借学术影响参与现实政治，但刘向"明知不可为而为之"，而刘歆则是认定则必为之。刘向依赖的是优柔寡断、无力改变外戚专权的汉成帝。每当刘向上书言事，成帝总是嗟叹而不付诸行动。而刘歆依赖的是外戚权臣王莽，每每言事，总得到王莽的认可与支持。刘向以今文经学和灾异说为武器，力图改变外戚干政、宦官专权的现实。而刘歆则以古文经学和符命说为武器，力图改变自身处境的不如意。结果，刘向落寞而死，刘歆则自杀而亡。

本章小结

楚元王刘交第四子刘富这一支系，经历了文帝、景帝、武帝、昭帝、宣帝、元帝、成帝、哀帝、平帝及新莽时期，可谓绵绵久远。从刘富开始，该家族已居于长安。此后，刘辟疆、刘德、刘向、刘歆等一直居于长安，并在朝为官。所以，该家族当以长安为籍，称之为长安刘氏较为妥当。

刘富这一支系的地位在武帝之后已发生了变化，虽有封侯之遇，却无实际之权。子刘辟疆早年处静少欲，以书自娱，不愿出仕，自八十岁始任宗正。孙刘德好黄老之术，昭帝时为宗正丞。因不愿与霍氏联姻而遭罢黜，屏居南山，后任宗正。刘德之子刘向十二岁以父任为辇郎，二十岁为谏大夫，曾因伪铸黄金事入狱。曾受诏习《穀梁春秋》，任郎中、给事黄门、散骑常侍、谏大夫、给事中等职。元帝初，曾被罢黜长达十五年之久。成帝时，历任中郎、光禄大夫，居列大夫之职长达三十余年。刘向少子刘歆在哀、平间亦多次升迁，历任侍中太中大夫、奉车光禄大夫、中垒校尉、羲和、京兆尹，封为红休侯。在新莽时，任国师，封嘉新公，为新莽四辅之一，也曾尊宠有加，但最终自杀。而且，刘歆长子刘棻、次子刘泳在新莽时期封侯，女儿刘愔为太子王临之妻，三人也没有逃脱被杀、自杀的命运。所以，长安刘氏虽为皇室宗亲，但在西汉后期不再以宗室自居，而因官场变幻而沉浮起落，已转化为官僚宗族。

长安刘氏修习儒经，代代相传，绵绵不绝，堪称儒学世家。刘交好《诗》，诸子皆读《诗》，刘富也不例外。而刘辟疆"好读《诗》，能属文"。刘德虽好黄老，亦当以儒经为学。刘向"通达能属文辞"，习《穀梁春秋》，通《易》明《诗》，曾与诸儒讲论《五经》于石渠阁，且"专积思于经术，述诵书传"，领校《五经》秘书长达三十余年。其长子刘伋曾"以《易》教授"，少子刘歆"通《诗》《书》能属文"，与父刘向领校秘书，"讲六艺传记，诸子、诗赋、数术、方技，无所不究"。而且，刘歆通《易》，好《春秋左氏传》及《毛诗》《逸礼》《古文尚书》等①。这种深厚久远的家学渊源，使该家族在西汉后期成为影响久远的文化宗族。可以说，《诗》《易》是该家族数代传承的家学。而据桓谭《新论》载，"刘子政、刘子骏、子骏兄子伯玉，三人俱是通人，尤珍重《左氏》。教授子孙，下至妇女，无不读诵者，此亦弊也"②。如此，则《左传》在刘向、刘歆父子等的努力下，也成为该家族传承的家学之一。刘歆之后，史载不详，但约略可知亦有学问者。比如，前面讲刘歆兄子刘伯玉，刘歆之子刘棻、女儿刘愔等即有学问。刘伯玉通《左传》，刘棻曾向扬雄学文字学，刘愔通星占之术。③还有，刘向的曾孙刘龚也是"笃论君子"，

---

① 据《汉书·楚元王传》载，"歆及向始皆治《易》。宣帝时，诏向受《穀梁春秋》，十余年，大明习。及歆校秘书，见古文《春秋左氏传》，歆大好之。时丞相史尹咸以能治《左氏》，与歆共校经传。歆略从咸及丞相翟方进受，质问大义。初，《左氏传》多古字古言，学者传训故而已。及歆治《左氏》，引传文以解经，转相发明，由是章句义理备焉。歆亦湛靖有谋，父子俱好古，博见强志，过绝于人。歆以为左丘明好恶与圣人同，亲见夫子，而公羊、穀梁在七十子后，传闻之与亲见之，其详略不同。歆数以难向，向不能非间也，然犹自持其《穀梁》义。及歆亲近，欲建立《左氏春秋》及《毛诗》、《逸礼》、《古文尚书》皆列于学官"（中华书局1962年版，第1967页）。

② 参见刘跃进《秦汉文学编年史》，商务印书馆2006年版，第295页。

③ 据《汉书》卷八十七下《扬雄传下》，"刘棻尝从雄学作奇字，雄不知情"（中华书局1962年版，第3584页）。另据《汉书》卷九十九下《王莽传下》，"临妻愔，国师公女，能为星，语临宫中且有白衣会"（中华书局1962年版，第4165页）。

当有学问。① 可以说，在西汉时期，皇室宗亲只是长安刘氏的社会身份。而官僚宗族则是其通过一代代努力所确立的政治地位。而文化宗族也是代代承传家学的结果，是长安刘氏家族的最终归宿。

长安刘氏家族中，刘辟疆、刘德、刘向、刘歆四代相继，皆善文学创作。刘辟疆生活于景、武时期，刘德生活于武、昭、宣时期，刘向身历昭、宣、元、成四朝，刘歆经历了元、成、哀、平及新莽五朝。从武帝开始，至哀帝为止，刘氏家族的文学创作并没有中断过。而且，刘辟疆、刘德、刘向、刘歆四代皆有赋作，可谓辞赋世家。尤为重要者，刘向、刘歆还在诗、奏、议、疏、书、表、序、论、铭、颂等方面亦有作品。不惟如此，刘向在楚辞学、小说方面有贡献，刘向、刘歆在文学文献学、文学理论等方面也有突出贡献。

总之，长安刘氏虽源于皇族，但在长期的发展过程中，在西汉后期已与皇族身份渐行渐远，而与文士的距离越来越近。该家族几乎代代通《诗》《书》、善属文，并在儒学研究的花园中，收获了文学的硕果。因此，长安刘氏家族是汉代关中地区当之无愧的文学世家。

---

① 《汉书》卷五十六《董仲舒传》赞曰："刘向曰：'董仲舒有王佐之材，虽伊吕亡以加，管晏之属，伯者之佐，殆不及也。'至向子歆以为'伊吕乃圣人之耦，王者不得则不兴……仲舒遭汉承灭学之后，六经离析，下帷发愤，潜心大业，令后学者有所统一，为群儒首。然考其师友渊源所渐，犹未及乎游夏，而曰管晏弗及，伊吕不加，过矣'。至向曾孙龚，笃论君子也，以歆之言为然。"（中华书局1962年版，第2526页）

第三章

左冯翊夏阳司马氏家族

左冯翊夏阳司马氏家族是比较特殊的家族。先秦时,其先祖经历了由文宗而武宗的转变。而在汉武帝时期,该家族又转为文宗,培养出了司马谈、司马迁两位史学家、文学家。在中国文学史上,司马氏应属贡献颇大的微型文学家族。

第一节 司马迁父祖辈概况

司马氏家族历时久远。据《史记·太史公自序》,"昔在颛顼,命南正重以司天,北正黎以司地。唐虞之际,绍重黎之后,使复典之,至于夏商,故重黎氏世序天地。其在周,程伯休甫其后也。当周宣王时,失其守而为司马氏"①。据裴骃《史记集解》,重为少昊之子,黎乃颛顼后裔,重、黎分别担任司天、司地之职。太史公如此介绍,意在说明远祖即司天地之职,则作为后代,史官便是必然职责了。而程伯休甫乃黎之后裔。② 至周宣王时,程伯休甫之后裔方为司马氏。

一 司马迁先祖概况

若追溯司马氏郡望,应属于河内。据《史记·太史公自序》,"司马氏世典周史。惠襄之间,司马氏去周适晋。晋中军随会奔秦,而司马氏入少梁"③。

---

① (汉)司马迁:《史记》卷一百三十《太史公自序》,中华书局1982年版,第3285页。
② 同上书,第3285页注二。
③ 同上书,第3286页。

就是说，在周惠王（前676～前652在位）、周襄王（前651～前619在位）时，因王子颓、叔带之难，司马氏迫不得已奔晋避难。① 晋中军将随会从晋奔入秦之时，司马氏亦随之迁居于少梁。所以，从籍贯来看，司马氏早在东周早期即由东向西北迁徙于晋，后迁居少梁（今陕西韩城市南）。至西汉初，司马氏在少梁已居住了三百余年。如此来说，司马氏世居于少梁。少梁为古梁国，为秦所灭，秦惠文王十一年（前327）改名为夏阳。夏阳原属晋，秦时属内史。西汉建立，先属河上郡，后改属内史。武帝建元六年（前135），改属左内史。太初元年（前104），改属左冯翊。因此，夏阳隶属西汉三辅之左冯翊。② 先秦时，司马氏先祖原为史官，堪称史官世家。据《史记·太史公自序》，司马氏迁徙于晋之后，散居卫、赵、秦等地。其中，在秦者即夏阳司马氏家族：

> 自司马氏去周适晋，分散，或在卫，或在赵，或在秦。其在卫者，相中山。在赵者，以传剑论显，蒯聩其后也。在秦者名错，与张仪争论，于是惠王使错将伐蜀，遂拔，因而守之。错孙靳，事武安君白起。而少梁更名曰夏阳。靳与武安君坑赵长平军，还而与之俱赐死杜邮，葬于华池。靳孙昌，昌为秦主铁官，当始皇之时。蒯聩玄孙卬为武信君将而徇朝歌。诸侯之相王，王卬于殷。汉之伐楚，卬归汉，以其地为河内郡。昌生无泽，无泽为汉市长。无泽生喜，喜为五大夫，卒，皆葬高门。喜生谈，谈为太史公。③

可见，司马错与战国后期的能言善辩之士张仪同时。张仪曾受秦的委派

---

① 裴骃《史记集解》："张晏云：周惠王、襄王有子颓、叔带之难，故司马氏奔晋。"（《史记》，中华书局1982年版，第3286页）

② 据《汉书·地理志》载，"左冯翊，故秦内史，高帝元年属塞国，二年更名河上郡，九年罢，复为内史。武帝建元六年分为左内史，太初元年更名左冯翊……县二十四：高陵，左辅都尉治。莽曰千春。栎阳，秦献公自栎徙。莽曰师亭。翟道，莽曰涣。池阳，惠帝四年置……夏阳，故少梁，秦惠文王十一年更名。《禹贡》梁山在西北，龙门山在北。有铁官。莽曰冀亭"（中华书局1962年版，第1545页）。可见，夏阳即秦时少梁。司马贞《索隐》云："古梁国也，秦灭之，改曰少梁，后名夏阳。"张守节《史记正义》云："少梁，古梁国也，嬴姓，在同州韩城县南二十二里，是时属晋。"（有关注释参见《史记》，中华书局1982年版，第3286页）所以，我们可以左冯翊夏阳为司马氏之郡望。

③ （汉）司马迁：《史记》卷一百三十《太史公自序》，中华书局1982年版，第3286页。

游说楚怀王，为屈原所忌。因此，司马错亦与楚国贤臣屈原同时。依此推定，司马错应在战国后期任蜀郡守。这样，西汉赋家司马相如或为司马错后裔，西汉文章"两司马"或许有同宗共祖的关系。① 从司马错至司马迁，共历九世。战国后期，司马迁九世祖司马错、七世祖司马靳皆为秦将。秦昭襄王时，秦赵发生长平之战，时间在公元前260年前后。战争以秦胜赵败结束，赵军40万降秦，司马靳与武安君白起坑杀赵军20万。司马靳因而被赐死，葬于夏阳城西北四里的华池。可见，司马错、司马靳以军功为著，奠定了司马氏家族在秦国的地位。

秦始皇时，司马迁的高祖父司马昌任负责冶金事务的铁官，任职地当在夏阳。② 与先祖相比，司马昌的身份地位已发生了变化。汉朝建立后，司马迁的曾祖父司马无泽任汉长安城西市长丞③，而祖父司马喜为五大夫。据《汉书·百官公卿表》，五大夫当是与军功有关的低级爵位，但也享受二十五顷封赏的土地。④ 可以说，夏阳司马氏家族的地位奠定于秦

---

① 马予静《西汉文章两司马——〈史记·司马相如列传〉考论》认为："秦晋司马氏先祖都是程伯休父，《晋书·宣帝纪》即叙其世系为程伯休父之后。所以，'两司马'同宗共祖的可能性极大。据《史记·秦本纪》所记司马错长期经营蜀地，以及《华阳国志》所言秦灭蜀后，'以戎伯尚强，乃移秦民万家实之'，司马相如祖先或许是由秦入蜀，则'两司马'在世系上又近一层。"[《河南大学学报》（社会科学版）2005年第6期]

② 据《汉书》卷二十八上《地理志上》第1545页载，"夏阳，故少梁，秦惠文王十一年更名。《禹贡》梁山在西北，龙门山在北。有铁官"。所以，司马昌很可能在夏阳任负责冶炼事务的铁官。

③ 查《汉书·百官公卿表》，景帝二年（前155）分掌治京师的内史为左右内史。武帝太初元年（前104）右内史更名京兆尹，属官有长安市、厨两令丞及都水、铁官两长丞。左内史更名左冯翊，属官有廪牺令、丞、尉及左都水、铁官、云垒、长安市四长丞。所以，司马无泽可能担任长安市长丞，即管理市场的官员（中华书局1962年版，第736页）。而王社教《汉长安城》根据孙星衍《汉旧仪补遗》有关记载认为，汉长安东、西、南、北四市中，东市由京兆尹管理，西市由左冯翊管理。因此，"所谓左冯翊四长丞乃指左都水、铁官、云垒、长安西市四长丞，而非指长安四市四长丞"。这样，司马无泽当为长安西市长丞，因为当时的西市属于左冯翊管理（西安出版社2009年版，第125页注释2）。

④ 据《汉书·百官公卿表第七上》，"五大夫"是汉代二十级爵中的第九级。而以"大夫"名爵者四："大夫"属于第五级，"官大夫"属于第六级，"公大夫"属于第七级，"五大夫"属于第九级。而间于"公大夫"和"五大夫"之间的第八级为"公乘"，颜师古注云："言得乘公家之车也。"（中华书局1962年版，第740页）所以，五大夫也是以"功劳"封爵的。另，张家山二四七号汉墓竹简《二年律令·户律》规定："左庶长六十七四顷，五大夫廿五顷，公乘廿顷"，说明五大夫获赐土地比公乘多。五大夫虽属较低的爵位，但也享有受赐土地的相应特权［参见张家山二四七号汉墓竹简整理小组《张家山汉墓竹简（二四七号）》（释文修订本），文物出版社2006年版，第52页］。

而发展于汉。不过，在秦汉之际，司马氏家族成员的地位比较低微，但职业范围涉及冶炼、市场管理、低级军官等。

二　司马谈生平概况

汉武帝时期，夏阳司马氏家族中出现了司马谈、司马迁父子相继的两任太史令。司马谈为司马喜之子，在武帝前期任太史公。司马迁为司马谈之子，在武帝后期任太史令。那么，司马谈何时入仕？又在何时担任太史令？史书记载不详。

《史记·太史公自序》云："太史公学天官于唐都，受《易》于杨何，习道论于黄子。太史公仕于建元、元封之间，愍学者之不达其意而师悖，乃论六家之要指。"① 这只是说明，司马谈在武帝建元年间入仕，并未明确说已是太史令。实际上，"司马谈从入仕到'掌天官'成为太史令肯定时间上有一个过程"，司马谈可能先是太史丞，而后成为太史令的。② 司马谈能够成为太史令，必须具备太史令的知识储备和基本能力。据司马迁介绍，他从唐都学"天官"、从杨何学《易》、从黄子学"道论"。而天官、《易》、道等知识储备，正是当时担任史官必须具备的条件。正如司马迁《报任少卿书》中称："仆之先人非有剖符丹书之功，文史星历近乎卜祝之间，固主上所戏弄，倡优畜之，流俗之所轻也。"③ 这段话有发牢骚的意味，但也说明，太史令司马谈熟悉文、史、星、历之事，知天文，明地理，熟悉观察星象，通晓历法运行变化。

司马谈的"天官"（天文学）老师唐都是一位民间方士。据《史记·历书》，"至今上即位，招致方士唐都，分其天部，而巴落下闳运算转历，然后日辰之度与夏正同。乃改元，更官号，封泰山"④。可见，唐都通晓天文，熟悉日月星辰变化运行的规律，善于观察星象，在汉代初期当是专家级人物。正如《史记·天官书》所云，"夫自汉之为天数者，

---

① （汉）司马迁：《史记》卷一百三十《太史公自序》，中华书局1982年版，第3288页。
② 张韩荣：《司马迁新证》认为："确切地说，司马迁生于父亲入仕，当太史丞，再当太史令以后，绝不会生于父亲入仕以前。"三秦出版社2015年版，第4—5页。
③ （汉）班固：《汉书》卷六十二《司马迁传》，中华书局1962年版，第2732页。
④ （汉）司马迁：《史记》卷二十六《历书》，中华书局1982年版，第1260页。

星则唐都，气则王朔，占岁则魏鲜"①。在武帝元封年间，唐都还参与修订了《太初历》。据《汉书·律历志》，武帝元封七年（前104），太中大夫公孙卿、壶遂、太史令司马迁建议修历法，改正朔。武帝诏令御史大夫兒宽负责，"遂诏卿、遂、迁与侍郎尊、大典星射姓等议造《汉历》"，改元封七年为太初元年。为了精推历法，"姓等奏不能为算，愿募治历者，更造密度，各自增减，以造《汉太初历》。乃选治历邓平及长乐司马可、酒泉候宜君、侍郎尊及与民间治历者，凡二十余人，方士唐都、巴郡落下闳与焉。都分天部，而闳运算转历"②。由此可知，唐都在武帝太初元年（前104）尚在世。

司马谈的《易》学老师杨何是《易》学第八代传人。据《史记·儒林列传》：

> 自鲁商瞿受《易》孔子，孔子卒，商瞿传《易》，六世至齐人田何，字子庄，而汉兴。田何传东武人王同子仲，子仲传菑川人杨何。何以《易》，元光元年征，官至中大夫……然要言《易》者本于杨何之家。③

而《汉书·儒林传》对杨何的介绍略为详尽：

> 自鲁商瞿子木受《易》孔子，以授鲁桥庇子庸。子庸授江东馯臂子弓。子弓授燕周丑子家。子家授东武孙虞子乘。子乘授齐田何子装。及秦禁学，《易》为筮卜之书，独不禁，故传受者不绝也。汉兴，田何以齐徙杜陵，号杜田生，授东武王同子中、雒阳周王孙、丁宽、齐服生，皆著《易传》数篇。同授淄川杨何，字叔元，元光中征为太中大夫……要言《易》者本之田何。④

可见，杨何在武帝元光元年（前134）被征为（太）中大夫。实际上，

---

① （汉）司马迁：《史记》卷二十七《天官书》，中华书局1982年版，第1349页。
② 《汉书》所记，采自《史记》。参见《汉书》卷二十一上《律历志上》，中华书局1982年版，第975页。
③ （汉）司马迁：《史记》卷一百二十一《儒林传》，中华书局1982年版，第3127页。
④ （汉）班固：《汉书》卷八十八《儒林传》，中华书局1962年版，第3597页。

武帝即位后，在建元元年（前140）冬十月诏举贤良方正直言极谏之士，于建元五年（前136）置五经博士。窦太后死后，方大量征用儒士，并在元光元年（前134）夏五月下诏举贤良，杨何当在被征之列，并与董仲舒、公孙弘等一同致仕。①

司马谈的黄老道学老师黄子即黄生。据《汉书·儒林传》，汉景帝时，黄生曾在景帝面前与博士辕固生争论汤武受命或以下弑上。黄生认为汤武非受命，是以下弑上。而辕固生持相反意见。黄生认为，帽子再破，必须戴在头上；鞋子再新，只能穿在脚上。这说明有"上下之分"。因此，"桀纣虽失道，然君上也；汤武虽圣，臣下也。夫主有失行，臣不正言匡过以尊天子，反因过而诛之，代立南面，非弑而何？"武帝初即位，辕固生再以贤良征，当时已九十多岁。该年当是元光元年（前134），因为同时征用者还有公孙弘。由于公孙弘"仄目而事固"，辕固生便告诫他"务正学以言，无曲学以阿世"。② 据此推测，黄生当在景帝时入仕，学术水平不比辕固生差。而黄生不在武帝征召之列，可能因其所持黄老道家思想已经落时。

可见，司马谈的三位老师皆是西汉时的学术名家。而司马谈求教学习的时间，必当在入仕之前，也就是建元元年（前140）之前。我们虽不能考定司马谈的生年，但至少在景帝时，司马谈已是有深厚学术积累的青年才俊，这是毫无疑问的。按照汉官制度，"奉常，秦官，掌宗庙礼仪，有丞"。景帝中元六年（前144），将奉常更名为太常，"属官有太乐、太祝、太宰、太史、太卜、太医六令丞，又均官、都水两长丞"。当然，隶属于太常的还有诸庙寝园食官令长丞、雍（雍）太宰、太祝令丞、五畤尉、博士及诸陵县丞等。③ 汉代太史有太史待诏、太史灵台待诏。而太史待诏分为治历、龟卜、庐宅、日时、易筮、典禳、籍氏、许氏、典昌氏、嘉法、请雨、解事、医等十三类职能，太史灵台待诏分为候星、候日、候风、候气、候晷景、候钟律、舍人等七类职能。④ 因此，司马谈

---

① （汉）班固：《汉书》卷六《武帝纪》，中华书局1962年版，第155、59、160、161页。
② （汉）班固：《汉书》卷八十八《儒林传》，中华书局1962年版，第3612页。
③ （汉）班固：《汉书》卷十九上《百官公卿表上》，中华书局1962年版，第726页。
④ （清）孙星衍等辑：《汉官六种》，中华书局1990年版，第1—2页。

是直接任太史令还是先从其他职位做起？司马谈何时为太史令？因史无明确记载，亦不得详知。

据张韩荣《司马迁新证》考证，司马谈当在建元元年（前140）出仕为郎，可能年长于汉武帝。建元三年（前138），担任太史丞。建元六年（前135），司马谈升任太史令。① 据《史记·太史公自序》载，"太史公既掌天官，不治民"②。唐代司马贞《史记索隐》："天文有五官。官者，星官也。星座有尊卑，若人之官曹列位，故曰天官。"③ 据《史记·天官书》，天文五官包括中宫天极星、东宫苍龙、南宫朱鸟、西宫咸池、北宫玄武；五星有木、水、火、金、土。因此，司马谈的主要职责是法天象地，观察星象变化，以察吉凶，预测未来。"仰则观象于天，俯则法类于地。天则有日月，地则有阴阳。天有五星，地有五行。天则有列宿，地则有州域。"④ 司马谈秉承先祖"典天官事"之业，与向唐都学习天官之术有密切关系。

武帝元封元年（前110）四月，武帝率群臣登泰山举行封禅大典。司马谈作为太史令随从前往。因病不能亲往观察封禅大典，被迫滞留于周南（洛阳）。临终嘱托司马迁，期望儿子继承祖宗遗业，完成自己未竟的事业。据《史记·太史公自序》：

> 是岁天子始建汉家之封，而太史公留滞周南，不得与从事，故发愤且卒。而子迁适使反，见父于河洛之间。太史公执迁手而泣曰："余先周室之太史也。自上世尝显功名于虞夏，典天官事。后世中衰，绝于予乎？汝复为太史，则续吾祖矣。今天子接千岁之统，封泰山，而余不得从行，是命也夫，命也夫！余死，汝必为太史；为太史，无忘吾所欲论著矣。且夫孝始于事亲，中于事君，终于立身。扬名于后世，以显父母，此孝之大者。夫天下称诵周公，言其能论歌文武之德，宣周邵之风，达太王王季之思

---

① 参见张韩荣"太史公年谱"有关考述。《司马迁新证》，三秦出版社2015年版，第23—40页。
② （汉）司马迁：《史记》卷一百三十《太史公自序》，中华书局1982年版，第3293页。
③ （汉）司马迁：《史记》卷二十七《天官书》，中华书局1982年版，第1289页。
④ 同上书，第1342页。

虑，爰及公刘，以尊后稷也。幽、厉之后，王道缺，礼乐衰，孔子修旧起废，论《诗》《书》，作《春秋》，则学者至今则之。自获麟以来四百有余岁，而诸侯相兼，史记放绝。今汉兴，海内一统，明主贤君忠臣死义之士，余为太史而弗论载，废天下之史文，余甚惧焉，汝其念哉！"迁俯首流涕曰："小子不敏，请悉论先人所次旧闻，弗敢阙。"①

根据他的临终遗言及司马迁的承诺，可以断定，司马谈已在着手准备撰写史书，并收集了相当数量的资料与素材。从这个意义上讲，司马谈也为《史记》的撰写作了一定的准备。而他的临终嘱托，成为司马迁创作《史记》的原动力。总之，司马谈一生以继承祖先遗业为目标，却半道而亡，留下终身遗憾。

总之，夏、商及西周时期，司马氏世代为史官。春秋时期，司马氏奔居各地。战国时期，居于晋的司马错在秦国担任军职，并有较高地位，曾驻守蜀军，迁徙秦民于蜀。秦始皇时，夏阳司马氏家族的地位开始下移。汉王朝建立后，司马无泽任汉长安西市长丞、司马喜为五大夫，这说明该家族的辉煌已成为过去。不过，到了司马喜之子司马谈这一代，开始继承先祖衣钵，重新担任太史令之职。司马谈死后，其子司马迁继续担任太史令。

第二节　司马迁生平概况

司马迁的生平概况主要载于《史记·太史公自序》。本节主要以此为据，并结合裴骃《史记集解》、司马贞《史记索隐》和张守节《史记正义》有关记载及古今以来的研究成果，予以简要分析。

一　求学与游历时期

关于司马迁的生卒年问题，是描述其生平不可或缺的内容。这是一

---

① （汉）司马迁：《史记》卷一百三十《太史公自序》，中华书局1982年版，第3295页。

个争论不息的学术公案，被称为"《史记》十大疑案之首"。① 在《史记·太史公自序》中，司马迁介绍了父亲司马谈的基本情况，并介绍了自己青少年的生活概况：

> 太史公学天官于唐都，受《易》于杨何，习道论于黄子。太史公仕于建元、元封之间，愍学者之不达其意而师悖，乃论六家之要旨……太史公既掌天官，不治民。有子曰迁。迁生龙门，耕牧河山之阳。年十岁则诵古文。二十而南游江、淮，上会稽，探禹穴，窥九疑，浮沅、湘。北涉汶、泗，讲业齐、鲁之都，观夫子遗风，乡射邹、峄；厄困鄱、薛、彭城，过梁、楚以归。于是迁仕为郎中，奉使西征巴、蜀以南，南略邛、笮、昆明，还报命。是岁，天子始建汉家之封，而太史公留滞周南，不得与从事，发愤且卒。而子迁适使反，见父于河、洛之间。②

---

① 张大可《司马迁生年十年之差百年论争述评》（《渭南师范学院学报》2017年第1期）前有"编者按"，按语云："司马迁生年问题是《史记》十大疑案之首，该论题曾引起史学界争论达半个世纪以上。主要有两种代表说法：一说主迁生汉景帝中元五年（前145年），王国维先生首倡其说，梁启超、张鹏一、[日]泷川资言、朱东润、季镇淮、包树棠、程金造诸先生从之；一说主迁生汉武帝建元六年（前135年），由[日]桑原骘藏发难，有[日]山下寅次、李长之、郭沫若、赵燕士、陈监先、王达津、黄烈等先生赞同。两种主要观点（前145年和前135年）正好十年之差。在20世纪50年代中期和80年代初期曾掀起两次全国性论争，至今尚无定论。"张大可在文中指出："除王国维、郭沫若两说外，另外四说为：其一，生于景帝四年戊子（前153）说，此说见王鸣盛《十七史商榷》卷一《子长游踪》条；其二，生于汉景帝后元戊戌（前143）说，此说见周寿昌《汉书注校补》卷四十一；其三，生于武帝元光六年壬子（前129）说，此说见张惟骧《太史公疑年考》；其四，生于汉武帝元朔二年甲寅（前127）说，此说为华山道士所主张，见康熙《韩城县志》载翟世琪《重修太史庙记》。这四种说法，持说者均无论证与文献依据，大抵出自臆断，皆无讨论价值，可以不论。"张大可支持"景帝中元五年说"。两说证据皆来自《史记》卷一百三十《太史公自序》有关注解一、注解四（参见《史记》，中华书局1982年版，第3296页）。注解一：司马贞《史记索隐》引《博物志》云："太史令茂陵显武里大夫司马迁，年二十八，三年六月乙卯除，六百石。"注解四：裴骃《史记集解》引李奇语："迁为太史后五年，适当于武帝太初元年，此时述《史记》。"张守节《史记正义》按："迁年四十二岁。"我们认为，从司马迁的有关自述和行年经历，可以明显看出，他生于建元六年（前135）的可能性更大。故本书遵从后说，即"建元六年说"。

② （汉）司马迁：《史记》卷一百三十《太史公自序》，中华书局1982年版，第3288—3293页。

可见，司马迁的童年是在夏阳故乡度过的。他曾在梁山之南、黄河之北的龙门一带，也像其他的村童那样，他放过牛，参加过力所能及的农业生产活动。到了上学的年龄，他究竟在哪里学习？关于这个问题，张韩荣先生作《太史公年谱》，认为他6岁至10岁在故乡学习，11岁那年，"当一家人团圆，不再与父亲分居。迁居第二故乡茂陵显武里，大开眼界，继续'诵古文'"①。应该说，司马迁在少年时期也接受过良好的教育②，并在十岁时开始习古文。这里的"古文"当指用秦篆（或称小篆）等古文字写成的蒙学读本。在汉代通行的文字是隶书，后世称为汉隶。而司马迁从十岁开始接受古文字知识训练，并诵读古文字读本，显然为其后来从事史书编纂奠定了良好基础。王国维《太史公行年考》认为，武帝建元元年（前140）司马谈已是太史令。他说："考司马谈仕于建元元封间，是时当已入官，公（司马迁）或随父在京师，故得诵古文矣。"③ 如此，司马迁十岁之后居住于茂陵显武里，并继续学习古文。

　　武帝元鼎元年（前116），司马迁二十岁，开始漫游、学习生活。这开阔了他的视野，也增长了见识。他曾在齐、鲁之都学习儒家文化，在邹、峄等地习"乡射"礼仪，遭困厄于鄱、薛、彭城等地，然后经梁、楚等国而还。这次经历，足迹涉及今陕西、湖北、湖南、江西、江苏、浙江、安徽、山东、河南等地，使他对古代文化有了直观而较为全面的认识，也磨炼了他的意志，培养了他敢于吃苦的精神。同时，也搜集了大量不著于书的文献史料。这对司马迁撰述《史记》有深远的影响。回到长安后，被武帝任命为郎中。元鼎六年（前111），司马迁出使西南巴、

---

①　张韩荣：《司马迁新证》，三秦出版社2015年版，第29—30页。
②　关于司马迁习古文的问题，涉及两个内容：向谁学和学什么。司马贞《史记索隐》云："迁及事伏生，是学诵《古文尚书》。刘氏以为《左传》《国语》《系本》等书，是亦名古文也。"（参见司马迁《史记》，中华书局1982年版，第3294页注三）宫陈《司马迁十岁则诵古文考》（《传承》2015年第8期）认为："从时间角度考察，司马迁与伏生并未产生交集，故《史记索隐》之说有误。《史记》通篇未曾提及《左传》，其成书年代亦有待商榷，故诸家举例《左传》亦不严谨。"不管怎样，可以确定的是，司马迁从小接受了良好的教育。
③　参见王国维《太史公行年考》，《王国维文集》（第四卷），中国文史出版社1997年版，第311页。

蜀、邛、莋、昆明等地①。这次经历，让他进一步了解了各民族文化的多元性存在。所以，早年的古文学习，青年时期的漫游、出使经历，以及所收集到的各种人文、地理、历史资料，为司马迁撰写《史记》打好了坚实的基础。

关于司马迁的学习经历，除了少年时期学习古文、青年时期游历各地外，他还向孔安国、董仲舒等儒学大师请教学习过。据《汉书·儒林传》：

> 孔氏有古文《尚书》，孔安国以今文字读之，因以起其家逸《书》，得十余篇，盖《尚书》兹多于是矣。遭巫蛊，未立于学官。安国为谏大夫，授都尉朝，而司马迁亦从安国问故。迁书载《尧典》《禹贡》《洪范》《微子》《金縢》诸篇，多古文说。②

可见，司马迁曾向孔安国请教过古文尚书等方面的知识。这对其撰写《史记》相关内容是有影响的。据《史记·太史公自序》，司马迁可能还向董仲舒请教过孔子作《春秋》的情况：

> 上大夫壶遂曰："昔孔子何为而作春秋哉？"太史公曰："余闻董生曰：'周道衰废，孔子为鲁司寇，诸侯害之，大夫壅之。孔子知言之不用，道之不行也，是非二百四十二年之中，以为天下仪表，贬天子，退诸侯，讨大夫，以达王事而已矣。'"③

基于这两条史料，王国维认为孔安国和董仲舒都是司马迁请教学习的老师：

> （元朔三年）时史公年二十岁左右，其从安国问古文《尚书》，

---

① 据裴骃《史记集解》："徐广曰：'元鼎六年，平西南夷，以为五郡。其明年，元封元年是也。'"这样，司马迁应在元鼎六年（前111）出使五郡，第二年返回。参见《史记》第3295页的有关注释。

② （汉）班固：《汉书》卷八十八《儒林传》，中华书局1962年版，第3607页。

③ （汉）司马迁：《史记》卷一百三十《太史公自序》，中华书局1982年版，第3297页。

当在此时也。又史公于《自序》中述董生语，董生虽至元狩元朔间尚存，然已家居，不在京师，则史公见董生，亦当在十七八以前。①

而张韩荣认为，孔安国不是长辈，而是司马迁的同辈。"不是史公的老师，而是学兄，两人是亦师亦友的同道中人。"而董仲舒"住在京都与茂陵，史公都有请教这位一代巨儒的可能，生于前135年，到元封元年史公26岁，在20岁上下都可向董先生请教，除非董先生真的远居老家"。他之所以这样认为，是因为"史公在《史记》中不曾提及向两位先生学习之事，想他的学问主要出自家学，父亲与祖父的教育；他没说过向孔安国问故，说到董仲舒的原话只是'余闻董生曰'，并未说明自己的师从，是亲自聆听还是有所耳闻，甚或读自董生之书。史公可能听过董先生的《公羊春秋》课，但与王国维所论区别在于时间和地点"。②

基于史料有限，我们无法详考司马迁与孔安国、董仲舒的师缘关系。不过，这至少说明，司马迁是一位善于学习、博闻广记之人。同辈长辈，无论乡贤野老、鸿儒巨擘，他都可以去请教。只有这样，才能开阔视野，增长见识，积累学问。因此，好学善问是司马迁的为学品格。这对他撰写《史记》很有帮助。

二 为官与著史时期

前面说过，司马迁二十岁时游历南北，增长了见识。回到长安后，曾任郎中，并出使西南。就在那一年，汉武帝举行封禅大典，太史令司马谈随从。然而，司马谈半道染病，滞留周南（洛阳），"发愤且卒"。于是，司马迁匆匆赶到洛阳，看望父亲，并接受了父亲的临终遗言。对于司马迁而言，武帝在元封元年（前110）举行封禅大典，其父司马谈因病而亡，这是他人生转折的关键时期。

武帝元封元年（前110）五月，汉武帝率领群臣在泰山举行了封禅大典。在此之前，时任太史令的司马谈也随同前往。行至洛阳，因病不能

---

① 王国维：《太史公行年考》，载《王国维文集》（第四卷），中国文史出版社1997年版，第314页。
② 张韩荣：《孔安国新证》，载《司马迁新证》，三秦出版社2015年版，第76—78页。

前往。恰在此时，司马迁出使归来，到洛阳看望父亲。司马谈希望他继续担任太史令，完成自己未竟的事业。司马迁流着眼泪，郑重地答应了父亲的临终嘱托。按照汉代礼仪，父死需要守孝三年。因此，直到武帝元封三年（前108），司马迁才被任命为太史令。① 按照司马贞《史记索隐》引《博物志》云："太史令茂陵显武里大夫司马迁，年二十八，三年六月乙卯除，六百石。"② 若这条史料准确无误，则由此上推，司马迁当生于建元六年（前135）。

担任太史令之后，司马迁有条件接触皇家藏书，并开始为编撰《史记》进行资料上的准备。应该说，为了完成父亲遗愿，也为了实现自身的生命价值，司马迁用了整整五年的时间作准备，力求所搜集的文献资料丰富而完备。五年之后，也就是太初元年（前104），他所参与编定的太初历正式颁布③。从此，司马迁有了更多的时间，开始修撰《史记》。从《太史公自序》中可以看出，他撰写《史记》的最初动机有二。

一是继承孔子著史精神，期望像孔子一样成圣成贤，所谓"先人有言'自周公卒五百岁而有孔子，孔子至于今五百岁，有能绍明世，正《易传》，继《春秋》，本《诗》、《书》、《礼》、《乐》之际？'意在斯乎！意在斯乎！小子何敢让焉！"这是一种借述作期望不朽的生命价值观，具有强烈的立言愿望。二是史官职责的自觉承担。正如司马迁对上大夫壶遂说：

> 余闻之先人曰："伏羲至纯厚，作《易》八卦。尧舜之盛，《尚书》载之，礼乐作焉。汤武之隆，诗人歌之。《春秋》采善贬恶，推

---

① 张韩荣认为，元封元年（前110）三月，司马谈去世。四月，司马迁安葬父亲于夏阳高门原祖坟地。五月，赴九原还报命。因提前到达，便游览了朔方。同年五月，司马迁调任太史丞。直到元封三年（前108），由太史丞任太史令。参见《司马迁新证》，三秦出版社2015年版，第39—42页。

② （汉）司马迁：《史记》卷一百三十《太史公自序》，中华书局1982年版，第3296页注释一。

③ 据《史记》载，"卒三岁而迁为太史令，紬史记石室、金匮之书。五年而当太初元年，十一月甲子朔旦冬至，天历始改，建于明堂，诸神受纪"。司马谈卒于元封元年（前110），则司马迁担任太史令当在元封三年（前108）。司马迁任太史令后五年，正是太初元年（前104）。所以，司马迁撰写《史记》当正式开始于元封三年（前108）。

三代之德,襃周室,非独刺讥而已也。"汉兴以来,至明天子,获符瑞,封禅,改正朔,易服色,受命于穆清,泽流罔极,海外殊俗,重译款塞,请来献见者,不可胜道。臣下百官力诵圣德,犹不能宣尽其意。且士贤能而不用,有国者之耻;主上明圣而德不布闻,有司之过也。且余尝掌其官,废明圣盛德不载,灭功臣世家贤大夫之业不述,堕先人所言,罪莫大焉。余所谓述故事,整齐其世传,非所谓作也,而君比之于春秋,谬矣。(《史记·太史公自序》)

可见,在司马迁看来,自己担任了太史令,若"废明圣盛德不载,灭功臣世家贤大夫之业不述,堕先人所言",这是莫大的罪过!所以,他必须承担起史官的职责,时刻牢记父亲的临终嘱托,决意将"明圣盛德""功臣世家贤大夫之业"完整而真实地记述下来。

然而,正当司马迁全力创作《史记》之时,武帝天汉三年(前98)①,却因李陵之祸而入狱。这是一次极沉重的打击。为了完成《史记》,他不得不接受腐刑之辱,出任中书令,最终忍辱负重完成了《史记》。对司马迁而言,这次灾难是不幸的,但使我们更清楚地看到了他的作史动力。如其在《报任少卿书》中所言:

古者富贵而名摩灭,不可胜记,唯倜傥非常之人称焉。盖西伯拘而演《周易》;仲尼厄而作《春秋》;屈原放逐,乃赋《离骚》;左丘失明,厥有《国语》,孙子膑脚,《兵法》修列;不韦迁蜀,世传《吕览》;韩非囚秦,《说难》、《孤愤》。《诗》三百篇,大氐贤圣发愤之所为作也。此人皆意有所郁结,不得通其道,故述往事,思来者。及如左丘无目,孙子断足,终不可用,退论书策以舒其愤,思垂空文以自见。仆窃不逊,近自托于无能之辞,网罗天下放失旧闻,考之行事,稽其成败兴坏之理,凡百三十篇,亦欲以究天人之

---

① 《史记·太史公自序》云:"于是论次其文。七年而太史公遭李陵之祸,幽于缧绁。"裴骃《集解》:"徐广曰:天汉三年。"张守节《正义》:"案:从太初元年至天汉三年,乃七年也。"(中华书局1982年版,第3300页)而《汉书·司马迁传》云:"于是论次其文。十年而遭李陵之祸,幽于缧绁。"(中华书局1962年版,第2720页)可见,两书记载并不一致,相差三年。《汉书》的记载可能有误,现从《史记》。

际，通古今之变，成一家之言。草创未就，适会此祸，惜其不成，是以就极刑而无愠色。仆诚已著此书，藏之名山，传之其人通邑大都，则仆偿前辱之责，虽万被戮，岂有悔哉！①

因此，如果说司马迁早期的作史动机比较单纯的话，则自从被刑之后，急迫渴望不朽、抒泄内心忧愤又成为新的动机。鲁迅非常精准地看到了这一点，他评价《史记》是"史家之绝唱，无韵之《离骚》"，正说明司马迁完成了一项前无古人、后无来者的伟大事业，也说明司马迁创作《史记》时，已经增加了浓郁的抒发幽怨、悲愤之情的作史倾向。

三 晚年及《史记》传播

关于司马迁晚年生活，《史记》《汉书》皆无明确记载。《史记·太史公自序》结尾处"太史公曰"："余述历黄帝以来至太初而讫，百三十篇。"② 也就是说，司马迁所著《太史公书》止于汉武帝太初年间（前104—前100）。如此，对比来看，今传《史记》乃有续补。那么，续补者何人？裴骃《史记集解》：

> 《汉书音义》曰"十篇缺，有录无书"。张晏曰："迁没之后，亡《景纪》《武纪》《礼书》《乐书》《律书》《汉兴以来将相年表》《日者列传》《三王世家》《龟策列传》《傅靳蒯列传》。元成之间，褚先生补阙，作《武帝纪》《三王世家》《龟策》《日者列传》，言辞鄙陋，非迁本意也。"

而唐代司马贞《史记集解》引张晏之语后作按语：

> 《景纪》取班书补之，《武纪》专取《封禅书》，《礼书》取荀卿《礼论》，《乐》取《礼乐记》，《兵书》无，不补，略述律而言兵，遂分历述以次之。《三王系家》空取其策文以辑此篇，何率略且重，

---

① （汉）班固：《汉书》卷六十二《司马迁传》，中华书局1962年版，第2735页。
② （汉）司马迁：《史记》卷一百三十《太史公自序》，中华书局1982年版，第3321页。

非当也。《日者》不能记诸国之同异,而论司马季主。《龟策》直太卜所得占龟兆杂说,而无笔削之功,何芜鄙也。①

可见,裴骃认为《史记》所缺十篇为西汉元、成时期的褚少孙所补,而且"言辞鄙陋",并不符合司马迁的著史本意。这个信息告诉我们,在汉元帝、成帝之时,《史记》已有散佚。而这究竟是人为还是典籍传播的必然?唐代司马贞也引述了张晏之语,并没有指明何人所补,但指明了所补十篇的史料来源,且评价与裴骃相似,认为补文没有经过仔细打磨,显得非常粗疏。就是说,南朝至唐传本《史记》中所补的十篇都不成功。

那么,《史记》完成后,司马迁是否即告别了人世呢?为何会在宣帝之后有补遗本《史记》?班固《汉书·司马迁传》说:"迁既死之后,其书稍出。宣帝时,迁外孙平通侯杨恽祖述其书,遂宣布焉。"② 这似乎告诉我们,《史记》在司马迁死后才逐渐面世,而且直到汉宣帝时,才由其外孙、丞相杨敞之子、平通侯杨恽以祖先之书的名义向外界公布。这说明,司马迁可能死于宣帝之前。王国维《太史公行年考》中,考证了武帝后元二年(前87)内谒者令郭穰夜至郡邸狱之事,认为内谒者令即中书令,说明"时史公必已去官或前卒矣"。因此,他得出结论,"史公卒年虽未可遽知,然视为以武帝相始终,当无大误也"。③

张韩荣《司马迁新证·太史公年谱》中也有详细考证,认为司马迁至少活到了武帝后元二年(前87)。他根据史料推论,褚少孙生于前71年,曾在补《建元以来侯者年表》中说,"太史公记事尽于孝武之事"。张韩荣认为,"褚少孙所说的真正价值,在于意味着司马迁活出了武帝朝,活到了昭帝时期(前86—前74),他所处的时代并无司马迁死在武帝朝的说法,而他所处时代就在史公去世后不久。这是距离史公逝世时间最近的证词"。他还根据汉昭帝始元六年(前81)盐铁会议上,桑弘羊多次引用《货殖列传》中的观点,并尊称史公为"司马子",认为这或

---

① (汉)司马迁:《史记》卷一百三十《太史公自序》,中华书局1982年版,第3321—3322页。
② (汉)班固:《汉书》卷六十二《司马迁传》,中华书局1962年版,第2737页。
③ 王国维:《王国维文集》(第四卷),中国文史出版社1997年版,第322页。

许说明司马迁还活着。"史公不死,桑弘羊或亦尊称之'司马子'。史公死后,汉代学者多称他为司马子长。桑弘羊在盐铁会议上对史公的尊称(不久,桑弘羊死于叛乱罪),似乎也可证史公没有再次下狱而死事。"① 因此,他结合张大可、王鸣盛等人的观点,认为"前81年,汉廷有盐铁论事,而前82年,有史公故里人独闯皇宫的假太子案——这个本无多大意思的案件却被《汉书》多次载及,所以笔者私意史公卒年当不晚于前82年。大约可以说,前82年,史公病逝在故乡,享年54岁"②。其实,桑弘羊引《货殖列传》,恰说明《史记》传播较早。

关于《史记》传播的情况,王国维认为,"《史记》一书,传播最早"。他指出,宣帝时杨恽"宣播"《史记》,"盖上之于朝,又传写以公于世也"。而且,桑弘羊所用《货殖列传》中语,则说明"宣帝时,民间亦有其书。嗣是冯商、褚先生、刘向、扬雄等均见之。盖在先汉之末,传世已不止一二本矣"③。实际上,司马迁在《报任少卿书》中对《史记》收藏情况已作了明确介绍:"仆诚已著此书,藏之名山,传之其人,通邑大都,则仆偿前辱之责,虽万被戮,岂有悔哉!"④ 就是说,《史记》不止一本。或藏之名山,或传之其人,或流播于通邑大都。这也就是《汉书》所云,"藏之名山,副在京师,以俟后圣君子"⑤。而杨恽所公布之书,当是司马迁托付给女儿所收藏的《史记》副本。

关于司马迁之后,史书中所闻不详。据《汉书·公孙刘田王杨蔡陈郑传》,杨敞在汉昭帝时为丞相、安平侯。宣帝即位,月余,杨敞死,子杨忠嗣爵。"忠弟恽,字子幼,以忠任为郎,补常侍骑。恽母,司马迁女也。恽始读外祖《太史公记》,颇为《春秋》,以才能称。"⑥ 这样,弘农杨氏家族与司马迁有关,杨敞夫人为其女儿,杨恽为其外孙。有学者指出:"司马父子创作《太史公书》,用尽了家族'世典周史'的文脉。而这文脉则经司马迁之女传给了杨家。两汉时期,杨氏人才辈出,名显青

---

① 张韩荣:《司马迁新证》,三秦出版社2015年版,第54—55页。
② 同上书,第56页。
③ 王国维:《王国维文集》(第四卷),中国文史出版社1997年版,第325页。
④ (汉)班固:《汉书》卷六十二《司马迁传》,中华书局1962年版,第2735页。
⑤ 同上书,第2724页。
⑥ (汉)班固:《汉书》卷六十六《杨敞传》,中华书局1962年版,第2888—2889页。

史,其文脉不能不追究到司马迁和杨恽。"① 另外,班固在《汉书·司马迁传》中讲了一句:"至王莽时,求封迁后,为史通子。"颜师古注曰:"应劭曰:'以迁世为史官,通于古今也。'李奇曰,'史通,国子爵也。'"② 王莽时被封为"史通子"的司马迁后人,根本不知名。另外,汉末有颍川名士司马徽等,可能也是司马迁的后裔③。

总之,司马氏家族原为史官世家,先秦时期后因军功处世,并一直延续到秦汉之际。而在西汉初,该家族尚以军功等享受爵禄,比如司马谈之父司马喜。而至司马谈、司马迁,重又接续史家之职。但司马迁之后,除了外孙杨恽外,则几乎没世无闻,史籍无名。

第三节 司马谈的文学创作及成就

西汉夏阳司马氏家族留下文学作品者只有司马谈、司马迁父子。尽管只有两代相承,但亦可称为文学家族。若从文学贡献度来衡量,该家族属于成就颇高的微型文学家族。本节主要谈司马谈的文学创作。

一 司马谈的奏议文

司马谈(约前165—前110),西汉史学家。④ 元封元年(前110),他随同汉武帝参加泰山封禅大典,中途因病滞留洛阳,带着不能亲自参

---

① 张韩荣:《司马迁新证》,三秦出版社2015年版,第57页。
② (汉)班固:《汉书》卷六十二《司马迁传》,中华书局1962年版,第2737页。
③ 韩城市司马迁祠文物保护管理所所长薛建芳等人编著《风追司马》一书有司马家族世系表,其主要依据来自翟世琪《太史公世家》碑、徐村汉太史遗祠旁清代嘉庆二十二年所立的碑文。据该表介绍:司马迁→司马临→?→史通子→逢萌→司马徽。司马徽有两子:冯钊与同茂。冯钊子为冯无瑞,无瑞子为冯庭秀,庭秀有三子:永吉、永兴、永胜。同茂有子四人:同本、同宜、同距和同准。其中同宜子为同仲,同仲子分别为同锐、同俊和同杰。该书属于内部出版物,批号为陕内资图批字GW(2007)07号。参见该书第53—54页。
④ 司马谈卒年是明确的,即武帝元封元年(前110)。而其生年不详。现只能以司马迁的生年为参照。若司马迁生于建元六年(前135),且父子年龄相差30岁,则司马谈当生于前165年前后。若相差25岁,则生于前160年前后。张韩荣推定,司马谈去世时年龄不会超过60岁。如此,则其生年约在前165年前后。参见张韩荣《司马迁新证》,三秦出版社2015年版,第40页。

与国家祭祀大典的遗憾离开了人世。① 当然，司马谈的遗憾不仅仅是未能参加封禅大典，而是无法完成著史愿望。因此，他在临终前对儿子司马迁充满期待，希望他能完成著史之责。这一点，前面已作介绍。司马谈今存《祠后土议》《议立太畤坛》及《论六家要指》等散文三篇，皆载于严可均《全汉文》卷二十六。

严格意义上讲，《祠后土议》《议立太畤坛》不是独立的文章。两段文字皆见载于《史记·封禅书》，《汉书·郊祀志》基本上将相关内容从《史记》中传抄过来。严可均《全汉文》将《祠后土议》写作时间定在武帝元狩二年（前121），有误。该文实际作于在元鼎四年（前113）。根据《史记》所载，当为"有司与太史公、祠官宽舒议"的结果。《史记·封禅书》接着写道："于是天子遂东，始立后土祠汾阴脽丘，如宽舒等议。"② 因此，此文是大家议论的结果，不应作为司马谈的独立作品。而《汉书》中只是将"太史公"改为"太史令谈"，其他内容一仍其旧。如此，《议立太畤坛》当作于元鼎五年（前112）冬十一月。③《汉书》称"太史令谈、祠官宽舒议曰"云云，说明可能是司马谈所作。④

总体看，两文只有聊聊数语，属于应用性的奏议类文字。而且，语词质朴，缺乏文采，根本谈不上文学性。

二 《论六家要指》

该文见载于《史记·太史公自序》，是司马谈最知名的散文作品，也

---

① 据《史记·封禅书》，"天子既已封泰山，无风雨灾，而方士更言蓬莱诸神若将可得，于是上欣然庶几遇之，乃复东至海上望，冀遇蓬莱焉。奉车子侯暴病，一日死。上乃遂去，并海上，北至碣石，巡自辽西，历北边至九原。五月，反至甘泉。有司言宝鼎出为元鼎，以今年为元封元年"。中华书局1982年版；第1398—1399页。

② 据《史记》卷二十八《封禅书第六》，"其后三年，有司言元宜以天瑞命，不宜以一二数。一元曰'建'，二元以长星曰'光'，三元以郊得一角兽曰'狩'云"。又云："其明年冬，天子郊雍，议曰：'今上帝朕亲郊，而后土无祀，则礼不答也。'"中华书局1982年版，第1389页。严可均以为，此文作于元狩二年（前121）。严可均误。据《汉书·武帝纪》，"（元鼎）四年……立后土祠于汾阴脽上……其封嘉为周子南君，以奉周祀。"中华书局1982年版，第183—184页。

③ （汉）司马迁：《史记》卷二十八《封禅书第六》，中华书局1982年版，第1395页。刘跃进以为："（元鼎五年）十一月，武帝始郊拜泰一，朝朝日，夕夕月则揖。司马谈议请天子三岁一郊见。"（《秦汉文学编年史》，商务印书馆2006年版，第171页）

④ （汉）班固：《汉书》卷二十五上《郊祀志上》，中华书局1962年版，第1231页。

是后世研究司马谈思想的重要文献。据《史记·太史公自序》："太史公学天官于唐都，受易于杨何，习道论于黄子。太史公仕于建元、元封之间，愍学者之不达其意而师悖，乃论六家之要指。"那么，该文作于何时？司马迁只是大概给出了时间：建元、元封之间。而这个时期正是武帝大昌儒学、期待统一思想的关键期。

在元封之前，武帝昌儒学主要做了三件大事：一是建元元年（前140）冬十月，"诏丞相、御史、列侯、中二千石、二千石、诸侯相举贤良方正直言极谏之士"。丞相卫绾建议："所举贤良，或治申、商、韩非、苏秦、张仪之言，乱国政，请皆罢。"汉武帝表示同意。[①]可见，这次并没有将黄老道学之士排斥在外。但是，建元元年（前140）六月，卫绾因昌儒学而遭罢免，魏其侯窦婴为丞相。建元二年（前139）冬十月，御史大夫赵绾、郎中令王臧下狱自杀，丞相窦婴、太尉田蚡皆因昌儒学而免官。这些都是昌儒学的积极推动者。二是建元五年（前136）"置五经博士"，改变了黄老独尊的局面。建元六年（前135）五月，窦太后死。同年六月，田蚡任丞相，于是"黜黄老、刑名百家之言，延文学儒者以百数，而公孙弘以治《春秋》为丞相封侯，天下学士靡然向风矣"[②]。三是元光元年（前134）诏举贤良，董仲舒上"天人三策"，提出"推明孔氏，抑黜百家"的建议，主张凡是"不在六艺之科、孔子之术者，皆绝其道，勿使并进"[③]。这个建议被武帝所接受。这意味着，黄老之学将退出汉代的政治舞台，褪去意识形态主导者的光环，而走向民间。该文可能就写于这样的背景下。宋代王益之《西汉年纪》将司马谈作此文的时间置于建元六年（前135）：

《考异》曰：此事不得其时。按：《司马迁传》，谈"仕于建元、元封之间，愍学者不达其意而师悖，乃论六家之要指"。谈之任，始于建元，而终于元封，此论必作于建元。盖是时窦太后已崩，武帝相田蚡隆儒术而贬道家，故其言如此。今附于建元六年窦太后已崩

[①]（汉）班固：《汉书》卷六《武帝纪》，中华书局1962年版，第155—156页。
[②]（汉）班固：《汉书》卷八十八《儒林传》，中华书局1962年版，第3593页。
[③]（汉）班固：《汉书》卷五十六《董仲舒传》，中华书局1962年版，第2523页。

之后。①

王益之的推定或有道理。因为窦太后"好黄帝、老子言,景帝及诸窦不得不读《老子》尊其术"②。即使武帝即位之后,窦太后也多次干预欲兴儒学之事。比如,罢免丞相卫绾,逼赵绾和王臧自杀,任、免丞相窦婴等,都与窦太后有关。窦太后之死,让武帝得以放开手脚尊儒弘道,但也让居统治地位长达七十年之久的黄老道学受到冷落。司马谈为太史令,此文可能就是参与思想讨论的结果。

该文首先总论阴阳、儒、墨、名、法、道德六家特点。作者的观点是各家都是为治理国家服务的:"'天下一致而百虑,同归而殊途。'夫阴阳、儒、墨、名、法、道德,此务为治者也,直所从言之异路,有省不省耳。"然后,就阴阳、儒、墨、法、名、道各家的优劣予以对比。阴阳家的缺点是"大详而众忌讳,使人拘而多畏",优点是"叙四时之大顺,不可失也"。儒家的缺点是"博而寡要,劳而少功""其事难尽从",优点是"序君臣父子之礼,列夫妇长幼之别,不可易也"。墨家的缺点是"俭而难遵""其事不可遍循",优点是"强本节用,不可废也"。名家的缺点是"使人俭而善失真",优点是能"正名实,不可不察"。而道家能"使人精神专一,动合无形,赡足万物"。尤为重要的是,作为统治之术,道家综合各家之所长,"因阴阳之大顺,采儒、墨之善,撮名、法之要,与时迁徙,应物变化,立俗施事,无所不宜,指约而易操,事少而功多"。在此基础上,作者围绕各家的优缺点进行具体分析,说明原因,认为六家皆有利于"治"。不过,司马谈贵道轻儒的倾向比较明显:

  道家无为,又曰无不为,其实易行,其辞难知。其术以虚无为本,以因循为用。无成势,无常形,故能究万物之情。不为物先,不为物后,故能为万物主。有法无法,因时为业;有度无度,因物与合。故曰"圣人不朽,时变是守。虚者,道之常也;因者,君之纲也"。群臣并至,使各自明也。其实中其声者谓之端,实不中其声

---

① (宋)王益之:《西汉年纪》,王根林点校,中州古籍出版社1993年版,第187页。
② (汉)班固:《汉书》卷九十七上《外戚传上》,中华书局1962年版,第3945页。

者谓之款。款言不听,奸乃不生,贤不肖自分,白黑乃形。在所欲用耳,何事不成!乃合大道,混混冥冥。光耀天下,复反无名。凡人所生者神也,所托者形也。神大用则竭,形大劳则敝,形神离则死。死者不可复生,离者不可复合,故圣人重之。由是观之,神者生之本,形者生之具也。不先定其神形,而曰"我有以治天下",何由哉?

所以,此文应创作于西汉武帝初年思想大讨论的背景下。这一点,从董仲舒的"天人三策"中可以看出来。在儒、道选择的问题上,董仲舒站在儒家的立场上,提出"推明孔氏,抑黜百家"的主张;而司马谈则站在道家的立场上,认为道家综众家之所长,避诸家之所短,更有利于统治。因此,《论六家要指》的创作时间,或在建元五年(前136)至元光二年(前133)之间。因为这一时期,正是儒、道纷争最为激烈的关键时期。而且,作于元光元年(前134)或元光二年(前133)的可能性更大。

不过,王国维在《太史公行年考》曾谈及《论六家要指》,认为该文可能创作于司马谈师从黄子"习道论"之后:

习道论于黄子。(《集解》徐广曰:《儒林传》曰黄生,好黄老之术。案,《传》云,辕固生,孝景时为博士,与黄生争论。是黄生与司马谈时代略相当,徐说殆是也。谈既习道论,故论六家要旨,颇右道家,与史公无与。乃如扬雄云,司马子长有言五经,不如老子之约。班彪讥公先黄老而后六经,是认司马谈之说为史公之说矣。)[1]

可见,王国维认为司马谈与黄生同时,该文创作于"习道论"之后,因此"颇右道家"。自然,司马迁没有参与撰写此文。所以,王国维批评班彪误将此文观点作为批评司马迁的依据,似乎并不恰当。

总之,该文用总—分论述的结构模式,先提出总论点,然后分别论

---

[1] 王国维:《王国维文集》(第四卷),中国文史出版社1997年版,第310—311页。

述。总论点是基础，分论述皆是对总论点的回应。而且，凡作者赞同者，所占篇幅便较长；凡作者不赞同者，则往往聊聊数语。可以说，该文思路清晰，层次分明，用语简练，用词质朴，具有很强的逻辑推理色彩，堪称西汉早期散文的代表作。而且，司马谈的治国理政思想，对司马迁当有深刻影响。可以说，《论六家要指》是司马迁编写《史记》、立身处世的指导思想。尽管司马迁的思想具有综合性特点，但在其内心深处，道家与儒家似乎处于平等或均等的地位。①

三 司马谈与《史记》

司马谈是否参与了《史记》编纂？可以肯定，他参与了编纂。关于这个问题，王国维、顾颉刚、赵生群、张大可等学者都有考证。那么，在《史记》编纂中，司马谈主要做了哪些工作？

首先，司马谈可能已写了部分内容，并创建了体例。赵生群《司马谈作史考》分为两种情况考证。一是全篇都是司马谈写的，主要是汉统一以前的作品。比如，《刺客列传》《樊郦滕灌列传》《郦生陆贾列传》《张释之冯唐列传》《赵世家》《殷本纪》《周本纪》《秦本纪》《秦始皇本纪》《陈杞世家》《宋微子世家》《齐太公世家》《鲁周公世家》《管蔡世家》《卫康叔世家》等。二是由父子两人合写，比如《太史公自序》《天官书》《历书》《封禅书》等。可见，已涉及"本纪""世家""列传""书"等四种体例，而且粗具规模。② 张大可综合方苞、王国维、顾颉刚、李长之、赖长杨、赵生群等人的考证，指出"司马谈作史篇目37篇，约占《史记》全书的四分之一。司马谈作史有本纪、表、书、世家、列传以及赞论，并设计了起讫断限，即《史记》一书体例

---

① 何发甦《司马迁学术渊源、学派归属研究综述》(《渭南师范学院学报》2016年第21期)认为："关于司马迁学术渊源、学派归属，学界或持学归儒家或儒家为本说，或持学归道家或道家为本说，或持儒道相通或互补说，或持学归墨家说，或持综合取义、自成一家（史家或杂家）说等等，大体均能持之有故而言之成理，此正揭示了司马迁思想的综合性。就司马迁的思想倾向而言，司马迁是推崇儒学的，《史记》的撰写从某种意义上来说也应该是主流意识形态的一种表达。"这说明，司马迁思想具有复杂性和综合性。

② 赵生群：《司马谈作史考》，《南京师范大学学报》（社会科学版）1982年第2期。

创自司马谈"①。根据《史记·太史公自序》，司马谈应该创作了一部分。所以，司马迁才会在其病榻前承诺说："请悉论先人所次旧闻，弗敢阙。"

其次，司马谈为司马迁著史指明了方向。朱自清说："父亲的遗命指示了他一条伟大的路。"② 一方面，如前所述，如果司马谈确实创作了部分内容，则《史记》的五种体例当为司马谈所创。这其实为司马迁作《史记》指明了体例上的方向。另一方面，"司马谈临终遗命改变了司马迁的人生取向，继任太史，由立功转为立言。先父遗命成为司马迁的纂著指南和精神动力，指导、鞭策、支持他发愤著书，完成'究天人之际，通古今之变'的第二部《春秋》——《太史公书》"③。确实，继承先父遗志是司马迁作史的最基本动力。

最后，司马谈收集了大量的史料，并撰写了提纲。司马迁撰写《史记》时，可能充分运用了父亲所搜集的资料。唐代司马贞《史记索隐序》称，"《史记》者，汉太史司马迁父子之所述也"④。尽管这种说法也有人质疑，认为文献不足以证明，只能存疑，不能确证。⑤ 但在司马贞之前，刘勰在《文心雕龙·史传》亦云，"爰及史谈，世惟执简；子长继志，甄序帝勋"⑥。刘勰显然也认为，《史记》是由父子二人前后相继完成的。正如汪高鑫先生所言，司马谈对《史记》有发凡起例之功，五种体例皆由司马谈所创。另外，《论六家要指》反映了司马谈的学术思想、史学思想和政治思想，对司马迁著史也有指导意义。《史记》能够千古不朽，与司马谈的努力是分不开的。⑦

---

① 张大可：《司马谈作史考论书评》，《青海师范学院学报》（哲学社会科学版）1984 年第 2 期。
② 朱自清：《经典常谈》，中华书局 2009 年版，第 61 页。
③ 袁传璋：《司马谈临终遗命与司马迁人生转向》，《渭南师范学院学报》2016 年第 1 期。
④ 参见《史记》，中华书局 1982 年版，附录：司马贞《史记索隐序》。
⑤ 易宁、易平《"司马谈作史说"质疑》认为："'司马谈作史'说，因文献不足征，只可存疑，不能确定。"该文载于《北京师范大学学报》（社会科学版）2004 年第 1 期。
⑥ 参见郭晋稀《白话文心雕龙》，岳麓书社 1997 年版，第 152 页。
⑦ 汪高鑫：《司马谈与〈史记〉》，《安徽史学》2002 年第 2 期。

第四节　司马迁的创作及成就

司马迁（前135—约前85）[①]，字子长，史学家、文学家。他首先是史学家，其次因《史记》的文学成就而成为文学家。他将诸如司马相如等文人作品写入《史记》，表现出全新的史学观和文学观。当然，除了《史记》之外，他也创作了辞赋、散文等文学作品。司马迁的文学成就主要在散文。除《史记》这样的史传文学，诸如书信体散文、辞赋等，也在汉代文学史上有一席之地。其作品除《史记》外，今存《悲士不遇赋》一篇（可能是残篇）及《报任少卿书》《与挚伯陵书》《素王妙论》等散文三篇，皆见载于严可均《全汉文》卷二十六。

一　生命因《史记》而不朽

《史记》是司马迁的代表作。在撰写《史记》的前期阶段，司马迁的心态和处境是平和的。所以，太初元年（前104）至天汉三年（前98），司马迁安心创作《史记》将近七年。李陵之祸让司马迁一度中断创作，心身备受折磨，创作心态和观念由此发生了明显变化。因此，他在《史记》中倾注了极其复杂的情感体验。关于《史记》，研究者已从多方面予以论述。现就整体观感简要描述如下。

第一，作为史学家、史传文学的集大成者，司马迁是讲故事的高手。《史记》不仅再现了历史，也是一部颇有小说意味的历史故事汇编。作者将真实与虚构巧妙地结合在一起，使我们看到了历史人物的外在生存经历和内在精神世界。这种虚构与想象能力，正是小说家应具备的基本素质。

第二，《史记》是一部关注宗族、家族变迁的史书。在书中，我们看到了先秦至武帝时期的家族演变。尤其是三十篇《世家》，是我们研究先

[①] 关于司马迁的生年，说法不一。一说生于景帝中元五年（前145），以王国维及其追随者为主；一说认为生于武帝建元六年（前135），以郭沫若及其追随者为主。后说更为妥当，故从。关于卒年，史无明文记载，只能推测其在武帝末年或昭帝初年。但无论如何，司马迁当活了五十岁左右。

秦、秦汉家族史的重要资料。汉代缺少家族史、谱牒资料，而《史记》可谓填补了这一空白。

第三，《史记》彰显了人的主体地位。在《史记》中，我们看到了不怕困难、敢于抗争、永不屈服、自强不息的精神，也感受到了道德力量的伟大和失德者的渺小。在《史记》之中，人真正成为现实世界的核心，宇宙世界的主宰。人既是历史的创造者，也是推动社会进步的主要力量。

第四，《史记》树立了追求生命不朽的典范。在《史记·封禅书》中，作者通过对汉武帝热衷于求仙、长生的滑稽与荒谬想法的批判，认为虚幻缥缈的神灵并不能解决人生短暂的问题。而解决这一问题的最好方式，莫过于将所创造的精神财富留给后人，并通过后人的传承实现自我生命的不朽。因此，如果说"究天人之际"是探索人与宇宙的关系，"通古今之变"是探求历史发展的规律，则"成一家之言"便是其最终的生命价值追求。所以，探究与探求只是方式和手段，真正目的是实现生命不朽。所以，与帝王、权贵们的求仙访道以图不朽相比，"立言"才是更有价值、更崇高的生命不朽。这应是司马迁对中国文学史的最大贡献。

第五，《史记》也是一部中华民族的发展演变史。作者以平等的观念审视华夏族之外的其他民族，认为都可追溯到传说中的五帝时期。诸如《匈奴列传》《南越列传》《东越列传》《朝鲜列传》《西南夷列传》《大宛列传》等，都贯穿着同源共祖的大华夏民族思想。

第六，《史记》在写人、叙事和人物形象的塑造与刻画方面，也取得了非凡成就。作者用史笔叙事、写人，吸收了先秦史传文学的优良传统，并在多方面获得突破性成就。而且，手法多样，善用对比手法，重视细节描写，擅长心理活动描写等，都值得关注。

总之，《史记》是一部百科全书，涉及历史、地理、经济、政治、军事、文化、文学、宗族、民族、医学、哲学等多方面的内容。关于《史记》在上述诸方面的成就，前人已从多方面予以探讨，成绩突出，故不再赘述。

二　作辞赋宣泄焦虑

司马迁是西汉赋家。他身处武帝时期，正是辞赋大盛之时。因此，其创作辞赋，也是时代熏染的结果。据《汉书·艺文志》载，司马迁有赋八篇。今存《悲士不遇赋》一篇。《汉书·艺文志》将秦汉赋分为屈原赋、陆贾赋、荀卿赋和杂赋四类，而司马迁赋属"陆贾赋"。这是令人费解的。

章太炎认为，陆贾赋属于"纵横之变"。对此，刘永济予以反驳。① 他认为，汉赋在汉代兴起的原因有二：一是纵横家的言辞转化为辞赋，二是帝王好尚的推波助澜。② 因此，《汉志》根据赋作的内容和特点进行分类的可能性更大。

司马迁得《悲士不遇赋》见载于《艺文类聚》卷三十，部分内容散见于《文选》李善注。该赋应是残篇，并不完整。至于创作时间，也难以推测。就内容而言，表达了作者身处重视功名利禄的时代，无法在儒、道之间作出选择的极其矛盾的内心痛苦。这说明，作者正处于人生抉择的十字路口。这或许与李陵之祸有关。赋作开头这样写道：

> 悲夫！士生之不辰，愧顾影而独存。恒克己而复礼，惧志行之无闻。谅才韪而世戾，将逮死而长勤。虽有行而不彰，徒有能而不陈。何穷达之易惑，信美恶之难分。时悠悠而荡荡，将遂屈而不伸。使公于公者，彼我同矣；私于私者，自相悲兮。

---

① 关于这种分类，刘永济认为："近世太炎章氏尝求其故，以为屈原言情，孙卿效物，陆贾以下，盖纵横之变也。然《汉志》儒家首冠陆贾，后列庄助，则又何说？而严忌、邹阳，《汉》《史》同称说士。志列邹书于纵横，缀严赋于屈后，亦非可解。"（刘永济：《十四朝文学要略》，中华书局 2010 年版，第 89 页）综合《汉志》归类的特点，诸如陆贾（楚人）、枚皋（淮阴人）、朱建（楚人）、庄忽奇（可能是会稽吴人）、严助（会稽吴人）、朱买臣（吴人）、刘辟疆（楚元王之孙）等大多来自吴、楚之地，《汉书》作者很可能以属地为基础，并按照以类相从的原则分类的。但是，司马迁属"秦人"，似不可解。

② 刘永济《十四朝文学要略》认为："一者裁抑游说之习，使纵横之士折入辞赋也。观高祖之论侯公，慢郦生，骂陆贾，固犹韩非、李斯之志也；而武帝之诏严助，卫绾之论贤良，尤为深切著明。盖修短之说，自不容于一统之朝也。然西京辞人，自陆贾以降，大都袭战国之余习，学百家之杂言，固纵横驰说之士也……大氐纵横入赋，乃汉世风会，固源于诗教之流变，亦本于六义之附庸。四家区分，未必在此。二者帝王好尚之笃，故侍从之臣皆长文学也。高祖以武定乱，未遑修文；文景崇尚虚无，不喜辞赋。是以虽陆贾奏书，贾谊进策，晁错陈事，贾山上言，采壮辞高，名声籍甚，大氐皆指切时事之言，不以辞赋见重也。论汉代辞赋之盛，侯国则有吴、梁、淮南，先后媲美；王朝则自建元以后，彬彬始盛；降及成世，奏御之赋，千有余篇，今虽不尽存，而繁积极矣。"（中华书局 2010 年版，第 87—94 页）

作者感慨生不逢时，有顾影自怜之悲戚。他也期望坚守儒家的"克己复礼"精神，又担心自己的努力无人知晓。自己虽有才能，却遭遇无法预测的世事纷乱与人心乖张。因此，在这美恶难分的功利时代，即使德行高尚、才能卓越，无论仕途穷通，都有着难以预料的不安全感。他也清楚，是否一心为公，不是自己说了算。而改正自私本性，也不能依赖别人，只能靠自己。作者由此深切感叹：

> 天道微哉！吁嗟阔兮。人理显然，相倾夺兮。好生恶死，才之鄙也。好贵夷贱，哲之乱也。炤炤洞达，胸中豁也。昏昏罔觉，内生毒也。

天道衰微，人世间到处是相互倾夺的丑恶闹剧。当然，凡好生恶死者，往往为有才者所鄙视；那些好贵夷贱的人，需要有才能者去管理。一个人能明辨事理，心胸才坦荡；若昏聩不悟，内心便充满狠毒。作者在经历了一番自我醒觉之后，并不希望"没世无闻"，而更乐意"朝闻夕死"。不过，道家认为，祸福相依，所以不如"无造福先，无触祸始"，因为人迟早会"委之自然，终归一矣"。

　　由于赋作不完整，难窥其全貌，但徘徊于儒道之间的矛盾心态还是比较明显的。通过阅读此赋，让我们看到了身处厄境的作者的内心独白。因此，该赋或许就是遭遇李陵之祸后所写。有学者指出，该赋"对那个蔑视士林独立人格、摧残士林的专制社会的血泪控诉，是才志之士所发出的要求获得社会尊重和实现人生价值的深情呼唤，是司马迁发自生命本源的强烈悲愤"①。确实，作为一个有尊严的男性文人，司马迁的人格受到了强权的挑战。作者深切地体验到，选择入世与出世，似乎由不得自己，他只能被动承受。所以，赋中表现的不一定是显性层面的现实生活处境，而是隐性层面的、被控制和被抛弃的心理体验。

　　关于该赋的特点，费振刚等认为："在赋史上，司马迁不是大家，然其《悲士不遇赋》作为抒情言志之作，在形式上似骚体而不用'兮'，内

---

① 杨树增、陈桐生、王传飞：《盛世悲音——汉代文人的生命感叹》，河北大学出版社2001年版，第107页。

容上多说理而少夸饰，句法上或四或六，修辞上频频对仗，从而酣畅地抒洒胸臆，这些都是有别于当时的宫廷赋家，表现了赋发展初期抒发个人情志的特色。"[1] 这恰恰是汉赋早期发展的特点。可以看出，该赋既有散体赋的特征，也有骚体赋的痕迹，实际上是由骚体向散体过渡的形态。这是需要我们注意的地方。

三 写书信抒发愤懑

司马迁的散文有《报任少卿书》《与挚伯陵书》及《素王妙论》等作品存世。其中，《报任少卿书》及《与挚伯陵书》是书信体散文。而《素王妙论》语言平直，缺少文采，与司马迁散文的整体风格不一致，文学价值不高。

《报任少卿书》载于《汉书·司马迁传》，是了解司马迁创作《史记》基本动因的重要文献。文中倾注着浓烈的郁勃不平之气，感染着一代代读者。关于此文作年，据《汉书·司马迁传》"迁既被刑之后，为中书令，尊宠任职。故人益州刺史任安予迁书，责以古贤臣之义。迁报之曰"云云，该文应写于司马迁遭受腐刑并担任中书令之后。我们知道，天汉三年（前98），司马迁遭李陵之祸，几年后出狱，任中书令，成为"闺阁之臣"。因此，该文应作于他任中书令并完成了《史记》之后。关于作年，学界争论不休，莫衷一是。[2]

可以明确，司马迁收到任安的信时，任安仍是益州刺史。而写此信时，任安已"抱不测之罪"。在信中，作者还解释了迟迟不能复信的原

---

[1] 费振刚等：《全汉赋校注》，广东教育出版社2005年版，第189页。
[2] 关于《报任少卿书》创作时间，（宋）王益之《西汉年纪》认为是天汉二年（前99）（第314页），王国维《太史公行年考》系于太始四年（前93）十一月（《王国维文集》第四卷，第321页）。刘跃进《西汉文学编年史》系于天汉二年（前99）（第187页）。程金造《史记管窥》系于征和二年（前91），任安因戾太子事被捕入狱。其实，从太初元年（前104）至天汉二年（前99）只有六年，与《史记·太史公自序》所记"七年而太史公遭李陵之祸，幽于缧绁"显然相差一年（第3300页）。因此，李陵之祸当发生在天汉三年（前98），则《报任少卿书》当作于此后。据《汉书》卷六十二《司马迁传》，司马迁在文中写道："仆窃不逊，近自托于无能之辞，网罗天下放失旧闻，考之行事，稽其成败兴坏之理，凡百三十篇，亦欲以究天人之际，通古今之变，成一家之言。草创未就，适会此祸，惜其不成，是以就极刑而无愠色。"（第2735页）这说明《报任少卿书》应创作于《史记》完成之时、任安被捕之后。

因，那就是忙，所谓"卒卒无须臾之闲得竭指意"。他之所以要复信，就是觉得任安已时日无多，若不复信，恐留下永久遗憾："今少卿抱不测之罪，涉旬月，迫季冬，仆又薄从上上雍，恐卒然不可讳。"司马迁有这样的想法，感觉马上到了冬天，正是处决犯人的时候。所以，为了不留遗憾，即使将随武帝至雍，也必须复信了。查《汉书·武帝纪》，从天汉三年（前98）至后元二年（前87）十多年间，记载武帝幸雍共两次：一次太始四年（前93）"十二月，行幸雍，祠五畤，西至安定、北地"①；另一次是征和三年（前90）"春正月，行幸雍，至安定、北地"②。笔者以为，据司马迁信中所说，当是征和三年（前90）那次。而所谓"仆又薄从上上雍"，就是说"我最近要随从皇上去雍"。这是一个时间节点。而任安被捕，与戾太子巫蛊案有关。征和元年（前92）冬十一月，"巫蛊起"。征和二年（前91）秋七月，"使者江充等掘蛊太子宫"。同年八月辛亥，"太子自杀于湖"。③而太子自杀后，谋反之事查无实据，武帝醒悟，"上怜太子无辜，乃作思子宫，为归来望思之台于湖"④。不仅如此，汉武帝还要追责，结果任安被捕入狱，因为武帝怪他没有帮助太子，有"二心"，间接导致太子自杀。⑤因此，若将巫蛊案、太子自杀、武帝追责、任安被捕及司马迁即将随武帝到雍等事联系起来，则此文当作于征和二年（前91）年底。⑥

司马迁本是有独立人格尊严的慷慨之士，而李陵之祸让他受尽了酷吏们施予的皮肉与精神之辱。为了完成《史记》，他不得不接受腐刑，承受比皮肉之辱更甚的心灵耻辱。出狱之后，武帝却让他担任中书令，与

---

① （汉）班固：《汉书》卷六《武帝纪》，中华书局1962年版，第207页。
② 同上书，第209页。
③ 同上书，第208—209页。
④ （汉）班固：《汉书》卷六十三《武五子传》，中华书局1962年版，第2747页。
⑤ 据《汉书·公孙刘田王杨蔡陈郑传》，"太子召监北军使者任安发北军兵，安受节已，闭军门，不肯应太子……及北军使者任安，坐受太子节，怀二心，司直田仁纵太子，皆腰斩"（中华书局1962年版，第2881页）。
⑥ 征和三年（前90）春正月，汉武帝最后一次幸雍。而任安被捕，当在征和二年（前91）八月之后。所以，司马迁可能知道武帝要追责，并在当年冬杀任安，故立即写了复信。据张韩荣《司马迁新证》，征和二年（前91）"十一月，史公写《报任安书》，为千古名篇……史公的朋友田仁、任安在巫蛊案中丧命，死因是一个救太子，一个不救太子。"三秦出版社2015年版，第51页。

宦官同列,这又是比死还难以忍受的人格耻辱。正如信中所言:

> 修身者,智之府也;爱施者,仁之端也;取予者,义之符也;耻辱者,勇之决也;立名者,行之极也。士有此五者,然后可以托于世,列于君子之林矣。故祸莫憯于欲利,悲莫痛于伤心,行莫丑于辱先,而诟莫大于宫刑。

本以君子自居的司马迁却遭受了辱没先人的宫刑,这成为他内心深处永远无法抹去的阴影。所以,他告诉友人任安,在十种刑法中,最下者莫过于腐刑:"太上不辱先,其次不辱身,其次不辱理色,其次不辱辞令,其次诎体受辱,其次易服受辱,其次关木索被箠楚受辱,其次剔毛发婴金铁受辱,其次毁肌肤断肢体受辱,最下腐刑,极矣。"基于这种认识,他"肠一日而九回,居则忽忽若有所亡,出则不知其所往。每念斯耻,汗未尝不发背沾衣也"。然而,作者并未因此而忘记自己的著史使命,而是忍辱负重,艰难地与权威抗争、与社会抗争,也与自己的内心矛盾抗争。司马迁认为:"人固有一死,或重于泰山,或轻于鸿毛,用之所趋异也。"这种生命价值观,正是其面对耻辱而坚持活下去的动力。更何况,他"所以隐忍苟活,函粪土之中而不辞者,恨私心有所不尽,鄙陋没世而文采不表于后也"。所以,从内容而言,此文既是了解司马迁的重要文献,也是一篇树立正确的人生观和生命价值观的珍贵读本。

该文的艺术特点主要有三点。其一,运用多种修辞手法表情达意。文中运用了设问、排比、引用、对比、反问、比喻、对偶、夸张等多种修辞手法,表现了作者具有很高的文辞驾驭能力。其二,言辞质朴而饱含深情。该文用语质朴,颇具口语化色彩。但在字里行间,有着极其浓郁的抒情色彩。其三,具有慷慨激昂的语言风格,尤其是排比句、语句的重复,使郁勃不平之气充溢其间,给人以酣畅淋漓之感。因此,在西汉散文史上,该文具有很高的艺术价值,是西汉书信体散文中的名篇。梁代萧统《文选》卷第四十一《书上》收录了李陵《答苏武书》、司马迁《报任少卿书》、杨恽《报孙会宗书》、孔融《论盛孝章书》、朱浮《为幽州牧与彭宠书》、陈琳《为曹洪与魏文帝书》等两汉书信体散文。这几篇散文皆具有慷慨激昂之气,而以《报任少卿书》和《报孙会宗书》

最为激切。可以想见,司马迁的文风对其外孙杨恽的创作是有影响的。

《与挚伯陵书》见载于《高士传》,是司马迁写给好友挚峻的一封信。挚峻字伯陵,京兆长安人,隐居于岍山。该文开头写道:"迁闻君子所贵乎道者三,太上立德,其次立功,其次立言。"接着,司马迁盛赞挚峻才能出众,品行高尚,独善其身,不重名利,但距离"立德"尚有一定距离,希望他继续努力。可见,该文与《报任少卿书》有着类似的思想倾向。该文劝说挚峻不仅要善其身,而且要立其德。该文篇幅短小,可能是残篇。但语言平直而情深意浓,也是了解司马迁的生平、思想及交友情况的重要文献之一。

为此,挚峻作《报司马子长书》,也见载于《高士传》。作者写道:"古之君子,料能而行,度德而处,故悔吝去于身,利不可以虚受,名不可以苟得。"既然名利不可苟得,则没必要争取。他还非常谦虚地说:"能者见利,不肖者自屏,亦其时也。"所以,自己只希望"偃仰从容,以送余齿耳"。两相对比,亦可看出司马迁的处世之道和生命价值观。

总之,夏阳司马氏家族文学虽传两代,但称之为颇有贡献的文学家族毫不为过。该家族在汉初的社会地位为中下层。武帝即位后,司马谈担任太史令,且与司马迁父子两代相继,共同完成了《史记》这部文学巨著。这是西汉司马氏家族对汉代文学的最大贡献。在中国文学史上,《史记》承前启后,为后世史书的撰写树立了典范,也为后世小说的创作积累了丰富的、可效法的经验。司马迁的辞赋和书信体散文也颇有特点。可以说,《报任少卿书》与《史记》一样垂范后世。司马迁的外孙杨恽所作《报孙会宗书》,便深受其影响。因此,在汉代文学史上,司马迁的史传文学、辞赋及书信体散文等,皆有着不容忽视的地位。

本章小结

在汉代关中的文学家族中,左冯翊夏阳司马氏颇具个性特点。该家族远祖曾是史官,但在春秋时期因周王室内乱而迁徙各地。至战国时期,司马迁九世祖司马错、七世祖司马靳皆为秦将,以军功奠定了司马氏家族在秦国的地位。此后,司马迁的高祖父司马昌任主铁官、曾祖父司马无泽任汉长安西市长丞、祖父司马喜任五大夫,说明司马氏家族成员的身份已发生了变化。

从司马谈开始，司马氏家族的地位再次发生变化。汉武帝时，司马谈重新拾起先祖衣钵，担任史官。从此，司马氏父子两代为汉史官，并创作了垂范后世的《史记》。由于《史记》研究的成果众多，专著、论文不少，本章没有展开论述。仅此一部《史记》，足以奠定司马氏家族在汉代文学史上的地位，也足以说明该家族是贡献颇大的文学家族。

对于司马谈而言，其他较完整且存世的作品只有《论六家要指》。而司马迁除了《史记》，还有辞赋和散文作品存世，也影响久远。尤其是《报任少卿书》（又称《报任安书》），更是汉代散文史上的名篇。其炽热的情感，至今犹能感人落泪。因此，左冯翊夏阳司马氏家族应是汉代关中当之无愧的文学家族。

第四章

扶风茂陵马氏家族

扶风茂陵马氏家族是跨越两汉的著姓大族。早在先秦时期，该家族便以军功名世。秦始皇时，先祖马兴迁居咸阳，封为武安侯，从此成为勋臣宗族。而在两汉时期，马氏家族居于扶风茂陵。至武帝时，马氏尚有勋臣宗族身份。西汉中后期，马氏家族倾心儒学，转为官僚宗族，并盛极一时。东汉前期，马氏兼有勋臣宗族与外戚身份，成为著姓大族。在东汉中后期，马氏又向士族迈进，涌现出诸多颇有成就的文人，并成为汉代关中的文学家族。

第一节 马氏家族世系及地望

马氏家族的世系与地望相对比较复杂。而要描述一个家族的发展史，必须首先关注其世系与地望。

一 马氏家族的世系问题

关于扶风茂陵马氏家族的世系情况，《史记》《汉书》已有介绍，但并不详细。而据《新唐书·宰相世系表》[①]：

> 马氏出自嬴姓，伯益之后，赵王子奢为惠文王将，封马服君，生牧，亦为赵将，子孙因以为氏，世居邯郸。秦灭赵，牧子兴徙咸阳，秦封武安侯。三子：珪、琛、嵩。嵩生述，字贞惠，汉太子

[①] 参见《新唐书·宰相世系表》，中华书局1975年版，第2722—2723页。

大夫、平通侯。生权，为宁东将军。三子：何罗、通、伦。通字达，黄门郎、侍中、重合侯，坐何罗反，徙扶风茂陵成懽里。生宾，议郎，绣衣使者。三子：庆、昌、襄。昌生仲，玄武司马。四子：况、余、员、援。余字圣卿，中垒校尉、扬州牧。二子：严、敷。① 严字威卿，后汉将作大匠。七子：固、伉、歆、鱄、融、留、续。

可见，马氏远祖出自嬴姓，为伯益之后。据《史记·秦本纪》，秦的先祖为颛顼之苗裔，名叫女修。女修善织，玄鸟产卵，女修吞玄鸟卵而孕，生大业。大业娶少典之女女华，生大费。大费曾与禹一起治水，因"平水土"有功，舜赐其妻姚姓之玉女。后来，大费因辅佐舜，"调驯鸟兽，鸟兽多驯服"，因被称为"柏翳"，舜赐其姓嬴。据《史记·五帝本纪》的相关记载，黄帝与正妃嫘祖生有二子：长子为玄嚣青阳氏，次子为昌意。昌意生颛顼高阳氏，如此则颛顼乃黄帝之孙、昌意之子②，伯益自然是颛顼高阳氏的后裔。如此，伯益也是马氏与秦始皇的共同祖先。唐代司马贞《史记索隐》认为，"柏翳"与"伯益"是同一个人。③ 而大费之苗裔乃周穆王时的造父，造父为周穆王驾车，有功，封在赵城，其族因以赵为氏。而春秋时期晋国的赵衰就是造父的后代。④

据《史记·赵世家》，赵衰曾辅佐晋文公重耳，"文公所以反国及霸，多赵衰计策"。赵衰子赵盾、孙赵朔。晋景公时，大夫屠岸贾攻杀赵朔、赵括等。时赵朔之妻、晋成公姐姐有孕在身，生男。赵朔门客公孙杵臼

---

① 据《后汉书》卷二十四《马援列传》，"初，兄子严、敦并喜讥议，而通轻侠客"（中华书局1965年版，第844页）。又云，"严字威卿。父余。王莽时为扬州牧。严少孤，而好击剑，习骑射。后乃白援，从平原杨太伯讲学，专心坟典，能通《春秋左氏》，因览百家群言，遂交结英贤，京师大人咸器异之。仕郡督邮，援常与计议，委以家事。弟敦，字孺卿，亦知名。援卒后，严乃与敦俱归安陵，居钜下，三辅称其义行，号曰'钜下二卿'"（中华书局1965年版，第858—859页）。可见，《后汉书》中有马敦而无马敷。由于两字形体相近，可能是传抄之误。
② （汉）司马迁：《史记》卷一《五帝本纪》，中华书局1982年版，第10—11页。
③ 《史记·秦本纪》司马贞《索隐》："嬴姓之先，一名柏翳，《尚书》谓之'伯益'，《系本》《汉书》谓之'伯益'是也。寻检《史记》上下诸文，'柏翳'与'伯益'是一人不疑。"中华书局1982年版，第173页。
④ （汉）司马迁：《史记》卷五《秦本纪》，中华书局1982年版，第175页。

与赵朔的朋友程婴合谋，由程婴抚养赵朔遗腹子赵武。①战国初期，即公元前453年，韩、赵、魏三家分晋，赵武之后始建赵国。至赵武灵王十九年（前307），施行胡服骑射之策。②武灵王在位二十七年后，传位于赵惠文王。赵惠文王二十九年（前270），秦国与韩国战于阏与，惠文王以赵奢为将，赵奢率军"大破秦军阏与下，赐号马服君"。唐代张守节《史记正义》云，"因马服山为号也"。马服山在邯郸，为马氏发源地。③

据《新唐书》所述，赵奢生赵牧，为赵将，子孙因姓马氏，世居于邯郸。秦灭赵，赵牧之子马兴徙居咸阳，是为武安侯。如此，秦汉时期马氏家族世系如下：马兴（武安侯）→（珪）、（琛）、嵩→述（平通侯）→权（宁东将军）→（何罗）、通（重合侯）、（伦）→宾（议郎、绣衣使者）→（庆）、昌、（襄）→仲（玄武司马）→（况）、余、（员）、（援）→严（将作大匠）、（敦）→固、伉、歆、鱄、融、留、续④。

据东汉刘珍等撰《东观汉记》卷十二所载：

> 马援，字文渊，扶风茂陵人。远祖徙茂陵成懽里。通生宾，宣帝时以郎持节，号使君；使君生仲，仲官至玄武司马；仲生援。援三兄，况字长平，余字圣卿，员字季主。⑤

可见，《东观汉记》与《新唐书》所记有出入，即在马宾与马仲之间少了马昌。就是说，《东观汉记》载马宾为马仲之父，而《新唐书》载马宾为马仲之祖，马仲之父为马昌。若从所记载的时间前后而论，显然刘珍等所记可能与事实更接近。因为马援为东汉前期人，而其小女即明德马皇后，所以奉皇命撰写《东观汉记》的刘珍等人所记不可能违背事实。范晔《后汉书·马援传》亦云：

---

① （汉）司马迁：《史记》卷四十三《赵世家》，中华书局1982年版，第1779—1785页。
② 中国社会科学院历史研究所编：《中国历史年表》，中国社会科学出版社2002年版，第10、12页。
③ （汉）司马迁：《史记》卷四十三《赵世家》，中华书局1982年版，第1786—1822页。据张守节《史记正义》引《括地志》："马服山，邯郸县西北十里也。"（第1822页）
④ 凡名字在括弧中者，指《新唐书》未列其支系情况，自然不知其子孙继替。
⑤ （汉）刘珍等撰，吴树平校注：《东观汉记校注》，中华书局2008年版，第426—427页。

第四章　扶风茂陵马氏家族　　165

> 马援字文渊，扶风茂陵人也。其先赵奢为赵将，号曰马服君，子孙因为氏。武帝时，以吏二千石自邯郸徙焉。曾祖父通，以功封重合侯，坐兄何罗反，被诛，故援再世不显。援三兄况、余、员，并有才能，王莽时皆为二千石。①

可见，范晔《后汉书》所依据的可能就是刘珍等的《东观汉记》，故所记基本一致。② 不过，古籍传抄难免有衍文、脱文。若《新唐书》所记"昌"为衍文，则《后汉书》与《东观汉记》所载不差；若《东观汉记》与范书等有脱文"昌"，则《新唐书》所记正确。在新证据出现之前，暂且存疑。

二　马氏家族的地望问题

前面说过，赵奢大破秦军，赵惠文王赐其号为马服君。马服君因邯郸马服山而命名，因此河北邯郸当为马氏的发源地。《后汉书·马援列传》云："马援字文渊，扶风茂陵人也。其先赵奢为赵将，号曰马服君，子孙因为氏。武帝时，以吏二千石自邯郸徙焉。"③ 如此来看，马氏的地望当在邯郸。

在《后汉书》中，马氏为扶风茂陵人。这样，茂陵当为汉代马氏的地望。关于马氏何时迁居茂陵，则有不同说法。按照《后汉书》所载，"汉武帝时，以吏两千石自邯郸徙焉"。就是说，马氏是在汉武帝时从邯郸迁居于扶风茂陵。按《新唐书·宰相世系表》所云，赵奢之孙马兴即徙咸阳，被封为武安侯，则马援远祖马兴在秦始皇时已迁居咸阳。秦时马氏既在咸阳，则迁居茂陵当很容易。而《东观汉记》并未明确马氏家族何时迁居茂陵成懽里，所以，吴树平《东观汉记校注》校勘记三云："远祖徙茂陵成懽里，原无'远祖'二字。范晔《后汉书·马援传》云：'其先赵奢为赵将，号曰马服君，子孙因为氏。武帝时，以吏二千石自邯

---

① （南朝宋）范晔：《后汉书》卷二十四《马援列传》，中华书局1965年版，第827页。
② 按《后汉书》卷二十四《马援列传》的有关记载，从马通至马援四世，与《新唐书》所载不同，与《东观汉记》所载一致。
③ （南朝宋）范晔：《后汉书》卷二十四《马援列传》，中华书局1965年版，第827页。

郸徙焉.'其下李贤注引《东观汉记》'徙茂陵成懽里'一语作注。为使文义完足,今据范书大意增补'远祖'二字。此条姚本、聚珍本作'远祖以吏二千石自邯郸徙茂陵成懽里',亦据李贤注和范书辑录。"①

其实,《后汉书》所载与《汉书》也有出入。据《汉书·武帝纪》,汉武帝时期共有两次徙郡国豪杰于茂陵。第一次是元朔二年(前127)夏,"募民徙朔方十万口。又徙郡国豪杰及訾三百万以上于茂陵"②。第二次是太始元年(前96)春,"徙郡国吏民豪杰于茂陵、云陵"③。那么,马氏是否在这两次移民中被迁徙至扶风茂陵的?根据史料记载来看,元朔二年(前127)马氏被迁徙的可能性不大。因为此时马氏地位不高,也非二千石以上高官或家产三百万以上的豪族。如此,马氏或许在太始元年(前96)以"吏二千石"自邯郸迁徙于茂陵的。吴桂美指出,马氏"先祖最先居于邯郸,在秦时随着秦始皇的徙豪政策迁至咸阳,汉武帝时由于马何罗谋反被迁徙到扶风,遂定居于此"④。吴桂美的说法源于《新唐书·宰相世系表》的有关记载。这个说法有待考定。这主要涉及马何罗、马通两个人。

那么,马何罗谋反究竟在何时?这是考证马氏迁徙茂陵的关键时间。当然,这也可与重合侯马通的经历相互验证。《汉书·武帝纪》中两次提及马通。一次是征和三年(前90)三月:

遣贰师将军广利将七万人出五原,御史大夫商丘成二万人出西河,重合侯马通四万骑出酒泉。成至浚稽山与虏战,多斩首。通至天山,虏引去,因降车师。皆引兵还。广利败,降匈奴。⑤

第二次是后元元年(前88)夏六月,并提及侍中者仆射马何罗:

御史大夫商丘成有罪自杀。侍中仆射莽何罗与弟重合侯通谋反,

---

① (汉)刘珍等撰,吴树平校注:《东观汉记校注》,中华书局2008年版,第432页。
② (汉)班固:《汉书》卷六《武帝纪》,中华书局1962年版,第170页。
③ 同上书,第205页。
④ 吴桂美:《豪族社会的文学折光——东汉家族文学生态透视》,博士学位论文,华南师范大学,2007年,第149页。
⑤ (汉)班固:《汉书》卷六《武帝纪》,中华书局1962年版,第209页。

侍中驸马都尉金日䃅、奉车都尉霍光、骑都尉上官桀讨之。①

除了上述两次记载外，《汉书·西域传》中也有重合侯马通的记载："征和四年，遣重合侯马通将四万骑击匈奴，道过车师北，复遣开陵侯将楼兰、尉犁、危须凡六国兵别击车师，勿令得遮重合侯。诸国兵共围车师，车师王降服，臣属汉。"②这说明，征和四年（前89），马通尚在率兵击匈奴。所以，至少在武帝征和四年（前89）之前，马氏家族不可能因罪徙扶风茂陵。

在马氏家族史上，马通是一位颇具影响的家族成员。关于马通封侯及谋反事，据《汉书·景武昭宣元成功臣表》记载，"重合侯莽通，以侍郎发兵击反者如侯，侯，四千八百七十户。七月癸巳封，四年。后二年，坐发兵与卫尉溃等谋反，腰斩"③。另据《汉书·公孙刘田王杨蔡陈郑传第三十六》，征和二年（前91）秋，戾太子被逼而反，侍郎莽通捕杀如侯，汉武帝下令封赏，诏云："侍郎莽通获反将如侯，长安男子景建从通获少傅石德，可谓元功矣。大鸿胪商丘成力斩获反将张光。其封通为重合侯，建为德侯，成为秅侯。"④莽通即马通，前已说明。

可见，马通被封侯当在征和二年（前91）七月。四年后，即后元二年（前87）因谋反罪被处腰斩。与他同被腰斩的还有德侯景建。景建与马通同年被封侯，同年被处腰斩。⑤因此，马通之兄马何罗谋反当在此前的后元元年（前88）。金日䃅就是因为"发觉侍中莽何罗反"被封秅侯的。⑥博陆侯霍光、安阳侯上官桀也是因"捕反者莽何罗"而于昭帝始元二年（前85）被封侯的。⑦在《汉书·昭帝纪》中，亦有关于此事的

---

① 《汉书》卷六《武帝纪》颜师古注云："孟康曰：'征和三年言重合侯马通，今此言莽，明德马后恶其先人有反，易姓莽。'"参见《汉书》，中华书局1962年版，第211页。
② （汉）班固：《汉书》卷九十六《西域传》，中华书局1962年版，第3922页。
③ 同上书，第663页。
④ 同上书，第2881—2882页。
⑤ 其实，汉武帝因巫蛊案使太子被逼自杀，非常伤心。因此，凡因此事受封者，最后都被处理，或腰斩，或自杀，或灭族。所以，马通、景建同年被封侯，随后同年被腰斩，盖因此故。
⑥ （汉）班固：《汉书》卷十七《景武昭宣元成功臣表》，中华书局1962年版，第663—666页。
⑦ （汉）班固：《汉书》卷十八《外戚恩泽侯表》，中华书局1962年版，第691页。

记载：

> （始元）二年春正月，大将军光、左将军桀皆以前捕斩反虏重合侯马通功封，光为博陆侯，桀为安阳侯。①

综上，重合侯马通在征和四年（前89）尚且率兵四万击匈奴，迫使车师王降服，并臣服于汉，因此有功于汉王朝。相隔半年之久，后元元年（前88）夏六月，即因兄马何罗谋反事被捕，并于后元二年（前87）被处腰斩。如此，马氏家族可能是在汉武帝后元二年（前87）前后被迁徙扶风的。就是说，马氏并非因"吏二千石"被徙扶风，而是因罪被徙。这次迁徙，最终使扶风茂陵成为马氏家族的地望。

第二节 马氏家族在西汉的发展

西汉马氏家族的地位奠定于汉前。先秦时期，马氏以军功名世。秦始皇时期，马兴因功封武安君，迁居咸阳。因此，咸阳是马氏家族在关中的首块"根据地"。至于马氏因何徙居扶风茂陵，可能与马何罗、马通"谋反"事有关。

一 西汉前期的马氏家族

西汉时期，扶风茂陵马氏家族地位比较显赫。马嵩之子马述为汉太子大夫、平通侯。据《汉书·百官公卿表第七上》，太子太傅、少傅属官有太子门大夫。颜师古注云："应劭曰：员五人，秩六百石。"② 如此，马述虽非高官，但有爵位，地位不算太低。马述之子马权（即马援高祖）为宁东将军，显然是武官。而马援曾伯祖马何罗为侍中仆射，侍中仆射亦属武职。马援曾祖马通，字达，初为侍郎，侍郎的职责是"掌守门户，出充车骑"，秩比四百石。马通后以军功封重合侯，亦为武职，并多次率

---

① （汉）班固：《汉书》卷七《昭帝纪》，中华书局1962年版，第220页。
② （汉）班固：《汉书》卷十九上《百官公卿表上》，中华书局1962年版，第733页。

兵征讨匈奴。尽管马通受其兄马何罗谋反事牵连而被诛,①但马氏家族并未由此停止发展,而是在西汉后期再度兴起。

先秦时期,扶风马氏家族本籍邯郸。秦始皇时,其先祖马兴被封为武安侯,并迁居咸阳。而武安侯马兴的第三子马嵩生马述,为汉太子大夫,封为平通侯。马述生马权,为宁东将军。马权生马何罗、马通、马征。其中,马何罗为侍中,而马通在征和二年(前91)以功封重合侯。征和四年(前89),马通曾率兵北击匈奴。汉武帝后元二年(前87),马通因马何罗谋反事连坐而被处腰斩。大约就是在此前后,马氏家族被迁徙于扶风茂陵。可见,扶风马氏在西汉前期的地位不低,堪称为勋臣宗族。

二 西汉后期的马氏家族

马氏家族中的马何罗、马通在武帝后元二年(前87)被杀。但在昭宣时期,马氏家族似乎受到的影响并不大。尽管《后汉书》称马氏在武帝时曾因"谋反"之罪而"再世不显",并非说马氏成员在此后已失去了仕进机会。事实上,据《后汉书》卷二十四《马援列传》李贤注云,所谓"再世不显",仅指"祖父及父不得为显任",也就是不能担任要职而已。李贤转引《东观汉记》称:"通生宾,宣帝时以郎持节,号使君;使君生仲,仲官至玄武司马;仲生援。"② 不仅如此,至西汉后期的成帝时,马氏因与皇室联姻而势力渐盛。据《后汉书·皇后纪》,马援之侄、明德皇后从兄马严曾上书云:

> 臣叔父援孤恩不报,而妻子特获恩全,戴仰陛下,为天为父。人情既得不死,便欲求福。窃闻太子、诸王妃匹未备,援有三女,大者十五,次者十四,小者十三,仪状发肤,上中以上。皆孝顺小心,婉静有礼。愿下相工,简其可否。如有万一,援不朽于黄泉矣。

---

① 据《后汉书》卷二十四《马援列传》李贤注云:"马何罗与江充相善,充既诛,遂惧罪及己。谋反,伏诛。事见前书。"中华书局1965年版,第827页。

② (南朝宋)范晔:《后汉书》卷二十四《马援列传》,中华书局1965年版,第827页李贤注。

> 又援姑姊妹并为成帝婕妤，葬于延陵。臣严幸得蒙恩更生，冀因缘先姑，当充后宫。①

可见，马援之姑姊妹两人在成帝时并为婕妤，卒葬延陵，却在《汉书·外戚传》中未有点滴记载。而马严亲自上书光武帝，绝不可能信口雌黄。至于史书因何未载其事，可能别有原因，或许也与马何罗、马通兄弟"谋反"之事有关。

实际上，马氏在西汉后期与皇室联姻，一度成为外戚，并逐渐走向中兴。比如，马援祖父马宾为议郎，也是武职，因为"郎掌守门户，出充车骑，有议郎、中郎、侍郎、郎中，皆无员，多至千人"。而马宾的两个女儿为汉成帝婕妤，这对马氏家族的发展是有益的。马援之父马仲为玄武司马，城门校尉"掌京师城门屯兵，有司马、十二城门候"②，玄武司马当是协助城门校尉掌管京师城门的武职。果如其言，是"再世不显"。不过，马仲有四子：长子马况字长平，为河南太守；次子马余字圣卿，中垒校尉、扬州牧；三子马员字季主，曾为增山连率；四子马援，字文渊，曾任新城大尹。③

可见，马仲一系在西汉中后期主要以武职为事，且在哀平、新莽之际亦地位显赫。比如，马仲之子马况、马余、马员、马援等皆有才能，且地位不低。在新莽时，马况、马余、马员皆为二千石④。这说明，马氏家族在西汉后期已由勋臣宗族而转向官僚宗族，并深受统治者器重，应是当时知名的世家大族。

第三节　马氏家族在东汉的发展

扶风马氏在武帝确实曾因马何罗、马通之事而"再世不显"。但在西

---

① （南朝宋）范晔：《后汉书》卷十上《皇后纪上》，中华书局1965年版，第408页。
② 本段所引述的有关内容，皆见载于《汉书·百官公卿表上》，中华书局1962年版，第727—737页。
③ 《后汉书·马援列传》李贤注引《东观汉记》云："况字长平，余字圣卿，员字季主。"又云："况，河南太守。余，中垒校尉。员，增山连率。"中华书局1965年版，第827页。
④ 据《后汉书·马援传》，"援三兄况、余、员，并有才能，王莽时皆为二千石"。

汉后期，因与皇室联姻而中兴，并在两汉之际地位较为显赫。东汉前期，马氏家族以勋臣与外戚的身份，真正发展成为著姓大族，并在东汉后期走向士族化道路。

据笔者统计，仅在《后汉书》正传中出现的马氏成员就有：马通、马何罗、马况、马余、马员、马援、马廖、马防、马光、马客卿、马豫、马遵、马度、马钜、马康、马朗（郎）、马严、马敦、马鱄、马续、马融、马棱、马毅、马日磾、明德马皇后、马伦、马芝等二十七人。他们的生平事迹主要见载于《马援列传》《皇后纪》《马融列传》，也散见于《光武帝纪》《隗嚣列传》《公孙述列传》《外戚列传》《列女传》《文苑列传》和《儒林列传》等。其中，马援、马廖、马严、明德马皇后、马融、马续、马芝等最为著名。

东汉刘珍等所撰《东观汉记》中，诸如《世祖光武皇帝纪》《明德马皇后传》《马援传》《马廖传》《马防传》《马光传》《马客卿传》《马严传》《马融传》及《马棱传》等，也涉及不少马氏成员。比如，《东观汉记·马援传》涉及马援曾祖马通、祖父马宾、父亲马仲等。因此，《东观汉记》的史料可与《后汉书》的史料互补。

一 马援及其后裔概况

马仲的四个儿子中，次子马余、少子马援两支发展较好，史上知名者不少。在两汉之际的新莽时期，马氏家族地位较显赫，马况、马余、马员皆为二千石。新莽败，马氏崛起得益于两个主要因素：马援田牧北地及两汉之际的战乱。

（一）马援生平概况

马援十二岁而孤，为诸兄抚养长大。据《东观汉记》载，马援曾师事颍川满昌习《齐诗》[1]。《后汉书》本传亦载，马援"尝受《齐诗》，意不能守章句"。其长兄马况为河南太守，次兄、三兄皆在京师为官，而马

---

[1] 查《汉书·儒林传》，辕固生授齐诗，传夏侯始昌，夏侯始昌传东海后苍，后苍传翼奉、萧望之、匡衡，匡衡传琅琊师丹、伏理斿君、颍川满昌君都，满昌传九江张邯、琅琊皮容。可见，从师承关系上说，匡衡为夏侯始昌的再传弟子，马援是匡衡的再传弟子，与九江张邯、琅琊皮容为同门关系。

援"见家用不足,乃辞况欲就边郡畜牧"①。马况表示同意,并鼓励他:"汝大才,当晚成。良工不示人以朴,且从所好。"但不久马况去世,马援为兄守孝,"行服期年,不离墓所,敬事寡嫂,不冠不入庐"。②此后,马援任新莽的郡督邮,因私放重刑犯而亡命北地任氏。北地是其祖父马宾客居之地,父亲马仲为官之所。因此,遇赦之后,马援即田牧其间,为富人,"宾客多归附者,遂役属数百家"。他辗转陇山、汉水之间,抱着"丈夫为志,穷当益坚,老当益壮"的信念,经营农业、牧业,并成为富豪,"有牛、马、羊数千头,谷数万斛"。③

新莽末,王莽从弟王林举荐马援任新成(今陕西汉中)大尹。王莽败,他与兄长、曾山连率马员一同避难凉州。光武帝刘秀建立东汉后,马员依附于刘秀,后卒于官。马援则先依附隗嚣,为绥德将军,深得隗嚣敬重;后归附光武,亦得光武帝赏识。建武九年(33),任太中大夫。建武十一年(35),任陇西太守。建武十三年(37),率军平定诸羌,为虎贲中郎将。建武二十一年(45),马援率军征乌桓。建武二十四年(48),伏波将军、新息侯马援时年六十二岁,自请率兵南击五溪蛮。次年,染病而亡于军中,马革裹尸而还。因权臣梁松进谗言,新息侯印绶也被追缴,朝廷不准其归葬祖坟。④如此结局,可谓悲惨!明帝即位,马援之女为皇后,"以椒房故",云台功臣图独不挂马援像。直到建初三年(78),章帝"使五官中郎将持节追策",追谥马援为"忠成侯"。⑤

(二)马援后裔概况

根据有关史料,马援生有子女八人,男、女各四人。四子分别为马

---

① (南朝宋)范晔:《后汉书》卷二十四《马援列传》,中华书局1965年版,第427页。按说,马况、马余、马员等为高官,自然收入不菲。可马援仍然感到"家度不足",则说明其家大业大,用度也大。或者,马援兄长虽为高官,而他自己须独立生活。因没有经济来源,自然感到用度不足。

② (南朝宋)范晔:《后汉书》卷二十四《马援列传》,中华书局1965年版,第828页。

③ 《后汉书》卷二十四《马援列传》李贤注云:"《续汉书》:'援过北地任氏畜牧。自援祖宾,本客天水,父仲又尝为牧(帅)[师]令。是时员为护苑使者,故人宾客皆依援。'"可见,马援亡命北地,远赖父祖奠定的基础,近依其三哥马员的关系。中华书局1965年版,第828页。

④ (南朝宋)范晔:《后汉书》卷二十四《马援列传》,中华书局1965年版,第828—844页。

⑤ 同上书,第851—852页。

廖、马防、马光和马客卿。① 其中，少子客卿早卒。长子马廖字敬平，曾任虎贲中郎将、卫尉，建初四年（79）封顺阳侯。马廖生马豫，为步兵校尉。马豫生马遵，为程乡侯。马豫之孙马度为颍阳侯。次子马防字江平，曾为黄门侍郎、中郎将、城门校尉，以平羌之功任车骑将军，封颍阳侯。马防生马钜，为黄门侍郎，后嗣父爵，为长水校尉。三子马光曾为卫尉、太仆，因窦宪事牵连而自杀。马光生子马康、马朗。马康曾为黄门侍郎、侍中，因窦宪谋反事牵连被杀。邓太后时，马光次子马朗绍封合乡侯。可见，马援子嗣在东汉前期贵盛无比，封侯者众多，马氏家族俨然豪门大族。据《后汉书·马援列传》附《马防传》：

> 防兄弟贵盛，奴婢各千人已上，资产巨亿，皆买京师膏腴美田。又大起第观，连阁临道，弥亘街路，多聚声乐，曲度比诸郊庙。宾客奔凑，四方毕至，京兆杜笃之徒数百人，常为食客，居门下。刺史、守、令多出其家。②

马援的四个女儿中，其小女即明德马皇后。③ 马援死后，受梁松、窦固谗陷，马氏家族的势力一度低落。为此，马援侄儿马严忧愤万分，期望重振家族地位。他曾多次上书光武帝，终使马援十三岁的小女儿进入掖庭。明帝即位，成为贵人。永平三年（60），由贵人而为皇后。从此，马氏家族得以重振。章帝即位后，为皇太后。马皇后在位期间，曾多次戒止分封马氏成员为列侯。直到章帝建初四年（79），马廖、马防、马光才同时被封列侯。建初五年（80）六月，明德马皇后病死，与明帝合葬显节陵。

---

① 凡有关马援子孙的概况，皆载《后汉书》卷二十四《马援列传》，中华书局1965年版，第852—858页。

② 参见《后汉书》卷二十四《马援列传》，中华书局1965年版，第857页。

③ 参见《后汉书》卷十上《皇后纪上》，中华书局1965年版，第407—408页。另，刘跃进在《秦汉文学编年史》中谈及朱勃《诣阙上疏理马援》时说："马援卒于本年（即建武二十五年）。窦固陷之，其兄（子）马严前后六次上书讼冤，始得归葬旧茔。洛阳出土马援之女马姜墓碑，立于延平元年（106年）。其时马援早已得到平反，且其小女入太子宫，后为皇后矣。马援死后，马姜似已出嫁，故马严上书记马援三女未及马姜。这块碑文有助于我们了解当时马氏家族的情况。"（商务印书馆2006年版，第369—370页）

二　马余及其后裔概况

马援次兄马余字圣卿，曾在新莽时担任扬州牧，生马严及马敦。马严字威卿，少孤，好击剑、骑射，曾师从平原杨太伯讲学。《后汉书》本传称，马严"专心坟典，能通《春秋左氏》，因览百家群言"。马敦字儒卿，亦知名。马援死后，两人归安陵故居，居钜下，三辅号称"钜下二卿"。① 明德马皇后立，马严为避嫌而迁居北地。明帝永平十五年（72），马皇后敕使马严移居洛阳。在洛阳，他在仁寿闼与校书郎杜抚、班固等编撰《建武注记》。马严曾任五官中郎将、长乐卫尉、将作大匠等职。马皇后崩，窦氏临朝，马严为窦氏所忌。据《后汉书》本传，"窦太后临朝，严乃退居自守，训教子孙"②。马严弟马敦官至虎贲中郎将。

马严有七子：固、伉、歆、鱄、融、留、续。③ 七子之中，尤以马融、马续最知名。马融字季长，少从父学，后师从关西大儒挚恂，挚恂将女儿嫁给他。安帝永初二年（108），马融为大将军邓骘舍人，后官拜校书郎中，曾典校秘书于东观，后任议郎、武都太守、南郡太守等职。作为当世"通儒"，马融培养了众多人才。其中，涿郡卢植、北海郑玄等皆为大儒。他一生经历了和帝、殇帝、安帝、顺帝、冲帝、质帝、桓帝等七代帝王，仕途多舛，并因外戚地位变化而起落沉浮。安帝、顺帝时，邓氏、梁氏先后为外戚，马融仕途多变。他先依邓氏，因"忤逆"邓太后而遭禁锢多年。邓太后死后，得还朝廷。经梁商举荐，为从事中郎、武都太守。桓帝时为南郡太守，因忤逆梁冀，髡徙朔方，遇赦后复拜议郎，继续在东观著述，以病去官。马融一生著述甚多，桓帝延熹九年（166）卒，享年88岁。④

---

① （南朝宋）范晔：《后汉书》卷二十四《马援列传》，中华书局1965年版，第858—859页。

② （南朝宋）范晔：《后汉书》卷二十四《马援列传》，中华书局1965年版，第862页。

③ 陆侃如《中古文学系年》："严有七子，最大的三个（固、伉、歆）已于建初元年为郎。融行五，本年（按：汉和帝刘肇章和二年，即88年）十岁。严所教者当为融及兄鱄，弟留、续四人。他年逾七十，也可能有十余岁的孙儿了。（七子之名见章怀注，惠栋据《世系》断定这就是长幼的次序）。"人民文学出版社1985年版，第114页。

④ （南朝宋）范晔：《后汉书》卷六十上《马融列传》，中华书局1965年版，第1953—1972页。

马续字季则，《后汉书》本传称其"七岁能通《论语》，十三明《尚书》，十六治《诗》，博览群籍，善《九章算术》"。顺帝时曾为护羌校尉、度辽将军。

马援族孙马棱，字伯威。少孤，依从兄、张掖属国都尉马毅为生。章帝时，马棱曾仕郡功曹、谒者、广陵太守；和帝时，为汉阳太守。因窦宪事而免官，此后曾任丹阳太守、会稽太守、河内太守。和帝永初年间，坐事抵罪免官。①

此外，马融之女马伦、马芝亦有才名。马伦"少有才辩"，"亦有名于当世"②，汝南袁隗之妻。③ 马芝"亦有才义"，有《申情赋》传世。④ 还有，马融的族孙马日磾，字翁叔，汉献帝时曾位至太傅。⑤

三　走向文化著姓

扶风马氏家族在西汉时即以军功见重。西汉后期，马氏与皇室联姻，地位渐盛。东汉初，因马援之赫赫军功，该家族得以再兴。和帝之后，马氏的政治地位渐衰，但文化地位攀升。因此，扶风马氏走过了兴起于军功（西汉前期）、奠基于外戚（西汉后期）、重兴于军功（东汉初期）、衰落于外戚（东汉中后期）等比较曲折的发展历程，并逐渐从武力强宗转向文化著姓，孕育出以马融、马续等为代表的知名文人。

前面介绍过，扶风茂陵马氏家族源于战国时期赵国的大将赵奢，赵奢以打败强秦之军功而封为马服君，子孙后代方为马氏。秦始皇时，马服君之孙马兴以军功封武安侯，从邯郸迁居咸阳。马兴第三子马嵩，当为扶风马氏的开山鼻祖。西汉时，马嵩之子马述字贞惠，任汉太子大夫、

---

① （南朝宋）范晔：《后汉书》卷二十四《马援列传》，中华书局1965年版，第862—863页。

② （南朝宋）范晔：《后汉书》卷八十四《列女传》，中华书局1965年版，第2796页。

③ 据严可均辑《全后汉文》卷七十七载，东汉末蔡邕有《司徒袁公夫人马氏碑》，马伦曾祖为中水侯马余，祖为匠作大将马严，父为南郡太守马融。蔡邕称，"幼从师氏四礼之教，早达窈窕德象之仪"。因病卒于汉灵帝光和七年（184），享年六十三岁。参见《全后汉文》，商务印书馆1999年版，第777页。

④ （南朝宋）范晔：《后汉书》卷八十四《列女传》，中华书局1965年版，第2796页。

⑤ （南朝宋）范晔：《后汉书》卷六十上《马融列传》，中华书局1965年版，第1972页。

平通侯，为武职。马述生马权，为宁东将军，也为武职。而马权之子马何罗、马通皆为武职。很明显，一直到汉武帝末年，马氏家族基本上以军功立世。由于马何罗、马通所谓的"谋反"之事，使得马氏家族"再世不显"，并逐渐向文化世族转化。

马氏家族能够转化为文化世族，得益于时、地、人等多重因素。从"时"的角度讲，汉武帝建元六年（前135）开始，倡导儒学，"抑黜百家，推明孔氏"，于是汉朝多文质彬彬之士。这为马氏子孙习儒通经创造了文化条件。此后，宣帝依武帝故事，外儒而内法。元帝改一贯之策，崇儒重道，重用儒生。马氏家族子弟自然会心向儒学，以图仕进。西汉末年，王莽复古改制，重用了马氏家族多人。这自然也是一种引导。尤其是东汉帝王明经好学，马氏自然会趋之若鹜。不仅如此，汉明帝永平九年（66），马氏还被列入"四姓小侯"进行重点培养。据《后汉书》载，"是岁，大有年，为四姓小侯开立学校，置《五经》师"。李贤注引袁宏《汉纪》云："永平中崇尚儒学，自皇太子、诸王侯及功臣子弟，莫不受经。又为外戚樊氏、郭氏、阴氏、马氏诸子弟立学，号四姓小侯，置《五经》师。以非列侯，故曰小侯。"[1] 这无疑进一步促进了马氏家族转化为文化家族。随着马氏外戚身份的消退，马氏的另一功臣马严居家教授，以培养子弟为己任，受教者中即有马融、马续等。

从"地"的角度看，马氏在武帝末年从邯郸徙居茂陵，也是其走向文化世族的重要条件。汉武帝兴建茂陵，曾将大量移民从全国各地迁徙而来，其中许多颇有文化者。事实上，早在汉武帝之前，就有大量的文化移民现象。据秦汉移民史料，我们发现，移民关中的著姓大族不乏文化水平高者。关中由此成为文化交会地、优秀文化汇聚场。例如，秦始皇二十六年（前221），"徙天下豪富于咸阳十二万户"[2]。汉高祖九年（前198）十一月，刘邦采纳了刘敬的"强干弱枝"建议，"徙齐楚大族昭氏、屈氏、景氏、怀氏、田氏五姓关中，与利田宅"[3]。这些贵族大姓，无疑强化了关中的文化中心地位。对此，《汉书·地理志》这样说，"汉

---

[1] （南朝宋）范晔：《后汉书》卷二《显宗孝明帝纪》，中华书局1965年版，第113页。
[2] （汉）司马迁：《史记》卷六《秦始皇本纪》，中华书局1982年版，第1139页。
[3] （汉）班固：《汉书》卷一下《高帝纪下》，中华书局1962年版，第66页。

兴，立都长安，徙齐诸田，楚昭、屈、景及诸功臣家于长陵。后世世徙吏二千石、高訾富人及豪桀并兼之家于诸陵"①。移民政策有利于关中文化的多元发展，也促进了当地的教育发展，尤其是私学教育相对发达。而马氏居于茂陵，自然得益于这种便利的文化教育条件。这是促其转化为文化世族的地域环境。

从"人"的角度言之，几个关键性人物深刻影响着马氏家族的发展。一个是重合侯马通。马通之被杀，让马氏家族深知为臣之不易，由此养成了小心处世和做强做大两种性质迥异的家族性格。而《汉书》称之为"莽"，确实反映了马皇后以马通为警示榜样的内心想法。第二个关键人物是马援。马援以军功为家族奠定了基础，是一个文武全才。他"尝受《齐诗》，意不能守章句"。长兄马况称其"大才晚成"。他在北地畜牧为业，交结豪俊，引起光武帝重视，以军功封新息侯。马援处世严谨，侄儿马严、马敦"并喜讥议，而通轻侠客"，他写信告诫："闻人之过失，如闻父母之名，耳可得闻，口不可得言也。好论议人长短，妄是非正法，此吾所大恶也，宁死不愿闻子孙有此行也。"应该说，马严遵守了叔父的教诲，一生处世非常小心谨慎。第三个关键人物是马严。他曾"从平原杨太伯讲学，专心坟典，能通《春秋左氏》，因览百家群言"②。马援死后蒙冤，他六次上书，洗清冤屈，使马援小女得入后宫，最终成为皇后，巩固了马氏家族的地位。他晚年居家教授子弟，培养了马融、马续这样的人才，加速了马氏家族向文化世族转化。第四位是明德马皇后。马皇后"能诵《易》，好读《春秋》、《楚辞》，尤善《周官》、《董仲舒书》"③。汉章帝在位期间，她多次阻谏分封马氏，目的是为马氏长远着想，也奠定了马氏向文化家族转化的政治基础。

另外，与马氏有师承关系、姻亲关系的文化名家亦不少，这也值得关注。例如，卢植与郑玄俱师事马融，卢植曾被曹操称为"学为儒宗，士之楷模"④，郑玄则"经传洽熟，称为纯儒"⑤。如前所述，马融师事挚

---

① （汉）班固：《汉书》卷二十八下《地理志下》，中华书局 1962 年版，第 1642 页。
② （南朝宋）范晔：《后汉书》卷二十四《马援列传》，中华书局 1965 年版，第 858 页。
③ （南朝宋）范晔：《后汉书》卷十上《皇后纪上》，中华书局 1965 年版，第 409 页。
④ （南朝宋）范晔：《后汉书》卷六十四《吴延史卢赵列传》，中华书局 1965 年版，第 2119 页。
⑤ （南朝宋）范晔：《后汉书》卷三十五《张曹郑列传》，中华书局 1965 年版，第 1212 页。

恂，挚恂将女儿嫁给马融，这是关中两个文化家族的联姻。马融从父马敦之女马宗姜嫁于京兆长陵人赵岐，而赵岐是东汉后期的文化名家。① 前面说过，马融之女马伦为袁隗妻，而袁氏也是汝南著姓。东汉初年文学家、扶风杜陵人杜笃之妹嫁于马防，杜氏曾是西汉著姓。可见，马氏与各宗族关系盘根错节，这也有利于自身的文化转型。

总之，从马援父辈开始，马氏始向文化家族转型。经过马援次兄马余这一支的努力，特别是马余之子马严的用心教化，最终促使该家族走向文化士族，并培养出了许多文人，在文学史上留下不少作品，成为汉代关中少有的文学世家。

整体上看，马氏在西汉的身份是勋臣宗族与官僚宗族。昭、宣之前，马氏为勋臣宗族；元、成之世，马氏渐向外戚宗族转化；两汉之际，马氏为官僚宗族。东汉初，马余、马援归附光武帝，马援以军功封侯，马氏再次成为勋臣宗族。明帝时，马援小女成为皇后，马氏宗族又实现宗族身份的大跨越，成为有实力的外戚宗族。不过，东汉外戚的身份随皇帝的即位和驾崩而起伏。所以，曾盛极一时的马氏家族，在汉和帝时已悄然变化。而马氏宗族中的马严、马融等着意于宗族子弟的教育，培养了家族成员的文化秉性，终使扶风马氏实现了文化转型，在东汉后期成为文化著姓。这种文化转型始于马援，最终完成于马融。

第四节　马援及其子嗣的文学创作

两汉时期，马氏家族经历了由勋臣、外戚到文化著姓的发展过程。从西汉末开始，马氏家族重视儒学研习。东汉初年，尤以"钜下二卿"马严、马敦最知名。马严曾"退居自守，教训子孙"，并培养出马融、马续等知名学者。因此，在马氏成员中，不乏文才之士，并创作了值得关注的文学作品。

---

① 范晔《后汉书》卷六十四《吴延史卢赵列传》李贤注引《三辅决录注》曰："岐娶马敦女宗姜为妻。"中华书局1965年版，第2121页。

一　马援的诗歌与散文

马援（前14—49），字文渊。少有大志，以"丈夫为志，穷当益坚，老当益壮"自励。他一生戎马倥偬，但也进行文学创作，是一个文武全才之士。他有多篇作品存世，主要以散文为主，见录于严可均《全后汉文》卷十六。存于史书者，《后汉书·马援列传》载录《上铜马式表》《上疏言隗嚣》《奏请分西于县》《与隗嚣将杨广书》及《诫兄子严敦书》五篇，另有《铜马相法》为李贤注《马援列传》所引、《上书请正印文》为李贤注引《东观汉记》。据严可均《全后汉文》，《上疏言破羌以西不可弃》载袁宏《后汉纪》卷六，部分内容载《后汉书》本传；有《击寻阳山贼上书》《至荔浦见冬笋名曰苞笋上言》《平交趾上言》载于《东观汉记》，《征交趾上言》《将入九真上言》见载《水经注·叶榆水注》；《上书请复铸五铢钱》见《晋书·食货志》、《铜柱铭》见马希范《溪州铜柱记》。另，逯钦立《先秦汉魏晋南北朝诗·汉诗卷五》收录马援诗歌《武溪深》一首。不过，马援存世且比较完整的作品并不多。

（一）马援的诗歌

马援诗歌今存一首《武溪深》，又名《武溪深行》《武陵深行》。关于该诗创作的背景，据《后汉书·马援列传》载，光武帝建武二十四年（48），武威将军刘尚征讨武陵五溪蛮，遭遇全军覆没。于是，马援以六十二岁高龄上书请战。光武因其年事已高，未准许出战。马援面见光武帝，自称"尚能被甲上马"，并当场"据鞍顾眄，以示可用"。光武帝笑赞马援："矍铄哉是翁也！"于是，以马援为主帅，中郎将马武、耿舒、刘匡、孙永随行出战，率领"十二郡募士及弛刑四万余人"南征五溪蛮。[①] 该诗当作于征讨五溪蛮之时。

该诗的创作缘起，为门生爰寄生善吹笛，马援作此歌而和。[②] 该诗只有三句："滔滔五溪一何深，鸟飞不度兽不敢临，嗟哉五溪多毒淫。"可

[①]（南朝宋）范晔：《后汉书》卷二十四《马援列传》，中华书局1965年版，第842—843页。

[②] 逯钦立辑《先秦汉魏晋南北朝诗·汉诗卷五》引《古今注》云："《武溪深》，乃马援南征之所作也。援门生爰寄生善吹笛，援作歌和之。"中华书局1993年版，第163页。

见,首句实写五溪水势深不可测,令人恍若听到惊涛拍岸;次句用夸张手法,写出了河水的深广无际、鸟兽难以飞越,从中可见作者期望征服五溪蛮而不得的焦灼;第三句感慨五溪的环境险恶,更衬托出诗人内心的无助与无奈。该诗较真实地再现了征讨五溪蛮的艰难岁月和身处环境的恶劣,恰好反衬出汉军孤军深入的豪迈情怀及马援将军视死如归的英雄气概。

该诗为杂言体,用词质朴,语短情长,颇具民谣特点。特别是,该诗具有乐歌特点,可能对后世七言歌行体有影响。据逯钦立《先秦汉魏晋南北朝诗·汉诗卷五》注云,《御览》卷六十七有该诗别体:"武溪深复深,飞鸟不能渡,游兽不能临。"可见,两诗内容相近。若《御览》所录诗早于此诗,或为马援所模仿;相反,则该诗或模仿马援诗。逯钦立称,"殆别是一歌"①,或有一定道理。

(二) 马援的散文

马援生活于两汉交替之际,经历了西汉末的衰败、新莽的败亡和东汉的兴起。因此,他的散文具有明显的时代烙印。总体看,马援的一些奏疏、书信写得比较好。比如,《上疏言隗嚣》《与隗嚣将杨广书》及《诫兄子严敦书》等。

《上疏言隗嚣》当作于建武六年(30)。② 关于该文的创作背景,据《后汉书》所载,新莽灭亡,马援与次兄马员至凉州。光武即位后,他滞留西州。西州大将军隗嚣"甚敬重之",任命为绥德将军,"与决筹策"。其时,占据西蜀的公孙述称帝,隗嚣派他前往蜀地,意欲投奔、联合公孙述。而公孙述却"盛陈陛卫"接待了马援。回来之后,马援因劝隗嚣:"子阳井底蛙耳,而妄自尊大,不如专意东方。"于是,建武四年(28)冬,隗嚣派他"奉书洛阳",深得光武帝刘秀礼遇。在洛阳短暂停留后,光武帝派遣太中大夫来歙送马援回到了西州。建武五年(29)末,隗嚣听从马援建议,将长子隗恂入质于洛阳,以示效忠于汉。马援亦带家属

---

① 逯钦立辑:《先秦汉魏晋南北朝诗》,中华书局1983年版,第163页。
② 刘跃进认为,建武五年(29),"马援作《上疏言隗嚣》劝其归降"。参见《秦汉文学编年史》,商务印书馆2006年版,第344页。按,此文并非写给隗嚣,自无劝降之意。从内容看,是写给光武帝的,建议灭掉隗嚣。

随至洛阳。因无职可守,随从宾客众多,入不敷出,马援"以三辅地旷土沃,上书求屯田"于上林苑。在此期间,隗嚣听从部将王元之计,意欲拥兵自重于西州。马援多次写信劝说,隗嚣非但不听,反而埋怨马援背叛了自己,"遂发兵拒汉"。马援因作此文,以示忠心可鉴:[1]

> 臣援自念归身圣朝,奉事陛下,本无公辅一言之荐,左右为容之助。臣不自陈,陛下何因闻之。夫居前不能令人轻,居后不能令人轩,与人怨不能为人患,臣所耻也。故敢触冒罪忌,昧死陈诚。臣与隗嚣,本实交友。初,嚣遣臣东,谓臣曰:"本欲为汉,愿足下往观之。于汝意可,即专心矣。"及臣还反,报以赤心,实欲导之于善,非敢谲以非义。而嚣自挟奸心,盗憎主人,怨毒之情遂归于臣。臣欲不言,则无以上闻。愿听诣行在所,极陈灭嚣之术,得空匈腹,申愚策,退就陇亩,死无所恨。

这是马援写给光武帝刘秀的疏牍文。篇幅虽然不长,却颇有刻意表现、开脱自我的深切用意,并借机表达了为臣之忠。大体来看,此文可分为以下三个层次。

第一层,表示自己愿意为汉王朝出谋划策,故而"敢触冒罪忌,昧死陈诚"。第二层,重点介绍了他与隗嚣的关系,陈述自己曾为说服隗嚣所作的努力:"报以赤心,实欲导之于善,非敢谲以非义。"意思很明白,自己身怀赤胆忠心,一心期待隗嚣向善归服,并没有劝其胡作非为,行不义之事。很显然,隗嚣发兵拒汉虽与马援无关,但马援非常担心光武帝刘秀会降罪于己,故而竭力表达内心想法:"嚣自挟奸心,盗憎主人,怨毒之情遂归于臣。臣欲不言,则无以上闻。"第三层,表示自己期待得到刘秀的召见,以便陈述"灭嚣之术",所谓"得空匈腹,申愚策,推就垄亩,死无所恨"。

《上疏言隗嚣》亦见载于《汉文归》,并引述明代朱东观的评价云:

---

[1] 参见《后汉书》卷二十四《马援列传》,中华书局1965年版,第828—832页。另据《后汉书》卷一上《光武帝纪上》所载,隗嚣于建武五年(29)末将其子隗恂入质于洛阳,中华书局1965年版,第40页。

"伏波文章，极峭婉蕴藉之致。于西汉一种严整之气、东京一种疏简之势，各有其美，而又自成一家。不复牵拘行墨，如炬波澹宕，舒卷万端，已开晋人风味也。"① 确实，这篇散文简洁明快，讲究遣词用语，表达情感极为真诚，兼具两汉散文之所长。该文写成后，既巧妙地打消了刘秀的疑虑，也适时与隗嚣划清了界线，表达了尽诚、效忠之心。事实上，此文也确实达到了预期效果。据《后汉书》本传载，马援不仅未被刘秀误解，反而得到了重用，被任命为平叛将领，主要任务是游说、策反隗嚣的部将，以孤立隗嚣、削弱其势力。②

《与隗嚣将杨广书》就是一篇策反、游说隗嚣部将杨广的书信体散文，作于建武六年（30）五月。如前所述，王元力主据西州而偏霸一方，并被隗嚣采纳。而据《后汉书·光武帝纪》，该年五月，隗嚣反，盖延奉诏率汉军与隗嚣战，结果汉军失败。③ 于是，窦融作《与隗嚣书》（又称《责让隗嚣书》），深为光武帝赏识，认为窦融的《上隗嚣书》写得好，"痛入骨髓，畔臣见之，当股慄惭愧，忠臣则鼻酸流涕，义士则旷若发矇"④。大约在此前后，马援作此文。

从有关记载来看，该文写于劝谏隗嚣失败之后。在开头部分，简短的日常寒暄之后，便直入主题："援间还长安，因留上林。窃见四海已定，兆民同情，而季孟闭拒背畔，为天下表的。"接着，作者分析了天下形势，希望杨广分清是非、看清形势，建议他劝谏隗嚣迷途知返、弃暗投明。若不听劝，当弃之而去：

> 援素知季孟孝爱，曾、闵不过。夫孝于其亲，岂不慈于其子？可有子抱三木，而跳梁妄作，自同分羹之事乎？季孟平生自言所以

---

① 转引自刘跃进《秦汉文学编年史》，商务印书馆2006年版，第348页。
② 据《后汉书》卷二十四《马援列传》，"帝乃召援计事，援具言谋画。因使援将突骑五千，往来游说嚣将高峻、任禹之属，下及羌豪，为陈祸福，以离嚣支党"。中华书局1965年版，第832页。
③ 刘跃进《秦汉文学编年史》系于建武六年（30）五月："（建武六年）五月，马援作《上书言隗嚣》。又作《与隗嚣将杨广书》。"商务印书馆2006年版，第348页。另据《后汉书》卷一下《光武帝纪下》，建武六年（30），"五月己未，至自长安。隗嚣反，盖延等因与嚣战于陇坻，诸将败绩"。中华书局1965年版，第48页。
④ 刘跃进：《秦汉文学编年史》，商务印书馆2006年版，第348页。

拥兵众者，欲以保全父母之国而完坟墓也，又言苟厚士大夫而已。而今所欲全者将破亡之，所欲完者将毁伤之，所欲厚者将反薄之。季孟尝折愧子阳儿不受其爵，今更共陆陆，欲往附之，将难为颜乎？若复责以重质，当安从得子主给是哉！往时子阳独欲以王相待，而春卿拒之；今者归老，更欲低头与小儿曹共槽枥而食，并肩侧身于怨家之朝乎？男儿溺死何伤而拘游哉！今国家待春卿意深，宜使牛孺卿与诸耆老大人共说季孟，若计画不从，真可引领去矣。前披舆地图，见天下郡国百有六所，奈何欲以区区二邦以当诸夏百有四乎？春卿事季孟，外有君臣之义，内有朋友之道。言君臣邪，固当谏争；语朋友邪，应有切磋。岂有知其无成，而但萎腰咋舌，叉手从族乎？及今成计，殊尚善也；过是，欲少味矣。

杨广字春卿，为隗嚣战将，也是隗嚣的朋友。因与马援共事，杨广与马援的关系也非常密切。可以看出，作者并非站在自己的立场上看问题，而始终站在对方的角度，为隗嚣、杨广的未来着想。这样的劝谏，自然能感动人心。遗憾的是，杨广并未答言。但作者以换位思考的方式，始终站在对方的角度陈情述理，写得极为真诚。从文学角度衡量，该文最大的特点是通俗质朴，情理皆备，发自肺腑，颇能感人，应是东汉初期散文的佳篇之一。

《诫兄子严敦书》见载于《后汉书·马援列传》，属于家训类散文。据《后汉书》所载，"初，兄子严、敦并喜讥议，而通轻侠客。援前在交趾，还书诫之"①。因此，该文可能作于建武二十年（44）前。② 马严、马敦为马援次兄马余之子。由于马余去世很早，马援对马严、马敦视同己出。因此，该文以父辈的口吻，谆谆教导，表达了对侄儿马严、马敦

---

① （南朝宋）范晔：《后汉书》卷二十四《马援列传》，中华书局1965年版，第844页。
② 刘跃进《秦汉文学编年史》认为，（建武二十四年）"七月，马援、耿舒等率四万将士征五溪。本年作《诫兄子严敦书》"。商务印书馆2006年版，第368页。此说有待商榷。《后汉书·马援列传》中明确说"马援前在交趾，还书诫之"，说明当作于征交趾时。而据《后汉书·光武帝纪》载，"十六年春二月，交趾女子徵侧反，略有城邑……（建武十八年）遣伏波将军马援率楼船将军段志等击交趾徵侧等……十九年……夏四月，拔原武，斩臣、镇等。伏波将军马援破交趾，斩徵侧等。因击破九真贼都阳等，降之"（中华书局1965年版，第66—70页）。所以，此文可能创作于建武十八年（42）或建武十九年（43）。

喜讯轻侠行为的担忧。

马援告诫他们不要论人短长，更不能黑白颠倒、是非不分："吾欲汝曹闻人之过，如闻父母之名，耳可得而闻，而口不可得言也。好论议人长短，妄是非正法，此吾所大恶也，宁死不愿闻子孙有此行也。"他建议子侄们向龙伯高学习，不要效法马季良。因为伯高是敦厚周慎的谦谦君子，即使不能完全仿效，将来尚可做谨敕之士；而马季良虽然豪侠好义、忧人之忧、乐人之乐，但若仿效不得法，则往往沦为轻薄子。该文妙用比喻，贴切自然，用语质朴而声情并茂。可见，马援虽是一介武夫，但也有较高的文学修养。其散文以情理兼备见长，用词质朴而情含其间，确实能感动人心。这正是其散文的魅力之所在。值得注意的是，此文蕴含扶风马氏家族的家训内容，对研究马氏家族的处世思想也有帮助。

综上，马援的诗、文皆有特点。尤其是他的散文，以质朴见长，但饱含深情，具有明显的抒情色彩，给人以温文尔雅、温润和暖之感。毕竟，马援不是粗鲁的武夫，而是颇有文采的武士，更是忠君、爱家的典范。这正是其散文的内在魅力之所在。

二　马援子女的创作

马援的四子四女之中，马廖、马防、马光和马姜、小女明德马皇后知名。其中，马廖、马防及明德马皇后有作品存世。

马廖（约10—92），字敬平，马援长子，少以父任为郎。明帝时，其妹立为皇后，拜为羽林左监、虎贲中郎将。明帝崩，受遗诏典掌门禁，为卫尉，深为章帝所尊重。据《后汉书·马援列传》附《马廖传》，马廖"性质诚畏慎，不爱权势声名，尽心纳忠，不屑毁誉"。建初四年（79）封为顺阳侯，和帝永元四年（92）卒，谥安侯。今存《上明德太后疏》一文，载于《后汉书·马援列传》附《马廖传》，严可均《全后汉文》卷十七录此文。该文前半部分以"上有所好，下必从之"为中心，认为统治者应关注社会奢侈之风，特别是京师的奢侈风气。后半部分盛赞皇太后节俭之风，希望能"法太宗之隆德，戒成、哀之不终"。该文善于引用俗语民谣，使文章生动自然，颇具说服力，说明作者驾驭文辞的能力较强。

马防（约15—98），字江平，马援次子。明帝永平十二年（70），为黄门侍郎。章帝即位，拜为中郎将，迁城门校尉。建初三年（78），拜车骑将军。建初四年（79），封颍阳侯。和帝永元中，徙封翟乡侯。永元十年（98）卒。今存《奏上迎气乐》，载于《后汉书·章帝纪》李贤注引《东观汉记》等，严可均《全后汉文》卷十七有辑录。总体看，该文平质无文采，只是应用性的文字而已。

　　明德马皇后（36—79），马援季女，少丧父母。建武二十五年（49），马援征五溪蛮，卒于军中，她时年十三岁。从兄马严作《上书求进女掖庭》，"辞甚哀切"，得以选入太子宫，侍奉阴皇后。明帝刘庄即位，立为贵人。永平三年（60）春，阴太后称其"德冠后宫"，因立为皇后。她"能诵《易》，好读《春秋》、《楚辞》，尤善《周官》、《董仲舒书》"①。马皇后擅长赋颂，但不好浮华。② 章帝刘炟即位，尊为皇太后，她亲自撰写了《显宗起居注》。马皇后在位二十三年，卒于建初四年（79）六月，享年四十四岁③。

　　现存诏令《辞封舅氏诏》《报章帝重请封诸舅诏》及《诏三辅》等三篇，严可均《全后汉文》卷九收录。其中，《辞封舅氏诏》分别辑录于《续列女传》卷八、袁宏《后汉纪》卷十一和范晔《后汉书·明德马皇后纪》，内容不尽相同，严氏认为"互有删节"。《报章帝重请封诸舅诏》亦分别辑录于袁宏《后汉纪》卷十一及范晔《后汉书·明德马皇后纪》，

---

①（南朝宋）范晔：《后汉书》卷十上《皇后纪》，中华书局1965年版，第407—409页。
② 司马彪《续汉书》载，马皇后"诵《易经》，习《诗》、《论语》、《春秋》，略记大义，读《楚辞》，尤善赋颂，疾其浮华，听论辄摘其要"。参见刘跃进《秦汉文学编年史》，商务印书馆2006年版，第415页。
③ 据《后汉书·皇后纪上》载，明德马皇后死于建初四年（79）六月，并称"在位二十三年，年四十余"，则在位时间当自光武帝中元二年（57）算起，因为马氏被立为皇后是在永平三年（60）春，显然在位只有二十年，不是二十三年。如此上推三年，当是光武帝中元二年（57），该年显宗刘庄即位。而《后汉书》本传称，"显宗即位，以后为贵人"，正说明马氏是在中元二年（57）被立为贵人的。因此，关于马皇后在位的时间，当从立为贵人时算起。那么，马皇后生于何时？据从兄马严《上书求进女掖庭》云，"援有三女，大者十五，次者十四，小者十三，仪状发肤，上中以上。皆孝顺小心，婉静有礼"。如此，马严上书光武帝时马皇后已十三岁。这样，明确马严上书时间，是考定马皇后生年的关键。马援征五溪蛮，建武二十五年（49）卒于军中。因梁松、窦固等谗陷，马氏"家益失势，又数为权贵所侵侮。后从兄严不胜忧愤，白太夫人绝窦氏婚，求进女掖庭"。则该年马严上书陈情，马氏入掖庭。如此上推，马皇后当生于建武十二年（36）。如此，马皇后享年44岁。这也与其卒年"四十余"的记载相合。

内容相近，也是互有删节。《诏三辅》见录于袁宏《后汉纪》卷十一，只有十余字。

《辞封舅氏诏》和《报章帝重请封诸舅诏》比较完整，中心内容是防备"外戚横恣"。在《辞封舅氏诏》中，作者认为外戚恣纵是皇朝痼疾，建议章帝不要分封马氏成员。她告诫章帝，前车之鉴不可忘，应关注民生。诸如窦婴、田蚡及西汉后期王氏皆"宠贵横恣"，最终导致"倾覆之祸"，所以不要分封马防等舅氏。她说，"知臣莫若君，况亲属乎？吾岂可上负先帝之旨，下亏先人之德，重袭西京败亡之祸哉！"《报章帝重请封诸舅诏》与前文意思相近，认为"马氏无功于汉，不得与阴、郭中兴之后等"。可见，马皇后具有以史为鉴的意识，于公于私皆考虑周全，可谓用心良苦。

总体看，马皇后虽居于上位，但其散文毫无霸气可言，而是文辞细腻，用语简明，善用比喻。特别是她善于援古鉴今，深谋远虑，而且思维缜密，意切情真，颇有大家风范。

第五节　马严与马融的文学创作

马援次兄马余早卒，马援对马余之子马严、马敦视同己出。前面分析其训诫两人的《诫兄子严敦书》，又可见其家教严格。在马援的训导下，马严、马敦皆有成就。尤其是马严，是扶风马氏家族走向文学世族的关键人物。

一　马严作品简析

马严（17—98），字威卿。马援次兄马余长子。明帝永平十五年（72），与校书郎杜抚、班固等杂定《建武注记》，后官将军长史。章帝即位，征拜侍御史中丞。建初元年（76），迁五官中郎将，行长乐卫尉事。建初二年（77），拜陈留太守。建初五年（80），坐事免官，征拜太中大夫，迁将作大匠。建初七年（82），再次坐事免官。从此居家教授子孙。和帝永元十年（98）卒，时年八十二岁。马严通经晓事，文学修养较高，其作品也颇有文采。今存《上书求进女掖庭》载《后汉书·明德马皇后纪》，《日食上封事》载《后汉书·马援列传》附《马严传》。严可均

《全后汉文》卷十七有辑录。

马严的《上书求进女掖庭》应是六次上书中的一次。该文虽短,但清楚地表达了三层意思:第一,马援为国捐躯,后人应受皇恩垂顾;第二,太子诸王尚未婚配,马援三女皆有才色,可入选;第三,马援之姑姐妹二人曾为成帝婕妤,因此马氏与皇家有世代姻缘关系。这三点具有很强的说服力,无论于情于理,马援之女当充后宫。总体看,该文言辞质朴,但情含其中,情理兼备。

《日食上封事》则以天人感应学说,劝谏章帝应肃清吏治,重用贤才,建议采用刚柔相济的方式治理国家,所谓"宽以济猛,猛以济宽",则"绥御有体,灾眚消矣"。从文学特点上看,该文引经据典,语辞简练而具有较强的说服力,显示出作者具有深厚的儒学学养与文学功底。

总之,马严在马氏家族中具有不容忽视的地位。正是因为他的六次上书,最终感动了光武帝,为马援平反奠定了基础,也使马援小女得以选入掖庭,更为马氏家族在东汉的发展奠定了基础。所以,马氏得以大兴,虽与明德马皇后有关,更与马严有关。和帝时,马氏外戚地位受到挑战,马严自觉退居自守,专事教育子孙,又为马氏家族走向文化世族奠定了良好的基础。

二 马融的文学创作

马融(79—166),字季长,马严第五子[①],十三岁时以"明经"为太子舍人,校书东观。据《后汉书·马融列传》,马融"美辞貌,有俊才"。早年从京兆大儒挚恂游学,博通经籍。和帝时,曾从班昭习《汉书》。安帝永初二年(108),被征为大将军邓骘舍人,不应命,客居凉州武都、汉阳界,后因生活所迫返京应征。安帝永初四年(110),拜为校书郎中,诣东观典校秘书。元初二年(115),因作《广成颂》而忤逆外

---

① 马严有七子,《后汉书·马援列传》三子有名:鳣、续、融,余不知名。而据唐李贤注,马严七子分别为"固、伉、歆、鳣、融、留、续"。如此,马融为马严五子。参见中华书局1965年版,第862页。

戚邓氏，滞留东观十年之久①。此后，又遭邓太后禁锢数年。安帝亲政，召还郎署，为郎中。顺帝即位，为郡功曹。顺帝阳嘉二年（133）举敦朴，以对策拜议郎。其时外戚梁氏威权并重，大将军梁商举为从事中郎，后转武都太守。桓帝时，为南郡太守。但因忤逆大将军梁冀被免官，并髡徙朔方。大赦返回洛阳，复拜议郎，继续在东观著述，后以病去官，在家教授。汉桓帝延熹九年（166）卒，时年八十八岁。②

马融是东汉后期大儒。他"才高博洽，为世通儒，教养诸生，常有千数"③。弟子之中，卢植、郑玄最为知名。他一生著有《三传异同说》《孝经注》《论语注》《诗注》《易注》《三礼注》《尚书注》《列女传注》《老子注》《淮南子注》《离骚注》等。同时，马融是一位卓有成就的文学家，创作了大量的文学作品，《后汉书》本传有赋、颂、碑、诔、书、记、表、奏、七言、琴歌、对策、遗令等二十一篇。《隋书·经籍志》存录《马融集》九卷。据严可均《全后汉文》卷十八辑录，今存赋、颂为《琴赋》《长笛赋》《围棋赋》《樗蒲赋》《龙虎赋》《广成颂》《东巡颂》和《西第颂》；另有《阳嘉二年举敦朴对策》《飞章虚诬李固》《上疏乞自效》《上书请赦庞参梁懂》《延光四年日蚀上书》《又陈星孛》《奏马贤事》《与窦伯向书》《与谢伯世书》《书序》《遗令》《自序》等文。其中，《广成颂》《又陈星孛》全文载于《后汉书·马融列传》，而《东巡

---

① 关于马融《广成颂》的作年及由此导致滞留东观长达十年的时间问题，刘跃进《秦汉文学编年史》认为："马融永初三年（109）还京师，时年三十一岁，翌年入东观，至本年才七年，不是十年。是其可疑者之一……按：安帝即位在公元106年，至本年整十年。若以'元年已来'，或指安帝永初元年，至本年方九岁。也与'十有余年'不符。是其可疑者之二。本传又在'禁锢之'下有李贤注云：'《融集》云：时左将奏融兄子丧，自勃而归，离署当免官。制曰：融典校秘书，不推忠进节，而羞薄诏除，希望欲仕州郡，免官勿罪。禁锢六年矣。'与此有异，也不是十年。事实上马融四十三岁复出仕，是禁锢六年矣。是其可疑者之三。赋序中'今年五月以来，雨露时澍，祥应将至……'而据《后汉书·安帝纪》：元初二年'五月，京师旱，河南及郡国十九蝗……其务消救灾眚，安辑黎元'。与赋所写正好相反。是其可疑者之四。对此，陆侃如《中古文学系年》系在元初五年。而唐兰先生《马融作广成颂的年代》则以为五年未必合理。看来，这个问题还没有得到解决。何时'忽蒐狩之礼'是确定此赋写作年代的关键……而永初四年（110），马融拜为校书郎中，诣东观典校秘书。因此，不应怀疑此赋作于本年的记载。"参见商务印书馆2006年版，第466—467页。

② （南朝宋）范晔：《后汉书》卷六十上《马融列传》，中华书局1965年版，第1953—1972页。

③ 同上书，第1972页。

颂》《西第颂》及有关经典注释如《三传异同说》《孝经注》《论语注》《诗注》《易注》《三礼注》《尚书注》《列女传注》《老子注》《淮南子注》《离骚注》等在《后汉书》本传中并有名录。

(一) 马融的赋颂创作

根据现存文献，马融的《琴赋》今存残句。《长笛赋》赋、序并存，载于《文选》和《艺文类聚》，比较完整。《围棋赋》和《樗蒲赋》载于《艺文类聚》卷七十四，也较为完整。而《龙虎赋》只有残句。《广成颂》颂、序并存，载于《后汉书·马融列传》，比较完整。《东巡颂》载于《艺文类聚》卷三十九，似不完整。《梁大将军西第颂》存残句数条。在汉赋史上，与马、扬、班、张四大赋家相比，马融算不上知名赋家，但在东汉后期辞赋题材转变的关键时期，马融的赋作显示出一种新趋向。

我们知道，中国古代文学与音乐的关系极为密切。早在先秦时期，《诗经》中的风、雅、颂便是根据音乐的特点进行分类的。战国后期，楚辞与音乐之间也存在着密切关系。而辞赋与音乐间发生联系，则可追溯到汉初。西汉初年，已有与音乐相关的辞赋作品。例如，汉初贾谊的《簴赋》、枚乘的《笙赋》即以乐器为题材。西汉中后期，王褒的《洞箫赋》、刘向的《雅琴赋》和刘玄的《簧赋》等亦写乐器。东汉时，傅毅的《琴赋》也是相继而作，比马融的《琴赋》要早。而且，描写音乐的辞赋也出现在西汉。例如，枚乘的《七发》有音乐方面的描写，司马相如的《上林赋》描写了天子出猎之后的饮宴与音乐，扬雄的《蜀都赋》则谈及市井音乐的特点等。若论以音乐或乐器为题材、内容完整的汉赋，汉宣帝时王褒的《洞箫赋》应是最早的赋作。该赋不仅写洞箫制作材料的来源，而且写洞箫演奏的音乐所蕴含的仁爱、博大等政治伦理。东汉早期，有关音乐与乐器方面的赋作相对较少，只有傅毅的《琴赋》。所以，马融的《琴赋》《长笛赋》作为以乐器和音乐描写为题材的赋作，便显得独树一帜。

我们先看《琴赋》①。该赋内容并不完整，仅存片段。赋中写道，在"衡山之峻陂"的梧桐树下，一位"中道失志""居无室庐""罔所息置"的遨闲公子独自抚琴。在悠扬乐音之中，表达了"孤茕特行，怀闵抱思"的幽情逸思。赋中的这位遨闲公子，很可能是马融的自况写照。我们知道，马融尽管生于外戚之家，但当其青年时期，马氏家族的政治势力已走向衰落。章帝建初四年（79）六月，马太后驾崩。此后，窦氏家族日渐受到尊宠。安帝时，因忤逆外戚邓氏，邓太后让马融滞留东观，禁锢长达六年之久。梁氏家族以外戚得势，马融又因忤逆梁冀而遭髡徙朔方。因此，终其一生，多是在类似于走钢丝的处境中度过的。所以，赋中的遨闲公子抚琴独居，似与作者的处境、心态非常一致。该赋属咏物赋，有抒情色彩，但艺术成就不高。

《长笛赋》是马融较为成功的赋作。据赋前小序云："融既博览典雅，精核数术，又性好音律，鼓琴吹笛。而为督邮，无留事，独卧郿平阳邬中。有雒客舍逆旅，吹笛，为《气出》《精列》相和。融去京师逾年，暂闻，甚悲而乐之。追慕王子渊、枚乘、刘伯康、傅仲武等，箫、琴、笙颂，唯笛独无，故聊复备数，作《长笛颂》。"关于此赋作年，范晔《后汉书·马融列传》没有明确记载其任"督邮"之事，故难以判明。② 郿应属于汉代右扶风郿县，则平阳邬当是郿县的一个"里"③。关于创作此赋的缘起，主要是听了"雒客"吹笛后有感而作。在马融之前，枚乘有

---

① 金前文《马融诸赋创作时间考》认为："作者无职无事的情况主要有四次：一次是永初四年之前未应大将军邓骘之召的时候；一次是萎滞东观十年不得升迁、以兄子丧自劾归被邓太后下令禁锢不得仕的时候；一次是违忤大将军梁冀旨意被免官髡徙朔方的时候；最后一次是暮年以病免官的时候。考察这四次，能与《琴赋》对上号的应该是第二次……因此，《琴赋》应该是作者被邓太后禁锢之后写的……被邓太后下令禁锢应该是从永宁元年左右开始的……太后崩，安帝亲政是在建光元年（公元121年）。因此，《琴赋》的写作时间当在永宁元年至建光元年之间。"《传奇传记文学选刊》（理论研究）2012年第3期。

② 金前文《马融诸赋创作时间考》[《传奇传记文学选刊》（理论研究）2012年第3期]认为，《长笛赋》作于"永建元年至阳嘉二年这段时间内……至少是应作于永建二、三年之后"。即顺帝永建元年（126）至阳嘉二年（133）之间。

③ 据《汉书·地理志》，"右扶风……县二十一：……郿，成国渠首受渭，东北至上林入蒙笼渠。右辅都尉治"。（中华书局1962年版，第1547页）而关于平阳邬，李善注云："平阳邬，聚邑之名也……服虔《风俗文》曰：营居曰邬。"（《文选》卷第十八李善注，岳麓书社2002年版，第552页）费振刚等认为："郿，汉县名，在今陕西省中部偏西。……邬：里。平阳邬：平阳里。"（《全汉赋校注》，广东教育出版社2005年版，第802页）我们认为，费振刚等的注释可能更接近于事实。

《笙赋》、王褒有《洞箫赋》、刘玄（伯康）有《簧赋》[①]、傅毅（仲武）有《琴赋》，而没有人作与笛相关的赋作。马融生性风流倜傥，善鼓琴，好吹笛[②]，故而作《长笛赋》。

该赋第一部分写制作笛子的原材料竹子的生长环境："唯籦笼之奇生兮，于终南之阴崖。托九成之孤岑兮，临万仞之石磶。特箭槁而茎立兮，独聆风而极危。秋潦漱其下趾兮，冬雪揣封乎其枝。巅根跱之垫㔉兮，感回飙而将颓。"由于竹子生长在"间介无蹊，人迹罕到"之地，已习惯了泉水瀑布、山洪水潦和猿啸鸟鸣等各种悲号长啸之音。每每清风吹来，竹林便会发出感人心灵的悲声，以至于"放臣逐子，弃妻离友，彭胥伯奇，哀姜孝己，攒乎下风，收精注耳，靁叹顉息，掐膺擗摽，泣血泫流，交横而下，通旦忘寐，不能自御"。所以，能工巧匠才用此竹子制作长笛。第二部分全面描写了长笛所演奏的美妙动人的各种曲调。这是该赋的重点。声音非常抽象，但作者用恰当的语词进行描述，显示出高超的写作技巧。第三部分写长笛的功用不仅在于演奏音乐，而在于通过演奏来感化人心。该部分甚至运用五言诗句来描写长笛具有表达各种情感的作用：

屈平适乐国，介推还受禄。澹台载尸归，皋鱼节其哭。
长万辍逆谋，渠弥不复恶。蒯聩能退敌，不占成节鄂。
王公保其位，隐处安林薄。宦夫乐其业，士子世其宅。

作者认为，任何人听到这种笛声，都会改变初衷：屈原会到安乐的地方去施展自己的抱负，介子推会自动返回接受晋文公赐予的禄位，澹台灭明会载着儿子的尸体而还，皋鱼也会节制自己而不再啼哭，南宫长万、高渠弥会中止弑君阴谋而远离恶念，蒯聩会生谦让之德而自动退兵，陈不占也会勇气倍增而成全节操，王公们就不会失去其禄位富贵，隐逸

[①] 《文选》卷第十八李善注引《文章志》曰："刘玄，字伯康。明帝时，官至中大夫，作《簧赋》。"参见岳麓书社2002年版第552页的有关注释。

[②] 据《后汉书》卷六十上《马融列传》载，"融才高博洽，为世通儒，教养诸生，常有千数。涿郡卢植，北海郑玄，皆其徒也。善鼓琴，好吹笛，达生任性，不拘儒者之节。居宇器服，多存侈饰。尝坐高堂，施绛纱帐，前授生徒，后列女乐，弟子以次相传，鲜有入其室者"。中华书局1965年版，第1972页。

之士会安于隐居山野，士大夫们则会坚守自己的职业操守，农夫们则会永远守护着自己的农田。这样的描写尽管有夸张意味，但正如作者所言，笛声"可以通灵感物，写神喻意。致诚效志，率作兴事，溉盥污秽，澡雪垢滓矣"。在最后一部分，作者认为，诸如琴、瑟、簧、埙、和钟、离磬等乐器的制作皆是精雕细刻，"穷妙极巧，旷以日月，然后成器，其音如彼"。而笛子则与众不同，"因其天姿，不变其材，伐而吹之，其声如此"。因此，长笛既有"简易之义"，亦可"裨助盛美"。而该赋的乱辞部分是一首比较成熟的七言诗，兹录如下：

近世双笛从羌起，羌人伐竹未及已。
龙鸣水中不见已，截竹吹之声相似。
剡其上孔通洞之，裁以当簻便易持。
易京君明识音律，故本四孔加以一。
君明所加孔后出，是谓商声五音毕。

关于七言诗的兴起，传说在西汉武帝时有七言体柏梁联句诗，但不可信。而在西汉后期，刘向有七言诗残句则信而有征。与马融同时的张衡作《四愁诗》，也有模仿屈骚的色彩，且显得比较稚嫩。而马融此赋中所附七言诗句虽较为拙朴，但堪称完整的七言诗。因此，在七言诗的发展史上，该诗也值得我们关注。

从结构来看，《长笛赋》确有模仿王褒《洞箫赋》的意味。但正如刘勰在《文心雕龙·才略》中所云，"马融鸿儒，思洽识高，吐纳经范，华实相扶"。从用词方面来看，该赋确实具有华实结合的特点。尤其在描写长笛所演奏的乐曲时，作者不惜笔墨，反复描写，表现出高超的写作技巧。马积高认为："总的来说，此赋写得比较拖沓，特别是第一部分详叙生竹处的山水，甚多浮辞，不及王赋精炼。这种贪多的缺点，我们从张衡的《二京》、《思玄》中也可以看到，是模拟者技穷的一种表现（扬雄也学司马相如，但没有这种弊病）。但马融此赋在语言上却力求脱出前人的窠臼：它里面交替地使用着骚体句、四言句和散文句，还有两段用五言诗句与七言诗句。这种语言的变化颇能配合文意的变化，增加文章的音乐美。其中尤以叠用带'也'字的排比句最为生色……对造成文章的气势有一定的作用。"① 对比王褒的《洞箫赋》，马融的《长笛赋》其实并不是着意于模仿王赋，而是力图在超越前人的基础上有所创新。我们认为，马先生的评价有些绝对。若从结构形式上看，该赋是有模仿色彩。而从内容上衡量，则王赋有明显说教的意味，而马赋则并不着意于这种表述，而是意在描写笛声具有感化人心的作用。从语言形式上来看，马融此赋具有将诗、赋融合的尝试自觉。因而，从阅读体会上看，该赋运用诗的语言来创设一种诗化的意境，确实给人以诗意的美感。总之，力图创新是马融创作此赋的重要原因。兼之马融本身对笛子非常熟悉，因而在声音的描摹方面更甚于他人。

在马融的赋颂作品中，影响最大的除了上述《长笛赋》（马融自称为《长笛颂》）而外，还有《广成颂》值得关注。该颂名为颂，实则为赋，见载于《后汉书·马融列传》。该颂针对邓太后临朝、邓骘兄弟辅政，俗儒认为"文德可兴，武功宜废"的现象，认为"文武之道，圣贤不坠，五才之用，无或可废"。作者认为，"奢则不逊，俭则固。奢俭之中，以礼为界"。所以，忽略武功，必然导致礼仪寝废。《广成颂》大量的铺陈、描写，显示出马融驾驭赋体文学的水平。作者主张，既要重视文治，更不能忽视武功、废弃蒐狩之礼。而"方今大汉收功于道德之林，致获于仁义之渊，忽蒐狩之礼，阙槃虞之佃。暗昧不睹日月之光，聋昏不闻雷霆之震，于今十二年，为日久矣"。显然，矛头直接指向邓氏专政的不良后果。该颂善于用典，文辞典雅，语意含蓄，可谓是马融赋颂之典范。该颂的创作，成为忤逆邓氏的把柄，马融因此而多年不迁，甚至遭受禁锢。这正是其辞赋的影响力之所在。

另外，他的《围棋赋》将骚体的语言和四言的句式交替使用，与贾谊的《鵩鸟赋》《吊屈原赋》的句式特点相似。赋作描写了围棋游戏中的哲理体验，所谓"利则为时兮，便则为强""当食不食兮，反受其殃""深念远虑兮，胜乃可必。"而《樗蒲赋》则以四言为主，也是描写樗蒲游戏活动的赋作。两赋为描写游戏之具的咏物赋，成就不高。

(二) 马融的散文

马融的散文也很有特点。比如，《与窦伯向书》不足四十字，却言短

---

① 马积高：《赋史》，上海古籍出版社 1987 年版，第 117—118 页。

而情长。开头说见书如见面，表达了对友人的思念之情。但作者并没有直接描述自己是多么思念友人，而是写了窦伯向信的字数："书虽两纸，纸八行，行七字，七八五十六字，百十二言耳。"这几句看似平淡，但让人回味无穷。首先，表明作者是一字一字读的，说明他非常看重这封来信；其次，作者读了之后感到意犹未尽，所以多次伏案细读，以至于熟悉到可以数出字数；最后，作者巧妙地传达出自己不能与友人尽兴交流的遗憾，借此表达了自己的切切思念之情。所以，该文言辞质朴而声情并茂，应是古今书信中难得的典范之作。

另外，马融的《自叙》《与谢伯世书》也写得有特点，更是了解其生命观的重要文献。刘勰在《文心雕龙·才略》中认为："马融鸿儒，思洽识高，吐纳经范，华实相扶。"从马融作品的整体风格来看，典雅而不失通俗，质朴而不乏华丽是其散文作品的共性特点。

（三）马融的诗歌

在诗歌创作方面，《后汉书·马融列传》称其有七言、琴歌等作品，但未见独立流传的作品。而其《长笛赋》中所附的两首诗歌，却是比较成熟的五言诗和七言诗。就五言诗发展而言，在马融之前，班固的《咏史》被称为目前所知最早的文人五言诗，而马融在赋作中运用五言体诗歌，则说明该诗歌样式已开始走向成熟。该诗基本上采用偶句相押的模式，显然已超越了句句换韵的古诗特点，略具有近体诗的一些特点。

就七言体诗歌而言，马融之前的张衡也有类似七言的《四愁诗》，颇具骚体意味。而马融在《长笛赋》中所附的这首七言体诗歌，则是今天能看到的最早具备了七言诗特点的诗作。该诗首句入韵、偶句相押的用韵模式，已有后世七言近体诗的一些特征。所以，这两首诗在中国诗歌史上具有不容忽视的意义。

另外，马融曾作《离骚注》，对楚辞研究也有贡献。他注解过《离骚》，自然熟悉屈原及其《离骚》。从《长笛赋》《围棋赋》等频繁使用骚体语句来看，马融不仅熟悉楚辞，而且在作赋时有意识地进行模仿、学习。这种在模仿中创新的意识，也值得我们关注。

总之，马融是东汉中后期著名的文学家，赋作具有创新意识和超越前人的文学自觉。《长笛赋》虽为学人所诟病，但在题材的开拓、语言形式的探索、描写音乐的精细上，都可见马融期望独树一帜的努力。《广成颂》则有强烈的讽谏意识和敢于批评当下的文人自信。而其散文也颇有特点。尤其是书信体散文，诸如《与窦伯向书》等，言辞质朴而不乏情感，写得很有个性。马融出身于东汉外戚之家，但适逢马氏势力开始走向衰微之时。这对他的影响颇大。他在青年时期与文学家王符、窦章、张衡、崔瑗等过从甚密，对其文学创作当有影响。

三 马续的文学创作

马续（？—？），字季则。马续究竟是马融之弟[①]，还是马融之兄[②]？《后汉书·马援列传》和《后汉书·列女传》皆以马续为马融之兄。而《后汉书·马援列传》李贤注、《新唐书·宰相世系表》则以马续为马融之弟。我们认为，综合史料来看，马续可能是马融之弟。

如前所述，马续七岁能通《论语》，十三岁明《尚书》，十六岁治《诗》，博观群籍，精通《九章算术》。而据《后汉书·列女传》，班固著《汉书》，尚有八表及《天文志》未完成而卒。于是，和帝下诏让班昭续作，同时指导同郡马融习读《汉书》。此后，又诏马续帮助班昭完成《汉书》的编纂。可见，他协助班昭续成《汉书》，对史学与文学均颇有贡献。

由于史书未载其作品，我们无法进一步考察其文学成就。不过，参与《汉书》的整理和续写，应是他的文学成就之一，意味着他也是马氏文学家族的重要成员。

四 马伦、马芝的文才

马伦（122—184）[③]，马融之女，嫁给当时的世家大族袁氏子弟、袁安之孙袁隗。而袁隗后为司徒。据《后汉书·列女传》载，马伦"少有

[①] 《后汉书》卷二十四《马援列传》附《马严传》："严七子，唯续、融知名。"如此排列，似乎马续是马融之兄。李贤注云，"谓固、伉、歆、鱄、融、留、续"，则马续为马融之弟。中华书局1965年版，第862页。

[②] 据《后汉书》卷八十四《列女传》，班固死，和帝诏令班昭续成《汉书》。"及邓太后临朝……时《汉书》始出，多未能通者，同郡马融伏于阁下，从昭受读，后又诏融兄续继昭成之。"中华书局1965年版，第2785页。如此，则马续为马融之兄。

[③] 据蔡邕《司徒袁公夫人马氏碑》，"维光和七年，司徒夫人马氏薨，其年十一月葬……春秋六十有三，寝疾不永"。汉灵帝中平元年（184）上推63年，即可推其生年，当为汉安帝延光元年（122）。

才辩",亦有名于世。严可均《全后汉文》卷七十七载蔡邕所作的《司徒夫人马氏碑》,对马伦的生平有详细介绍,可参看。由于其文辞作品不传于世,我们无法描述其创作情况。而《后汉书》载她与丈夫袁隗间的一段斗嘴言辞,亦能显示其文学功底:

> 融家世丰豪,装遣甚盛。及初成礼,隗问之曰:"妇奉箕帚而已,何乃过珍丽乎?"对曰:"慈亲垂爱,不敢逆命。君若欲慕鲍宣、梁鸿之高者,妾亦请从少君、孟光之事矣。"隗又曰:"弟先兄举,世以为笑。今处姊未适,先行可乎?"对曰:"妾姊高行殊邈,未遭良匹,不似鄙薄,苟然而已。"又问曰:"南郡君学穷道奥,文为辞宗,而所在之职,辄以货财为损,何邪?"对曰:"孔子大圣,不免武叔之毁;子路至贤,犹有伯寮之诉。家君获此,固其宜耳。"隗默然不能屈,帐外听者为惭。隗既宠贵当时,伦亦有名于世。[①]

这段话透露出马伦尚有一个姐姐。可见,马伦博学多识,颇有才辩。对于驳难,能应对自如。马伦虽无作品传世,但有才华无疑,可视为马氏文学家族的重要成员。

马芝(?—?),马融之女,马伦之妹。据《后汉书·列女传》,"伦妹芝,亦有才义"。马芝曾因"少丧亲长而追感",作《申情赋》。该赋内容不存,无法进一步了解其特点。但这至少说明,马芝颇有文才,是马氏文学家族的重要成员。

马融之女马伦、马芝姊妹皆有文学才华。如前所述,马氏家族重视家族子弟教育。而马伦、马芝皆有才能,与马融重视家庭教育密切相关。据《后汉书·列女传》载,班昭写成《女诫》,"马融善之,令妻女习焉"[②]。所以,马伦、马芝姊妹俩可能受班昭《女诫》的影响。当然,既然马融让妻女习《女诫》,说明其妻挚氏亦有文化。毕竟,马融岳父挚恂为关西大儒,或亦重视对女儿的教育。而马伦姊妹,可能亦受其母的影响。所以,尽管作品不存,但将她们列入马氏文学家族的成员,应该是

[①] (南朝宋)范晔:《后汉书》卷八十四《列女传》,中华书局1965年版,第2796页。
[②] 同上书,第2792页。

合适的。

第六节 扶风茂陵马氏的文学地位与影响

扶风茂陵马氏家族是历史久远的家族。从先秦时代一路走来，马氏在西汉时期尚为勋臣宗族。武帝之后，马氏逐渐转向。西汉末年，马援之姑为汉成帝婕妤，或以外戚身份而受到过重视。从马援弟兄四人的情况来看，元、成时期重用儒士，他们应该接受过良好的儒学教育。这是马氏走向世族化的基础。东汉时期，马氏家族再次由勋臣而为外戚，并以"四姓小侯"而接受儒学教育，使得马氏家族渐多儒雅、能属文者。诸如马援、马廖、马防、马皇后及马严、马敦、马鱄、马融、马续、马伦、马芝等皆有文才，这说明马氏家族已成为文化著姓，是汉代关中的文学家族。尽管在东汉时期，马氏的地位与影响主要在军功和儒学方面，但也取得了较高的文学成就。因明德马皇后，马氏在明、章之世走向鼎盛；因马太后的驾崩，马氏开始走向衰落。此后，马严隐世避居，悉心教养子弟，培育出像马融、马续这样的通儒大才。马融继踵其后，也培养出马伦、马芝这样的多才女子。归纳起来，马氏家族的文学成就主要体现在以下几个方面。

一 散文创作的家族化倾向

马氏家族文学，存世最多的文学作品是散文。从马援开始，马氏成员几乎代代有散文作品。通过前面的分析，我们发现，马援的散文质朴而情深，马廖的散文通俗而易懂，马皇后的散文质朴而细腻，马严的散文朴素而感人，马融的散文言短而情长，不一而足。这似乎与马氏家世的辉煌、富贵相映成趣。可以说，在汉代散文史上，马氏散文自成一家，具有以质朴见长、朴素含情的共性特点。

二 辞赋创作具有创新意识

在马氏家族中，只有马融、马芝父女俩留下辞赋作品。马融虽不能称为汉赋大家，但善于创新是有目共睹的。无论在题材的拓展方面，还是在语言形式的探索方面，其成就均不容忽视。在题材的拓展方面，马融的《长笛赋》是目前所知第一篇写笛子的汉赋作品。他追从枚乘、王褒、刘玄、傅毅等人音乐赋的创作特点，在竭力学习、效法的同时，力图有所创新。这种题材方面的拓展，马融功不可没。该赋重在展示音乐感化人心的功能，显然不同于王褒《洞箫赋》儒学说教式的言辞表达。在语言形式方面，虽有啰唆、拖沓的地方，但非常重视语言形式的创新。他将骚句、四言句、五言句、七言句及散体句融合在一起，使其赋作具有错落有致的节奏感和韵律色彩。同时，他将五言诗、七言诗融入赋作，但不同于班固《两都赋》赋尾附诗的方式，使得赋作的诗化倾向更为明显，加快了汉赋诗化的发展进程。而且，马融具有赋、颂一体的赋学观。他自称《长笛赋》为"长笛颂"，而《广成颂》虽名为颂，实则是赋。这种赋颂一体的观念，应是东汉赋颂合流倾向在赋学观念上的体现。

三　诗歌创作、研究有成就

在诗歌创作方面，目前存世的诗歌只有三首。逯钦立《先秦汉魏晋南北朝诗》，只录了马援的一首乐府体诗歌《武溪深》。而《后汉书》本传称马融有"七言""琴歌"等，当是诗歌作品，但作品不存。事实上，马融的《长笛赋》中有五言体、七言体诗各一首，很少为诗歌研究界所关注。马积高先生独具慧眼，在其《赋史》中已谈及这一问题。笔者以为，这两首诗歌在押韵、语句等方面颇有特点，显示了五言诗、七言诗在东汉中后期渐次走向成熟并有着向近体诗过渡的痕迹。因此，两诗应在汉诗发展史上具有重要地位。

在诗歌研究方面，马融在屈原及其作品的研究方面也不容忽视。《后汉书》本传称其曾作《离骚注》，显然是对屈原及其诗歌的研究成果之一。尽管而今无法看到《离骚注》的具体内容，但在楚辞传播史上，马融应是有贡献的。

四　重视教育文人多

马氏家族在转型的过程中，重视儒学教育，培养了不少文人。男性文人中，马援、马廖、马防、马严、马敦、马融、马续等皆有作品传世。并且，由于马氏重视子女教育，还培养了值得关注的女性文人，诸如明德马皇后、马伦、马芝等皆有文名，这充分说明马氏家族重视女性教育，其贡献不容忽视。或许，重视女性成员的教育，主要是着眼于其未来的婚姻选择。不过，客观上，却让该家族产生了三位女性文人，为汉代文学作家群培养了异性力量。其贡献同样不容忽视。

总之，马氏家族文学在汉代文学史上的地位与成就不容忽视。在散文、辞赋、诗歌领域，都有一定的贡献。马氏众多成员参与文学创作，虽只是汉代文学花园中的一朵小花，但也为中国文学史增添了光彩。

本章小结

首先，我们对扶风马氏家族的演变进行了粗线条式勾勒，并对该家族的文学成就予以简要介绍与分析。我们发现，马氏先祖在战国时即以军功名世。两汉时，该家族经历了勋臣宗族向文化世族的转变，进而成为文学家族。

其次，获取军功是扶风马氏巩固政治地位的重要基础，并在武帝时和东汉初两次成为勋臣宗族，多人封侯赐爵，俸禄丰厚，具有较高政治地位。马氏在明、章之时成为外戚宗族，却在和、顺之际走向衰落。不过，马氏家族非常重视家庭教育，而且不分男女皆有受教育权利，这应是该家族成为文化世族的先决条件，也是该家族无论男女多有文采的重要原因。

最后，扶风马氏与皇室及著姓大族皆有婚姻关系。杜笃之妹即马援次子马防之妻，这是两个著姓的联姻。儒学大师挚恂将女儿嫁给马融，这是关中两个文化家族的联姻。马敦之女马宗姜嫁于京兆长陵人赵岐，而赵岐是东汉后期的文化名家。马融之女马伦为袁隗之妻，而袁氏也是文化著姓。因此，这种姻亲关系，使得扶风茂陵马氏在盘根错节的家族文化网中从容实现转型，成为文化著姓。

第五章

扶风平陵窦氏家族

扶风平陵窦氏家族由寒门细族发展为名门望族，且子孙继替、绵延不绝，主要得益于两个因素：外戚和军功。窦氏在西汉兴起之因比较单一，主要是与刘汉皇室结为婚姻关系。而在东汉，军功成为窦氏家族再兴之因，与皇族联姻则成为其走向豪门世族的重要推动力。

在汉代史上留名的窦氏男性成员有：窦婴、窦长君、窦广国、窦彭祖、窦甫、窦定、窦常生、窦良、窦桑林、窦融、窦友、窦士、窦穆、窦勋、窦宣、窦嘉、窦固、窦林、窦宪、窦万全、窦会宗、窦彪、窦笃、窦景、窦瑰、窦霸、窦褒、窦嘉、窦章、窦唐、窦奉、窦武、窦绍、窦机、窦靖、窦辅等36人。而女性成员虽仅有孝文窦皇后、章德窦皇后（窦勋之女）、窦贵人、桓思窦皇后（窦武之女）、窦贵人（窦章之女）等5人，却成全了窦氏的外戚地位。

在汉代文学史上，西汉窦氏家族成员未留下只言片语的文辞作品；而在东汉，诸如窦融、窦宪、窦章、窦武及章德窦皇后、桓思窦皇后皆有文辞传世，窦章之子窦唐、女窦贵人亦善文辞。所以，扶风平陵窦氏亦属于关中的文学家族。

第一节 从微细走向壮大的西汉窦氏家族

扶风平陵窦氏在西汉的发展比较缓慢，逐渐从寒门细族发展为外戚宗族，并在文帝、景帝、武帝时颇有声望、地位。宣帝时，窦氏以吏二千石迁徙于扶风平陵。西汉后期，窦氏居官于陇西一带，逐渐成为地方军阀势力，并在东汉初因窦融而成为勋臣宗族。

一 窦氏家族世系概况

据《新唐书·宰相世系表》，扶风平陵窦氏的姓氏渊源、家族世系如下[①]：

> 窦氏出自姒姓，夏后氏帝相失国，其妃有仍氏女方娠，逃出自窦，奔归有仍氏，生子曰少康。少康二子：曰杼，曰龙，留居有仍，遂为窦氏。龙六十九世孙鸣犊，为晋大夫，葬常山。及六卿分晋，窦氏遂居平阳。鸣犊生仲，仲生临，临生亶，亶生阳，阳生庚，庚生诵，二子：世、扈。世生婴，汉丞相魏其侯也。扈二子：经、充。经，秦大将军，生甫，汉孝文皇后之兄也。充，避秦之难，徙居清河，汉赠安成侯，葬观津。二子：长君、广国。广国字少君，章武景侯。二子：定、谊。谊生赏，袭章武侯。宣帝时，以吏二千石徙扶风平陵。二子：寿、邕。寿，护羌校尉，敦煌南窦祖也。邕，南阳太守，生猛，安定太守。二子：秀、敷。秀二子：丕、林。林，后汉武威太守、太中大夫，避难徙居武威，为武威窦祖。敷三子：平年、友、融。融字周公，大司马、安丰戴侯。生穆，城门校尉、驸马都尉，袭安丰侯。五子：勋、宣、褒、霸、嘉。宣生尚，以家难随母徙陇右，为陇右窦祖。嘉，少府兼侍中、安丰侯。三子：潜、奉、万全。奉子武，特进槐里侯，晋赠文嘉贞侯。万全袭安丰侯。二子：会宗、章。会宗子孙居武功扶风。章，大鸿胪卿。三子：陶、唐、统。

根据《史记·夏本纪》，禹为"黄帝之玄孙而帝颛顼之孙"，而帝少康乃夏启之孙、帝相之子。[②] 少康之子留居有仍，乃有窦氏。先秦时，窦氏居晋平阳。为避秦难，方迁居清河。因此，窦氏也为"世胄"，清河应为窦氏发源地。不过，《新唐书·宰相世系表》所记窦氏家族世系可能有误。[③]

[①] 参见《新唐书·宰相世系表》，中华书局1975年版，第2288—2289页。
[②] （汉）司马迁：《史记》卷二《夏本纪》，中华书局1982年版，第49、85—87页。
[③] 在《新唐书》中，窦婴是孝文窦皇后的从父，窦甫是孝文皇后的兄长。实际上，窦婴是窦皇后从兄子，两人是姑侄关系。窦甫为窦皇后之弟。所以，《新唐书》有关窦氏家族辈分的记载比较乱。

二 西汉前期的窦氏家族

据《史记·外戚世家》，"窦太后，赵之清河观津人也。吕太后时，窦姬以良家子入侍太后……窦皇后兄窦长君，弟曰窦广国，字少君。少君年四五岁时，家贫，为人所卖略，其家不知其处"。可见，窦氏家世贫寒，原非大族，而是起于微贱。窦氏家族发展起来，似有偶然因素。窦姬因良家子入选掖庭，为宫女。吕太后欲将宫女赐给诸王各五人，窦姬期望回到距离故乡清河较近的赵国，并专门嘱咐了宦官，结果宦官忘记嘱托，误将其置于代国。她被迫来到代国，因祸得福，代王刘恒独幸窦姬，而育有两子一女。文帝刘恒即位后，即以她所生长子刘启为太子，窦姬顺理成章成为皇后。

景帝即位后，窦皇后为皇太后。从此，窦氏家族因这位赫赫有名的窦太后而渐趋发展起来。① 窦太后家世单薄，双亲早死，兄窦长君早亡，弟窦广国在四五岁时因家贫而被人贩卖，辗转十余家后被卖到宜阳，为主人入山烧炭。景帝即位后，封窦广国为章武侯、窦长君之子窦彭祖为南皮侯。武帝时，窦太后昆弟窦甫为长乐卫尉②。尽管如此，窦氏在西汉仍算不上望族大姓。

诸窦之中，窦太后从兄子窦婴曾盛极一时。③ 据《史记·魏其武安侯列传》载，窦婴祖居观津，为任侠，喜好宾客。文帝时曾为吴相，后以病免职。景帝即位后为詹事，负责皇后、太子家事务。因谏景帝言欲"千秋之后"传位梁王事而惹怒太后，窦婴以病免官，被除门籍，甚至

---

① （汉）司马迁：《史记》卷四十九《外戚世家》，中华书局 1982 年版，第 1972—1973 页。

② 据《史记·魏其武安侯列传》载，"建元元年，（灌夫）入为太仆。二年，夫与长乐卫尉窦甫饮，轻重不得，夫醉，搏甫。甫，窦太后昆弟也。上恐太后诛夫，徙为燕相"。中华书局 1982 年版，第 2846 页。

③ 《史记·外戚世家》："窦太后从昆弟子窦婴，任侠自喜，将兵，以军功为魏其侯。窦氏凡三人为侯。"（中华书局 1982 年版，第 1974 页）而《史记·魏其武安侯列传》云："魏其侯窦婴者，孝文后从兄子也。父世观津人。喜宾客。孝文时，婴为吴相，病免。孝景初即位，为詹事。"（中华书局 1982 年版，第 2839 页）《汉书·外戚列传》载："吴楚反时，太后从昆弟子窦婴侠，喜士，为大将军，破吴楚，封魏其侯。窦侯侯者凡三人。"（中华书局 1962 年版，第 3944 页）表面上看，《外戚世家》与《魏其武安侯列传》的记载有差异。其实，这是秦汉时的称谓问题。"从昆弟"即"从兄"之意，前者为方言称谓，后者是雅言称谓。

"不得入朝请"。吴楚之乱起，窦婴被起用为大将军，平乱后以军功封为魏其侯。从此，游士、宾客争归附，窦婴亦参与朝议大事，贵幸无比。武帝即位后，代卫绾为丞相。因隆推儒术而再次激怒窦太后，被免相居家。建元五年（前136），武帝以矫先帝遗诏罪处以弃市极刑[1]。从此，窦婴一系便湮没无闻，基本上退出了汉代的政治舞台。

窦姬由宫女而为皇后、皇太后及太皇太后，在位五十一年，是促使西汉窦氏家族兴起的关键人物。她喜好黄老之术，也影响了西汉初期的思想、文化。据《史记·外戚世家》，"窦太后好黄帝、老子言，帝及太子诸窦不得不读黄帝、老子，尊其术"[2]。所以，汉初实行黄老无为之术，且延续到景帝时期，完全是窦太后影响的结果。而且，窦氏家族此后走向文化家族，也应奠基于此时。据《汉书·外戚传》，窦长君、窦少君皆因窦姬而贵，而绛侯周勃、将军灌婴等却担心窦氏重走吕氏之路："吾属不死，命乃县（悬）此两人。此两人所出微，不可不为择师傅，又复放吕氏大事也。"于是，汉文帝专门为两人选择了"有节行"的长者与之居。结果，"窦长君、少君由此为退让君子，不敢以富贵骄人"[3]。可见，窦氏成员在西汉前期已受到一定的文化熏陶。

三　西汉中后期的窦氏家族

西汉中后期，窦氏继续发展。据《汉书·外戚恩泽侯表》，在汉景帝时，窦氏家族以外戚身份封侯者三人：窦广国、窦彭祖、窦婴。其中，窦婴于景帝前元三年（前154）以军功封魏其侯，在位二十三年，武帝元光四年（前131）被处弃市。章武侯窦广国，在位七年，文帝后元七年（前157）死。景帝前元七年（前150），其子共侯窦定嗣爵，在位十八年死。武帝元光三年（前132），子窦常生嗣爵，在位十年，元狩元年（前122）因谋杀罪被免。南皮侯窦彭祖，与其叔父窦广国同年被封[4]，在位

---

[1] （汉）司马迁：《史记》卷一百七《魏其武安侯列传》，中华书局1982年版，第2839—2853页。
[2] （汉）司马迁：《史记》卷四十九《外戚世家》，中华书局1982年版，第1975页。
[3] （汉）班固：《汉书》卷九十七上《外戚传》，中华书局1962年版，第3944页。
[4] 据《汉书·百官公卿表》，南皮侯窦彭祖于景帝四年（前153年）为奉常。中华书局1962年版，第762页。

二十一年后死。武帝建元六年（前135），其子夷侯窦良嗣爵，在位五年死。武帝元光五年（前130），窦良之子窦桑林嗣爵，在位十八年，元鼎五年（前112）"坐酎金免"。① 可见，窦彭祖一系的爵位承袭尚延续到武帝元鼎五年（前112）。

此后，窦氏家族虽不在侯爵之位，但并未受到灭族亡身之祸，而且尚处于高位。关于窦氏在西汉后期的发展过程，史书虽语焉不详，但在《后汉书·窦融列传》中尚可透露出个中信息：

> 窦融字周公，扶风平陵人也。七世祖广国，孝文皇后之弟，封章武侯。融高祖父，宣帝时以吏二千石自常山徙焉。融早孤。王莽居摄中，为强弩将军司马，东击翟义，还攻槐里，以军功封建武男。女弟为大司空王邑小妻。家长安中，出入贵戚，连结闾里豪杰，以任侠为名；然事母兄，养弱弟，内修行义……融见更始新立，东方尚扰，不欲出关，而高祖父尝为张掖太守，从祖父为护羌校尉，从弟亦为武威太守，累世在河西，知其土俗，独谓兄弟曰："天下安危未可知，河西殷富，带河为固，张掖属国精兵万骑，一旦缓急，杜绝河津，足以自守，此遗种处也。"兄弟皆然之。②

可见，窦融七世祖为章武侯窦广国，广国之孙乃窦融高祖父，曾为张掖太守，并在宣帝时从常山迁徙于扶风平陵。从此，窦氏皆以扶风平陵为籍。窦融从祖父曾为护羌校尉，乃广国玄孙。这意味着，宣帝时，窦氏已从外戚宗族转为仕宦宗族。

王莽时，窦融以军功为建武男，并与外戚王氏建立了婚姻关系（其妹为大司空王邑小妻）。这对窦氏地位的巩固也有影响。更始帝时，窦融为钜鹿太守，其从弟为武威太守。他便与兄弟商量，认为窦氏家族"累世在河西"，了解当地的风土人情，而河西殷富，又有张掖属国的万余骑兵。一旦发生战乱，若以黄河为天险，可以自守，从而保全祖宗血脉。

---

① （汉）班固：《汉书》卷十八《外戚恩泽侯表》，中华书局1962年版，第684—685页。
② （南朝宋）范晔：《后汉书》卷二十三《窦融列传》，中华书局1965年版，第795—796页。

经更始帝大司马赵萌举荐，窦融被任命为张掖属国都尉，举家迁徙于河西。从此，河西成为窦氏家族新的根据地。在河西，窦融"抚结雄杰，怀辑羌虏，甚得其欢心，河西翕然归之"。他与酒泉太守梁统、金城太守库钧、张掖都尉史苞、酒泉都尉竺曾、敦煌都尉辛肜等州郡英俊"厚善"。更始帝败，"咸以融世任河西为吏，人所敬向，乃推融行河西五郡大将军事"。而梁统为武威太守、史苞为张掖太守、竺曾为酒泉太守、辛肜为敦煌太守、库钧为金城太守。在窦融的治理下，河西五郡"上下相亲，晏然富殖"，而且"保塞羌胡皆震服亲附，安定、北地、上郡流入避凶饥者，归之不绝"。[①] 随着窦融在河西的地位得到稳固，窦氏终于拥有了再次兴盛的政治资本。

第二节　从勋臣、外戚走向文化世族之路

东汉时期，扶风平陵窦氏家族经历了从勋臣走向外戚的发展历程。在此过程中，窦氏也逐渐走向儒化发展之路，向文化世族迈进。

一　豪奢极欲的勋臣宗族

窦氏家族能够在东汉继续发展，最为关键性的人物是窦融。由于窦融在河西位尊势大，已是地方军阀，光武帝即位后，曾多次与他联系，并赐以"外属图及太史公《五宗》《外戚世家》《魏其侯列传》"。在诏书中，光武帝称其为"外属"："每追念外属，孝景皇帝出自窦氏，定王，景帝之子，朕之所祖。昔魏其一言，继统以正，长君、少君尊奉师傅，修成淑德，施及子孙，此皇太后神灵，上天佑汉也。"[②] 光武帝拉近关系，就是期望得到窦融的支持，而且效果明显。

建武五年（29），窦融归顺东汉，任凉州牧。建武八年（32），光武帝御驾西征隗嚣，封窦融之弟窦友为奉车都尉、从弟窦士为太中大夫。隗嚣败，窦融以功封为安丰侯、窦友为显亲侯。建武十三年（37），窦融

[①] （南朝宋）范晔：《后汉书》卷二十三《窦融列传》，中华书局1965年版，第796—797页。

[②] 同上书，第803页。

为冀州牧，后迁大司空。据《后汉书》本传，"二十三年，代阴兴行卫尉事，特进如故，又兼领将作大匠。弟友为城门校尉，兄弟并典禁兵"。可见，窦融与窦友兄弟俩皆位尊权重。加之窦氏与皇族联姻，更使其贵幸无比。窦融长子窦穆尚内黄公主，任城门校尉；窦穆子窦勋尚东海恭王刘强女沘阳公主，窦友子窦固尚光武女涅阳公主，为中郎将。"窦氏一公、两侯、三公主、四二千石，相与并时。自祖及孙，官府邸第相望京邑，奴婢以千数，于亲戚、功臣中莫与为比。"① 可见，在东汉初年，扶风平陵窦氏不仅继续了西汉时的家族荣耀，而且成为富贵莫比的名门望族。

树大招风，权大遭压。窦氏在光武帝时位高权重，而在明帝时则受到压制和打击。明帝永平元年（58），窦融从兄子窦林任护羌校尉，次年却因罪被诛。为此，明帝曾多次以窦婴、田蚡之事警告窦融。据《后汉书·窦融传》，"融在宿卫十余年，年老，子孙纵诞，多不法。穆等遂交通轻薄，属托郡县，干乱政事"②。可见，明帝之时，窦氏子孙多纵诞滋事、不守法度者，已经到了"干乱政事"的严重程度。永平五年（62），因窦穆矫诏之罪，明帝"尽免穆等官，诸窦为郎吏者皆将家属归故郡"，窦融留在洛阳，当年病卒，享年七十八岁，谥为戴侯。

窦融之死，对窦氏家族影响颇大。随着这棵大树的轰然倾倒，窦氏众多成员相继被捕入狱。窦穆、窦宣父子死于平陵狱中，而窦勋死于洛阳狱中。永平十四年（71），明帝封窦勋弟窦嘉为安丰侯，食邑二千户，以奉窦融之后。和帝初，窦嘉为少府，后因窦勋之子大将军窦宪被诛，窦嘉亦免职就国。窦嘉死后，子窦万全嗣爵。窦万全死，子窦会宗嗣爵。而窦万全从子为窦武③。

窦友之子窦固，尚涅阳公主，为黄门侍郎。据《后汉书·窦融列传》附《窦固传》，他"好览书传，喜兵法，贵显用事"。光武帝建武中元元

---

① （南朝宋）范晔：《后汉书》卷二十三《窦融列传》，中华书局1965年版，第806—808页。唐代韦贤等注云："一公，大司空也；两侯，安丰、显亲侯也；四二千石，卫尉、城门校尉、护羌校尉、中郎将。"而"三公主"，即窦穆尚内黄公主、窦勋尚沘阳公主、窦固尚涅阳公主。总之，窦氏与皇室结为婚姻关系，而且位尊权重，这是窦氏成为著姓大族的重要原因之一。

② （南朝宋）范晔：《后汉书》卷二十三《窦融列传》，中华书局1965年版，第808页。

③ 同上书，第809页。

年（56），袭父爵为显亲侯。明帝即位，迁中郎将。因坐窦穆事而免官，闲居长达十余年。永平十五年（72）冬，明帝欲通西域，任命窦固为奉车都尉，率兵击匈奴，因功而"加位特进"。章帝即位后，为大鸿胪。建初七年（82），代马防为光禄勋。建初八年（83），代马防为卫尉。可见，窦固既因军功而封，也因与皇室通婚而地位甚高。本传称，"固久历大位，甚见尊贵，赏赐租禄，赀累巨亿，而性谦俭，爱人好施，士以此称之"。其子窦彪，曾官射声校尉，窦彪无子。尽管窦固一系没有延续下来，但父子俩在明、章时地位显赫，家产丰厚，过着豪奢的贵族生活①。

二 位尊权重的外戚宗族

窦勋之子窦宪，字伯度，少孤。章帝建初二年（77），其妹立为皇后，窦宪一路升迁，由郎而侍中，进而为虎贲中郎将。而窦宪之弟窦笃为黄门侍郎。正如《后汉书·窦融传》附《窦宪传》称，"兄弟亲幸，并侍宫省，赏赐累积，宠贵日盛，自王、主及阴、马诸家，莫不畏惮"。窦宪依赖"宫掖声势"，廉价倾夺明帝之女沁水公主的园田，被章帝发觉。在窦皇后的斡旋之下，窦宪"虽不绳其罪，然亦不授以重任"。

和帝即位，窦太后临朝称制，窦宪再受重用，"内干机密，出宣诰命"。窦宪诸弟中，窦笃为虎贲中郎将，窦景及窦瓌为中常侍。窦宪以邓彪为太傅，"令百官总己以听"，并以屯骑校尉桓郁"累世帝师"，令其在宫禁中为小皇帝讲授经书。他心胸狭窄，睚眦必报，多行暗杀之事，后为窦太后发觉而被禁闭宫中。② 永元元年（89），窦宪以车骑将军北击匈奴，大获全胜，因升为大将军，功封武阳侯，食邑两万户，"威权震朝廷"，其位在太傅之下，三公之上。弟窦笃为卫尉，窦景、窦瓌皆侍中、奉车都尉、驸马都尉，"四家竞修第宅，穷极工匠"。永元二年（90），再封窦宪为冠军侯，食邑二万户，窦笃为郾侯、窦景为汝阳侯、窦瓌为夏阳侯，食邑分别为六千户。而窦宪独不受封，率兵镇守凉州，平定北匈奴。从此，窦宪"以耿夔、任尚等为爪牙，邓叠、郭璜为心腹，班固、

---

① （南朝宋）范晔：《后汉书》卷二十三《窦融列传》，中华书局1965年版，第809—811页。

② 同上书，第812—813页。

傅毅之徒，皆置幕府，以典文章。刺史、守令多出其门……由是朝臣震慑，望风承旨"。同时，窦笃位至三公，窦景为执金吾，窦瓌为光禄勋，"权贵显赫，倾动京都"。

窦宪四兄弟中，窦景尤为骄纵，窦瓌"少好经书，节约自修，出为魏郡，迁颍川太守。窦氏父子兄弟并居列位，充满朝廷。叔父霸为城门校尉，霸弟褒将作大匠，褒弟嘉为少府，其为侍中、将、大夫、郎吏十余人"。可见，窦氏在此时达到全盛。永元四年（92），窦宪党羽邓叠、邓磊、郭璜及窦宪女婿郭举皆被诛杀，和帝迫令窦宪、窦笃、窦景自杀，"宗族、宾客以宪为官者皆免归本郡"。永元五年（93），窦瓌以罪徙封罗侯，居于长沙。随着窦氏地位的下降，梁氏家族开始再兴。和帝永元十年（98），罪徙九真的梁竦之子梁雍、梁棠、梁翟等还归洛阳，路过长沙，逼迫窦瓌自杀。窦氏家族虽受到沉重打击，但并未消失于政坛。安帝永初三年（109），邓太后临朝，"诏诸窦前归本郡者与安丰侯窦万全俱还京师"①。从此，窦氏家族又有了再兴的转机，而且从此开始向文化世族转变。

三 东汉后期走向文化世族

窦氏向文化世族转变的关键人物为窦章。窦章，字伯向。窦融玄孙，曾祖父为窦穆，祖父为窦嘉，乃安丰侯窦万全少子。据《后汉书》本传，窦章"少好学，有文章，与马融、崔瑗同好，更相推荐"。安帝永初年间，三辅适遭羌乱，窦章避难东迁，居于外黄②。虽过着"蓬户疏食"的贫困生活，但"躬亲孝养""讲读不辍"，深得太仆邓康的敬重，并举荐其入东观为校书郎。

顺帝初年，窦章十二岁的女儿"能属文，以才貌选入掖庭"，受到宠幸，与梁皇后并为贵人。窦章升为羽林郎将，迁屯骑校尉。其时，"梁、窦并贵，各有宾客，多交构期间，章推心待之，故得免于患"。所以，尽

---

① （南朝宋）范晔：《后汉书》卷二十三《窦融列传》，中华书局1965年版，第814—820页。
② 《后汉书》卷二十三《窦融列传》韦贤注云："外黄，县，属陈留郡，（故）城在今汴州雍丘县东。"中华书局1965年版，第821—822页。实际上，窦章曾居住过的陈留郡为东汉的文化重镇之一。

管窦贵人早卒，但窦章仍得以升迁。永和五年（140）迁少府，汉安二年（143）为大鸿胪。建康元年（144），梁后称制，窦章自免归家，终卒于家。其中子窦唐，亦有俊才，官至虎贲中郎将。[1] 可见，在东汉后期，窦氏家族已出现了窦章、窦章之女、窦唐等有文章、能属文、有俊才的文化成员，显然已向文化家族转化。

东汉桓、灵时，窦万全之从子窦武亦以文才显名。据《后汉书·窦何列传》载，窦武字游平，扶风平陵人，安丰戴侯窦融玄孙。其父窦奉为定襄太守。窦武"少以经行著称，常教授于大泽中，不交时事，名显关西"。桓帝延熹八年（165），窦武长女选入掖庭，被封为贵人。窦武官拜郎中。同年冬，窦贵人立为皇后，窦武迁封越骑校尉，封槐里侯。延熹九年（166）冬，官拜城门校尉。"在位多辟名士，清身疾恶，礼赂不通，妻子衣食裁充足而已。"

窦武乐善好施，所得赏赐皆散与太学诸生，并以粮肉等周济贫民。其兄子窦绍为虎贲中郎将，"性疏简奢侈"。"武每数切厉相戒，犹不觉悟，乃上书求退绍位，又自责不能训导，当先受罪。由是绍更遵节，大小莫敢违犯。"当时，"国政多失，内官专宠，李膺、杜密等为党事考逮"。桓帝永康元年（167），窦武曾上疏进谏解救。桓帝死后，因参与立灵帝而官拜大将军，封闻喜侯。

窦武子窦机官拜侍中，封渭阳侯。其兄子窦绍封为鄠侯，迁步兵校尉，窦绍弟窦靖封为西乡侯，官侍中，监羽林左骑。作为辅政大臣，窦武曾与太傅陈蕃谋诛宦官，事败之后，窦武、窦绍皆自杀，其宗亲、宾客、姻属皆被诛杀，窦武家属被徙于日南，窦太后被迁于云台。窦武之孙窦辅为窦武门生桂阳胡腾、南阳张敞等救助得免。胡腾将其抚养长大，后举桂阳孝廉。建安中，荆州牧刘表辟为从事，使还窦姓。曹操平定荆州，窦辅与宗人徙居于邺郡，辟丞相府从事。在随曹操征马超时，为流矢所杀。[2]

可见，扶风平陵窦氏虽有起落沉浮，但一直延续到东汉末年的汉献

---

[1] （南朝宋）范晔：《后汉书》卷二十三《窦融列传》，中华书局1965年版，第821—822页。

[2] 窦武及其子孙、后代情况皆载于《后汉书》卷六十九《窦何列传》，中华书局1965年版，第2239—2245页。

帝时，可谓是绵绵不绝。该家族之兴盛不衰，与联姻皇室关系密切。在窦氏女性之中，有三位皇后，而且都曾干预政事或直接临朝。例如，窦太后虽深居后宫，但景帝即位之后曾多次干政，竭力推行黄老无为之术。武帝即位之后，曾临朝听政长达五年之久。西汉独尊儒术之新政，直到窦太后死后方得以落实。建元五年（前136）始置五经博士，元光元年（前134）后始大量召举贤良儒术之士。窦太后死后，其从兄子窦婴一系不再显达，而其弟窦广国一系仍身居重位。至窦广国七世孙窦融，重为皇家重视。诸窦与皇室联姻者，有窦融长子窦穆尚内黄公主、窦穆子窦勋尚东海恭王刘强之女沘阳公主、窦友子窦固尚光武女涅阳公主。

与皇室联姻，使窦氏家族女性也登上了东汉的政治舞台。东汉时，窦氏先后有两个女性成为皇后：章德窦皇后和桓思窦皇后。据《后汉书·皇后纪》，章德窦皇后是大司空窦融曾孙女，窦穆孙女，窦勋长女，母为沘阳公主。章德窦皇后"年六岁能书"，章帝建初二年（77）与妹妹同时入选掖庭，为章帝所宠幸。建初三年（78）立为皇后，妹为贵人。然而，窦皇后"宠幸殊特，专固后宫"，因其无子，迫使曾为太子、后为清河王的刘庆之母宋贵人自杀，和帝母梁贵人及其姐"以忧卒"[①]。章帝崩，年幼的和帝刘肇即位，窦皇后被尊为皇太后，并临朝称制。从此，其兄窦宪，弟窦笃、窦景"并显贵，擅威权，后遂密谋不轨"，于和帝永元四年（92）被诛。永元九年（97），窦太后崩，在位十八年，与章帝合葬敬陵。[②]

据《后汉书·皇后纪》，桓思窦皇后为章德皇后从祖弟之孙女，窦武之女，名妙。桓帝延熹八年（165），邓皇后废，窦妙被选入掖庭而为贵人。同年冬，被立为皇后，但"御见甚稀"。永康元年（167），桓帝死，尊为皇太后，"临朝定策"，立解渎亭侯刘宏为帝。其父大将军窦武谋诛宦官，事败后为中常侍曹节等矫诏诛杀，窦太后被迁于南宫云台，窦氏家属迁徙于比景。灵帝熹平元年（172），窦妙之母卒于比景，窦太后因

[①] 据《后汉书·皇后纪上》载，"梁贵人者，褒亲愍侯梁竦之女也。少失母，为伯母武阴长公主所养。年十六，亦以建初二年与中姊俱选入掖庭为贵人。四年，生和帝。后养为己子。欲专名外家而忌梁氏。八年，乃作飞书以陷竦。竦坐诛，贵人姊妹以忧卒。自是宫房慑息，后爱日隆"。中华书局1965年版，第415—416页。

[②] （南朝宋）范晔：《后汉书》卷十上《皇后纪上》，中华书局1965年版，第415—417页。

疾而死，在位七年，与桓帝合葬宣陵。①

总之，扶风平陵窦氏在西汉时以外戚起家，在东汉时又以军功再兴。总体看，窦氏发展与窦氏女性参政关系密切。窦氏在两汉时期共有三位皇后、两位贵人。东汉近两百年间，窦氏与刘姓皇族几乎一直互为婚姻。窦氏女在章帝、顺帝、桓帝时等或为皇后，或为贵人，可谓宠幸有加。而窦氏男子尚公主者有窦融长子窦穆、窦穆子窦勋、窦友子窦固等。窦氏家族因此得以延绵不绝，位尊权重。可以说，窦氏家族的起落兴衰，与刘汉皇家的态度关系密切。当然，该家族也非常重视子女教育。例如，章德窦皇后"六岁能书"，窦章之女窦贵人"年十二能属文"，显然都受过良好的教育。而且，窦氏有众多成员参与文学创作，几乎代代皆有善文辞者，在东汉时期已是颇有影响力的文学家族了。

第三节　窦氏家族文学特点及成就

扶风平陵窦氏儒化较晚。窦氏的兴起与婚姻有关，窦氏走向世家大族也与婚姻有关。总体看，窦氏家族儒化较晚，走向文化世族更晚。西汉窦氏家族虽有窦婴等心向儒术，但诸窦多习黄老之术。窦太后作为窦氏成员习黄老之术的主要倡导者，使得窦长君、窦少君等有了谦谦君子之风，"不敢以富贵骄人"。汉武帝重儒，窦氏应有习儒者。惜史料不详，无法了解。到了东汉，窦氏家族习儒风气渐浓，诸如窦瓌、窦固、窦章、窦武等皆通经，窦武曾以儒学授徒讲学。窦氏儒化是产生文人的必要条件，而窦氏家族文人不多，作品传世者相对较少。

一　窦融散文及成就

窦融（前16—62），字周公，扶风平陵人。作为外戚窦氏之后，窦融文武兼善，作品以奏疏、书议为主，载于《后汉书·窦融列传》的有《上疏让爵土》《复遣长史刘钧上书归诚》《上书请征隗嚣》《与隗嚣书》等四篇，另有《封皇子议》载于《后汉书·光武纪》。严可均《全后汉

---

① （南朝宋）范晔：《后汉书》卷十下《皇后纪下》，中华书局1965年版，第445—446页。

文》卷十六有辑录。

总体看,窦融的散文言辞质朴而语意明确,篇幅虽短,但重点突出,绝无闲言碎语,更无拖泥带水的缺陷。因此,给人以简洁、明快的美感享受。在窦融今存的五篇散文中,《与隗嚣书》成就较高,可为代表。

该文分为三层。第一层盛赞隗嚣,认为他"国富政修,士兵怀附",并能在遭遇"厄会之际,国家不利之时,守节不回,承事本朝"。第二层分析了隗嚣的处境,认为他的做法是在"岔惆之间,改节易图",必然导致"君臣分争,上下接兵"。通过具体分析,认为"而今西州,地势局迫,人兵离散,易以辅人,难以自建"。所以,如果隗嚣不能迷途知返,"负虚交而易强御,恃远救而轻近敌",必然对自己不利。何况,"智者不危众以举事,仁者不违义而要功,以小敌大,于众何如?弃子徼功,于义何如?"在第三层中,他建议隗嚣归附东汉,这样才符合"忠臣"之节。作者还分析了隗嚣与东汉的力量对比,认为隗嚣处境危险,因为"今其存者,非锋刃之余,则流亡之孤。迄今伤痍之耻未愈,哭泣之声尚闻"。他告诫隗嚣,"为忠甚易,得宜实难。忧人大过,以德取怨,知且以言获罪",何况以力相抗,自然难免"积疴不得遂疗,幼孤将复流离"。可见,窦融虽站在东汉政权的立场上,但完全根据对方的处境进行分析,说理思路清晰。而且,文中大量使用排比句式,显得辞气激切,颇有文采。因此,在质朴的话语中,却有着颇能打动人心的情感力量。这也正是该文的魅力所在。

另外,从窦融的《上疏让爵土》中,约略可以透露其注重以经义教化子弟的倾向。从《封皇子议》中,也可以看出他有最基本的儒学功底。范晔评价窦融为"邀功趋势之士",认为他"虽经国之术无足多谈,而进退之礼良可言矣"。[①] 所以,窦融绝不是被彻底儒化了的武士,而是有文化、有侠客风范的将军。

二 窦宪等对文学的影响

窦宪(?—92),字伯度。祖父窦穆,父窦勋,乃窦融曾孙。章帝建

[①] (南朝宋)范晔:《后汉书》卷二十三《窦融列传》,中华书局1965年版,第809页。

初二年（77），因妹为皇后而兴起。永元元年（89），率军击北匈奴，大获全胜，于燕然山刻石勒功，班固作铭。窦宪的文学成就不高，有奏疏《上皇太后疏请以桓郁刘方入侍讲》传世，载于《后汉书·桓荣丁鸿列传》，严可均《全后汉文》卷十六还存录袁宏《后汉纪》卷十二所载异文。该文平实质朴，条理清楚，亦能显示出窦宪具有较高的文辞能力。

值得一提的是，窦宪府中招纳了诸如崔骃、班固、傅毅等文章之士，使"宪府文章之盛，冠于当世"①。崔骃、班固、傅毅皆是东汉著名文人，文学成就颇高。他们在窦宪府中，也创作了不少作品。比如，崔骃有《上书诫窦宪》及《北征颂》，班固有《封燕然山铭》及《北征颂》，傅毅亦有《北征颂》。崔骃、班固、傅毅等皆作《北征颂》，虽有逢迎的意味，却是东汉赋颂的代表作。因此，尽管窦宪招纳文士的目的不是因为喜好文学，却客观上为其创作创造了良好条件。从这个意义上讲，窦宪对东汉文学的发展是有贡献的。

另外，窦宪妹章德窦皇后"六岁能书"，也有文采，有《下窦宪邓彪等诏》存世，载于《后汉书·和帝纪》，严可均《全后汉文》卷九有辑录。

三　窦章等的文学创作

窦章（约78—约145）②，字伯向，高祖窦融，曾祖窦穆，祖父窦嘉，父窦万全，窦宪从子。据《后汉书·王充王符仲长统列传》，窦章与王符、马融、张衡、崔瑗等友善③，年轻时曾与曹众、苏章、马融等并游宦④，曾入东观校书。

---

①　（南朝宋）范晔：《后汉书》卷八十上《文苑列传》，中华书局1965年版，第2613页。
②　窦章与张衡、崔瑗、马融等友善，其年龄当相差不远。张衡卒于顺帝永和四年（139），年六十二岁，其生年在章帝建初三年（78）；崔瑗与张衡同年生，卒于顺帝汉安二年（143）；马融卒于桓帝延熹九年（166），则生于汉章帝建初四年（79）。以此推断，窦章可能生于78年前后。据《后汉书》本传，"汉安二年，转大鸿胪。建康元年，梁后称制，章自免，卒于家"。（中华书局1965年版，第822页）如此，窦章在汉顺帝建康元年（144）尚在，则其约卒于145年前后。
③　据《后汉书》卷四十九《王充王符仲长统列传》载，"王符字节信，安定临泾人也。少好学，有志操，与马融、窦章、张衡、崔瑗等友善"。中华书局1965年版，第1630页。
④　据《后汉书·文苑列传》载，"时三辅多士，扶风曹众伯师亦有才学，著诔、书、论四篇"。李贤注云："《三辅决录》注云：'众与乡里苏孺文、窦伯向、马季长并游宦，唯众不遇，以寿终于家。'"参见《后汉书》卷八十上《文苑列传》，中华书局1965年版，第2617页。

《隋书·经籍志》载录大鸿胪《窦章集》二卷，今亡佚。《后汉书》本传称其女窦贵人早卒，顺帝"诏史官树碑颂德"，窦章"自为之辞"，说明他有《窦贵人诔》或哀辞之类的作品。严可均《全后汉文》卷十六收录其《移书劝葛龚》（源自《汝南先贤传》），其余作品不存。该文聊聊数语，语句平实无华，无法观其文采。从有关传记资料来看，窦章不仅有"文章"，且有作品集，可惜失传。所以，将其列入东汉文学家的行列应不存在问题。

另外，窦章女窦贵人"能属文"，这说明窦贵人也有文才。而窦章中子窦唐亦"有俊才"①。两位虽无文辞作品存世，当有创作。

四　窦武等的文学创作

窦武（约120—168）②，字游平，扶风平陵人，窦万全弟窦奉之子，与窦章是从兄弟关系。桓、灵时期，窦武、刘淑、陈蕃并称"三君"，为名士领袖。今存表、疏、令五篇。《上表谏宦官封侯》载于袁宏《后汉纪》卷二十二③，《谏党事疏》载于《后汉书》本传，《上表》载于《初学记》卷三引谢承《后汉书》，《上疏》残句见《文选》载刘琨《劝进表》李善注引，《屯都亭下令军士》载于袁宏《后汉纪》卷二十三。严可均《全后汉文》卷十六有辑录。其中，只有《上表谏宦官封侯》和《谏党事疏》两文比较完整。

《上表谏宦官封侯》将矛头直指汉桓帝："陛下即位以来，梁、孙、邓、毫、贵戚专势，侵逼公卿，略驱吏民，恶熟罪深。或诛灭相续，以常侍黄门，窃弄王命，欺罔竞行，谤谮争入。"他认为，宦官陷害忠臣李固、杜乔，反而受封，简直是"快凶慝之心，张豺狼之口"，是纵容宦官作恶。作者对此深感忧虑："今朝廷日衰，奸臣专政，臣恐有胡亥之难，

---

① 据《后汉书·窦融列传》附《窦章传》载，"顺帝初，章女年十二，能属文，以才貌选入掖庭，有宠，与梁皇后并为贵人……建康元年，梁后称制，章自免，卒于家。中子唐，有俊才，官至虎贲中郎将"。中华书局1965年版，第822页。

② 据《后汉书》卷八《孝灵帝纪》载，建宁元年"九月辛亥，中常侍曹节矫诏诛太傅陈蕃、大将军窦武及尚书令尹勋、侍中刘瑜、屯骑校尉冯述，皆夷其族"（中华书局1965年版第329页）。该年即168年。关于窦武生年，若长女窦妙20岁立为皇后，则延熹八年（165）窦武为45岁左右，如此或生于120年前后。

③ 张烈点校：《两汉纪》下册《后汉纪》，中华书局2002年版，第434—435页。

在于不久；赵高之变，不朝则夕。"在文章结尾，窦武表示，"使身死名著，碎体粪土，荐肉狐鼠，犹生之年。虽尊官厚禄，不以易之也"。铮铮铁骨的诤臣形象，跃然纸上。该文最大的特点是辞情激切，直言不讳，并运用对偶、排比、引用等多种修辞手法陈述事理，用词质朴而富于形象性。

《谏党事疏》开篇直言："臣闻明主不讳讥刺之言，以探幽暗之实；忠臣不恤谏争之患，以赐万端之事。是以君臣并熙熙，名奋百世。"他指出，桓帝即位以来，天下士民所期望的"中兴"非但没有到来，反而是"常侍黄门，续为祸虐，欺罔陛下，竞行谲诈。自造制度，妄爵非人，朝政日衰，奸臣日强"。他告诫桓帝，如果不加改变，必将重蹈西汉末王氏专权的覆辙，或如秦二世遭遇赵高之祸。所以，应当解除党锢，重用贤臣，"抑夺宦官欺国之封，按其无状诬罔之罪，信任忠良，平决臧否，使邪正毁誉各得其所，宝爱天官，唯善是授"。与上文一样，该文运用对偶、排比等手法，辞情悲愤而语气激切。

总之，作为名士领袖，窦武始终将矛头对准宦官和皇帝，敢于讲真话、道实情，甚至犯颜直谏，不惧斧钺之诛。在窦氏家族中，他是最为独特的一个。就其散文而言，具有一针见血、锋芒毕露，有文采而尚质朴等整体特点。

另外，窦武之女桓思窦皇后也有诏令等文辞作品传世，严可均《全后汉文》卷九有辑录。

五　家族文学特点及影响

总体看，窦氏家族的文学成就不高。从今存作品来看，创作以散文为主。但是，窦宪、窦章、窦武等，对汉代文学也有一定的贡献。

首先，窦氏散文表情达意比较直接，少婉曲而以质朴见长，很少引经据典，用词多为口语。这是窦氏家族文风的共同趋向。而窦融、窦武两人的散文作品，则对东汉初和东汉后期散文的发展各有影响。尤其是窦武，作为名士领袖，其散文用词质朴而辞情激切，富于形象性，反映了东汉后期散文发展的一种新趋向。

其次，窦宪对东汉作家群体的生成有贡献。如前所述，诸如班固、崔骃、傅毅等东汉著名的文人皆依附于他，并在窦宪府中从事文辞创作，从而出现"宪府文章之盛，冠于当世"的热闹局面。可见，窦宪虽专权残暴，但重用文人。尽管他招纳文士具有炫耀自我、扩大影响的用意，但从客观效果来看，也培养和历练了他们，并为其创作提供了便利，创造了条件。从这个意义上讲，窦宪在汉代文学史上应有一定地位。

最后，在窦氏家族中，除了窦融、窦宪、窦章、窦武等有文辞传世外，章德窦皇后"六岁能书"，窦章之女窦贵人"十二岁能属文"，窦章中子窦唐"有俊才"，窦武之女桓思窦皇后有文辞作品等，皆说明窦氏家族代有文人，已具备了成为文学家族的基本条件。当然，在该家族由勋臣宗族、外戚宗族向文化世族转变的过程中，重视子女教育应是不容忽视的重要条件。

本章小结

通过对扶风平陵窦氏家族史进行粗线条式勾勒，我们发现，窦氏在西汉兴起于外戚，在东汉因军功而贵。我们知道，两汉勋臣地位最高的时间段是西汉初年、武帝时期和东汉初年，而窦氏在东汉初年成为勋臣宗族。由于军功卓著，汉王朝给予其较高的政治地位，封侯赐爵，俸禄丰厚，促使其转变为勋臣宗族。

随着王朝政治与文化的变化，窦氏家族也适时变化。汉武帝即位以来，"独尊儒术"的统治方略加速了该家族的儒化进程，窦氏非常重视子孙后代的儒学教育。尽管窦氏多豪纵之徒，但诸如窦固、窦章、窦武等皆通儒学，章德窦皇后"六岁能书"，窦章之女窦贵人"能属文"，窦章中子窦唐"有俊才"，桓思窦皇后有文辞，说明窦氏家族无论男女皆有文化。

当然，扶风窦氏与皇室的关系更为密切。在汉代，窦氏家族有三位皇后、两位贵人、三位驸马。这正是该家族地位得以稳固的主要原因。而其深层原因，在于重视子弟教育，不仅重视男性成员教育，也重视女性成员教育。这是影响其与望族名门或皇室建立婚姻关系的重要因素，也是其走向文化世族的重要基础。

第 六 章

扶风平陵韦氏家族

汉代经学的兴盛，催生了经学世家，也催生了因经学而兴的官僚宗族。这些家族在儒化的过程中也培育了文士，甚至代有文人出现，因而创作了不少文学作品。这使我们有理由相信，经学也是汉代文学家族兴起之因。扶风平陵韦氏家族，就是因经学而兴，并最终成为有成就、有影响的文学家族。

第一节　韦氏家族在西汉发展

两汉经学昌盛，扶风平陵韦氏始终以《诗》传家，是汉代知名的经学世家。韦氏原籍彭城，始祖韦孟曾为楚王太傅，因楚王刘戊残暴而失望离去，迁居于邹。韦孟曾孙韦贤、玄孙韦玄成相继为丞相，韦氏家族得以大兴。因韦贤居于平陵，尽管少子韦玄成别居杜陵，韦氏也当以扶风平陵为籍。

一　韦氏家族世系概况

据《新唐书·宰相世系表》，韦氏家族的祖宗渊源及其世系情况如下：

> 韦氏出自风姓。颛顼孙大彭为夏诸侯，少康之世，封其别孙元哲于豕韦，其地滑州韦城是也。豕韦、大彭迭为商伯，周赧王时，始失国，徙居彭城，以国为氏。韦伯遐二十四世孙孟，为汉楚王傅，去位，徙居鲁国邹县。孟四世孙贤，汉丞相、扶阳节侯，又徙京兆

杜陵。生玄成，丞相。生宽。宽生育。育生浚，后汉尚书令。生豹，梓潼太守。生著，东海相。孙胄，魏詹事①。

依此，韦氏世居彭城，韦伯遐二十四世孙韦孟，从彭城徙居于鲁国邹县。韦孟曾孙韦贤徙居于京兆杜陵。韦贤子玄成，生韦宽。韦宽生韦育。韦育生韦浚，为东汉尚书令。韦浚生韦豹，曾任梓潼太守。韦浚生韦著，曾为东海相。《新唐书》记载有误。事实上，韦贤徙居平陵，其少子玄成别居杜陵②。故韦氏当起于邹鲁，兴于扶风平陵，而盛于京兆杜陵。

二　韦贤以经学入仕

韦贤高祖父韦孟以《诗》学致仕，在楚国为太傅，先后事楚元王刘交、楚夷王刘郢客和楚王刘戊。所以，韦孟当在文、景之时已有了一定的社会、政治声望。据《汉书·韦贤传》，"其先韦孟，家本彭城，为楚元王傅，傅子夷王及孙王戊。戊荒淫不遵道，孟作诗风谏。后遂去位，徙家于邹，又作一篇"③。可见，韦孟在楚作一首诗以讽谏，在邹又另作一首诗。逯钦立《先秦汉魏晋南北朝诗》名其诗为《讽谏诗》《在邹诗》④。韦孟终老于邹，但韦氏家族当以《诗》传家，后世子孙皆习《诗》，并在西汉培养了韦贤、韦玄成和韦彪等多人为帝王师。

韦贤，字长孺，韦孟玄孙，是韦氏兴起的关键人物。据《汉书·韦贤传》：

> 自孟至贤五世。贤为人质朴少欲，笃志于学，兼能《礼》、《尚书》，以《诗》教授，号称"邹鲁大儒"。征为博士，给事中，进授昭帝《诗》，稍迁光禄大夫、詹事，至大鸿胪。昭帝崩，无嗣，大将军霍光与公卿共尊立孝宣帝。帝初即位，贤以与谋议、安宗庙，赐

---

① （宋）欧阳修、（宋）宋祁：《新唐书》，中华书局1975年版，第3045页。
② 据《汉书》卷七十三《韦贤传》载，"初，贤以昭帝时徙平陵，玄成别徙杜陵，病且死，因使者自白曰：'不胜父子恩，愿乞骸骨，归葬父墓。'上许焉"（中华书局1962年版，第3115页）。所以，《新唐书》可能有误。韦氏家族当以平陵为籍贯。
③ （汉）班固：《汉书》卷七十三《韦贤传》，中华书局1962年版，第3101页。
④ 逯钦立辑：《先秦汉魏晋南北朝诗》，中华书局1983年版，第105—107页。

爵关内侯，食邑。徙为长信少府，以先帝师，甚见尊重。本始三年，代蔡义为丞相，封扶阳侯，食邑七百户。时，贤七十余，为相五岁，地节三年以老病乞骸骨，赐黄金百斤，罢归，加赐第一区。丞相致仕自贤始。年八十二薨。①

按此记载，韦贤是韦孟玄孙，而《新唐书》载韦贤为韦孟曾孙，两者不一致。当以《汉书·韦贤传》为准。韦贤以《诗》教授，号称"邹鲁大儒"。他精通《诗》《书》《礼》等经典，并以此入仕，进而为帝王师，授昭帝《诗》。昭帝元凤五年（前76），为大鸿胪②。宣帝本始元年（前73），赐爵关内侯③，迁长信少府，并以"先帝之师"而"甚见尊重"。本始三年（前71）六月，七十余岁的韦贤代蔡义为丞相，封扶阳侯，开西汉"丞相致仕"之先河。韦贤在位五年，宣帝地节三年（前67）以病归故里，神爵元年（前61）卒于故里④，卒年八十二岁。

三 韦氏以《诗》传家

韦贤是否传承家学？韦贤高祖韦孟治《诗》，与鲁人申公俱以《诗》事楚元王刘交，为楚王傅，两人当有交情⑤。据《汉书·儒林传》载：

> 申公，鲁人也。少与楚元王交俱事齐人浮丘伯受《诗》……申公卒以《诗》《春秋》授，而瑕丘江公尽能传之，徒众最盛。及鲁许生、免中徐公，皆守学教授。韦贤治《诗》，事大江公及许生，又治

---

① （汉）班固：《汉书》卷七十三《韦贤传》，中华书局1962年版，第3107页。
② 刘跃进：《秦汉文学编年史》，商务印书馆2006年版，第210页。
③ 同上书，第212页。
④ 同上书，第221页。《后汉书》本传不载韦贤卒年。后人对于韦贤卒年尚有分歧。《资治通鉴》卷二十五、王益之《西汉纪年》卷二十系于神爵元年（前61），而钱穆《刘向刘歆父子年谱》系于地节三年（前67）。可参阅刘跃进先生有关的考辨内容。
⑤ 据《汉书·儒林传》，"申公，鲁人也。少与楚元王交俱事齐人浮丘伯受《诗》。汉兴，高祖过鲁，申公以弟子从师入见于鲁南宫。吕太后时，浮丘伯在长安，楚元王遣子郢与申公俱卒学。元王薨，郢嗣立为楚王，令申公傅太子戊。戊不好学，病申公。及戊立为王，胥靡申公。申公愧之，归鲁退居家教，终身不出门。复谢宾客，独王命召之乃往。弟子自远方至受业者千余人，申公独以《诗经》为训故以教，亡传，疑者则阙弗传"（中华书局1962年版，第3608页）。而韦孟亦傅楚夷王郢客和楚王戊。所以，韦孟当与申公同事楚元王刘交，两人当有交情。

《礼》，至丞相。传子玄成，以淮阳中尉论石渠，后亦至丞相。玄成及兄子赏以《诗》授哀帝①，至大司马车骑将军，自有传。由是《鲁诗》有韦氏学。

从师承关系上看，韦贤师从申公弟子瑕丘江公及鲁许生习《鲁诗》，传子韦玄成、孙韦赏。韦玄成与韦赏皆为帝师，由是《鲁诗》有韦氏学。所以，韦贤上承高祖父韦孟之学、下传子孙，从而《鲁诗》有"韦氏学派"。

韦贤长子韦方山为高寝令，早卒；次子韦弘官至东海太守；三子韦舜留鲁看守祖坟；少子韦玄成，"以明经历位至丞相"。因此，邹鲁大地流传谚语云："遗子黄金满籯，不如一经。"这似乎说明，韦贤只将家学传给了小儿子韦玄成。至于爵位，韦贤依长幼有序原则去传。据《汉书·韦贤传》，长子韦方山早卒，他欲将爵位传给次子韦弘。岂知皇天不佑，病重之际，韦弘却因"坐宗庙事系狱"。韦氏宗家询问继承人，韦贤"恚恨不肯言"。于是，韦贤门下博士义倩等便与韦氏宗家计议，矫命以大河都尉韦玄成为嗣。玄成知非父命，便"阳为病狂，卧便利，妄笑语昏乱"，以不能应召为由拒绝嗣爵。后经多人劝说，玄成不得已受爵，宣帝"高其节"，迁为河南太守。其兄韦弘由太山都尉迁为东海太守。几年后，玄成被征为未央卫尉，迁太常。玄成与故丞相杨敞之子、平通侯杨恽"厚善"，杨恽被罢爵，他受牵连而被免职。宣帝甘露三年（前51），又因侍祀孝惠庙未乘驷马之车而被削爵，作《自劾诗》以自伤，后官淮阳中尉。元帝即位，他再次受到重用，拜官少府，迁太子太傅，至御史大夫，永光二年（前42）代于定国为丞相。玄成被贬黜十年后为相，又作《戒子孙诗》。元帝建昭三年（前36）六月卒，葬扶风平陵，其子韦宽嗣爵。韦宽死，子韦育嗣爵；韦育死，子韦沉嗣爵。玄成长兄、高寝令韦方山之子韦安世历官郡守、大鸿胪、长乐卫尉，"朝廷称有宰相之

---

① 按：韦玄成卒于汉元帝建昭三年（前36），曾为元帝太子刘骜太傅。刘骜即汉成帝。而玄成从子、韦弘之子韦赏则主要生活在成帝、哀帝时。所以，《汉书·儒林传》云"玄成及兄子赏以《诗》授哀帝"，显然是有问题的。根据《汉书·韦贤传》附《韦玄成传》，韦玄成曾为元帝太子太傅。所以，推测原文，其中"及"当为衍文。准确言之，应是"玄成兄子赏以《诗》授哀帝"。

器"，因病而卒。玄成次兄、东海太守韦弘之子韦赏亦明《诗》，曾为定陶王刘欣太傅。哀帝刘欣即位后，韦赏为大司马车骑将军，位列三公，赐爵关内侯。西汉末年，韦氏宗族中官至二千石者十余人。①

可见，韦氏是以《诗》传家的官僚宗族，已成为著姓大族。当然，韦贤、韦玄成、韦赏祖孙三代为帝王师，是韦氏兴盛的重要原因。韦贤为昭帝之师，宣帝时为丞相；韦玄成为成帝刘骜之师，元帝时为丞相；韦玄成从子韦赏为哀帝刘欣之师，位列三公，颇受重用。总之，韦氏代代传《诗》，是名副其实的经学世家。

第二节　韦氏家族在东汉的发展

前引《新唐书·宰相世系表》云，韦玄成之子韦宽生韦育，韦育生韦浚，而韦浚为东汉尚书令。韦浚生韦豹，为梓潼太守。韦豹生韦著，曾任东海相。据《汉书·韦贤传》载，韦玄成死后，子韦宽嗣爵。韦宽死，子韦育嗣爵；韦育死，子韦沉嗣爵。按古代嫡长子继承制来推测，韦沉为长子。韦浚为次子，曾任东汉尚书令。而韦赏之孙韦彪，在东汉时最知名。据《后汉书》载：

> 韦彪字孟达，扶风平陵人也。高祖贤，宣帝时为丞相。祖赏，哀帝时为大司马。彪孝行纯至……好学洽闻，雅称儒宗。建武末，举孝廉，除郎中，以病免，复归教授。安贫乐道，恬于进趣，三辅诸儒莫不慕仰之。显宗闻彪名，永平六年，召拜谒者，赐以车马衣服，三迁魏郡太守。肃宗即位，以病免。征为左中郎将、长乐卫尉，数陈政术，每归宽厚。比上疏乞骸骨，拜为奉车都尉，秩中二千石，赏赐恩宠，俟于亲戚。②

韦彪之父，不知其名。韦彪在建武末年举孝廉为郎中，明帝永平六

---

①　（汉）班固：《汉书》卷七十三《韦贤传》，中华书局1962年版，第3107—3115页。
②　（南朝宋）范晔：《后汉书》卷二十六《伏侯宋蔡冯赵牟韦列传》，中华书局1965年版，第917页。

年（63）被召拜为谒者，后迁为魏郡太守。章帝刘炟即位，以病免官。不久，征为左中郎将、长乐卫尉，拜为奉车都尉，俸禄为中二千石。据《后汉书》本传载，建初七年（82），韦彪为大鸿胪。元和二年（85）春，曾以司徒身份随从章帝东巡狩。因病告退，章帝赐钱二十万。章和二年（88），章帝再诏令赐钱二十万。和帝刘肇永元元年（89）卒，诏令赐钱二十万、布百匹、谷三千斛。可见，韦彪在章、和之时深得皇帝赏识，但"清俭好施，禄赐分与宗族，家无余财"。他一生著书十二篇，集为《韦卿子》，还有《上疏谏置官选职不以才》《建言封萧何等后裔》《郡国贡举议》等奏议三篇①。

韦彪族子韦义，字季节，杜陵人，高祖父为韦玄成。韦义长兄韦顺，字淑文，平舆令，有高名。次兄韦豹，字季明，曾数辟公府，辄以事去。安帝西巡，征拜韦豹为议郎。韦义少与二兄齐名，初仕州郡。太傅桓焉辟举理剧，曾为广都长，甘陵、陈二县令。据《后汉书》本传，韦义"政甚有绩，官曹无事，牢狱空虚。数上书顺帝，陈宜依古典，考功黜陟，征集名儒，大定其制。又讥切左右，贬刺窦氏。言既无感，而久抑不迁，以兄顺丧去官。比辟公府，不就。广都为生立庙。及卒，三县吏民为义举哀，若丧考妣"。可见其政绩卓著，深得百姓拥戴。

韦豹之子韦著，字休明，"少以经行知名，不应州郡之命。大将军梁冀辟，不就。延熹二年，桓帝公车备礼征，至霸陵，称病归，乃入云阳山，采药不反"。灵帝即位，"中常侍曹节以陈蕃、窦氏既诛，海内多怨，欲借宠时贤以为名，白帝就家拜著东海相"。韦著被迫上任，因其"政任威刑，为受罚者所奏，坐论输左校"。后为奸人所害。②

总之，扶风平陵韦氏家族从西汉初年的韦孟开始，先后有韦贤、韦玄成父子相继为相。而韦玄成次兄韦弘之子韦赏为汉哀帝之师，韦氏家族由是继续兴盛。东汉初年，韦赏之孙韦彪亦以治《诗》知名，并著《韦卿子》十二篇，历仕光武帝、明帝、章帝三朝。韦彪族子、韦玄成玄

---

① 严可均《全后汉文》卷二十九存此三篇奏议，三篇奏议亦见载于《后汉书·韦彪传》。可参见《全后汉文》第 295 页及《后汉书·韦彪传》等文献。

② 韦义、韦顺、韦豹、韦著概况皆载于《后汉书·伏侯宋蔡冯赵牟韦列传》，中华书局1965 年版，第 921 页。

孙韦义、韦顺、韦豹亦并知名。韦义颇有政绩，为吏民所拥戴。韦豹之子韦著，亦在桓、灵间知名当世，曾为东海相。可见，韦氏家族盛于西汉，但在东汉时得以继续发展，仍以经学知名。

第三节 韦氏家族的文学创作

韦氏家族中，韦孟、韦玄成、韦彪等皆有文学作品传世。其中，韦孟、韦玄成的诗歌反映了汉诗发展的实际，具有一定的文学史意义。而韦贤、韦玄成、韦赏、韦彪等皆治鲁《诗》，在《诗经》学史上具有重要地位。韦玄成、韦彪等还有散文作品传世，亦为汉代散文苑囿增添了色彩。

一 韦孟的四言诗

韦孟（约前220—约前150）[1]，彭城人，后迁居于邹。据《汉书·楚元王传》，汉高祖刘邦六年（前201）立刘交为楚王，"王薛郡、东海、彭城三十六县"。因其少时与鲁穆生、白生、申公俱受《诗》于浮丘伯，刘交立为楚王，便以三人为中大夫。白生为鲁国奄里人[2]，申培为鲁人，穆生亦为鲁人。可见，《汉书·楚元王传》中并没有韦孟的点滴记载。据载，刘交礼敬申公等人，"穆生不耆酒，元王每置酒，常为穆生设醴。及王戊即位，常设，后忘设焉"。穆生便称病离去，而申公、白生未辞职。此后，楚王刘戊渐"淫暴"，与吴谋反，申公、白生二人谏，刘戊不听，反而"胥靡之"。[3]那么，这位"穆生"是否是韦孟呢？

据《汉书·韦贤传》，"其先韦孟，家本彭城，为楚元王傅，傅子夷王及孙王戊。戊荒淫不遵道，孟作诗风谏。后遂去位，徙家于邹"[4]。因

---

[1] 关于韦孟的生卒年，史载不详，但可大约推定。由于韦孟玄孙韦贤生于汉景帝后元二年（前142）前后，则韦孟生年至少应在秦始皇二十七年（前220）前后，而楚王刘戊等与吴王刘濞联合叛乱是在汉景帝前元三年（前154）。此前韦孟为楚王刘戊傅，曾多次劝谏刘戊而不成，便回乡居于邹，卒于家。因此，其卒年不会晚于景帝中元六年（前144）。姑且假定在景帝中元五年（前145）前后去世。

[2] 服虔注《汉书·楚元王传》云："白生，鲁国奄里人。"

[3] （汉）班固：《汉书》卷三十六《楚元王传》，中华书局1962年版第1923页。

[4] （汉）班固：《汉书》卷七十三《韦贤传》，中华书局1962年版，第3101页。

此，从籍贯上讲，韦孟显然与穆生不是同一地。韦孟是彭城人，穆生为鲁人。而且，《史记·楚元王世家》竟然对穆生、白生、申公并无记载。据《史记·儒林列传》载：

> 申公游学长安，与刘郢同师。已而郢为楚王，令申公傅其太子戊。戊不好学，疾申公。及王郢卒，戊立为楚王，胥靡申公。申公耻之，归鲁，退居家教，终身不出门，复谢绝宾客，独王命召之乃往。①

这样，为楚王刘戊太傅者不是韦孟，而是申公。这个问题有待考证。不过，韦孟作《讽谏诗》与《在邹诗》。从时间推断，前诗当作于离开刘戊之前，而后诗则作于韦孟迁居于邹之后②。《讽谏诗》与《在邹诗》皆载于《汉书·韦贤传》。

关于《讽谏诗》的创作动因，《汉书·韦贤传》云："（韦孟）为楚元王傅，傅子夷王及孙王戊。戊荒淫不遵道，孟作诗风谏。"该诗分为如下三部分。

第一部分追溯了家族历史，述说先祖大彭的勋业功绩。而在周赧王时，韦氏衰微，后迁居彭城。接着，韦孟介绍了自己早年的生活经历，所谓"勤诶厥生""耒耜以耕"。第二部分，诗人盛赞楚元王是有为之君，所谓"兢兢元王，恭俭净壹，惠此黎民，纳彼辅弼。飨国渐世，垂烈于后"。他感慨楚夷王虽能"克奉厥绪"，但"咨命不永"。而在第三部分中，则对楚王戊荒淫而不守王道的行为深感痛心，给予激烈的批评：

> 如何我王，不思守保，不惟履冰，以继祖考！邦事是废，逸游是娱，犬马繇繇，是放是驱。务彼鸟兽，忽此稼苗，烝民以匮，我王以媮。所弘非德，所亲非俊，唯囿是恢，唯谀是信。睮睮谄夫，

---

① （汉）司马迁：《史记》卷一百二十一《儒林列传》，中华书局1982年版，第3121页。
② 据《汉书·韦贤传》，"韦贤字长孺。鲁国邹人也。其先韦孟，家本彭城，为楚元王傅，傅子夷王及孙王戊。戊荒淫不遵道，孟作诗风谏。后遂去位，徙家于邹，又作一篇"。刘跃进《秦汉文学编年史》认为，韦孟两诗当作于汉景帝前元二年（前155）之前。参见该书第114页。这个推断基本符合事实，但两诗作年当不在同一年。

咢咢黄发，如何我王，曾不是察！既藐下臣，追欲从逸，嫚彼显祖，轻兹削黜。

韦孟希望楚王刘戊借鉴历史教训，若"非思非鉴，嗣其罔则"，必将"弥弥其失，岌岌其国"。所以，他建议楚王应居安思危、"兴国救颠"，因为"岁月其徂，年其逮耆，于昔君子，庶显于后"。在诗歌结尾，韦孟甚至指责楚王刘戊："我王如何，曾不斯觉！黄发不近，胡不时监！"至此，一位痛心疾首的诤臣形象跃然纸上。在诗中，我们深切感受到作者对未来忧心忡忡，对楚王贪图享乐、不顾国家危难给予激烈批评，也彰显了敢于直言的忠臣本色。

作为汉诗早期作品，该诗继承了《诗经》的四言形式，用韵相对灵活，不受语言形式的制约，但基本上以偶句相押为主：韦、旗；荒、商、光；卫、队；城、生、耕；宁、京；征、平；楚、辅；一、弼；祀、士；保、考；娱、驱；俊、信；发、察；亲、闻；土、顾；兹、思；等等。当然，也有奇句相押者：霜、王。这种押韵方式，显示出早期汉诗用韵相对灵活的特点。该诗载于《汉书·韦贤传》，萧统等人将其选入《文选》，遂成为后世传诵的名篇。刘勰在《文心雕龙·明诗》中云："汉初四言，韦孟首唱。匡谏之义，继轨周人。"可见，在汉诗发展史上，韦孟具有"首唱"之功，和祖继《诗经》讽谏精神的基本倾向。

《在邹诗》亦载于《汉书·韦贤传》。据《汉书》所载，"戊荒淫不遵道，孟作诗风谏。后遂去位，徙家于邹，又作一篇"。这说明，《在邹诗》当作于韦孟去职徙家于邹之后。该诗开头述说自己去职之由，所谓"微微小子，既耇且陋，岂不牵位，秽我王朝。王朝肃清，唯俊之庭，顾瞻余躬，惧秽此征"。作者盛赞当朝天子"明哲且仁"，能够体恤思念故土之情。接着，诗人介绍了迁徙于邹鲁、授徒讲学的生活："既去祢祖，惟怀惟顾，祁祁我徒，戴负盈路。爰戾于邹，剪茅作堂，我徒我环，筑室于墙。"不过，诗人并未因去职归乡而忘记过去，所谓"我即迁逝，心存我旧，梦我渍上，立于王朝。其梦如何？梦争王室。其争如何？梦王我弼"。在结尾，诗人似乎无奈地表示将以孔子为榜样，虽然不在其位、不谋其政，但尚可"礼义唯恭，诵习弦歌"，授徒求道、乐在其中："我虽鄙耇，心其好而，我徒侃尔，乐亦在而。"

从语言风格来看，该诗与《讽谏诗》相近。而从内容方面比较，前诗激切谏诤，而后诗温和敦厚；前诗具有强烈的责任感，而后诗不乏衰颓之思。当然，两诗皆以四言为句、语句形式基本一样。但前诗押韵有一定规律，而后诗较自由。那么，该诗是否为韦孟所作？《汉书》的作者已存异说："孟卒于邹。或曰其子孙好事，述先人之志而作是诗也。"① 如此，在东汉时期，《在邹诗》至少有韦孟作和韦孟子孙述先人之志而作等两种说法。该诗《文选》未予收录，刘勰在《文心雕龙》中亦未作评价。逯钦立《先秦汉魏晋南北朝诗》收录此诗时并未表示异议，而刘跃进《秦汉文学编年史》亦未作辨析，只说"如果此诗确为韦孟作，则必作于本年前"②。所以，在没有确凿证据之前，《在邹诗》当为韦孟所作。

总之，韦孟所存留的两首诗，是研究汉诗早期发展阶段的重要资料。两诗在语言形式和讽谏精神方面皆继承了《诗经》传统。我们知道，汉初多楚歌，如刘邦有《大风歌》、赵王刘友有《幽歌》等。从这个意义上讲，韦孟《讽谏诗》与《在邹诗》便具有继往开来的意义，在汉代诗歌史上当有一定地位。

二 韦贤的文学成就

韦贤（约前142—约前61）③，字长孺，昭帝时徙居扶风平陵。据《汉书·儒林传》，申公弟子成为博士者十余人，孔安国、周霸、夏宽、鲁赐、缪生、徐偃、阙门庆忌等至大官，皆有廉节之名。至于大夫、郎、掌故等约有百人。而瑕丘江公、许生、徐公皆守学教授。韦贤为瑕丘江公、许生弟子，治《诗》及《礼》，位至丞相。他将所学传子玄成，而玄

---

① （汉）班固：《汉书》卷七十三《韦贤传》，中华书局1962年版，第3107页。
② 参见刘跃进《秦汉文学编年史》，商务印书馆2006年版，第114页。此句所说"是年"，指汉景帝前元二年（前155年）。不过，刘跃进先生的说法有待商榷。若"此诗"指《讽谏诗》，毫无疑问作于吴楚叛乱之前；而若指《在邹诗》，则或许作于韦孟离世之前。从该诗中，可以明显地感到作者似乎在总结自己的一生经历，具有志不获逞的遗憾意味在其中。
③ 关于韦贤的生卒年，《汉书·韦贤传》并没有明确的记载。根据他在宣帝本始三年（前71）为相，时年七十余岁，为相五年。根据宣帝地节三年（前67）以病免官的情况来推断，时年应为76岁左右。如此，卒年当在宣帝元康元年（前65）前后。因为其子韦玄成嗣爵是在宣帝神爵元年（前61），韦贤可能卒于该年或上一年。刘跃进《秦汉文学编年史》有较为详细的考辨，参见商务印书馆2006年版，第221页。

成曾论学石渠阁，后亦官至丞相。玄成及从子韦赏亦治《诗》，使鲁《诗》有韦氏学。韦氏学在灵帝时尚流传于世，可见其影响[①]。所以，韦贤文章今虽不传，但其传授《诗》学，对韦氏学的形成有重要影响，对西汉文学的发展与西汉文人的培育也有重要影响。

三 韦玄成的诗文

韦玄成（？—前36），字少翁，京兆杜陵人。生年不详，卒于元帝建昭三年（前36）。韦玄成本居于杜陵，以其遗愿，卒葬平陵韦贤墓旁。今存《自劾诗》《戒子孙诗》，是西汉今存不多的四言体诗歌的代表作。散文有《劾刘更生》（《汉书·楚元王传》附《刘向传》）、《奏发陈咸朱云事》（《汉书·朱云传》）及《汉书·韦贤传》所载《罢郡国庙议》《毁庙议》《毁庙迁主议》《复言罢文昭太后寝祠园》等，亦见录于严可均《全汉文》卷三十三。

《自劾诗》或作于宣帝五凤三年（前55）。因与平通侯杨恽有故，玄成被免官，后又因侍祀孝惠庙未乘驷马车，被削爵为关内侯。因此，韦玄成感慨悲叹[②]，"自伤贬黜父爵"，"作诗自劾责"。与韦孟的《讽谏诗》类似，该诗第一部分简要介绍了韦氏家族史，谈及韦孟在楚元王、楚夷王时为太傅，因"嗣王孔佚，越迁于邹"。韦氏在邹经历五世，至其父节侯韦贤方才大为显贵。第二部分详细介绍了韦贤的丰功伟绩，所谓"绎绎六辔，是列是理，威仪济济，朝享天子。天子穆穆，是宗是师，四方遐尔，观国之辉"。同时，诗人感佩兄长让爵于己，并谈了遭受贬爵的原

[①] 刘跃进《秦汉文学编年史》云："但是《七略》、《汉书·艺文志》均未见记载，未知何故。东汉《武荣碑》记载'君讳荣字含和，治《鲁诗经韦君章句》'，碑文记载汉桓帝之死，则武荣之卒当在灵帝初年。据此而知，韦氏章句在东汉末叶依然流行。"（商务印书馆2006年版，第221—222页）这充分说明韦氏学在两汉时期很有影响。至于因何《七略》及《汉书·艺文志》未载，可能与韦玄成曾在汉元帝时奏劾刘更生（刘向）有关。据《汉书·楚元王传》附《刘向传》载，"遂逮更生系狱，下太傅韦玄成、谏大夫贡禹，与廷尉杂考。劾更生'前为九卿，坐与望之、堪谋排车骑将军高、许、史氏侍中者，毁离亲戚，欲退去之，而独专权。为臣不忠，幸不伏诛，复蒙恩征用，不悔前过，而教令人言变事，诬罔不道'。更生坐免为庶人"。或许刘向作《七略》，有意略之亦未可知。《七略》后为《汉书·艺文志》所本，故而两个典籍皆未见载韦氏学是可以理解的。不过，《汉书·儒林传》明确记载有韦氏学，这也说明其影响力是很大的。

[②] 参见刘跃进《秦汉文学编年史》的有关考辨，商务印书馆2006年版，第231页。

因是不懂宗庙会同之事:"惟我小子,不肃会同,惰彼车服,黜此附庸。"在第三部分中,作者对被贬黜深感自责,表示一定吸取教训,绝不再犯类似错误:

> 赫赫显爵,自我队之;微微附庸,自我招之。谁能忍愧,寄之我颜;谁将遐征,从之夷蛮。于赫三事,匪俊匪作;于蔑小子,终焉其度。谁谓华高,企其齐而;谁谓德难,厉其庶而。嗟我小子,于贰其尤,队彼令声,申此择辞。四方群后,我监我视,威仪车服,唯肃是履!

该诗用语质朴,典雅少文,文静和婉,怨而不怒,确有《诗经》中和、守正的审美取向,而且抒情含蓄。从押韵角度看,该诗基本上是偶句相押,很少中间换韵。例如,韦、绥;常、翔;裔、世;夷、祗;邹、侯;闻、训;奂、馆;东、从;理、子;师、辉;兄、形;声、京;同、庸;颜、蛮;作;度;而、而;等等。与韦孟的《讽谏诗》相比,两诗风格相近,结构相近,唯有内容不同。因此,该诗或有刻意模仿、效法乃祖诗作的意味。

关于《戒子孙诗》的作年,据《汉书·韦贤传》附《韦玄成传》载,"永光中,代于定国为丞相。贬黜十年之间,遂继父相位,封侯故国,荣当世焉。玄成复作诗,自著复玷缺之艰难,因以戒示子孙曰"云云,则该诗可能作于元帝永光二年。[①] 与《自劾诗》的创作背景不同,该诗作于被贬黜十多年之后、复出为丞相之时,因而明显具有总结历史经验、劝诫子孙勿重蹈覆辙的用意。

在开头部分,诗人回顾过去,自伤曾经的经历,深感上有天子垂顾,自己又谨慎从事,方才得以复爵:"我既兹恤,惟夙惟夜,畏忌是申,供事靡惰。天子我监,登我三事,顾我伤队,爵复我旧。"当然,诗人并未因此而沾沾自喜,而是更加谨慎小心:"昔我之队,畏不此居,今我度兹,戚戚其惧。"在诗尾,他谆谆告诫子孙后代须谨慎从事,千万不可荒

[①] 刘跃进认为,永光二年(前42)二月,韦玄成为丞相,该诗作于是年。参见《秦汉文学编年史》,商务印书馆2006年版,第249页。

嬉失位，让祖先蒙羞："嗟我后人，命其靡常，靖享尔位，瞻仰靡荒。慎尔会同，戒尔车服，无惰尔仪，以保尔域……於戏后人，惟肃惟栗。无忝显祖，以蕃汉室！"这种强烈的家族意识，正是韦氏得以继续发展的动力。从语言风格看，与前诗相近，用语质朴无华，并无特别之处。且遵从温柔敦厚的审美原则，言辞近于口语化，抒情色彩较为浓郁。

韦玄成除诗歌外，尚有篇幅不长的六篇散文。其中，《劾刘更生》残文见于《汉书·楚元王传》，系韦玄成、贡禹及廷尉等上言劾奏，是否为韦玄成所作，不能明确。而《奏发陈咸朱云事》确为韦玄成所作。其余四篇作于汉元帝永光四年（前40）至建昭元年（前38）之间，皆见载于《汉书》本传。总体看，六篇文章皆因事立意，言辞朴实而少文采，文学性不强。《汉书》本传称，韦玄成"守正持重不及父贤，而文采过之"。从今存文学作品而论，所谓韦玄成有"文采"，也只是相对于其父而言，而不能与其他文学名家相提并论。

四 韦赏、韦彪的诗学

韦赏（？—？），韦弘之子、韦玄成从子。韦赏亦明《诗》，曾为定陶王刘欣太傅。哀帝刘欣即位之后，为大司马车骑将军，位列三公。韦赏作品今不存，与祖父韦贤一样，他也是鲁《诗》传承者，应在《诗经》研究史上有一定地位。

韦彪（约36—89），字孟达，扶风平陵人，韦赏之孙。他"好学洽闻，雅称儒宗"，著书十二篇，名曰《韦卿子》。今存《上疏谏置官选职不以才》《建言封萧何等后裔》《郡国贡举议》等奏议类文章三篇，皆见载于《后汉书》本传。严可均《全后汉文》卷二十九有辑录。在《上疏谏置官选职不以才》中，他建议选拔有才能者充任官员，不仅要求其"长于应对"，而且要"清选其任，责以言绩"。《郡国贡举议》运用对比手法，认为"忠孝之人，治心近厚；锻炼之吏，治心近薄"。所以，"士宜以才行为先，不可纯以阀阅"。这反映了韦彪注重德行、才能的人才观。总体看，韦彪的散文推理严密、言而有据，以质朴见长。

总之，扶风平陵韦氏成员今存作品较少。韦孟、韦玄成各存诗两首，玄成还存文六篇，韦彪存文三篇。而韦贤、韦赏、韦义、韦顺、韦豹、韦著等皆有文名，说明汉代韦氏家族代有人才。而将韦氏列入文学家族范畴，不在于今存文学作品的数量多少，而在于其代代传《诗》，在《诗经》研究史上具有重要地位。

本章小结

扶风平陵韦氏是经学世家，几乎代代传《诗》，儒化程度很高。该家族成员因经入仕，渐渐官僚化，成为三辅著姓。儒化使其家族成员的文化水平提高，而官僚化又使他们热衷于政治。在政治参与中，诸如诗、赋、疏、奏、议、论、书、表等皆可为表达观点服务。因此，韦氏家族文学是其政治、文化活动的副产品。

首先，扶风平陵韦氏是兴于经学的儒学世家，诸如韦孟、韦贤、韦玄成、韦赏、韦彪等皆传《鲁诗》。韦孟研习《诗经》，为传承《鲁诗》奠定了基础；韦贤继承家学，精研《鲁诗》，开创《鲁诗》韦氏学；韦玄成、韦赏、韦彪等继续传承《鲁诗》韦氏学。尤其是韦彪，成为一代儒宗。《鲁诗》韦氏学在汉末尚传播，有人专门研习《韦君章句》。总之，扶风平陵韦氏以《鲁诗》为家学，代代传承，为《鲁诗》的传播与研究作出了杰出贡献。

其次，韦孟、玄成诗在汉诗发展史上有一定地位。我们知道，汉诗经历了承袭、模仿、创新和发展等几个阶段。而西汉诗继承诗骚传统，或有楚歌特点，或以四言为句。韦孟的《讽谏诗》与《在邹诗》四言为句、重视偶句相押，而韦玄成的《自劾诗》和《戒子孙诗》似更重视偶句相押。这意味着，西汉诗歌在承袭诗经四言传统时，也正有意识地调整着自己的语言形式。

最后，扶风平陵韦氏家族文学具有质朴无华、中和平正的审美共性。无论诗、文，皆用语质朴无华，讲究典雅平正，韦孟、韦玄成、韦彪等人的作品都具有这样的特点。可以说，韦氏家族文学的审美共性，体现了《鲁诗》文学观的深刻影响，具有《鲁诗》韦氏学尚质趋雅的诗学精神。

第七章

扶风安陵班氏家族

扶风安陵班氏家族起于富豪。而富豪为汉代帝王所防备，诸如汉高祖、惠帝、文帝、景帝、武帝、昭帝、宣帝、元帝等多次迁徙豪杰、诸侯、强族于关中诸陵，意在"强干弱枝"，借改变居处环境来控制豪强[1]。《史记·货殖列传》云："汉兴，海内为一，开关梁，弛山泽之禁，是以富商大贾周流天下，交易之物莫不通，得其所欲，而徙豪杰、诸侯、强族于京师。"[2] 可见，汉朝关梁开禁、货物流通所催生的富商大贾，为统治者所高度关注。作为通过苦心经营而富裕起来的富豪宗族，他们既无诸侯贵族的政治优势，也缺乏豪杰、游侠的抗衡能力，但家财亿万、富比王侯，司马迁称之为"素封"家族：

> 谚曰："百里不贩樵，千里不贩籴。"居之一岁，种之以谷；十岁，树之以木；百岁，来之以德。德者，人物之谓也。今有无秩禄之奉，爵邑之入，而乐与之比者，命曰"素封"。[3]

---

[1] 据《汉书·地理志下》，"汉兴，立都长安，徙齐诸田，楚昭、屈、景及诸功臣家于长陵。后世世徙吏二千石、高訾富人及豪桀并兼之家于诸陵。盖亦以强干弱支，非独为奉山园也。是故五方杂厝，风俗不纯，其世家则好礼文，富人则商贾为利，豪桀则游侠通奸"。可见，移民关中的政治意图是"强干弱枝"，副产品则是风俗习惯错杂、异质文化并存。中华书局1962年版，第1642—1643页。

[2] （汉）司马迁：《史记》卷一百二十九《货殖列传》，中华书局1982年版，第3261页。

[3] 同上书，第3272页。

司马贞《史记索隐》注云："谓无爵邑之人，禄秩之奉，则曰'素封'。"张守节《史记正义》也说："言不仕之人自有园田收养之给，其利比于封君，故曰'素封'也。"张守节的解释更接近于原义。司马迁亦云："千金之家比一都之君，巨万者与王者同乐。岂所谓'素封'者邪？非也？"① 所以，"素封"家族无封爵之位、俸禄之秩，却富贵无比、位比王侯，扶风班氏就属于"素封"家族。

第一节 由"素封"家族走向仕宦宗族

扶风班氏推源甚远。据《汉书·叙传》，班氏先祖与楚同姓，是楚国令尹子文之后。子文初生之时，虎为其哺乳，而楚人谓其虎"班"。秦灭楚，子文后人迁徙于晋、代间，因以班为氏。始皇末，班氏先祖班壹避居楼烦，有马、牛、羊数千群。至惠帝、高后时，他"以财雄边，出入弋猎，旌旗鼓吹"，享年百余岁。班壹生班孺，为任侠。班孺生班长，官至上谷守。班长生班回，举茂材为长子令。班回生班况，举孝廉为郎，累功为上河农都尉，后为左曹越骑校尉。②

可见，班氏先祖班壹在楼烦畜牧致富，以财雄边，富甲一方，应是当时知名的"素封"家族。从第三代班长开始，班氏成员渐渐跻身政界，诸如班长为上谷守、班回为长子令、班况为上河农都尉。而班回以"举茂才"、班况以"举孝廉"入仕，说明班氏能适应时代需要，有意识地习儒通经，并逐渐向文化家族转化。而影响班氏家族转变的关键人物是第五代班况。

汉成帝时，班况之女成为婕妤，适度提高了班氏的政治地位。从此，班况"致仕就第，资累千金，徙昌陵。昌陵后罢，大臣名家皆占数于长安"。班氏家族随之进入政治、经济与文化中心长安，有了更多发展的条件与机会，并在社交、学业、仕途、地位等方面发生了相应变化，为班氏最终走向文化世族奠定了基础。

---

① （汉）司马迁：《史记》卷一百二十九《货殖列传》，中华书局1982年版，第3283页。
② （汉）班固：《汉书》卷一百上《叙传》，中华书局1962年版，第4197—4198页。

班况生三子，即班伯、班斿与班穉。① 作为班氏的第六代成员，他们研习儒经，使该家族逐渐跻身文化家族的行列。班伯少时受《诗》于师丹，为大将军王凤所荐，官拜中常侍，后迁奉车都尉。班伯志节慷慨，有任侠之气。汉成帝河平年间，他上书自请守定襄，官拜定襄太守，在任一年有余，定襄社会秩序安定。班伯在离任回都途中中风，养病数年后拜官水衡都尉，因病而卒，卒年三十八岁。班斿"博学有俊材"，左将军史丹举贤良方正，以对策为议郎，后迁谏大夫、右曹中郎将，曾与刘向同校秘书。班斿亦早卒。而班穉"少为黄门郎中常侍，方直自守"。哀帝即位后，班穉为西河属国都尉，后迁广平相②。

可见，班氏第六代在文化学养、仕途、地位等方面，已远远强于先人。成帝时，谷永如是评价："建始、河平之际，许、班之贵，倾动前朝，熏灼四方，赏赐无量，空虚内臧，女宠至极，不可尚矣；今之后起，无所不飨，仁倍于前。"这说明，在西汉末年，班氏家族以外戚身份而盛极一时，并与贵倾一时的王氏家族过从甚密。班伯为大将军王凤举荐，而班斿、班穉与王莽友善，"王莽少与穉兄弟同列友善，兄事斿而弟畜穉"。他们善于审时度势。比如，汉平帝即位，王莽秉政，班穉既不美颂，亦不言灾异、嘉应，为王莽所不满。因惧降罪于己，他"上书陈恩谢罪，愿归相印，入补延陵园郎，太后许焉。食故禄终身。由是班氏不显莽朝，亦不罹咎"③。由此可见，班氏家族具有明哲保身的处世思想。

成帝即位之初，班况之女选入后宫，初为少使，后得宠幸为婕妤，史称班婕妤。据《汉书·外戚传》，班婕妤曾产子一人，但不久夭折。她

---

① 邓桂姣《班彪父辈主要儒学文学成员生卒年考》(《文艺评论》2013 年第 12 期)认为，"班伯生于元帝初元二年（前 47），卒于成帝元延三年（前 10），享年 38 岁（实际 37 周岁）"。班斿"与王莽同岁而月份稍大些，生于元帝初元四年（前 45）、卒于哀帝（前 6—前 1）执政的前期，享年 40 岁出头（不超过虚岁 45 岁）"。"班穉最小，生年与班斿相近而稍小一两岁左右（约前 44、前 43 年），活到了王莽新朝的中后期（约天凤、地皇年间），享年六十余岁。"按，根据有关传记，班伯享年 38 岁，被称为"早卒"，而班斿"亦早卒"。这说明班斿肯定享年不永。所以，若生年如此，则其卒年当在成帝末为妥，或卒于绥和二年（前 7）前后。同时，班伯、班斿、班穉三人的年龄太靠近，或与事实有差距。

② 《后汉书·班彪列传》云："班彪字叔皮，扶风安陵人也。祖况，成帝时为越骑校尉。父稚，哀帝时为广平太守。"显然，范晔《后汉书》和《汉书·叙传》所记不一致。

③ （汉）班固：《汉书》卷一百上《叙传》，中华书局 1962 年版，第 4198—4205 页。

雅好礼仪、熟悉礼法，深得太后赏爱，"诵《诗》及《窈窕》、《德象》、《女师》之篇。每进见上疏，依则古礼"。鸿嘉之后，成帝重视内宠，班婕妤侍女李平得幸为婕妤，后又有赵飞燕姐妹从微贱得幸，"逾越礼制，浸盛于前"。班婕妤因此失宠。鸿嘉三年（前18），"赵飞燕谮告许皇后、班婕妤挟媚道，祝诅后宫，詈及主上"。许皇后被废，班婕妤则自请退处东宫，供养皇太后于长信宫，自觉远离了是非之地。①

总之，班氏家族在西汉延续了六代。从班壹开始，继替而降，班孺（二代）、班长（三代）、班回（四代）、班况（五代）及班婕妤、班伯、班斿、班穉（六代）。班壹"以财雄边"、班孺任侠使气，反映出班氏作为"素封"家族的特点。从班长开始，班氏成员开始跻身于官僚体系。班长为上谷守，班回为长子令，开始逐渐由富豪宗族变为官僚宗族。班况以举孝廉为上河农都尉、左曹越骑校尉。汉成帝时，班况之女成为婕妤，班氏家族又跻身外戚行列，并迁徙长安，成为当时的豪门大族。而班伯、班斿、班穉三兄弟因皇戚而显赫，因与外戚王氏关系密切而见重。班伯"少受《诗》于师丹……时，上方乡学，郑宽中、张禹朝夕入说《尚书》、《论语》于金华殿中，诏伯受焉。既通大义，又讲异同于许商，迁奉车都尉"②。班斿、班穉则与王莽同列友善。新莽时，班穉自请"入补延陵园郎……食故禄终身。由是班氏不显莽朝，亦不罹咎"。这种明哲保身的处世方式，是班氏家族得以延续的重要条件。而且，从西汉后期开始，班氏逐渐转向文化世族。

第二节　由仕宦走向文化世族

东汉时期，扶风班氏成为文化世族。该家族既有文臣，也有武将；既有史家才俊，也有将帅英豪，包括班嗣、班彪（七代），班固、班超、班昭（八代），班雄、班勇（九代）及班始（十代）。可以说，从两汉之际到汉顺帝时为止，扶风班氏家族再历四代，又持续发展了长达百余年之久。

---

① （汉）班固：《汉书》卷九十七下《外戚传下》，中华书局1962年版，第3983—3988页。

② （汉）班固：《汉书》卷一百上《叙传》，中华书局1962年版，第4202页。

一 班嗣与班彪

班彪从兄班嗣主要生活于西汉末、东汉初。班斿早卒，子班嗣亦"显名当世"，曾与班彪"游学"长安，接受过良好的教育。他虽习儒学，却遵从老庄贵己避世的处世观，反感重利禄、爵位的世俗名利观，如《汉书·叙传》所言："嗣虽修儒学，然贵老、严之术。"[1]

班彪字叔皮，扶风安陵人，班稚之子。"幼与从兄嗣共游学，家有赐书，内足于财，好古之士自远方至，父党扬子云以下莫不造门。"[2] 可见，他在少年时期接受了良好的教育，有雄厚的家庭财力支持，且交游广泛，家世背景不错[3]。班彪"性沈重好古"，二十余岁时，更始失败，三辅大乱。隗嚣拥兵自重于天水，班彪避难于天水，附从隗嚣。隗嚣不承认汉祚乃天命所为，班彪著《王命论》以劝谏，终不为其理解，遂避地河西，依附河西大将军窦融，为大将军从事。窦融"深敬待之"，待之以师友之礼。光武帝时，司隶举茂才，拜为徐令，后以病免。他才高而好述作，专心于史籍之间。针对《史记》不足，"继采前史遗事，傍贯异闻，作后传数十篇，因斟酌前史而讥正得失"。班彪辟司徒玉况府，"后察司徒廉为望都长，吏民爱之"。建武三十年（54）死于任上，卒年五十二岁。

范晔对班彪的处世之道深为钦佩："班彪以通儒上才，倾侧危乱之间，行不逾方，言不失正，仕不急进，贞不违人，敷文华以纬国典，守贱薄而无闷容。彼将以世运未弘，非所谓贱焉耻乎？何其守道恬淡之笃也！"[4] 可见，班彪继承了乃父班稚恬淡、适中的处世遗风，并发扬光大之。

---

[1] （汉）班固：《汉书》卷一百上《叙传》，中华书局1962年版，第4205页。

[2] 同上。

[3] 据《汉书·元帝纪赞》："臣外祖兄弟为元帝侍中，语臣曰：元帝多材艺，善史书。鼓琴瑟，吹洞箫，自度曲，被歌声，分刌节度，穷极幼眇。"可见，班彪外祖父兄弟皆为元帝侍中，说明班氏家族的家世背景不错。《汉书》卷九《元帝纪》，中华书局1962年版，第298页。

[4] 班彪的生平事迹，参见范晔《后汉书》卷四十上《班彪列传》，中华书局1965年版，第1323—1330页。

二　班固、班超与班昭

班彪有两子一女：长子班固、次子班超、女班昭，兄妹三人皆有文才。班固继承父志，继续编撰《汉书》、创作诗赋，班超虽以军功封侯，亦有文辞传世。而班昭则以文才见重于当世，曾受诏补编《汉书》，最终完成了父兄未竟事业。

班固，字孟坚，扶风安陵人。他九岁时即能属文诵诗赋，长大后"遂博贯载籍，九流百家之言，无不穷究。所学无常师，不为章句，举大义而已。性宽和容众，不以才能高人，诸儒以此慕之"。永平初，骠骑将军、东平王刘苍辅政，"开东阁，延英雄"，年届弱冠的班固撰奏记给刘苍，并被采纳。班彪死后，他归乡里，认为父亲"所续前史未详，乃潜精研思，欲就其业"，被人以"私改作国史"罪告发，捕入京兆狱。经班超上书陈情，兼之明帝看到了所编内容，召诣校书部，除兰台令史，与陈宗、尹敏、孟异等写成《世祖本纪》。此后，班固迁为郎，在东观典校秘书，"又撰功臣、平林、新市、公孙述事，作列传、载记二十八篇，奏之。帝乃复使终成前所著书"。从永平年间开始，班固"潜精积思二十余年，至建初中乃成。当世甚重其书，学者莫不讽诵焉"。班固又作《两都赋》以戒淫侈。章帝雅好文章，班固甚得宠幸，多次入禁中读书。章帝"每行巡狩。辄献上赋颂，朝廷有大议，使难问公卿，辩论于前，赏赐恩宠甚渥"。班固还先后作《宾戏》《白虎通德论》《典引》等。汉和帝永元初，为大将军窦宪中护军，后因窦宪事免官，为洛阳令种兢捕系入狱，遂死狱中，年六十一岁。班固处世，亦有乃祖、乃父遗风。恰如范晔所云："彪、固讥迁，以为是非颇谬于圣人。然其论议常排死节，否正直，而不叙杀身成仁之为美，则轻仁义，贱守节愈矣。固伤迁博物洽闻，不能以智免极刑；然亦身陷大戮，智及之而不能守之。呜呼，古人所以致论于目睫也！"① 这种处世方式，处处谨慎，但过于实用主义。所以，范晔讥其"智及之而不能守之"，属于"致论于目睫"，可谓中肯之论。

---

① （南朝宋）范晔：《后汉书》卷四十上《班彪列传》附《班固传》，中华书局1965年版，第1330—1386页。

班超字仲升，扶风平陵人①，班彪少子，"为人有大志，不修细节。然内孝谨，居家常执勤苦，不耻劳辱。有口辩，而涉猎书传"。明帝永平五年（62），班固被召诣校书郎，他与母随至洛阳。因家中贫困，常为官府抄写公文以供家用。为此，曾投笔感叹："大丈夫无它志略，犹当效傅介子、张骞立功异域，以取封侯，安能久事笔砚间乎？"明帝时，任兰台令史，后坐事免官。永平十六年（73），他任奉车都尉窦固假司马，有军功。窦固派其与郭恂出使西域，功成而返，拜军司马。不久，窦固再次派遣其出使西域。因平西域有功，章帝刘炟建初八年（83）官拜将兵长史。和帝刘肇永元七年（95），因功封为定远侯。因久在西域前后达三十一年，班超年老思归，多次上疏请归，其妹班昭亦上书代为请求，方得归故土。永元十四年（102）前后返回洛阳，拜为射声校尉。不久病卒，享年七十一岁。②

班昭，字惠班，一名姬，扶风曹世叔妻。她"博学高才。世叔早卒，有节行法度"。班固著《汉书》，八表及《天文志》未成而卒。和帝诏令她于东观藏书阁完成，令皇后及诸贵人皆"师事"班昭，号曰"大家"。"每有贡献异物，辄诏大家作赋颂。"安帝时，邓太后临朝，班昭"与闻政事"，其子曹成得封为关内侯，官至齐相。据《后汉书》本传载，"时《汉书》始出，多未能通者，同郡马融伏于阁下，从昭受读，后又诏融兄续继昭成之"。邓太后兄、大将军邓骘"以母忧，上书乞身"，太后不许，班昭上疏劝谏，邓骘等"各还里第"。她认为"诸女方当适人，而不渐训悔，不闻妇礼"，担心"失容它门，取耻宗族"，因作《女诫》，从卑弱、夫妇、敬慎、妇行、专心、曲从和叔妹七方面给予详细阐述。《女诫》面世，马融"善之"，令妻女学习，而曹世叔妹曹丰生曾"为书难之"。班

---

① 班超籍贯与班彪有别。班彪为扶风安陵人，而班超为扶风平陵人，虽同为一郡而分居两地，可能与其居处变化有关。关于这一问题，陕西富平人张鹏一编、癸亥年（1922）教育图书社印、陕西文献征辑处校印的《扶风班氏遗书》中有说明。该书第一卷为《班叔皮集》，在《班氏遗书·班叔皮集序》中，张鹏一以为："后书（即《后汉书》）彪、固同传，彪安陵人。固弟超传则云平陵人。《汉书》臣瓒注：'惠帝安陵在长安北三十五里。'《黄图》云：'去长陵五里。'昭帝平陵，瓒注云：'在长安西北七十里。'今《陕西省志》云：'安陵在咸阳东三十里，平陵在咸阳东北十三里。'二陵相距甚近，以故父子著籍其间也。"

② （南朝宋）范晔：《后汉书》卷四十七《班梁列传》，中华书局1965年版，第1571—1586页。

昭七十余岁卒，邓太后"素服举哀，使者监护丧事"，可谓隆重之极。①

　　整体看，班氏第八代成员中，班固、班昭以文知名，而班超则以武功著称。不过，班超也曾从事文职，后来投笔从戎，功在西域。班氏与窦氏关系密切。比如，班彪从窦融、班固从窦宪、班超从窦固，虽有起伏升降，但关系比较稳定。而班昭则与扶风马氏成员马融、马续等有师友关系，邓太后也以师礼相待，儿子曹成因此得以封官拜爵②。可见，班氏第八代仍继承了实用主义的家风。

三　班雄、班勇与班始

　　班固诸子不成器，史书无闻，不知具体名姓。因此，班氏家族第九代成员中，只有班超之子班雄、班勇见载于史册。

　　据《后汉书·班梁列传》，班超生有三子，中子无闻。长子班雄，班超死后嗣父爵，累迁屯骑校尉。羌族寇叛三辅，班雄曾率兵屯长安，官拜京兆尹。班雄卒，子班始嗣爵。班超少子班勇，字宜僚，少有父风。汉安帝永初元年（107），西域乱，班勇为军司马，与兄班雄率兵出敦煌，迎还西域都护及西域甲卒。从此，西域失控长达十余年。安帝元初六年（119），索班复取西域。邓太后曾召班勇参加朝堂会议，他力排众议，建议置西域副校尉居敦煌。安帝延光二年（123）夏，班勇为西域长史，西域诸国相继归附汉王朝。顺帝永建元年（126），平定车师六国。永建二年（127），班勇与敦煌太守张朗约期征焉耆。张朗先到，班勇因未能按期到达，获罪，免官下狱。班勇后卒于家，子孙不闻于史册。

　　班氏第十代有名姓者，只有班雄之子班始。班雄死后，班始嗣父爵，娶汉顺帝刘保之姑、清河孝王女阴城公主为妻。阴城公主贵骄淫乱，曾与嬖人居帷中，却让班始伏于床下。班始积怒于胸，顺帝永建五年（130）怒杀阴城公主。顺帝大怒，"腰斩始，同产皆弃市"。从此，班雄

---

① 有关班昭生平事迹，参见范晔《后汉书》卷八十四《列女传》，中华书局1965年版，第2784—2792页。

② 据《后汉书·列女传》唐代李贤等注云："《三辅决录》曰：'齐相子穀，颇随时俗。'注云：'曹成，寿之子也。司徒掾察孝廉，为长垣长。母为太后师，征拜中散大夫。'子穀即成之字也。"参见《后汉书》卷八十四《列女传》，中华书局1965年版，第2787页。

这一支不复闻于史籍。①

总之，扶风班氏在汉代共历十代。从第三代班长起，班氏开始向官僚宗族转变。第五代班况迁居于长安，班氏与皇室联姻，与许、史等外戚等列。从此，扶风班氏更重视子女教育，积极习儒，诸如班婕妤、班伯、班斿、班稚等皆有文化，班婕妤还有文学作品传世，由此逐渐向文化家族转变。而第七代班嗣、班彪习儒通经，且文学水平颇高。第八代班固、班超、班昭等更以文学成就斐然而著称。当然，班超以军功封侯，班雄、班始继踵嗣爵，班昭以才学卓著而为邓太后之师，这应是班氏在政治上的辉煌时期。顺帝时，班始尚阴城公主，因不满其淫乱而杀之，从而使班氏与皇室决裂。而班勇虽继踵先父班超的事业，最终却获罪于斯，终老家中，后代子孙湮没无闻。至此，扶风班氏基本上退出了汉代的政治舞台。当然，扶风班氏的杰出之处不在仕宦，而在文学，是汉代关中最著名的文学世家。

第三节　班婕妤、班嗣与班彪的文学创作

扶风班氏家族是汉代知名的文学世家，在中国文学史上作出了杰出的贡献。尤其是班彪、班固、班昭父子三人，在诗赋、史传、政论散文等方面成就突出。班氏家族文人众多，本节谈谈班婕妤、班嗣与班彪的文学创作。

一　班婕妤的诗赋

班婕妤（约前46—约5）②，长安人③，班况之女，汉成帝初年入宫，

---

① （汉）班固：《汉书》卷四十七《班梁列传》，中华书局1965年版，第1586—1590页。
② 邓桂姣《班彪父辈主要儒学文学成员生卒年考》（《文艺评论》2013年第12期）认为，班况生三子一女，其排列次序为：班伯、班婕妤、班斿、班稚。班婕妤"生于元帝初元三年（前46），至少活到了王莽新朝的中期（天凤年间），享年六十二、三岁以上"。关于班婕妤年少于班伯，理由一：班婕妤是尊者，史书记载可排前面；理由二，《汉纪》孝成皇帝纪卷二十五鸿嘉三年载"（班）婕妤兄伯为光禄大夫侍中"。所以，她认为："在同母的一般情况下班婕妤的生年即在班伯生年之后、班斿生年之前的初元三年（前46）了，这样班婕妤比班伯小了一岁，与前考班婕妤较班伯年龄稍小、幅度在3岁以内的结论吻合。"按，班婕妤或小于班伯，但寿命可能没有那么长，故以平帝元始五年（5）为卒年，享年约52岁左右。
③ 据《汉书·叙传上》，其父班况举孝廉为郎，后至上河农都尉，因政绩突出，入为左曹越骑校尉。汉成帝初，女儿选入后宫，为婕妤，班况"致仕就第，资累千金，徙昌陵。昌陵后罢，大臣名家皆占数于长安"。中华书局1962年版，第4198页。

后受宠为婕妤。她雅好礼仪、熟悉礼法,"诵《诗》及《窈窕》、《德象》、《女师》之篇"。成帝死后,班婕妤充奉园陵,卒葬延陵园。今存《自悼赋》《捣素赋》《报诸侄书》及《怨诗》一首。严可均《全汉文》卷十一录其赋文。《隋书·经籍志》著录《班婕妤集》一卷。

《自悼赋》载于《汉书·外戚列传下》。关于作赋缘起,《汉书》本传称,"赵氏姊弟骄妒,婕妤恐久见危,求共养太后长信宫,上许焉。婕仔退处东宫,作赋自伤悼"[1]。如此,《自悼赋》应为遭冷落的自伤之辞。不过,该赋将叙事、抒情、写景有机地结合在一起,且叙事中有抒情,写景中融深情,具有较为浓郁的抒情色彩。赋作回忆了自己的人生经历,回想自己也曾非常谨慎、处处小心地侍奉帝王,并以褒姒为鉴,以娥皇、女英为榜样,也渴望像太任、太姒那样母仪天下。但天不遂人愿,这样的愿望似乎在一夜之间落空:

> 历年岁而悼惧兮,闵蕃华之不滋。痛阳禄与柘馆兮,仍褵褓而离灾,岂妾人之殃咎兮?将天命之不可求。白日忽已移光兮,遂暗莫而昧幽,犹被覆载之厚德兮,不废捐于罪邮。奉共养于东宫兮,托长信之末流,共洒扫于帷幄兮,永终死以为期。愿归骨于山足兮,依松柏之余休。

在青春已逝、岁月难索的哀叹之余,作者也曾认真反思,认为并非自己有错,而是天命之无法违背。所以,日落星移,每天只能默默打扫长信宫中的每个角落,没有任何想法,只期望能终老于此,最后归葬于那片松柏林。然而,作者似乎无法忘记曾经的宠幸与昔日的欢爱。所以,在失望之余,还有着隐隐的期待:

> 潜玄宫兮幽以清,应门闭兮禁闼扃。华殿尘兮玉阶菭,中庭萋兮绿草生。广室阴兮帷幄暗,房栊虚兮风泠泠。感帷裳兮发红罗,纷綷縩兮纨素声。神眇眇兮密靓处,君不御兮谁为荣?俯视兮丹墀,思君兮履綦。仰视兮云屋,双涕兮横流。顾左右兮和颜,酌羽觞兮

---

[1] (汉)班固:《汉书》卷九十七下《外戚传下》,中华书局1962年版,第3985页。

销忧。惟人生兮一世，忽一过兮若浮。已独享兮高明，处生民兮极休。勉虞精兮极乐，与福禄兮无期。《绿衣》兮《白华》，自古兮有之。

这是一段非常精彩的景物描写。作者以女性特有的细腻与敏感，感受着周围的一切变化与不变。尘埃尽落玉阶上，芳草萋萋为谁荣？在凄冷独处的孤独中，耳畔似乎又响起帝王的脚步声。然而，恍然从白日梦中醒来，也只能泪落衾枕，借酒消忧。朱熹评价说，"班婕妤所作《自悼赋》，归来子以为其词甚古，而侵寻于楚人，非特妇人女子之能言者，是固然矣。至于情虽出于幽怨，而能引分以自安，援古以自慰，和平中正，终不过于惨伤。又其德性之美，学问之力，有过人者，则论者有不及也。呜呼，贤哉！《柏舟》、《绿衣》，见录于经，其词义之美，殆不过此云。"而茅坤亦以为"赋之藻思，当胜相如"。① 在汉赋史上，《自悼赋》第一次写出了女性的幽怨，第一次发出了宫怨的呐喊。当然，班婕妤作品中具有很强的"依附性"，这也是我们必须关注的地方。② 另外，《捣素赋》见载于《古文苑》，内容与《自悼赋》相近，但写景更胜一筹。该赋句式相对整饬，已具有后世骈赋的一些特点，显然不是西汉赋的常格，似乎与《自悼赋》的风格也有明显差异。故暂不作置评。

除了赋以外，班婕妤还有《与诸侄书》一文及《怨诗》一首。其中，《与诸侄书》载于《御览》，可能是写给班嗣或班彪的一封信。该信并无特别之处，但对元帝时与成帝时的文风进行比较，所谓"元帝被病无恙，但锻炼后宫贵人，书也类多华辞，至如成帝，则推诚写实，若家人夫妇相与书矣，何可比也？"她评价元帝时书信"类多华辞"，而成帝时书信则"推诚写实"，可谓一篇简洁凝练的文论。这对研究西汉后期的文风变化有一定参考价值。

至于《怨诗》，萧统《文选》卷二十七名为《怨歌行》，明代吴兢谓

---

① 参见费振刚等《全汉赋校注》附录"历代赋评"魏庆之引朱熹语（引自《诗人玉屑》）及茅坤语（引自《汉书评林》）。广东教育出版社2005年版，第334—335页。
② 邓桂姣《汉代扶风班氏家族文化与文学研究》（博士学位论文，扬州大学，2014年）认为："班婕妤的作品往往以更卑贱的姿态表现出对丈夫强烈的依附性和无底线的讨好，对子嗣亦在天伦之乐外寄寓了争宠夺贵、托身自保的依附希望，从而与男性同类作品明显区别开来。"

之《纨扇诗》。刘勰《文心雕龙·明诗》云："至成帝品录，三百余篇，朝章国采，亦云周备；而辞人遗翰，莫见五言，所以李陵、班婕妤，见疑于后代也。"可见在梁代即有疑声，而今亦有学者以为是伪托之作。逯钦立《先秦汉魏晋南北朝诗·汉诗》卷二录该诗，疑为"魏代伶人所作"①。从汉诗发展的实际来看，五言体诗在西汉时期是有出现，但如《怨诗》这样完整的诗作确实比较少见。故存疑不论。

总之，班婕妤是班氏家族杰出的女性，也是汉代不容忽视的文人。今存两赋、一文、一诗，而《捣素赋》和《怨诗》尚有争议，但这丝毫不影响班婕妤在中国文学史上的地位。尤其是《自悼赋》，情景交融、融情入景、以景衬情，是西汉赋中难得的佳篇，也是中国文学史上最早的宫怨赋，开后世宫怨赋之先河。

二 班嗣的文学个性

班嗣（？—？），长安人。班斿之子，班彪从兄。其父班斿与刘向一同典校秘书，得到赏识，曾受赐秘书副本。班斿早卒，班嗣游学长安，"家有赐书，内足于财"，亦"显名当世"。

班嗣今存《报桓谭书》。该文见载于《汉书·叙传》，严可均《全汉文》卷五十六有存录。作者写道："若夫严子者，绝圣弃智，修生保真，清虚淡泊，归之自然，独师友造化，而不为世俗所役者也。渔钓于一壑，则万物不奸其志；栖迟于一丘，则天下不易其乐。不絓（挂）圣人之罔（网），不嗅骄君之饵，荡然肆志，谈者不得而名焉，故可贵也。"可见，班嗣持道家的处世原则，崇尚"修生保真，清虚淡泊"，与他"虽修儒学，然贵老、严之术"的处世心态一致。

就该文特点而言，用语相对偏激，虽有庄子之风，但暗含讥讽之意，少了豁达气度。班固《汉书·叙传》中称，"嗣之行己持论如此"②，似乎说班嗣作品多类于此。就是说，班嗣作品当不止这一篇，惜其亡佚，难窥全貌。

---

① 逯钦立辑：《先秦汉魏晋南北朝诗》，中华书局1983年版，第117页。
② （汉）班固：《汉书》卷一百上《叙传》，中华书局1962年版，第4206页。

三　班彪的文学成就

班彪（3—54），字叔皮，扶风安陵人。他生于西汉末期，青少年时期经历了两汉交替之际的战乱纷争，曾先后依附隗嚣、窦融等地方军阀。东汉建立之后，随窦融归附汉朝。这种曲折复杂的经历，对其文学创作是有影响的。班彪是班氏家族走向文化世族的关键人物之一，在史传文学、辞赋、政论散文等方面颇有成就。《汉书·班彪列传》称其著赋、论、书、记、奏事共九篇。

今存《览海赋》《北征赋》《冀州赋》及《悼离骚》等辞赋四篇，其中《北征赋》最知名。班彪作《史记后传》六十五篇，是其子班固创作《汉书》的基础。散文有《复护羌校尉疏》《上言宜复置乌桓校尉》《上言宜置东宫及诸王国官属》《奏议答北匈奴》《与京兆丞郭季通书》《王命论》《史记论》等。严可均《全后汉文》卷二十三除辑录以上作品外，尚有《奏事》（残句）、《上事》（杂录残句）、《与金昭卿书》（残句）等。散文作品中，《王命论》《史记论》《奏议答北匈奴》及《上言宜置东宫及诸王国官属》等较知名，尤以《王命论》和《史记论》影响最大。

（一）班彪之赋

班彪的《北征赋》最早见于《文选》，其余三篇皆见载于《艺文类聚》。《北征赋》最为完整，其余三篇皆为残篇。而且，《北征赋》影响最大。西汉末年，刘歆作《遂初赋》，是最早描写游历的赋作。班彪继踵其后，虽有模仿意味，却与《遂初赋》有不同。刘歆的赋作写游历过程中所看到的景致，并联想到各个地方所发生的历史故事，有着明显的暗喻时事的意味。而此赋很少有古今治乱的对比，只是写自己的感慨，因而抒情的韵味较浓郁。

《北征赋》开头写道："余遭世之颠覆兮，罹填塞之厄灾。旧室灭以丘墟兮，曾不得乎少留。遂奋袂以北征兮，超绝迹而远游。"显然，这蕴含着作者对时事的感慨。随后，作者依据游踪的路线一气写下。历史沧桑、人生遭际、社会离乱、环境苍凉、民生苦难，以及孤独而行所体验到的悲怆、伤感等蜂拥而至，并渗入所描写的悲凉、幽寂的环境之中，与赋尾的感慨相呼应：

游子悲其故乡，心怆悢以伤怀。抚长剑而慨息，泣涟涟而沾衣。揽余涕以于邑兮，哀民生之多故。夫何阴曀之不阳兮，嗟久失其平度。谅时运之所为兮，永伊郁其谁诉。

在赋尾的乱辞中，作者表达了"行止屈申，与时息兮"的命定生命观。从艺术手法来看，该赋情景交融，以情写景、以景衬情，可谓"一切景语皆情语"！而且，用语典雅，表情曲折，文辞洗练，内容含蓄而有情韵，确实为东汉早期赋作的优秀代表。实际上，该赋是模仿中有创新，并成为后世模仿的典范。班昭的《东征赋》，显然模仿了《北征赋》。这一点，此处不再赘言，留待后述。

另外，《览海赋》是赋史上最早描写海的赋作，具有拓展题材的文学史意义。但并非直接写海，而写海水激发的游仙想象。头两句"余有事于淮浦，览沧海之茫茫"，好像准备描写海景。而后两句却说"悟仲尼之乘桴，聊从容而遂行"，这种追求自由的游仙想象，正是该赋的创作主旨。其中，从"驰鸿濑以漂骛"到"邈浩浩以汤汤"这几句确实是写海景。浩瀚的大海、辽阔水面上闪耀的点点光辉，使作者恍然置身于虚无缥缈的神仙境界。于是赤松子、王子乔、西王母、韩众、岐伯等翩然而出，激起了作者渴望神奇的神仙式游历："愿结旅而自托，因离世而高游。"而这个愿望得以实现，赋作便戛然而止！所以，马积高先生以为该赋是"摘要"，可能是有道理的①。不过，赋作能巧妙地将现实世界与想象世界自然而然相融合，体现了班彪有较高的辞赋创作技巧。《冀州赋》篇幅很短，似不完整。内容也写游历，却有着现实的孤独感和生命短暂的沧桑感。《悼骚赋》也属残篇，可能是赋作的一部分，表达了穷达命定的生命观，也值得我们关注。

（二）班彪之文

班彪散文很多，《王命论》与《史记论》影响最大。《王命论》之影响，在于其不幸言中的预言及严密的推理，高超的手法和写作技巧。

该文是班彪早年依附隗嚣时所作。文章以拥刘尊汉为主旨，认为"刘氏承尧之祚，氏族之世，著乎《春秋》"。他针对"高祖兴于布衣，

---

① 马积高：《赋史》，上海古籍出版社1987年版，第102页。

不达其故，以为适遭暴乱，得奋其剑，游说之士至比天下于逐鹿，幸捷而得之"的观点，提出"神器有命，不可以智力求"的中心观点。他先从反面列举韩信、英布、项梁、项籍、王莽等或勇或强，虽拥兵自重于一时，但最终并未成就帝王之业，因为他们"不胜其任"，所谓"驽蹇之乘不骋千里之途，燕雀之畴不奋六翮之用，槃桷之材不荷梁之任，斗筲之子不秉帝王之重"。接着，又从正面列举了陈婴之母知废、王陵之母知兴的例子，得出"穷达有命，吉凶由人，婴母知废，陵母知兴，审此四者，帝王之分决"的结论。他认为，汉高祖能够成就帝业，至少有五个原因："一曰帝尧之苗裔，二曰体貌多奇异，三曰神武有征应，四曰宽明而仁恕，五曰知人善任使。"而隗嚣并不具备任何条件。因此，他建议隗嚣应"收陵、婴之明分，绝信、布之觊觎，距逐鹿之瞽说，审神器之有授，毋贪不可几，为二母之所笑"。只有这样，才能"福祚流于子孙，天禄其永终矣"。

该文可分为三层：第一层叙说帝王之兴皆应天命，而天命垂顾有德之人，高祖就是有德之人。第二层通过正反举例，以陈婴之母知废、王陵之母知兴，文章由天道转为人事。接着列举刘邦的五大优势，认为刘邦既得天道，亦重人事。第三层则得出结论："苟昧于权利，越次妄据，外不量力，内不知命，则必丧保家之主，失天年之寿，遇折足之凶，伏鈇（斧）钺之诛。"该文推理严密，出入古今，举例丰赡，开合有度，文辞高亢，富有感染力，确有纵横家之气。文中运用引用、比喻、排比、对偶、设问、对比等多种修辞手法，显示出班彪极其深厚的文学功底。阅读此文，确实给人以辞气畅达、痛快淋漓的美感享受。作为两汉之际的优秀散文作品，后人给予很高评价。刘勰《文心雕龙·论说》评价云："及班彪《王命》、严尤三将，敷述昭情，善入史体。"明代《秦汉文钞》引述林次崖评语："此等文字于世道不为无补，非苟作者。"高步瀛《两汉文举要》亦评价很高，认为"阂括渊懿，犹有西汉余风"。

《史记论》应是班彪后期之作，其史学观念对《汉书》及后世史书的撰写皆有深远的影响。该文追述了《史记》面世之前的著史情况，认为司马迁《史记》集前人之大成，并给予高度评价。同时，作者指出《史记》有明显不足，主要有"务欲以多闻广载为功，论议浅而不笃"等方面。不过，班彪客观地评价了司马迁，认为他"善述序事理，辩而不华，质而不野，文质相称，盖良史之才"。该文可能不全，或为后人追述之辞，故在文理方面显得并不完整。

另外，班彪作《史记后传》六十五篇，堪称史传散文大家。因此，《史记后传》应是他在文学史上的第三大成就。由于年代久远，我们已无法看到原貌，只能通过《汉书》表述中的一些细微差异去分辨之。《史记后传》是《汉书》成书的基础，其间蕴含的史学观念，可从《史记论》中得到印证。

总之，班彪在辞赋、散文和史传文学方面成就很高，地位不低。范晔对班彪深为钦佩，认为他"以通儒上才，倾侧危乱之间，行不逾方，言不失正，仕不急进，贞不违人，敷文华以纬国典，守贱薄而无闷容"①。可以说，他是东汉早期当之无愧的文学家，也是班氏家族文学杰出的代表。

第四节　班固的创作与成就

扶风班氏家族之中，班固在诗歌、辞赋、散文、史传、文论等领域都取得了很高的成就，在汉代文学史和中国文学史上具有重要的地位。因此，班固堪称班氏家族中成就最高者，是班氏文学家族最杰出的代表。

一　文学创作概况

班固（32—92），字孟坚，扶风安陵人。班彪长子。据《后汉书·班固传》载，著有《典引》《宾戏》《应讥》及诗、赋、铭、诔、颂、书、文、记、论、议、六言等"在者"四十一篇。严可均《全后汉文》卷二十四辑录其辞赋与散文。

今存作品中，赋作有《终南山赋》《两都赋》（序见《文选》）《耿恭守疏勒城赋》（存残句）《幽通赋》《竹扇赋》《白绮扇赋》（存目）《答宾戏》等；散文有《为第五伦荐谢夷吾疏》《匈奴和亲议》《与窦宪笺》《奏记东平王苍》《与陈文通书》《与弟超书》《难庄论》《功德论》《秦

---

① （南朝宋）范晔：《后汉书》卷四十上《班彪列传》论赞，中华书局1965年版，第1329页。

纪论》《离骚序》《离骚赞序》《典引》《奕旨》等；颂有《高祖颂》《东巡颂》《南巡颂》《安丰戴侯颂》《窦将军北征颂》《神雀颂》《拟连珠》；铭有《封燕然山铭》《高祖泗水亭碑铭》《十八侯铭》；还有《马仲都哀辞》《涿邪山祝文》等。班固之诗见录于逯钦立《先秦汉魏晋南北朝诗·汉诗》卷五，包括《明堂诗》《辟雍诗》《灵台诗》《宝鼎诗》《白雉诗》《汉颂论功歌诗灵芝歌》《咏史》《诗》（残句）等8首。另有《白虎通德论》六卷、《汉书》及《班固集》十七卷。

所以，班固不仅是卓越的史学家，更是成就斐然的文学家。在中国文学史上，班固因其辞赋、散文、诗歌、史传文学及其文学思想而享誉很高。

二 班固之赋

《幽通赋》是班固最早的赋作，约作于建武三十年（54）。身处青年时期的班固，在父亲死后，开始独立思考自己的未来①。《汉书·叙传》云，"有子曰固，弱冠而孤。作《幽通》之赋，以致命遂志"②。该赋追述先祖懿德，思考穷通出处，模拟楚骚体式，以表达生命之思。尽管其艺术成就不高，甚至被人讥为"馁屈平之残膏"③，却是理解其未来处世方式的重要文献。恰如其赋中所言："周、贾荡而贡愤兮，齐死生与祸福，抗爽言以矫情兮，信畏牺而忌服。所贵圣人之至论兮，顺天性而断谊。物有欲而不居兮，亦有恶而不避。守孔约而不贰兮，乃辚德而无累……侯草木之区别兮，苟能实而必荣。要没世而不朽兮，乃先民之所程。"入世情怀与出世逸思相依共处，正是班固处世思想的精髓之所在。在乱辞中，作者表达了矛盾而独特的生命之思："天造草昧，立性命兮，复心弘道，惟贤圣兮。浑元运物，流不处兮，保身遗名，民之表兮。舍生取谊，亦道用兮，忧伤夭物，悊莫痛兮！"可见，此赋儒、道思想并

---

① 据刘跃进《秦汉文学编年史》，班固时年二十三岁，其时父班彪已死。商务印书馆2006年，第376页。

② （汉）班固：《汉书》卷一百上《叙传》，中华书局1962年版，第4213页。

③ 费振刚等《全汉赋校注》录郝敬语："班固之《幽通》，馁屈平之残膏也；王褒《洞箫》，食扬雄之旧火也；马融之《长笛》，谲诡而不甚切当，亦《洞箫》之类。"广东教育出版社2005年版，第531—532页。

存,似乎皆难割舍,具有用世时用儒家、出世时讲道家的矛盾意味。

《答宾戏》载于《汉书·叙传》,模拟色彩非常明显,但抒情韵味也较突出。我们知道,汉赋之问答体源自屈原《渔父》,后有宋玉《对问》、枚乘《七发》、东方朔《答客难》、扬雄《解嘲》等纷纷而出。与班固同时的崔骃有《达旨》,班固之后的崔寔有《答讥》、张衡有《应间》、延笃有《应讯》、侯瑾有《应宾难》、蔡邕有《释诲》、陈琳有《应讥》及《答宾难》、应场有《释宾》等皆用问答模式。这说明问答体赋深为后人看重。班固此赋,沿袭了东方朔、扬雄等人的路子。恰如刘勰所言:

> 宋玉含才,颇亦负俗,始造《对问》,以申其志,放怀寥廓,气实使文……自《对问》以后,东方朔效而广之,名为《客难》,托古慰志,疏而有辨。扬雄《解嘲》,杂以谐谑,回环自释,颇亦为工。班固《宾戏》,含懿采之华;崔骃《达旨》,吐典言之裁;张衡《应间》,密而兼雅;崔寔《答讥》,整而微质;蔡邕《释诲》,体奥而文炳;景纯《客傲》,情见而采蔚:遂迭相祖述,然属篇之高者也……原夫兹文之设,乃发愤以表志。身挫凭乎道胜,时屯寄于情泰。莫不渊岳其心,麟凤其采,此立体之大要也。(《文心雕龙·杂文》)

可见,这类赋作往往是"发愤以表志",具有"身挫凭乎道胜,时屯寄于情泰。莫不渊岳其心,麟凤其采"的特点。

关于《答宾戏》的创作缘起,据《汉书·叙传》云,"永平中为郎,典校秘书,专笃志于博学,以著述为业。或讥以无功,又感东方朔、扬雄自谕以不遭苏、张、范、蔡之时,曾不折之以正道,明君子之所守,故聊复应焉"[①]。因此,针对"宾"之"取舍者昔人之上务,著作者前列之余事"的观点,"主人"予以反驳:"斯所谓见势利之华,暗道德之实,守突奥之荧烛,未仰天庭而睹白日也。"通过列举古圣先贤潜心著述、超然于名利之外的事例,意在说明著述既可以成名成圣,也可以建功立德:

---

① (汉)班固:《汉书》卷一百上《叙传》,中华书局1962年版,第4225页。

昔咎繇谟虞，箕子访周，言通帝王，谋合圣神；殷说梦发于傅岩，周望兆动于渭滨，齐宁激声于康衢，汉良受书于邳沂，皆俟命而神交，匪词言之所信，故能建必然之策，展无穷之勋也。近者陆子优由，《新语》以兴；董生下帷，发藻儒林；刘向怀籍，辩章旧闻；扬雄覃思，《法言》、《大玄》：皆及时君之门闱，究先圣之壶奥，婆娑乎术艺之场，休息乎篇籍之囿，以全其质而发其文，用纳乎圣听，列炳于后人，斯非其亚与！若乃夷抗行于首阳，惠降志于辱仕，颜耽乐于箪瓢，孔终篇于西狩，声盈塞于天渊，真吾徒之师表也。

　　可以想见，班固久处郎官之职，游心典籍之间，位不得升迁，禄未见加厚，内心充满了名利不得兼顾的矛盾。所以，这实际上是自我反思，宾主之间的关系，其实就是大我与小我、自我与超我的关系。尽管他勉强作自我安慰，但内心痛苦和不为人所重的尴尬还是非常明显的。正如前人所云："规模全仿《解嘲》，中间多是丑邪崇正意思，正所谓折之以正道，明君子所守也。末后二结，终不能忘情于利达，却露出本相，此处便输子云一着，然文字自佳。"① 从文辞角度言之，该赋典雅丽藻有余，而骨气不足，"丽过于扬，其气质则远不逮"②。

　　班固之所以被列入汉赋四大名家，一则在于其赋作水平高，二则因其赋学思想值得关注。班固的《两都赋》及《两都赋序》，应是他成为"汉赋四大家"之一的重要原因。《两都赋》约作于永平十二年前后③，见载于《后汉书·班彪列传》附《班固传》，而未见其序。而《两都赋序》最早见载于《文选》卷一《赋甲·京都上》，是有关西汉赋创作与

---

　　① 费振刚等《全汉赋校注》所附"历代赋评"引述林希元之语。广东教育出版社2005年版，第551页

　　② 费振刚等《全汉赋校注》引述何义门之语，转引自《评注昭明文选》。广东教育出版社2005年版，第551页。

　　③ 关于《两都赋》的作年，主要有永平十一年说和永平十二年说。前者为钟肇鹏《王充年谱》所主，后者为刘跃进《秦汉文学编年史》所主。参见刘跃进《秦汉文学编年史》第399页有关考辨。刘跃进依据李贤注"遂绥哀牢开永昌"云："绥，安也。哀牢，西南夷号。永平十二年，其国王柳貌相率内属，以其地置永昌郡也。"故《两都赋》作于永元十二年。今从刘跃进说。侯文学《班固年谱》也系于永平十二年，《南京师范大学文学院学报》2015年第4期。

发展情况的重要文献。《后汉书》本传称："自为郎后，遂见亲近。时京师修起宫室，浚缮城隍，而关中耆老犹望朝廷西顾。固感前世相如、寿王、乐方之徒，造构文辞，终以讽劝，乃上《两都赋》，盛称洛邑制度之美，以折西宾淫侈之论。"所以，《两都赋》之设论基础，其实是东汉初年建都长安与建都洛阳之争的延续。

西汉以都邑为题材的赋作以扬雄的《蜀都赋》为最早。该赋内容主要写世俗的都市生活。东汉以来，这类赋作较多。比如，杜笃的《论都赋》、傅毅的《洛都赋》及《反都赋》、崔骃的《反都赋》及《武都赋》、班固的《两都赋》、张衡的《二京赋》与《南都赋》、徐幹的《齐都赋》、刘桢的《鲁都赋》等。所以，东汉确实是汉代都邑赋产生的黄金时代。梁代萧统《文选》卷一至卷六列《京都》，将相关赋作列于各类赋之首，而刘勰《文心雕龙·诠赋》亦将京殿苑猎置于汉赋题材之首："夫京殿苑猎，述行序志，并体国经野，义尚光大，既履端于倡序，亦归余于总乱。序以建言，首引情本，乱以理篇，写送文势。"这说明，其时文人有着重视国家典制的论赋倾向。

那么，班固所关注的是否也是这类颇具政治意义的问题呢？马积高在谈及东汉辞赋的发展倾向时说："适应政治的需要，赋的题材、主题有所发展。首先是写京都之作占居突出的地位。这是由东汉建都洛阳所引起的……这场争论涉及到用什么思想建国的问题，在东汉初期有着头等重大的意义。"[①] 而班固创作《两都赋》时，洛阳已成为都城长达半个世纪之久，基本建设也基本完成。显然，继续争论选择都城的问题失去了实际意义。在《后汉书·班固传》中，我们看到了作者的创作动机，就是想要"盛称洛邑制度之美"。因此，该赋是东汉初年建都论争的延续，但意在赞颂洛都制度之美，而非争论长安与洛阳孰优孰劣。

在《两都赋序》中，班固非常明确地表示："或曰：'赋者，古诗之流也。'……故言语侍从之臣，若司马相如、吾丘寿王、东方朔、枚皋、王褒、刘向之属，朝夕论思，日月献纳。而公卿大臣御史大夫倪宽、太常孔臧、太中大夫董仲舒、宗正刘德、太子太傅萧望之等，时时间作。或以抒下情而通讽谕，或以宣上德而尽忠孝，雍容揄扬，著于后嗣，抑

---

① 参见马积高《赋史》，上海古籍出版社1987年版，第101页。

亦雅、颂之亚也，故孝成之世，论而录之。"既然赋是"雅、颂之亚"，则为汉王朝唱颂歌、"宣上德而尽忠孝"便无可厚非。本着这样的创作原则，班固在模拟司马相如赋作的同时，也竭力表明自己的立场。所以，他尽管竭力铺陈西都的昔日繁华，却也流露出委婉的讥讽。他写未央宫的富丽堂皇、奢侈繁华，写建章宫结构所体现的祈仙用意，写太液池有意仿效海上神山的构思，似乎是在批评西汉帝王建都并非为了国家安定、百姓康宁，而是为了炫耀繁富、追求寿考。而写东都时，却处处强调东汉帝王"必临之以王制，考之以风雅"的遵从典章制度的谨慎，强调东都建设体现了"奢不可逾，俭不可侈"原则。通过运用对比，作者极其巧妙地宣扬了东汉的崇儒尊道思想，也歌颂了东汉帝王讲究节俭、杜绝奢侈的英明。

总之，班固注重写实，竭力避免虚夸，用语典丽而节制，显然比司马相如所受束缚要多。该赋将诗赋融为一体，使赋作的典雅风格得以彰显。其结构运思的特点，为张衡的《二京赋》、左思的《三都赋》等都邑赋所效法。

此外，班固的《终南山赋》今存残篇，似为写景之作，有游仙意味；《览海赋》与《耿恭守疏勒城赋》今存残句、《白绮扇赋》存目，不便评说。而《竹扇赋》虽被认为是一篇七言诗体赋[1]，实是一首相对完整的七言诗，有歌功颂德倾向。

三 班固之文

除《汉书》外，班固的散文作品尚有不少。其中，《为第五伦荐谢夷吾疏》和《奏记东平王苍》皆属举荐人才之作。

《为第五伦荐谢夷吾疏》见载于《后汉书·方术列传》，是班固受第五伦请托而作[2]。该文盛赞谢夷吾才能出众，卓然出群，显然有过誉之嫌。例如，"窃见钜鹿太守会稽谢夷吾……才兼四科，行包九德，仁足济时，知周

---

[1] 马积高:《赋史》，上海古籍出版社1987年版，第113页。
[2] 据《后汉书》卷八十二上《方术列传》所载，"谢夷吾字尧卿，会稽山阴人也。少为郡吏，学风角占候。……举孝廉，为寿张令，稍迁荆州刺史，迁钜鹿太守。所在爱育人物，有善绩。及伦作司徒，令班固为文荐夷吾"云云，这说明并非班固自觉举荐，而是受人请托所作。中华书局1962年版，第2713页。

万物。加以少膺儒雅,韬含六籍,推考星度,综校图录,探赜圣秘,观变历征,占天知地,与神合契,据其道德,以经王务……诚社稷之蓍龟,大汉之栋甍。宜当拔擢,使登鼎司"。由于是请托之作,难免溢美之词。

《奏记东平王苍》作于永平初年,其时班固二十多岁[1]。他建议刘苍"宜详唐、殷之举,察伊、皋之荐,令远近无偏,幽隐必达,期于总览贤才,收集明智,为国得人,以宁本朝"。文章分别介绍了司空掾桓梁、京兆祭酒晋冯、扶风掾李育、京兆督邮郭基、凉州从事王雍、弘农功曹史殷肃等六人的才能,盛赞他们"皆有殊行绝才,德隆当世,如蒙征纳,以辅高明,此山梁之秋,夫子所为叹也"。因此,他希望刘苍"隆照微之明,信日昃之听,少屈威神,咨嗟下问,令尘埃之中,永无荆山、汨罗之恨"。总之,此文层次清楚,张弛有致,善用对比、隐喻、夸张、排比等修辞手法,用语生动形象,极富感染力,有纵横策士遗风,不免夸张之辞,有趋媚权贵之嫌。

而《与窦宪笺》《与陈文通书》《与弟超书》属书信体散文。其中,《与弟超书》有"艺由己立,名自人成"的观点及对傅毅的评价,有一定的参考价值。而《难庄论》《功德论》《秦纪论》属议论文体。其中,《难庄论》《功德论》只存残文,《秦纪论》较有特点。作者批评贾谊、司马迁等"不通时变",体现了善恶相因的史学观。

《离骚序》和《离骚赞序》是了解班固文学观的重要作品。《离骚序》认为,刘安的评价"似过其真"。由于作者主张全命避害、明哲保身,依此批评屈原"露才扬己""责数怀王",是"狂狷景行之士"。他认为,《离骚》多"虚无之语","皆非法度之致"。不过,班固又评价屈原之作"弘博雅丽,为辞赋宗",对后世影响很大。所以,屈原"虽非明智之器,可谓妙才者也"。而《离骚赞序》则重点分析了屈原创作《离骚》的动机与原因,认为屈原"忠信见疑,忧愁幽思而作《离骚》"。所以,《离骚》的题旨是"遭忧作辞"。班固还对屈原的政治远见表示赞赏。

---

[1] 据《后汉书·班彪列传》附《班固传》载,"永平初,东平王苍以至戚为骠骑将军辅政,开东阁,延英雄。时固始弱冠,奏记说苍曰"云云,显然是其二十多岁时所作。刘跃进《秦汉文学编年史》认为,作于建武中元二年(57),班固时年二十六岁。参见商务印书馆2006年版,第381页。

两文的观点似有矛盾之处。

不过，《离骚序》先用儒家文艺观的尺度和全身避害的生命观来衡量屈原及其《离骚》，借以驳斥刘安的观点。故而对屈原及其《离骚》进行了激烈批评。接着，作者又站在文学发展史角度和文学本体立场，对屈原及其作品予以褒扬，认为屈原是"辞赋宗"而为后世所效法。由于尺度不同，自然给人以自相矛盾之感。《离骚赞序》则从创作发生论的角度看问题，从创作主体的处境出发，故能做出比较客观公正的判断，由此对屈原及作品给予肯定。所以，认为班固对屈原的评价自相矛盾者，显然没有看到班固的评价尺度会随时而变。

四　班固之诗、颂、铭

班固今存诗 8 首。其中，《明堂诗》《辟雍诗》《灵台诗》《宝鼎诗》《白雉诗》等五诗附于《东都赋》之后。前三首诗采用传统的四言体，具有雅颂遗风。而后两首诗则采用楚声骚体，用七言句式。《汉颂论功歌诗灵芝歌》也是骚体形式，有楚歌意味。而《竹扇赋》的残存部分，一般认为是比较完整的七言体诗歌。所以，班固堪称创作七言体诗歌的先驱者。而其五言诗《咏史》，是现存汉诗中最早的、比较成熟的五言咏史诗。钟嵘评价该诗"质木无文"，但它在中国文学史上的地位不容忽视。另外，逯钦立《先秦汉魏晋南北朝诗》所录的五言诗残句，亦名之为《诗》，更进一步说明班固促进了五言体诗走向成熟。总体看，班固的诗比较质朴，显然没有汉末诗歌追求丽辞华章的文学自觉。他的五言诗、七言诗，对研究汉诗发展具有文学史意义。

班固所作的颂和铭也值得关注。颂与赋相近而不同，颂美的色彩更浓，而讽谏的意味淡化，文多韵语，句式比较整饬。而铭则或韵散结合，或全为韵语，多以四字为句，讲究隔句相押。从文体发展角度衡量，班固的颂、铭等具有诗的特点，对促进后世骈体文、骈体赋的发展有影响。

总之，班固的文学成就是多方面的。《汉书》的博雅、辞赋的典正、诗歌的多样化及散文的丰富多彩，都说明他是东汉最为重要的文人。他在文学理论上的建树也值得关注。其观点散见于《两都赋序》《离骚序》《离骚赞序》《典引》《汉书·艺文志》及《汉书》的部分人物传记中。可以说，班固是一位成就颇高、影响深远的史学家和文学家。

第五节　班超、班昭与班勇的文学创作

班超投笔从戎，在西域建立了功勋，具有将帅之才，但他也有值得关注的文学作品。而班昭则为女中豪杰，文采斐然，理性前瞻，属于女性中的杰出之士，其文学成就也比较突出，堪称班氏文学家族中杰出的女性代表。

一　班超的散文

班超（33—103）[1]，字仲升，扶风平陵人[2]，班彪少子。据《后汉

---

[1]　关于班固、班超生年的问题，学界早有关注，但无法解释其中原因。若他卒于永元十四年（102），则其生年当为光武帝建武八年（32）。依时间推断，则二人同年出生。陆侃如《中古文学系年》认为，"他（班固）可能生于正月，其弟可能生于十二月"。参见氏著第59页有关注释。不过，班昭的《为兄超求代疏》中透露的信息，可说明班超的生卒年与学界观点有别。刘跃进《秦汉文学编年史》中认为，班昭此文作于和帝永元十二年（100），此观点有待商榷，参见氏著第449页。据《后汉书·班梁列传》，班超于永元十六年（73）从窦固击匈奴，后派遣他"与从事郭恂俱使西域"。而班超此文中称，"超之始出，志捐躯命，冀立微功，以自陈效。会陈睦之变，道路隔绝，超以一身转侧绝域，晓譬诸国，因其兵众，每有攻战，辄为先登，身被金夷，不避死亡。赖蒙陛下神灵，且得延命沙漠，至今积三十年"。如此推测，该文当作于永元十四年（102），此其一。其二，班超于永元十二年（100）作《上疏求代》，表示希望回归故里，而班昭文中称"故超万里归诚，自陈苦急，延颈逾望，三年于今，未蒙省录"。这样，班超此文当作于永元十四年（102）无疑。而文中称"超年最长，今且七十"，"且"在古代汉语中确实有"将近"的意思，特别是置于数词之前。例如，《汉书·杜周传》附《杜钦传》云："钦子及昆弟支属至二千石者且十人。"但是，"且"在古代汉语中也有"语中助词"的含义，在句中并无实在意义。比如，《诗经·鄘风·君子偕老》有"扬且之皙也"，其中"且"并无意义，只是语中助词而已。这样，"今且七十"与"今七十"意思相当。这与该年班超已七十岁并不矛盾。而《后汉书·班梁列传》称班超于"（永元）十四年八月至洛阳，拜为射声校尉……其年九月卒，年七十一"。我认为，"其年"应是"昔（期）年"之误，可能是文献传抄过程中的失误。而"期年"即第二年。如此，班超当卒于汉和帝永元十五年（103），该年班超七十一岁。这样，班超当生于建武九年（33），卒于汉和帝永元十五年（103）。

[2]　班超籍贯未随其父。班彪为扶风安陵人，班超为扶风平陵人，同为一郡而分居两地，可能与居处变化有关。关于这一问题，国家图书馆古籍馆馆藏陕西富平人张鹏一编、癸亥年（1922）教育图书社印、陕西文献征辑处校印的《扶风班氏遗书》中有说明。该书第一卷为《班叔皮集》，在《班氏遗书·班叔皮集序》中，张鹏一以为："后书（即《后汉书》）彪、固同传，彪安陵人。固弟超则云平陵人。《汉书》臣瓒注：'惠帝安陵在长安北三十五里。'《黄图》云'去长陵五里。'昭帝平陵，瓒注云：'在长安西北七十里。'今《陕西省志》云：'安陵在咸阳东三十里，平陵在咸阳东北十三里。'二陵相距甚近，以故父子著籍其间也。"

书·班梁列传》，班超"有口辩，而涉猎书传"。永元十五年（103）九月病卒，享年七十一岁。今存《请兵平定西域疏》《上书求代》《上言宜招慰乌孙》《敕吏田虑》《答任尚书》等五篇奏议、疏书。严可均《全后汉文》卷二十六有辑录。

《请兵平定西域疏》写得较有特色。该文开头介绍西域形势，认为"若得龟兹，则西域未服者百分之一耳"，并表示愿意为国效力。作者提出"以夷狄攻夷狄"的方略，认为只要姑墨、温宿投降，则龟兹自破，西域可定。该文语言质朴，但充满英雄主义情怀，表达了敢于献身的雄心壮志。

班超晚年所作的《上书求代》篇幅虽短，却具有浓郁的抒情色彩。该文开头写道："臣闻太公封齐，五世葬周，故狐死首丘，代马依风。夫周、齐同在中土千里之间尔，况于万里绝域，小臣能无依风首丘之思哉？"可见，该文表达了对故土的思恋之情。作者谈到蛮夷"畏壮侮老"，担心自己年衰体弱，可能会"孤魂弃捐"域外。因此希望自己尽早返归故土，"但愿生入玉门关"。该文言辞恳切、表达委婉，蕴含深情，于此可见其具有较高的文学水平。

班超青年时颇通文墨，曾任兰台令史，参与典校秘书。因此，他本是一位有文才之士。只因期望建功沙场，故而投笔从戎。从今存散文作品来看，班超也具有较高的文学修养和文辞水平，堪称文武全才之士。

二 班昭的赋、文

班昭（约49—约120）[①]，字惠班，一名姬。扶风曹寿妻，班彪女，主要生活在明帝、章帝、和帝、殇帝和安帝时。她"博学高才"，精通儒学、天文、算学，为和熹邓皇后之师，同郡马融、马续曾从其习《汉

---

① 据《后汉书·列女传》，班昭"年七十余卒。皇太后素服举哀，使者监护丧事"。如此，班昭当卒于邓太后之前。而据《后汉书·皇后纪下》，"永宁二年二月，（太后）寝病渐笃，乃乘辇于前殿，见侍中、尚书，因北至太子新所缮宫"。永宁二年（121）三月，邓太后死，"在位二十年，年四十一"。所以，班昭当卒于永宁二年（121）之前。陆侃如认为，班昭当生于建武二十五年（49）。详细考证，参见《中古文学系年》（上），人民文学出版社1985年版，第70—72页。由此推测，安帝永宁元年（120），班昭七十二岁卒。参见陆侃如《中古文学系年》（上），人民文学出版社1985年版，第148页。

书》，是东汉著名的文学家。班昭约卒于永宁元年（120），卒年七十余岁。她一生著有赋、颂、铭、诔、问、注、哀辞、书、论、上疏、遗令等十六篇。其子曹成之妇丁氏将班昭作品编纂成集，并作《大家赞》附其中。据严可均《全后汉文》卷九十六，今存《东征赋》《针缕赋》《大雀赋》《蝉赋》（残篇）等赋和《为兄超求代疏》《上邓太后疏》《女诫》《欹器颂》（残句）等文。

（一）班昭的赋

班昭今存赋4篇。其《东征赋》深受班彪《北征赋》的影响，但宗旨不是伤时悯乱，而是训子守道。该赋当作于汉安帝永初七年（113）左右。

赋作开头写出行缘由："惟永初之有七兮，余随子乎东征。时孟春之吉日兮，撰良辰而将行。乃举趾而升舆兮，夕予宿乎偃师。遂去旧而就新兮，志怆恨而怀悲。明发曙而不寐兮，心迟迟而有违。"班昭之子曹成出任陈留郡长垣县令，她随至任所，因作此赋，以表达对儿子未来仕途的隐忧与期盼："且从众而就列兮，听天命之所归。遵通衢之大道兮，求捷径欲从谁。"作者语意双关，希望儿子走仕途正道，不要走邪曲歪道。赋中虽历述了旅途见闻，但对历史故实还是有选择的。比如，经巩县、成皋、荥阳、卷、阳武、封丘、平丘等地时，似乎别无感慨，只写对故土的眷恋和旅行不易。来到匡国故城与蒲城时，情绪却激动了起来：

> 入匡郭而追远兮，念夫子之厄勤。彼衰乱之无道兮，乃困畏乎圣人。怅容与而久驻兮，忘日夕而将昏。到长垣之境界，察农野之居民。睹蒲城之丘墟兮，生荆棘之榛榛。惕觉寤而顾问兮，想子路之威神。卫人嘉其勇义兮，讫于今而称云。蘧氏在其东南兮，民亦尚其丘坟。唯令德为不朽兮，身既没而名存。惟经典之所美兮，贵道德与仁贤。吴札称多君子兮，其言信而有征。后衰微而遭患兮，遂凌迟而不兴。知性命之在天，由力行而近仁。勉仰高而蹈景兮，尽忠恕而与人。好正直而不回兮，精诚通于神明。庶灵祇之鉴照兮，祐贞良而辅信。

可见，来到匡地，班昭追述了孔子遭受困厄的经历；经过蒲城，又回顾了子路治理该地时深得百姓拥戴的历史功绩；在蒲城东南的蘧瑗墓前，感慨蘧瑗至今仍被当地百姓怀念。这些古圣先贤的事例说明，美德可以使人不朽。她借此告诫儿子，虽然命由天定，但当"力行而近仁"。希望他向古圣先贤学习，遵从忠恕之道，恪尽职守、正直理政，多为百姓着想。因为上天所眷顾者、神灵所保佑者，往往是精诚、贞良之士。她希望儿子不必忧心富贵与贫贱，只要正身守道、等待时机，恭敬谨慎、清净少欲，就可名垂青史、生命不朽。该赋用词质朴，抒情细腻，善用史事，具有援古鉴今的特点。此外，诸如《针缕赋》《大雀赋》《蝉赋》等赋皆雍容典雅，篇幅短小，借物抒怀，巧妙隐喻，属咏物之赋。

（二）班昭的文

班昭今存散文三篇，而《为兄超求代书》应是东汉散文精品。该文当作于永元十四年（102），属于奏议类。写得情文并茂，颇为感人。班昭首先简要介绍了班超的经历，并就其近况、现状作了详细描述：

> 骨肉生离，不复相识。所与相随时人士众，皆已物故。超年最长，今且七十。衰老被病，头发无黑，两手不仁，耳目不聪明，扶杖乃能行。虽欲竭尽其力，以报塞天恩，迫于岁暮，犬马齿索。蛮夷之性，悖逆侮老，而超旦暮入地，久不见代，恐开奸宄之源，生逆乱之心。而卿大夫咸怀一切，莫肯远虑。如有卒暴，超之气力不能从心，便为上损国家累世之功，下弃忠臣竭力之用，诚可痛也。故超万里归诚，自陈苦急，延颈逾望，三年于今，未蒙省录。

这样真切细腻的描写，自能感人。文章还从个人与国家两个角度，述说了班超不能继续留在西域的原因。接着，又从古代征夫尚有"休息不任职"、回归故里的机会出发，强调若能让其兄班超回来，则既能"使国永无劳远之虑，西域无仓卒之忧"，又能使班超"得长蒙文王葬骨之恩，子方哀老之惠"。

该文最大的特点是将企求之愿与国家命运联系起来，读之感到合情合理，颇有说服力。其次，该文将说理与言情紧密结合，言辞质朴而句间含情。同时，此文句式虽长短不齐，但以短句为主。这种短促句式，给人以辞情激切的阅读体会。而且，该文使用排比、引用、譬喻等多种修辞手法，具有较高的写作技巧。

此外，班昭的《上邓太后疏》也写得很有特色。若和《为兄超求代疏》相比，两文亦有相似之处。特别在句式方面，讲求相对整饬，而且以四言短句为主。语言简练，句间含情，这正是班昭散文的整体特点。班昭《女诫》也写得颇有特点。虽有训诫色彩，但也以慈母之心，表达了对女儿的怜爱。当然，在《汉书》的编撰与传播方面，班昭的影响力也不容低估。

三 班勇的奏议

班勇（？—？），字宜僚，班超少子，生活在章帝、和帝、殇帝、安帝和顺帝初年，班氏家族第九代成员。今存作品见载于严可均《全后汉文》卷二十六，包括《西域议》《答尚书问》《对谭显等难》《对毛珍难》等散文四篇。

据《后汉书》本传载，《答尚书问》《对谭显等难》《对毛珍难》当是班勇与群臣的朝堂论辩。而《西域议》见载于《后汉书·班梁列传》附《班勇传》，当作于安帝元初六年（119）。所以，对《西域议》的解读，当结合以上三篇论议，这有利于了解班勇的思想及其文章的论辩特点。

在《西域议》开头，班勇首先提出观点，认为"边境者，中国之唇齿，唇亡则齿寒"。他列举了汉武帝通西域、汉明帝再征西域的战略意义，认为这样的决策终使"匈奴远遁，边境得安"。而在和帝时，西域却与中国断绝来往，从而"牧养失宜，还为其害"。班勇强调，曹宗欲征讨匈奴，实际上是师出无名，且"要功荒外，万无一成，若兵连祸结，悔无及已"。而且，"今府藏未充，师无后继，是示弱于远夷，暴短于海内"。所以，不可许其出兵。他建议应效法"永元故事"，复置西域副校尉，使西域长史屯兵于楼兰，可以"西当焉耆、龟兹径路，南强鄯善、于寘心胆，北捍匈奴，东近敦煌"。可见，班勇从战略角度看问题，具有战略家的前瞻意识。

尚书问："今立副校尉，何以为便？又置长史屯楼兰，利害云何？"班勇认为，设置西域副校尉，"既为胡虏节度，又禁汉人不得有所侵扰。故外夷归心、匈奴畏威"。而出屯楼兰可以招附鄯善，免于"匈奴得志"。

长乐卫尉谭显、綦毋参，司隶校尉崔据等认为，西域无益于中国，且资费难供，难保北虏不为害边关。而班勇却认为，"今通西域则虏势必弱，虏势弱则为患微"，"若弃而不立，则西域望绝。望绝之后，屈就北虏，缘边之郡将受困害，恐河西城门必复有昼闭之儆矣。今不廓开朝廷之德，而拘屯戍之费，若北虏遂炽，岂安边久长之策哉！"接着，毛珍向班勇提出两难问题："今若置校尉，则西域骆驿遣使，求索无厌，与之则费难供，不与则失其心。一旦为匈奴所迫，当复求救，则为役大矣。"班勇认为，"置校尉，宣威布德，以系诸国内向之心，以疑匈奴觊觎之情，而无财费耗国之虑也。且西域之人无它求索，其来入者，不过禀食而已。今若拒绝，势归北属，夷虏并力以寇并、凉，则中国之费不止千亿"。可见，班勇善于论辩，不尚空谈，言辞简练，运思深远，具有卓越战略家的眼光。加之他熟悉西域事务，对尚书、谭显、綦毋参、崔据、毛珍等人的问难予以有针对性的回答。作者善于举例论辩，显示出高超的论辩技巧。

归纳起来，班勇《西域论》主要有几个特点：其一，从前瞻性的角度看问题；其二，从有利于国家安定的角度立论；其三，考虑问题比较周全，绝不以偏概全；其四，善于使用枚举法和归纳法。总之，班勇存文很少，但也显出他具有深厚的文辞功底。阅读其文，令人酣畅淋漓，茅塞顿开。这正是班勇散文的魅力。

第六节　班氏家族的文学成就

扶风班氏家族代有才士，多人参与文学创作。其中，班婕妤、班嗣、班彪、班固、班超、班昭和班勇等皆有文学作品传世。而班彪、班固、班昭父子两代三人修撰《汉书》，成就一部史传名著，并在辞赋、散文、诗歌等方面皆有成就，卓然为汉代的文学大家。

一　开创了汉赋发展的新局面

其一，拓宽了辞赋题材。班婕妤的《自悼赋》是汉代宫怨题材赋中的第一篇。虽然，武帝时有司马相如的《长门赋》，但《长门赋》是代言体，是作者借题发挥，表达自我幽怨之作。而《自悼赋》却是自言体，直陈其内心痛苦。从这个意义上讲，班婕妤是第一位写宫怨题材的赋家，开拓了辞赋题材的新领域。班彪的《览海赋》则是现存最早描写海景的赋作，在东汉辞赋发展史上不容忽视。班固的《两都赋》是赋史上第一篇以帝都为描写对象的赋作。所以，班婕妤、班彪、班固对汉赋题材的开拓作出了贡献。

其二，结构模式具有榜样意义。班固的《两都赋》附诗于赋的结构模式，也是此前辞赋所没有的。自此而后，赋尾附诗的赋作相继出现。例如，张衡的《思玄赋》赋尾的"系辞"，其实是一首内容完整的七言诗；赵壹的《刺世疾邪赋》赋尾两诗，则是比较完整的五言诗。所以，班固的《两都赋》，也为后世辞赋创作树立了典范。而班彪的《北征赋》、班昭的《东征赋》虽有效法《遂初赋》的自觉，但前者借历史悲悼现实，后者借历史期待未来，完全与刘歆的发牢骚方式不同。这也是值得关注的。

二 开拓了诗歌题材的新领域

班氏家族成员中，班婕妤和班固皆有诗作存世。尤其是班固，在汉诗发展史上具有突出地位。他的《咏史》是第一首比较成熟的文人五言诗，也是汉诗发展史上第一首咏史诗。自此而后，咏史诗在魏晋南北朝渐次兴起。因此，班固具有首创之功。班固《竹扇赋》残存部分则是较成熟的七言诗。沈德潜《古诗源》中曾称张衡的《四愁诗》为七言诗之祖，而班固之诗出现于《四愁诗》之前，则更应具有七言诗之祖的地位。所以，尽管班固在诗歌艺术成就上并不是很高，但有拓荒之功。从这个意义上讲，班固在汉代文学史上的地位不容忽视。

三 开创了史传文学的新模式

首先，开创纪传体断代史先河。班彪、班固、班昭父子两代三人前后相继，完成了我国第一部纪传体断代史《汉书》。而纪传体断代史前所未有，成为后世史家效法的榜样。扶风班氏，可谓是史传文学世家。

其次，体例上有创新。班固等在吸取《史记》优长的同时，也在史传体例上有所创新。比如，《汉书》改《史记》本纪、世家、列传、表、书五种体例为纪、表、志、传四种体例。纪以帝王为本，表增《百官公卿表》《古今人表》，首创《艺文志》《地理志》。

最后，在作传原则等方面有创新。从作传原则看，《史记》以人为本，《汉书》以政为本；从表述语言看，《史记》情含笔端，《汉书》典正平和；从各传记的结构来看，《史记》尾附论议，而《汉书》则论赞结合；《史记》关注传主本身，而《汉书》则更关注世系谱牒，等等。这说明，《汉书》在诸多领域有创新，也为后世史传文学树立了典范。

四　对文学文体分类学有贡献

先秦时期，文史哲浑然一体。时至西汉后期，刘向、刘歆父子作《七略》，文体分类意识渐强。而班固等积极吸收前人成果，删繁就简而成《艺文志》，将"诗赋"单列，将文学与非文学区别了开来。自此而后，文体分类更细，《典论·论文》《文赋》《文选》《文心雕龙》《文章流别论》《后汉书》等对文学文体皆有自觉分类的意识。所以，《汉书·艺文志》成为我国文学史上现存第一篇文体分类学专文，是后世文体分类的重要依据。

五　在文学理论方面有成就

班氏成员中，班彪、班固的文学理论成就最高，对中国文学理论的贡献也最大。比如，班彪的《王命论》堪称立足现实的政论散文之典范，其结构、运思、手法等皆可效法。其《史记论》是《汉书》编撰的指导思想。特别是班固，文学理论成就更高。有关对班固的评价，现今已有专著，此处只大略言之。

第一，《汉书·艺文志》中的总序，可能借鉴了刘向父子的观点，但班固取其要而简化，堪称中国古代文学发展史专论。第二，《两都赋序》是现存最早的汉赋简史，也是中国古代赋学史上的重要文献。第三，《离骚序》和《离骚赞序》，对研究屈原及其《离骚》有独到见解，并注重从文学本位和创作主体两方面立论，影响深远。第四，《汉书·地理志》，关注地域与文学之间的关系问题，为后世文学研究开创了新领域。可见，班固在文学理论方面也有杰出的成就。

综上所述，班氏家族的文学成就是多方面的，今只是择其要而言之。可以看出，班氏成员创作丰赡，诗、赋、颂、铭、论、序、书、疏、议、史等多种文体皆善。该家族从第五代班婕妤开始，一直延续到第九代班勇，连续五代，代代皆有文学作品传世。在两汉时期，班氏适时转变，由富豪宗族而为官僚宗族，由官僚宗族而为文化世族。在这种转变过程中，班氏成员积极参与文化事业，取得了多方面的文学成就，是汉代当之无愧的文学世家。

本章小结

班氏是汉初没有爵禄之赐、封邑之赏的富豪宗族。从政治地位来看，他们只是普通的"民"；从经济地位来看，他们又是富比王侯的"民"。所以，我们沿用司马迁对这类"民"的称谓，认为扶风班氏兴起于"素封"。

秦始皇末，班氏先祖班壹迁居于楼烦，奠定了班氏成为"素封"宗族的经济地位。西汉末，班况以"资累千金，徙昌陵"，这是第二次迁徙，以高赀富人的身份进入长安。当然，外戚身份也是其进入长安的另一张门票。这次迁徙，奠定了班氏的政治地位。两汉之际，班彪避居河西，这是第三次迁徙。班彪曾为河西大将军窦融的从事，后归顺东汉王朝。这次迁徙，奠定了班氏的文化地位。

扶风班氏审时度势，与窦氏家族关系密切。比如，班彪与窦融、班超与窦固、班固与窦宪等关系密切。而且，班氏与皇室间也保持着一定距离的交往。例如，班彪与光武帝、班固与明帝和章帝、班昭与和帝及邓皇后等，应属于君臣关系下的师友关系。这种关系既是班氏赖以处世的资本，也埋下了走向衰变的祸根。

扶风班氏重视子女教育，男女均有受教育机会。所以，班氏家族之中，不仅有班彪、班固、班超、班勇等男性文人，也有班婕妤、班昭等女性作家。从西汉末年开始，班氏成员积极习儒，多为通经之士，并在东汉时期从事史书修撰、古籍整理等文化事业，最终转变为文化宗族。所以，班婕妤、班嗣、班彪、班固、班昭、班超、班勇颇有文才，这是班氏成为文学世家的重要原因。

第 八 章

弘农华阴杨氏家族

汉代的军功宗族大体经历了由武而文的发展过程。冯尔康针对东汉政权的统治基础，曾比较中肯地说过："分析东汉政权统治基础的性质，反映出在两汉之际，那些有政治势力和社会影响的大族，开始由武质的宗族群体向文质的宗族群体过渡。其中，豪族越来越儒质化，士林的仕宦则由个人的活动演化而成家族的活动，士大夫家族开始豪族化。"①

当然，汉代军功宗族向文宗的转化始于西汉中期。汉高祖时，跻身官僚体系的多是跟随刘邦打天下的武力功臣。② 在这些军事新贵中，大多数文化水平不高。不过，他们以勋臣身份跻身官僚体系后，受重视儒学的大环境影响，开始加强对子弟的培养与教育，从而促进了家族性质的转变。随着家族成员的文化水平提高，许多家族实现了由武宗而文宗的转变。比如，弘农杨氏的先祖杨喜即是跟随刘邦打天下的武力功臣，但其后代在西汉中期已具有儒质化的特点，并在东汉时进一步向文化世族演进。西汉许多家族之所以经历了由武宗而文宗的演变，是因为统治者在创业时需要军功武士，而在守业时更需要治世文臣。因此，汉武帝即位后，把良好的儒学素养和文化水平作为选才的重要标准。这对弘农杨

---

① 冯尔康等：《中国宗族史》，上海人民出版社2009年版，第112页。
② 黄留珠指出："据《汉书·高惠高后文功臣表》记载，仅高祖一代封侯的功臣就有143人。现以此数（为便于计算，按140人计）为基准来推算当时因军功受爵的人数，如果按每级增加50%的比例计算，那么，第七级大夫以上所谓'高爵'的人数则为81641人，若再加上众多的受'低爵'者（即第六级官大夫至第一级公士），其人数则相当可观。据《汉书·百官公卿表》统计，西汉'吏员自佐史至丞相十二万二百八十五人'，显然，这12万官吏的名额是远远不够已受爵者来分配的。可见，当时政府各级官吏大部分被这些军事新贵所占据。"《秦汉仕进制度》，西北大学出版社1985年版，第81页。

氏由武宗向文宗的演化具有深刻影响。

东汉政权的建立依赖于豪族大姓。据统计，新莽、东汉之际起兵的86人之中，豪族大姓61人，占总数的70.9%；而布衣百姓25人，仅占总数的29.1%。[1] 这说明，豪族是建立东汉政权的重要力量。而在光武帝所册封的军事新贵之中，诸如马援、窦融等皆出身于西汉豪族。事实上，扶风马氏在西汉后期实现了儒质化，在东汉前期由武宗转为外戚宗族，在东汉中后期再转变为文化世族。而弘农杨氏在西汉时由军功宗族转变为官僚宗族，并在西汉末经历了儒质化，最终在东汉成为"四世太尉"的文化著姓和世家大族。

第一节　杨氏家族在西汉的发展

西汉时期，弘农华阴杨氏因军功而兴，属于勋臣宗族。至西汉昭、宣时期，杨氏已成为官僚宗族。西汉末，该家族逐渐儒质化，并在东汉时期成为"四世太尉"的世家大族。而且，该家族中的杨敞、杨恽、杨震、杨秉、杨赐、杨彪、杨修、杨奇等皆有文辞传世，堪称汉代知名的文学世家。

一　弘农华阴杨氏世系概况

追溯弘农华阴杨氏家族的祖宗渊源，则其先祖当是晋武公之后，在先秦时就属于上层贵族。据《新唐书·宰相世系表》载：

> 杨氏出自姬姓，周宣王子尚父封为杨侯。一云晋武公子伯桥生文，文生突，羊舌大夫也。又云晋之公族食邑于羊舌，凡三县：一曰铜鞮，二曰杨氏，三曰平阳。突生职，职五子：赤、肸、鲋、虎、季夙。赤字伯华，为铜鞮大夫，生子容；肸字叔向，亦曰叔誉；鲋字叔鱼；虎字叔罴，号"羊舌四族"。叔向，晋太傅，食采杨氏，其地平阳杨氏县是也。叔向生伯石，字食我，以邑为氏，号曰杨石，党于祁盈，盈得罪于晋，并灭羊舌氏。叔向子孙逃于华山仙谷，遂

---

[1] 彭卫：《汉代婚姻形态》，中国人民大学出版社2010年版，第26页。

居华阴。有杨章者，生苞、朗、款。苞为韩襄王将，守修武，子孙因居河内。朗为秦将，封临晋君，子孙因居冯翊。款为秦上卿，生硕，字太初，从沛公征伐，为太史。八子：鹖、奋、魋、倐、熊、喜、鹯、魁。喜字幼罗，汉赤泉严侯。生敷，字伯宗，汉赤泉定侯。生胤，字毋害。胤生敞，字君平，丞相，安平敬侯。二子：忠、恽。忠，安平顷侯。生谭，属国、安平侯。二子：宝、并。宝字稚渊。二子：震、衡。震字伯起，太尉。五子：牧、里、秉、让、奉。牧，字孟信，荆州刺史、富波侯。二子：统、馥。①

可见，杨氏家族世系久远，可上推至晋武公之子伯桥。伯桥玄孙羊舌肸，字叔向，为晋太傅。羊舌肸之子以采邑为氏，名杨石。晋灭羊舌氏，其子孙逃至华山仙谷，定居华阴。杨石后裔杨章生三子：杨苞、杨朗和杨款。长子杨苞为韩襄王大将，其子孙因居河内。次子杨朗为秦将，子孙因居冯翊。少子杨款为秦上卿，居于华阴。秦汉之际，杨款之子杨硕随从沛公刘邦，任太史之职。而杨硕第六子杨喜以军功封为赤泉侯。杨喜之子杨敷、孙杨胤相继嗣爵。按照《新唐书·宰相世系表》记载，杨胤之子即汉昭帝时的丞相、安平侯杨敞。如此，杨敞当为杨喜曾孙。杨敞死后，杨敞子杨忠、孙杨谭相继嗣爵。而杨谭生二子：杨宝、杨并。杨宝生二子：杨震、杨衡。杨震曾担任汉太尉，生五子：杨牧、杨里、杨秉、杨让、杨奉。杨牧生二子：杨统、杨馥。

二 西汉前期的发展与转变

西汉弘农华阴杨氏的世系概况，在《汉书》《后汉书》中皆有记载。据《后汉书·杨震列传》记载：

> 杨震字伯起，弘农华阴人也。八世祖喜，高祖时有功，封赤泉侯。高祖敞，昭帝时为丞相，封安平侯。父宝，习《欧阳尚书》。哀、平之世，隐居教授。居摄二年，与两龚、蒋诩俱征，遂遁逃，不知所处。光武高其节。建武中，公车特征，老病不到，卒于家。

---

① （宋）欧阳修、（宋）宋祁：《新唐书》，中华书局1975年版，第2346—2347页。

震少好学，受《欧阳尚书》于太常桓郁，明经博览，无不穷究。诸儒为之语曰："关西孔子杨伯起。"①

可见，弘农杨氏的世系比较清晰。查《史记·高祖功臣侯者年表》，杨喜最初以郎中骑的身份，"汉王二年从起杜，属淮阴，后从灌婴共斩项羽，侯，千九百户"。这说明，杨震的八世祖杨喜以军功封为赤泉侯。杨喜于汉高祖七年（前200）正月己酉始封为侯。②据《汉书·高惠高后文功臣表》，在143位封侯军功大臣中，赤泉侯杨喜位次为103位，封侯十三年后，"高后元年，有罪，免。二年，复封，十八年薨"。文帝前元十二年（前168），杨喜之子杨敷嗣爵，十五年（前165）薨，谥定侯③。景帝前元四年（前153），临汝侯杨毋害嗣，"六年，坐诈绐臧六百，免。中五年，毋害复封"④。可见，杨毋害于景帝中元五年（前145）复爵，十二年后，也就是武帝元光二年（前133），杨毋害有罪免爵，国除。从汉高祖七年（前200）起，至汉武帝元光二年（前133）止，杨氏家族侯爵共传三代。所以，杨氏家族在西汉中期以前属于勋臣宗族。直到武帝元光二年（前133），方因杨毋害有罪而国除，从此政治地位有所下降。不过，宣帝元康四年（前62），曾诏赐杨喜玄孙茂陵不更杨孟尝"黄金十斤，复家"⑤。此后，杨喜六世孙杨恢、七世孙杨谭相继嗣爵。杨喜八世孙杨并，曾于成帝永始元年（前16）受"赐绢百匹"。而在平帝元始二年（2），"求复不得"⑥。这说明杨氏宗族的勋臣地位至汉平帝时已衰落。

---

① （南朝宋）范晔：《后汉书》卷五十四《杨震列传》，中华书局1965年版，第1759页。
② （汉）司马迁：《史记》卷十八《高祖功臣侯者年表》，中华书局1982年版，第937页。
③ 关于杨敷，见于《汉书·高惠高后文功臣表》。而《史记·高祖功臣侯者年表》为"杨殷"。可见，《汉书》与《史记》的记载有不同。不过，"敷"与"殷"外形相似，可能是传抄之误，待考。
④ 《史记·高祖功臣侯者年表》为"杨无害"。
⑤ 据《汉书·百官公卿表上》，汉代"以赏功劳"之爵分二十级，最高为二十级"彻侯"，最低为一级"公士"。而"不更"为第四级爵。《汉书》颜师古注云："言不豫更卒之事也。"（中华书局1962年版，第741页）这说明杨喜玄孙杨孟尝只享受很低的政治待遇。
⑥ （汉）班固：《汉书》，中华书局1962年版。有关杨氏家族的世代情况，皆见载于该书第583页。

问题是,《新唐书·宰相世系表》的记载与《史记》《汉书》的记载并不一致。根据《史记》《汉书》,西汉弘农杨氏家族的谱系为:杨喜→敷(殷)→毋害(无害)→?→孟尝→恢→谭→并。而根据《新唐书》,杨氏在西汉的谱系为:杨喜→敷→胤(字毋害)→敞→忠→谭→宝、并→杨震。可见,按照《新唐书》,杨喜为杨震的八世祖,杨并是杨震叔父。而按照《汉书》记载,则杨喜应为杨震的九世祖,杨并与杨震同辈。显然,两者之间相差一辈。范晔生活于重视谱系的魏晋南北朝时期,应非常重视家族的世系更迭。我们认为,范晔的记载当有所据,《新唐书》是根据范书所作的谱系。由于有关资料缺失,在没有新证据之前,我们还是遵从范晔《后汉书》的有关记载。

根据《后汉书·杨震列传》所载来看,杨震高祖杨敞当为赤泉侯杨喜的曾孙。可以说,弘农杨氏在昭、宣之时已由勋臣宗族逐渐转化为官僚宗族。而促使其转变的关键性人物是杨敞。杨敞在汉昭帝时位尊为丞相,为杨氏的未来发展奠定了良好的政治基础。据《汉书·公孙刘田王杨蔡陈郑传》载:

> 杨敞,华阴人也。给事大将军莫(幕)府,为军司马,霍光爱厚之,稍迁至大司农。元凤中,稻田使者燕仓知上官桀等反谋,以告敞。敞素谨畏事,不敢言,乃移病卧。以告谏大夫杜延年,延年以闻。苍、延年皆封,敞以九卿不辄言,故不得侯。后迁御史大夫,代王訢为丞相,封安平侯。明年,昭帝崩。昌邑王征即位,淫乱,大将军光与车骑将军张安世谋欲废王更立……遂共废昌邑王,立宣帝。宣帝即位月余,敞薨,谥曰敬侯。子忠嗣,以敞居位定策安宗庙,益封三千五百户。[①]

如前所述,杨敞之父杨胤在武帝元光二年(前133)失爵,让杨氏走向了勋臣宗族的终结点。这样,杨敞失去了继续嗣爵的机会。而杨敞入霍光幕府中任职,使其家族身份开始从勋臣宗族向官僚宗族转变。杨敞

---

① (汉)班固:《汉书》卷六十六《公孙刘田王杨蔡陈郑传》,中华书局1962年版,第2888页。

依附于权臣霍光，初为军司马，后为大司农，政治地位也渐次攀升，曾参与废立之事，官终丞相，封为安平侯。杨敞死后，子杨忠嗣爵，宣帝为褒扬杨敞的废立之功，增杨忠食邑三千五百户。可见，杨氏在西汉中期之后不再依赖其先祖的军功而享受俸禄，而是依据其才能立身处世、获取官爵，成为官僚宗族，实现了家族身份的转变。

三　西汉中后期的发展与转变

杨敞次子杨恽，是西汉杨氏宗族中最有才学者，也是西汉的文学家之一。据《汉书卷六十六·杨敞传》附《杨恽传》载：

> 忠弟恽，字子幼，以忠任为郎，补常侍骑，恽母，司马迁女也。恽始读外祖《太史公记》，颇为《春秋》。以材能称。好交英俊诸儒，名显朝廷，擢为左曹。霍氏谋反，恽先闻知，因侍中金安上以闻，召见言状。霍氏伏诛，恽等五人皆封，恽为平通侯，迁中郎将。①

杨恽最初以兄任为郎，后为常侍骑，因告发霍氏谋反有功，封为平通侯。其母是司马迁之女，因此很早便阅读过外祖父司马迁的《太史公记》，并对《春秋》也颇偏好，以"材能"称于世，好与英俊诸儒来往，具有较高的文学素养。不仅如此，杨恽也有较强的行政能力。在中郎将任上，他能做到"令行禁止"，深受宣帝赏识，并升任诸吏光禄勋，"亲近用事"。此后，因与宣帝宠臣戴长乐有隙，而被免为庶人，终以大逆不道之罪而被处腰斩，妻、子被迁徙于酒泉。

西汉弘农杨氏初为勋臣宗族，被封侯者颇多。此后转为官僚宗族，但也富有家财。比如，杨忠有封邑三千五百户，而杨恽同样富有。正如《汉书》本传所载："恽受父财五百万，及身封侯，皆以分宗族。后母无子，财亦数百万，死皆予恽，恽尽复分后母昆弟。再受訾千余万，皆以分施。"② 可见，杨氏宗族在汉宣帝时已经是非常富有的豪族。正如杨恽

---

① （汉）班固：《汉书》卷六十六《公孙刘田王杨蔡陈郑传》，中华书局1962年版，第2889页。

② 同上书，第2890页。

《报孙会宗书》所云,"恽家方隆盛时,乘朱轮者十人,位在列卿,爵为通侯,总领从官,与闻政事"①,显然是当时的著姓大族。若从杨敞算起,杨忠、杨恽及杨忠子杨谭皆为侯爵,三代四人封侯,而且富有家财。当然,据有关史书的记载来看,杨敞、杨恽皆有文辞传世,而且杨恽的文学成就较高,这为杨氏宗族从官僚宗族向文化宗族的转变奠定了基础。

第二节　杨氏家族在东汉的发展

早在西汉中期,弘农杨氏已开始从武宗向文宗的转变。杨敞能担任丞相,杨恽能写《报孙会宗书》,说明杨氏家族在汉宣帝时已具备文宗的属性。当然,杨氏宗族最终在东汉转变为文化著姓,与两汉之际的关键人物杨宝有关,也与其后代杨震、杨赐、杨彪等相关。东汉时,弘农杨氏成员进一步儒化,逐渐转变为知名的文化宗族,最终走向士族化。杨氏以《欧阳尚书》传家,成为当时著名的经学世家。而且,杨氏有多人身居高位,先后有杨震、杨秉、杨赐、杨彪等四世太尉,与袁氏宗族并为东京名族。

一　杨宝习《欧阳尚书》

杨氏能够发展为著姓望族,应与其众多成员习儒通经密切相关。可以说,杨氏宗族非常重视家学传承,这是其最终走向文化世族道路的重要基础。在众多成员中,杨宝是华阴杨氏家族的家学奠基人。杨宝乃杨震之父、安平敬侯杨敞曾孙。据《后汉书·杨震列传》:"父宝,习《欧阳尚书》。哀、平之世,隐居教授。居摄二年,与两龚、蒋诩俱征,遂遁逃,不知所处。"②

据《汉书·儒林传》,《尚书》学起于伏生。伏生传欧阳生,因有《欧阳尚书》。欧阳生授兒宽,兒宽授欧阳生子。于是,欧阳家族世世传《尚书》,至欧阳高。欧阳孙欧阳地余,地余小儿子欧阳政在王莽时为讲

---

① (汉)班固:《汉书》卷六十六《公孙刘田王杨蔡陈郑传》,中华书局1962年版,第2895页。

② (南朝宋)范晔:《后汉书》卷五十四《杨震列传》,中华书局1965年版,第1759页。

学大夫。从此,世有《欧阳尚书》学。① 可见,杨氏所传《欧阳尚书》乃今文经学,非古文经学。

实际上,杨氏自勋臣宗族地位跌落之后,依赖才学获取爵禄才成为另一条出路。而杨敞、杨恽皆文化水平不低,说明杨氏在西汉中后期已很重视子弟的教育。此后,杨震之父杨宝习《欧阳尚书》,在哀、平之际隐居教授,为杨氏走向文化宗族奠定了最为扎实的基础。

二 杨震传承家学

杨宝之子杨震"少好学",可能在少年时从父亲杨宝学《欧阳尚书》。长大后,杨震拜当时名儒桓郁习《欧阳尚书》,史载其"明经博览,无不穷究",素有"关西夫子"的美称。而桓郁乃桓荣之子。

据《后汉书·桓荣丁鸿列传》,桓荣师从九江朱普习《欧阳尚书》,光武帝建武十九年(43),辟大司徒府。此后,桓荣为太子刘庄授《尚书》。建武二十八年(52),任太子少傅。建武三十年(54),桓荣任太常。明帝永平二年(59),封关内侯。桓荣子桓郁"传父业"。永平十五年(72),章帝为太子时,桓郁为其讲《尚书》。章帝建初二年(77),迁屯骑校尉。和帝即位,桓郁又为和帝授经。②

可见,杨氏所传乃当时"显学",明、章、和三帝皆学《欧阳尚书》。所以,杨震承家学,又师从名儒桓郁学习,自然受到重视。据《后汉书·杨震列传》,和、安之际,杨震入大将军邓骘幕府,"举茂才,四迁荆州刺史、东莱太守"。安帝元初四年(117)为太仆,迁为太常。永宁元年(120),代刘恺为司徒。安帝延光二年(123),又代刘恺为太尉。延光三年(124),杨震饮鸩自尽,享年七十余岁。③ 杨震的刚烈,于此可见一斑。

三 杨秉、杨赐、杨彪传承家学

杨震生有五子。长子杨牧为富波相,杨牧之孙杨奇(琦),亦以能文

---

① (汉)班固:《汉书》卷八十八《儒林传》,中华书局1962年版,第3603—3604页。
② (南朝宋)范晔:《后汉书》卷三十七《桓荣丁鸿列传》,中华书局1965年版,1249—1255页。
③ (南朝宋)范晔:《后汉书》卷五十四《杨震列传》,中华书局1965年版,第1759—1768页。

著称于世①。而杨震少子杨奉之子杨敷，也"笃志博闻，议者以为能世其家"。杨敷早卒，其子杨众"亦传先业"。

杨震中子杨秉，字叔节。杨秉既传父业，通晓《欧阳尚书》，又明《京氏易》，"博通书传，常隐居教授"。四十多岁时，杨秉方入仕，应司空辟，拜侍御史。此后，他相继担任豫州、荆州、徐州、兖州刺史，迁为任城相，素以廉洁著称。桓帝即位，杨秉"以明《尚书》征入劝讲"，拜官太中大夫、左中郎将，后迁侍中、尚书。桓帝延熹五年（162）冬，代刘矩为太尉。延熹八年（165）卒，卒年七十四岁。

杨赐，字伯献，杨秉之子。"少传家学，笃志博闻。常退居隐约，教授门徒，不答州郡礼命。"杨赐曾辟大将军梁冀幕府，非其所好，出拜陈仓令，但因病未上任。此后"公车征不至，连辞三公之命"。杨赐后举司空高第，再迁侍中、越骑校尉。灵帝建宁初年，诏太傅、三公选拔精通《尚书》桓君章句且有名望者，"三公举赐，乃侍讲于华光殿中"。杨赐后迁少府、光禄勋。灵帝熹平二年（173）代唐珍为司空，后以灾异免官。复拜光禄大夫，秩中二千石。熹平五年（176），代袁隗为司徒。光和五年（182）冬，拜太尉。灵帝中平二年（185）十月卒。

杨彪，字文先，杨赐之子，"少传家学"。据《后汉书·杨彪传》，杨彪"初举孝廉，州举茂才，辟公府，皆不应。熹平中，以博习旧闻，公车征拜议郎，迁侍中、京兆尹"。灵帝光和年间，为侍中、五官中郎将，后迁颍川、南阳太守，三迁永乐少府、太仆、卫尉。中平六年（189），杨彪代董卓为司空。同年冬，代黄琬为司徒。献帝兴平元年（194）迁为太尉，录尚书事，建安元年（196）免。建安四年（199）拜为太常，建安十年（205）免，卒于魏黄初六年（225），享年八十四岁。

杨修，字德祖，杨彪之子。据《后汉书·杨修传》，杨修"好学，有俊才，为丞相曹操主簿，用事曹氏"。为曹操所忌，因其为袁术外甥，又是曹植羽翼，曹操"虑为后患，遂因事杀之"。杨修一生著有"赋、颂、

---

① 参见《鲁迅辑录古籍丛编》，人民文学出版社1999年版，第59页。该书第三卷载谢承《后汉书》卷二云："杨奇字公挺，震之玄孙。少有志节，不以家势为名。交结英彦，不与豪右相交通。于河南缑氏界中，立精舍，门徒常二百人。"鲁迅注云："按范《书》本传云：'震长子牧，孙奇。'则当作曾孙，此误。"根据范晔《后汉书》的有关记载来看，杨奇应是杨震曾孙而非玄孙。

碑、赞、诗、哀辞、表、记、书凡十五篇",是杨氏家族中文学成就最高者。①

总之,弘农杨氏以《欧阳尚书》传家,几乎代有高官,是东汉名门望族。正如范晔《后汉书·杨震列传》所言,"自震至彪,四世太尉,德业相继,与袁氏俱为东京名族云"。毫无疑义,东汉杨氏宗族既是儒学世家,也属当时著名的官僚宗族,堪与"四世三公"的袁氏家族相抗。范晔甚至认为,西汉韦氏、平氏也无法与弘农杨氏相比②。就弘农杨氏而言,西汉有杨敞、杨恽,东汉有杨震、杨秉、杨赐、杨彪、杨奇、杨修等皆有文辞传世,且诸如杨恽、杨奇、杨修等皆在汉文学史上占有一席之地。因此,杨氏可谓汉代关中历时久远的文学世家。

第三节　弘农杨氏的文学创作

弘农杨氏经过四百多年的发展,在东汉时业已成为影响很大的著姓大族。如果说西汉早期杨氏属于勋臣宗族,则从西汉中期开始,杨氏渐次转变为官僚宗族。尤其是杨敞这一支系,在昭、宣之世,先后有杨敞、杨忠、杨恽、杨谭等四人封侯。而杨敞次子杨恽文化水平高,且熟悉《春秋》,显示出杨氏向文化世族转变的迹象。从西汉哀、平之世开始,杨敞长子杨忠之孙杨宝以习《欧阳尚书》而知名,并隐居教授,弟子众多,意味着弘农杨氏已经走向儒质化。

东汉建武年间,光武帝刘秀曾公车特征杨宝,因老病未行,终卒于家。此后,杨宝子杨震、杨震子杨秉、杨秉子杨赐、杨赐子杨彪等以《欧阳尚书》代代相传,使弘农杨氏成为汉代知名的经学世家。当然,杨氏众多成员也以通经致仕、地位显达而知名,因此世代有文士为官,且

---

① 杨秉、杨赐、杨彪、杨修等事迹皆载于《后汉书》卷五十四,中华书局1965年版,第1767—1791页。

② 在《后汉书·杨震列传》中,范晔论云:"孔子称'危而不持,颠而不扶,则将焉用彼相矣'。诚以负荷之寄,不可以虚冒,崇高之位,忧重责深也。延光之间,震为上相,抗直方以临权枉,先公道而后身名,可谓怀王臣之节,识所任之体矣。遂累叶载德,继踵宰相。信哉,'积善之家,必有余庆'。先世韦、平,方之蔑矣。"《后汉书》卷五十四《杨震列传》,中华书局1965年版,第1791页。

地位显赫，可谓是名副其实的士族。可以说，官僚宗族的儒质化，儒质宗族的官僚化，是弘农杨氏得以成为"四世太尉"、著姓望族的重要原因。当然，杨氏与大族宗姓的联姻，也是推进其走向著姓大族的必要因素。比如，杨敞娶司马迁女为妻，杨恽与富平侯张延寿联姻，杨彪与袁氏宗族联姻。在汉代，宗族间的联姻对家族发展影响很大。

总之，汉代弘农华阴杨氏历经四百余年的发展，不仅有众多地位高、爵禄厚的官员，而且也有杨敞、杨恽、杨震、杨秉、杨赐、杨彪、杨修、杨琦等曾有创作的文士。而诸如杨恽、杨修、杨琦等，还在汉代文学史上占有一席之地。因此，弘农杨氏堪称汉代历时久远的文学家族。

一 杨敞与杨恽

杨敞（？—前74），弘农郡华阴（今陕西渭南华阴市）人，史学家司马迁女婿。杨敞传世的文辞作品只有《奏废昌邑王》和《奏立皇曾孙》两篇奏疏，本为以杨敞为首的群臣上疏，见载于《汉书·霍光金日䃅传》。其中，《奏废昌邑王》文辞质朴，情理激切，忠心可鉴，当为杨敞撰写。而《奏立皇曾孙》虽以霍光为首，可能也是杨敞所书。若从广义文学观衡量，这两篇奏疏也属于文学作品。

杨恽（？—前54），字子幼，杨敞次子，西汉著名的作家。他在文学史上的贡献，首先是将外祖父司马迁的《太史公记》公诸于世。据学者考证，《史记》成书之后，副本即藏于弘农杨氏家中，为司马迁女所藏。而正本为皇家秘书，世人罕见。所以，杨恽将《史记》公之于世，促进了这部辉煌巨著的传播，无论在史学史还是文学史上，其功劳他人莫比[1]。当然，在杨恽传世的文学作品之中，《报孙会宗书》最为著名。该文见载于《汉书·杨敞传》附《杨恽传》。

杨恽写《报孙会宗书》，缘起于杨恽被免官之后。他不仅无悔过之意，反而大肆享乐。为此，友人孙会宗写信劝谏其不要过分张扬，而应

---

[1] 劳干在《对于〈巫蛊之祸的政治意义〉的看法》一文中认为："《史记》本来是藏在司马迁家，后来由杨恽拿出来行世的。《史记》的行世杨恽诚然有功，但按照杨恽的想法，对《史记》有所修改，那就完全把司马迁的性格改变了。"（参见刘跃进《秦汉文学编年史》，商务印书馆2006年，第188页）尽管如此，在《史记》传播史上，杨恽的功劳无人能比。

敛心悔过，以免引起不必要的误会。据《汉书·杨敞传》附《杨恽传》，"恽既失爵位，家居治产业，起室宅，以财自娱。岁余，其友人安定太守西河孙会宗，知略士也，与恽书谏戒之，为言大臣废退，当阖门惶惧，为可怜之意，不当治产业，通宾客，有称誉"。而杨恽为宰相子，"少显朝廷，一朝以暗昧语言见废，内怀不服"。① 所以，杨恽写此信，也并非针对孙会宗多管闲事，而是借题发挥，以抒愤懑之情。

　　从文辞特点来看，该文辞气酣畅、情激神扬，其间流淌着作者对不公平遭遇的愤慨之情，以及有志不得申的不平之气。从风格上看，该文与其外祖父司马迁的《报任安书》确有相似之处。刘勰曾如是评价：

　　　　及七国献书，诡丽辐辏；汉来笔札，辞气纷纭。观史迁之报任安，东方之谒公孙，杨恽之酬会宗，子云之答刘歆：志气槃桓，各含殊采，并杼轴乎尺素，抑扬乎寸心。（《文心雕龙·书记》）

所以，劳幹曾撰文认为，《报任安书》非司马迁所作，可能是外孙杨恽等人所为："可能为司马迁打抱不平，也为他人打抱不平而借题发挥。"② 此说虽有一定道理，但多臆测之语，不足采信。因为《报任安书》见载于《汉书·司马迁传》，至少说明班彪、班固父子并不认为是杨恽所作。《秦汉文钞》辑录《报孙会宗书》，并引述凌以栋的评价云："慷慨激烈，规模布置，宛然外祖答任安风致。"而冯晓海亦云："文气豪宕纵逸，最得史迁家法。第中多愤上之词。古人所谓怨而不怒者似不如此。"不过，杨恽受其外祖父司马迁文风的影响是可能的。

　　杨恽的诗即《报孙会宗书》中诗。该诗题名为《歌诗》或《拊缶歌》，只有六句，四言、五言皆有，属杂言体。诗中写道："田彼南山，芜秽不治。种一顷豆，落而为萁。人生行乐耳，须富贵何时？"可见，杨恽在此诗中，对自己的遭遇深表愤慨。他打比方说，与其有所为而无果，

---

① 严可均《全汉文》卷三十三将"大臣废退，当阖门惶惧，为可怜之意，不当治产业，通宾客，有称誉"等诸句析出，题名《与杨恽书》，认为这是孙会宗所作。从上下文来看，应是范晔综述文意，而非原文字句。

② 参见刘跃进《秦汉文学编年史·西汉文学编年》第188页有关引述。

倒不如及时行乐，而不必贪享富贵。这种破罐破摔的心态，应是杨恽的真实想法，使得此诗更真切动人。

总之，尽管杨恽仅此一文一诗，但足可以看出其为文特点和作品风格。若加上对《史记》的推广，则杨恽在汉代文学史上是有地位的。

二 杨震的奏疏

东汉杨氏家族代代传经，以《欧阳尚书》传家，是经学世家。而经学教育，也给杨氏家族中培养了杨震、杨秉、杨赐、杨琦、杨彪、杨修等众多文人。他们都有作品存世，其中杨琦、杨修的成就最为突出。

杨震（约52—124）[①]，字伯起。今存文五篇，皆为奏疏，见载于《后汉书·杨震列传》，严可均《全后汉文》卷五十一有辑录，分别是《上疏请出乳母王圣》《复诣阙上疏谏刘瑰袭爵》《谏为王圣修第疏》《因地震复上疏》《救赵腾疏》等。从奏疏中，可以明显感受到杨震为国着想的拳拳之心。

《上疏请出乳母王圣》当作于安帝永宁二年（121）。据《后汉书·杨震列传》，邓太后死后，"内宠始横"。安帝乳母王圣"因保养之勤，缘恩放恣；圣子女伯荣出入宫掖，传通奸赂"。针对这个问题，杨震上疏进谏，认为"政以得贤为本，理以去秽为务"，而今却"九德未事，嬖幸充庭"。王圣虽有"奉养圣躬"之功，但"无厌之心，不知纪极，外交属托，扰乱天下，损辱清朝，尘点日月"。他建议安帝，"宜速出阿母，令居外舍，断绝伯荣，莫使往来，令恩德两隆，上下俱美"。后来，王圣之女伯荣嫁给已故朝阳侯刘护从兄刘瑰为妻，刘瑰因袭爵为侍中，杨震作《复诣阙上疏谏刘瑰袭爵》，认为刘瑰承袭侯爵不合"父死子继，兄亡弟及"的旧制，建议"天子专封封有功，诸侯专爵爵有德"。该文虽短，但完全依据制度立论，合情合理。当安帝欲为王圣大修宅邸之时，杨震又作《谏为王圣修第疏》，认为

[①] 据范晔《后汉书·杨震列传》附《杨秉传》，杨秉卒于桓帝延熹八年（165），年七十四岁。以此推测，杨秉生于汉和帝永元四年（92）。杨秉乃杨震中子，则与其父年龄相差不会太远。而据《后汉书·孝和孝殇帝纪》，殇帝刘隆延平元年（106），"夏四月……丙寅，以虎贲中郎将邓骘为车骑将军"。杨震五十岁始出仕，后辟大将军邓骘府，可能在此前后。因此，初步推断其生于建武二十八年（52），估计相差不会太远。

当下正处于灾年、边患、"土王"之时,却为王圣大修宅第,既使"农民废业",也使贪污、贿赂横行,终将导致"财尽则怨,力尽则叛"的困境。在《因地震复上疏》中,杨震依据天人灾异之说,认为地震源于"亲近幸臣,未崇断金,骄溢逾法,多请徒士,盛修第舍,卖弄威福",希望安帝"奋乾刚之德,弃骄奢之臣,以掩谣言之口,奉承皇天之戒,无令威福久移于下"。在《救赵腾疏》中,杨震认为尧、舜时尚有谏鼓、谤木,殷、周哲王亦重视"小人怨詈",就是为了"达聪明,开不讳,博采负薪,尽极不情"。他建议安帝应"全腾之命,以诱刍荛舆人之言"。可惜,杨震身处东汉中后期幼主轮番即位、宦官与外戚专权的时代,虽然期望有所为,但其谏言并不为当朝所重。

就这五篇奏疏而言,援古讽今、直陈时弊是其共性。作者以刚直忠臣之心,敢于将矛头指向内宠、宦官,而且毫不隐讳。从文学特点来看,文尚质朴,善于引经据典,化典入句,具有典雅、古朴之美。从语言风格来看,辞情激切是五篇奏疏的共同特点。因此,杨震的散文值得我们关注。

三 杨秉的奏疏

杨秉(92—165),字叔节,杨震中子。蔡邕的《太尉杨秉碑》,是了解其生平的重要资料。作为弘农杨氏家族中的第二任太尉,杨秉精通《欧阳尚书》及《京氏易》。像其父杨震那样,也曾多年隐居教授,授徒讲学。据《太尉杨秉碑》载,杨秉"以《欧阳尚书》《京氏易》诲授。四方学者,自远方至,盖逾三千"[1]。可见,杨秉堪称东汉的教育家。杨秉的文学作品,今存《因风灾上疏谏微行》《上疏谏任左右除拜》《上言吏职》《上言计吏宜绝横拜》《奏劾侯参》《奏劾侯览》《对尚书诘责任方突狱事》《使掾属对尚书诘劾侯览事》等八篇奏疏,皆见载于《后汉书》本传。严可均《全后汉文》卷五十一有辑录。

《因风灾上疏谏微行》写于桓帝元嘉元年(151),源于桓帝私幸河南

---

[1] 参见严可均编《全后汉文》卷七十五载蔡邕《太尉杨秉碑》,商务印书馆1999年版,第762页。

尹梁胤府遇大风灾异之事①。作为帝师，杨秉依天人灾异学说，认为"瑞由德至，灾应事生"。他引述《尚书》《诗》《易》《春秋》等儒家经典，指出桓帝此行不合先王礼法，而且"降乱尊卑，等威无序，侍卫守空宫，绂玺委女妾，设有非常之变，任章之谋，上负先帝，下悔靡及"。杨秉表示，自己甘愿冒死相谏，所谓"臣奕世受恩，得备纳言，又以薄学，充在讲劝，特蒙哀识，见照日月，恩重命轻，义使士死，敢惮摧折，略陈其愚"。该文辞激意切，颇能感人。

《奏劾侯览》也写得颇为激切。作者直言不讳地指出："宦竖之官，本在给使省闼，司昏守夜，而今猥受过宠，执政操权。其阿谀取容者，则因公褒举，以报私惠；有忤逆于心者，必求事中伤，肆其凶忿。居法王公，富拟国家，饮食极肴膳，仆妾盈纨素，虽季氏专鲁，穰侯擅秦，何以尚兹！"杨秉其他文章皆有类似的特点，比如《上言吏职》《奏劾侯参》等。总之，杨秉的文章与乃父有相似之处，但其散文慷慨有余而委婉不足。

四　杨赐的谏文

杨赐（？—185），字伯猷②，太尉杨秉之子。严可均《全后汉文》卷七十八载蔡邕《太尉杨赐碑》及《汉太尉杨公碑》《文烈侯杨公碑》等四篇碑文，是了解其生平的重要文献。作为弘农杨氏的第三任太尉，他与乃祖、乃父亦有相似之处：曾隐居教授，门徒众多。他入仕后多次起落，但最终位至三公。作为帝师，杨赐尽职尽责。今存文七篇，分别是《蛇变上封事》《上疏谏封爵过差游观无度》《上书谏作林泉毕圭苑》《上言愿减赐户以封刘宽张济》《虹霓对》《虎见平乐观又见宪陵对》《与王允书》，载于严可均《全后汉文》卷五十一。

---

① 据《后汉书·杨震列传》附《杨秉传》，"桓帝即位，以明《尚书》征入劝讲，拜太中大夫、左中郎将，迁侍中、尚书。帝时微行，私过幸河南尹梁胤府舍。是日，大风拔树，昼昏，秉因上疏谏曰"云云。刘跃进认为，该文写于元嘉元年（151）。《秦汉文学编年史》，商务印书馆2006年，第516页。

② 据严可均《全后汉文》卷七十八载蔡邕所作《太尉杨赐碑》，有"公讳赐，字伯猷"，而《后汉书》本传为"伯献"。蔡邕与杨赐属同时，应当不会有错，可能是范晔传抄文献出错，或后世传抄出错。故本书以蔡邕碑文记载为准。商务印书馆1999年版，第782—786页。

在《蛇变上封事》中，杨赐认为，"和气致祥，乖气致灾，休征则五福应，咎征则六极至"。蛇为"女子之祥"。所以，青蛇现于朝堂，实际上是女宠太盛所致，而"女谒行则谗夫昌，谗夫昌则苞苴通"。他建议灵帝应"思乾刚之道，别内外之宜，崇帝乙之制，受元吉之祉，抑皇甫之权，割艳妻之爱"。只有这样，"则蛇变可消，祯祥立应"。在《虹蜺对》中，作者援引经传，认为灾异屡现，主要源于灵帝"内多嬖幸，外任小臣"。而虹蜺再现，则是因为"左右嬖人，阉尹之徒，共专国朝，欺罔日月。又鸿都门下，招会群小，造作赋说，以虫篆小技见宠于时，如驩兜、共工更相荐说"。他希望皇帝"慎经典之诫，图变复之道，斥远佞巧之臣，速征鹤鸣之士，内亲张仲，外任山甫，断绝尺一，抑止槃游，留思庶政，无敢怠遑"。

与乃祖、乃父一样，杨赐也依据天人灾异学说进行讽谏。在《上疏谏封爵过差游观过度》中，他建议灵帝应"绝慢游之戏，念官人之重，割用板之恩，慎贯鱼之次，无令丑女有四殆之叹，遐迩有愤怨之声"。在《上书谏作林泉毕圭苑》中，他建议灵帝"惟夏禹卑宫，太宗露台之意，以慰下民之劳"①。可见，尽管帝王昏聩、内宠乱政，但杨赐仍然希望，能够在浊水污泥中开辟一方净土。这在其作品中有明显体现。

总体看，杨赐之文很少空发议论，而是敢于直言进谏，其忠心可鉴。其文能够切中时弊，善于一针见血地触及社会、政治问题的实质，因而具有很强的现实针对性。不仅如此，其文言辞质朴，善于用典，善用排比手法，辞情激切，富有感染力，显示出杨赐深厚的经学功底和善于驾驭言辞的文学素养。

五　杨彪的书信

杨彪（142—225），字文先，杨赐之子。杨氏家族第四任太尉。时逢汉末乱世，但杨彪仍具有强烈的尊汉情结。因曹操曾借故杀掉其子杨修，

---

① 严可均根据袁宏《后汉纪》卷二十四的有关记载，在《全后汉文》卷五十一辑录了此文，意思相近但内容有不同。其中该句即有出入，袁本《后汉纪》云："宜思夏后卑室之意，太宗露台之费，慰此下民劳止之歌。"

使他对曹氏集团有着明显的排斥心理。所以，曹丕称帝之后，欲让他担任太尉，杨彪最终推辞。杨彪今存文一篇，即《答曹公书》，见载于严可均《全后汉文》卷五十一。

《答曹公书》当写于杨修被杀之后。据严可均《全三国文》卷三，曹操杀掉杨修之后，曾作《与太尉杨彪书》，并馈赠许多物品。曹操在信中写道：

> 操白：与足下同海内大义，足下不遗，以贤子见辅。比中国虽靖，方外未夷。今军征事大，百姓骚扰。吾制钟鼓之音，主薄宜守。而足下贤子侍豪父之势，每不与吾同怀，即欲直绳，顾颇恨恨；谓其能改，遂转宽舒。复即宥贷，将延足下尊门大累，便令刑之。念卿父息之情，同此悼楚，亦未必非幸也。

为此，杨彪作《答曹公书》，一方面表达了失子之痛，另方面也隐晦、委婉地表达了对曹操的不满。全文如下：

> 彪白：雅顾隆笃，每蒙接纳，私自光慰。小儿顽卤，谬见采录，不能期效，以报所爱。方今军征未暇，其备位匡政，当与勠力一心。而宽玩自稽，将违法制。相子之行，莫若其父，恒虑小儿，必致倾败。足下恩恕，延罪迄今。近闻问之日，心肠酷裂。凡人情谁能不尔？深惟其失，用以自释。所惠马及杂物，自非亲旧，孰能至斯？省览众赐，益以悲惧。

在前半部分，杨彪对曹操能录用杨修表示"感谢"，似乎认为杨修被杀是"罪有应得"。但在后半部分，他却表达了失子之痛。作者用"心肠酷裂"四字以表伤痛，言短而情深。每每思念儿子，也只能以思其过失"用以自释"。而对曹操所赠之物，杨彪委婉拒绝，因为这更触及他睹物思人的内心隐痛，所谓"省览众赐，益以悲惧"。总之，此文虽短，但言短情深，用语委婉，读之令人心酸气结。

据《后汉书》本传载，曹操曾因杨彪与袁氏有婚姻关系而欲除掉他，说明曹操对杨彪原有忌恨之心。而杨修被杀后，曹操见杨彪身体消瘦，问其缘故。杨彪巧妙回答说："愧无日䃅先见之明，犹怀老牛舐犊之爱。"于此可见，杨彪对曹操所为深怀不满。另外，杨彪夫人袁氏与曹操夫人卞氏也有书信往还，可参看。

六 杨修等的创作

杨修（175—219），字德祖，杨彪之子。建安年间，杨修举孝廉除为郎，为丞相府署仓曹属主簿，与曹植关系密切。建安二十四年（219）秋，曹操以"前后漏泄言教，交关诸侯"之罪杀了他。杨修被杀，实际上是后起新贵与世家大族矛盾的必然结果，他也是曹丕、曹植间政治斗争的牺牲品。建安后期，曹操最担心儿子曹丕、曹植之间的权力之争。因此，杀掉杨修，有剪除曹植羽翼的用意。杨修临死遗言："我固自以死之晚也。"这说明，他也知道自己是曹氏兄弟权力之争的牺牲品。据《后汉书》，杨修著有赋、颂、碑、赞、诗、哀辞、表、记、书凡十五篇。今存《节游赋》《出征赋》《许昌宫赋》《神女赋》《孔雀赋》及《答临淄侯笺》《司空荀爽述赞》等。严可均《全后汉文》卷五十一有辑录。费振刚等《全汉赋校注》还录有杨修的《伤夭赋》《暑赋》《五湖赋》及《七训》等作品存目。于此可见杨修之作品题材广泛。

杨修赋皆篇幅短小，有抒情色彩。而《出征赋》《神女赋》，抒情色彩更显浓郁。《节游赋》《孔雀赋》《许昌宫赋》，则有隐喻的意味。比如，《孔雀赋》中的"孔雀"养于苑囿之中，虽然生活很好，却没有自由，显然有自喻的意味。

杨修的《答临淄侯笺》是书信体散文，也是重要的文论名篇。在此文中，杨修对曹植倍加推崇，认为"虽讽雅、颂，不复过也"。杨修指出，王粲、陈琳、徐干、刘桢、应玚等虽卓然出群，但曹植的文章更是"含王超陈，度越数子"。究其原因，在于"体通性达，受之自然"。他盛赞曹植思维敏捷，文思泉涌，"有所造作，若成诵在心，借书于手，曾不斯须少留思虑。仲尼日月，无得逾焉"。不过，针对曹植"辞赋小道，固未足以揄扬大义，彰示来世"的观点，杨修认为："今之赋颂，古诗之流，不更孔公，风雅无别耳……君侯忘圣贤之显迹，述鄙宗之过言，窃以为未之思也。若乃不忘经国之大美，流千载之英声，铭功景钟，书名竹帛，此自雅量素所蓄也，岂与文章相妨害哉？"可见，杨修一方面对曹植的作品给予很高评价，另方面对其观点也作了委婉的反驳，表现出很高的创作技巧。阅读该文，应结合曹植的《与杨德祖书》，这样才能准确理解杨修的话语指向。总体看，该文语词委婉、含蓄自如，堪称散文精品。另外，《司空荀爽述赞》韵散结合，亦文辞斐然，颇有技巧。

杨修是东汉建安时期的文学家，但未被曹丕列入"建安七子"[①]。其原因可能与他和曹植交好有关。尽管其存世作品不多，但成就当不亚于"建安七子"。关于对杨修的评价，范晔在《后汉书·杨震列传》论赞中说："杨氏载德，仍世柱国。震畏四知，秉去三惑。赐亦无讳，彪诚匪忒。修虽才子，渝我淳则。"[②]《三国志·魏书·任城陈萧王传》注引《世语》云：杨修"以名公子有才能，为太祖所器"。而据《后汉书·文苑列传·祢衡传》，祢衡"唯善鲁国孔融及弘农杨修。常称曰：'大儿孔文举，小儿杨德祖。余子碌碌，莫足数也。'"[③] 祢衡恃才放旷，很多人并不放在眼里，却非常认可杨修，也说明杨修颇有才华。

杨奇（？—？），亦作杨琦，杨震曾孙、杨牧之孙。在弘农杨氏家族中，杨奇亦以能文著称于世。杨奇在灵帝时曾为汝南太守。灵帝死后，入为侍中，领卫尉，曾随从汉献帝西迁。今存文《上封事》一篇，见载于严可均《全后汉文》卷五十一。其文内容很短，似乎并不完整，但可以看出其质朴的文风特点。

第四节 杨氏家族的文学成就

弘农杨氏家族的文学成就主要体现在散文、辞赋和诗歌等三类体裁，以散文成就最为突出，且具有相似的家族文学色彩。

[①] 关于"建安七子"，最早见于曹丕的《典论·论文》。如曹丕所言："今之文人，鲁国孔融文举，广陵陈琳孔璋，山阳王粲仲宣，北海徐幹伟长，陈留阮瑀元瑜，汝南应瑒德琏，东平刘桢公干。斯七子者，于学无所遗，于辞无所假，咸自以骋骥騄于千里，仰齐足而并驰，以此相服，亦良难矣！盖君子审己以度人，故能免于斯累而作论文。"可见，杨修并不在"七子"行列。

[②] （南朝宋）范晔：《后汉书》卷五十四《杨震列传》，中华书局1965年版，第1791页。

[③] （南朝宋）范晔：《后汉书》卷八十下《文苑列传》，中华书局1965年版，第2652页。

一　散文创作有影响

（一）政论散文

在弘农杨氏家族中，杨敞、杨恽、杨震、杨秉、杨赐、杨彪、杨修、杨奇等皆有作品传世。总体看，杨氏家族的作品以奏疏等为主，是世代为官的杨氏家族最主要的文学样式。所以，杨氏家族的主要成就在散文。尤其以疏牍文为主体的政论散文，显示出杨氏家族务实尚质、依经立论的家族文风。最有代表性的是杨震、杨秉、杨赐等人的奏疏类作品。这些作品不尚空谈，具有强烈的忧国、忠君意识。而且善于化用经典，具有用语质朴、不失典雅的语言特点。这是弘农杨氏家族政论散文的共性特点。王启才认为："汉代奏议的文风还经历了由雅向俗、由散向骈、从用喻到用典的变化。"从语言风格来看，"汉初奏议多采用口语，较为浅俗；武帝以后，奏议中多书面语、经术语，温文尔雅；东汉后期，经文引用较少，率意而言，不避浅陋的俗语、口语，复归于通脱、浅俗"[①]。从杨氏家族成员的奏议来看，尚实、尚质、典雅等正是汉代奏议第二阶段的特点。

（二）书信体散文

除了政论散文，诸如杨恽的《报孙会宗书》、杨彪的《答曹公书》及杨修的《答临淄侯笺》等书信体散文也颇有特点。杨恽的《报孙会宗书》和杨彪的《答曹公书》具有浓郁的抒情色彩，而杨修的《答临淄侯笺》则偏于理性思考。可以说，杨恽的散文辞情慷慨、锋芒毕露，杨彪的散文哀情婉曲、感人落泪，而杨修的散文则委婉含蓄、手法高妙。三篇散文各具特色，富有个性，堪称汉代散文的精品。尤其是杨恽《报孙会宗书》，更是西汉少有的抒情散文名作。阅读该文，一个颇有个性的杨恽跃然纸上，真正体现了"文如其人"的特点。这篇散文，也是阐释"文如其人"文论观的范例之一。

（三）史传散文

杨恽在中国史传散文史上也有一定地位。在研究与传播《史记》方面，可谓贡献颇大。从目前所知的资料来看，杨恽应是最早研读《史记》

[①] 王启才：《汉代奏议的文学意蕴与文化精神》，人民出版社2009年版，第162页。

的汉代文人。如前所述，司马迁完成《史记》之后，正本为皇家秘书，无人得见。而副本则藏于女儿家中。作为司马迁的外孙，杨恽不仅首先阅读了《太史公记》，而且将该书公之于世。这促进了《史记》在西汉的传播，也让更多的人了解了这部辉煌巨著的魅力。因此，在《史记》研究与传播史上，杨恽功不可没。

二 辞赋创作有特点

在杨氏家族中，只有杨修有辞赋作品传世。其中，《节游赋》《出征赋》《许昌宫赋》《神女赋》《孔雀赋》尚有内容，而《伤夭赋》《暑赋》《五湖赋》及《七训》等作品仅有存目。

作为东汉后期赋家，杨修赋以短小见长，用词华美，融情入景，甚至采用隐喻手法表情达意。其辞赋追求文辞富丽之美，显示出汉赋向魏晋赋过渡的基本趋势。而且，杨修在辞赋理论方面亦有建树。曹植在《与杨德祖书》中提出看法：其一，辞赋小道说；其二，重视辞赋文辞华美的艺术特点；其三，提倡"雅好慷慨"的赋风。针对这三个观点，杨修在《答临淄侯笺》中提出：其一，不赞同"辞赋小道"说，认为曹植"忘圣贤之显迹，述鄙宗之过言"；其二，认为文学创作与经国大业并不矛盾，也不会妨害经国之志的实现；其三，主张作赋应以"丽"为美。

可见，杨修的赋论具有宗经意味。不过，他将文章与经国大业相联系，相对提高了赋体文学的地位。他提出以"丽"为美，体现了其时赋家的美学观。事实上，杨修通过创作践行了他的赋论主张，因而其赋作具有文辞富丽之美。

三 诗歌创作有成就

杨氏家族成员之中，杨恽存诗一首，而杨修之诗今不传。杨恽《歌诗》是杂言体，具有一定的文学史意义。我们知道，西汉诗以楚歌、四言诗和乐府诗为主。而东汉诗歌则明显向五言体诗歌转变，并在东汉后期蔚为大国。从杨恽的《歌诗》（或称《拊缶歌》）来看，四言、五言相杂，显示出汉诗由四言向五言发展的过渡形态。这是研究中国诗歌发展史时应关注的地方。

总之，弘农杨氏在散文、辞赋及诗歌方面，皆取得了一定的成就。

而且，杨氏家族代有文人，其散文作品具有家族文学意味，具有尚质、典雅、务实的家族文学共性。从这个意义上讲，弘农华阴杨氏是汉代关中区域值得关注的文学家族。

本章小结

弘农杨氏由军功宗族而为经学世家、文化士族，也创造了文学的辉煌。西汉初年，先祖杨喜以军功封侯赐爵，使该家族成为勋臣宗族。西汉昭、宣时期，杨敞、杨恽等封侯拜爵，凭借其才能，使弘农杨氏由勋臣宗族转变为仕宦宗族。

弘农杨氏非常重视子孙的儒学教育。从哀平之世的杨宝开始，杨震、杨秉、杨赐、杨彪等代代通儒，以《欧阳尚书》传家，成为东汉著名的儒学世家和"四世太尉"的著姓望族。所以，重视子孙教育、重视家学传承，是杨氏走向文化士族的重要条件，也是其成为文学家族的重要原因。

与著姓望族建立婚姻关系，也在杨氏家族的发展过程中具有重要作用。比如，杨敞娶司马迁女为妻，杨恽与著姓贵族富平侯张延寿有婚姻关系，杨彪娶汝南袁氏之女为妻。所有这些，都对该家族的发展影响很大。尤其在东汉末年，与著姓袁氏之间的婚姻关系，成为杨氏为曹操所忌的重要原因。

下编

汉代关中文学家族成因探索

第 九 章

汉代文学家族兴起的历史基础

英国人文地理学家 R.J. 约翰斯顿指出:"在地球表面的任何地方都存在着垂直的和水平的两种关系:垂直关系把同一个地方的不同因素联结起来,而水平关系则把不同地方的各种因素联结起来。"① 这种纵向与横向交错的立体研究方法,也应为中国古代文学研究者所遵从。我们既要关注中国文学纵向的历史演变,也要关注其横向的存在状态。就中国古代文学而言,政治文化制度具有杠杆作用,时刻左右着中国文学的发展路向。而在特定的政治制度影响下,在"家天下"的政治模式中,也孕育着一个个家族。家族的兴衰与政治制度的变迁有着极为密切的关系;家族的兴衰变迁,也推动着中国文学的变化与发展。因此,在古代中国,家族应是不容忽视的、影响文学发展的主导力量之一。

就中国古代文学发展而言,特定时代下的家族参与文学创作与活动,反映了文学的横向存在状态;而一个家族的成员在不同时代持续参与文学创作与活动,又体现了文学的纵向发展状态。所以,研究文学家族,首先应着眼于其历史承继性。既然称之为文学家族,自然是数代相传。我们也不能忽视文学家族的横向延展性。就是说,同代成员间的相互学习与影响,也是我们所关注的要点。

基于这样的认识,研究与探讨汉代关中地区的文学家族,我们坚持纵横两个向度的研究视角。这样,才能从立体角度观照研究对象。事实上,历时与共时既是不同的视角,也是不同的方法。历时性研究重在关

---

① [英] R.J. 约翰斯顿:《哲学与人文地理学》,蔡运龙等译,商务印书馆2000年版,第9页。

注其时间链条上的纵向发展与变化，而共时性研究则重在关注水平面上的共存状态。而通过对两个视角的综合运用，便可获得比较全面的认识。当然，从历时的角度探讨汉代关中文学家族，或许更有意义。代际的传承和发展，更能显示文学家族的历史地位。

第一节　汉代士人阶层的地位变迁

从历时角度看，文学家族的兴起与"士"阶层的崛起关系密切。在战国时期，作为特殊的政治群体，"士"既是推动政治发展的核心力量，也是推动文化发展的主导力量。当然，"士"既指武士，亦指文士（包括策士、谋士等）。而文士应是文化宣传者与推动者。作为知识分子，他们以昂扬奋发的精神影响着统治者，成为思想界的精英。他们的思考、探索与雄辩、游说，最终将群雄割据的古代中国推向封建大一统的道路。

一　秦汉之际的士人命运

秦始皇建立了统一的秦朝之后，大力推行郡县制，废除了建立在血缘、姻缘基础上的分封制。这本是一种历史的进步，却遭到了以六国贵族为核心的起义军的奋起反抗，秦王朝最终遭到被颠覆的命运。这充分说明，在当时人的根深蒂固的观念深处，更愿意接受建立在家族血缘与姻缘基础上的分封制。所以，秦朝的失败不是因为政治观念落后，而是因为政治观念超前！可以说，背离以家族制度为基础的分封制是"不合时宜"的政治冒险。所以，汉初统治者在大封功臣的同时，也时刻关注着家族力量对政治稳定的影响。

然而，汉初统治者在关注家族力量的同时，却相对忽视了"文士"对家族力量形成的影响力。汉初多任用军功之臣，文士们逐渐成为游走于制度之外的游士，这让他们深感不被接纳的尴尬和不被信任的痛苦。事实上，秦始皇当初对一些术士大开杀戒，意味着统治集团与知识阶层间存在着互不信任的矛盾。所以，"焚书坑儒"不只暴露了秦始皇的专制与残暴，也表明了统治者对文士阶层的防备心理。而秦朝的短暂存在与消失，曾是汉初文士们热烈谈论的话题。在"过秦"心态背后，蕴含对自身生存际遇的深切隐忧。所以，汉朝初建之时，文士陆贾便时时劝说刘邦应以儒家仁义之术守天下。据《史记·郦生陆贾列传》载：

> 陆生时时前说称诗书。高帝骂之曰："乃公居马上而得之，安事诗书！"陆生曰："居马上得之，宁可以马上治之乎？且汤武逆取而以顺守之，文武并用，长久之术也。昔者吴王夫差、智伯极武而亡；秦任刑法不变，卒灭赵氏。乡使秦已并天下，行仁义，法先圣，陛下安得而有之？"高帝不怿而有惭色，乃谓陆生曰："试为我著秦所以失天下，吾所以得之者何，及古成败之国。"陆生乃粗述存亡之征，凡著十二篇。每奏一篇，高帝未尝不称善，左右呼万岁，号其书曰"新语"。

陆贾建议不好儒的刘邦以儒家仁义之术维护统治，一方面显示出他的远见，另一方面也在为文士未来及自身处境忧虑。陆贾的成功，恰恰说明文士对国家治理是"有用"的。这正是他们努力的动力之所在。其实，汉文帝时的贾谊在《过秦论》中，也表达了与陆贾相似的看法：

> 藉使子婴有庸主之材，仅得中佐，山东虽乱，秦之地可全而有，宗庙之祀未当绝也……当此时也，世非无深虑知化之士也，然所以不敢尽忠拂过者，秦俗多忌讳之禁，忠言未卒于口而身为戮没矣。故使天下之士，倾耳而听，重足而立，拑（钳）口而不言。是以三主失道，忠臣不敢谏，智士不敢谋，天下已乱，奸不上闻，岂不哀哉！……秦王怀贪鄙之心，行自奋之智，不信功臣，不亲士民，废王道，立私权，禁文书而酷刑法，先诈力而后仁义，以暴虐为天下始……乡使二世有庸主之行，而任忠贤，臣主一心而忧海内之患，缟素而正先帝之过，裂地分民以封功臣之后，建国立君以礼天下，虚囹圄而免刑戮，除去收帑污秽之罪，使各反其乡里，发仓廪，散财币，以振孤独穷困之士，轻赋少事，以佐百姓之急，约法省刑以持其后，使天下之人皆得自新，更节修行，各慎其身，塞万民之望，而以威德与天下，天下集矣。

贾谊认为，统治者应重视士人在稳定国家政局方面的作用。如果子婴能够得到他们的辅佐,则不至于很快亡国丧家。同样,若天下之士敢于进谏、勇于献策,秦二世能够"振孤独穷困之士",那么他也不会很快亡国。由此可见,汉王朝建立之后,士人们明显具有期望有所为而又担心不能有所为的矛盾心态。他们期望得到统治者的任用,渴望在新王朝中建功立业,更希望得到统治者的充分信任。

而汉初文士们汲汲于事功的努力,让统治者认识到了文士在治理国家中的重要作用,但占据着高位的军功之臣们却对文士极为反感。比如,贾谊在绛侯周勃等人的竭力反对中被迫离开中央政府,晁错则在吴楚之乱中成为替罪羔羊。这皆说明地位尊贵的军功之臣对文士极为排斥。所以,淮南王刘安、梁孝王刘武、吴王刘濞等诸侯藩王能以养士自重,是汉王朝中央将文士推向诸侯藩国的结果。汉武帝时,随着军功之臣们逐渐退出政治舞台,文士得到任用的机会大为增加。加之儒学思想成为统治思想,也催生了一批博通儒学之士。这些儒士积极参与政治活动,也为其后世子孙获取优质教育资源创造了条件。在此背景下,汉代出现了许多影响颇大的儒学世家,为汉代文学家族的孕育与形成创造了条件。

二 西汉中后期的士人地位

于迎春指出,兴起于旧秩序崩溃背景之下的士阶层,"曾在战国的社会政治舞台上表现得激奋昂扬,并殚思竭虑地提出了许多理论,以达成理想的社会救治目标。然而,就秦汉新兴的大一统专制主义中央集权政治来说,它似乎不愿,也不能够接受这些在制度之外游徙、游离的知识者;同时,相当数量的士人对政权保持了观望的态度,一些人甚至把自己置于与政权对立的立场上,他们好像更愿意回到那消亡了的体制中去。秦朝统治者与士人的尖锐冲突,便体现了这样一种关系背景。不过很快的,历史就呈示了它更加深潜的走向。士人在努力找寻和争取自己的社会位置,统治者也发现,舍士人而外,别无其他适合担任各级政府行政管理的社会群体可指望了。通过汉武帝开始的察举制、独尊儒术及其相关措施,以知识、道德为基本素养、以治国平天下为人生抱负的士人,获得了参与社会政治管理的有效资格,并由此而被社会所吸纳。以政治为核心,推及于经济乃至家族等方面,先前以个体的'游士'状态存在的'士',不仅获得了越来越稳固、切实的政治、经济利益,而且从观念和实践上被嵌入错综复杂的社会人际关系网络之中，从而演变为士大夫，并趋向于世族化。这股原先游离于社会体制之外的力量，在汉代终于作为一个重要单元被逐步组合于社会结构之中，固着在一个基本确定的关系位置上"①。所以，汉代文士转为士大夫，并走向世族化的历程虽然漫长，却是汉代文学家族得以诞生的一条重要的途径。

实际上，至少在昭、宣之世，已出现了颇具"世族化"意味的官僚宗族。早在秦汉之际，面对重新"洗牌"的历史抉择，文士们已在为未来的世族化作准备，尽管这并非出自主动与自觉，而有被动的意味。我们知道，秦始皇统一六国之后，也曾任用了一部分"士"进入官僚体系。据《史记·秦始皇本纪》载，"始皇置酒咸阳宫，博士七十人前为寿"。可见，秦王朝至少有"掌通古今"的博士官员七十人，显然包括诸如儒家、法家、阴阳家等诸子各家学派。而秦始皇所任用的官员之中，诸如李斯便是法家。所以，秦始皇在咸阳坑杀的四百六十余位犯禁的术士之中，不仅有儒士，也应有阴阳家等其他各派成员。这确实让众多的士人深感心寒，于是有许多士人加入反秦的行列。例如，秦沛郡主吏掾萧何、沛郡狱掾曹参及儒生陆贾等。正如《史记·儒林列传》所云："及至秦之季世，焚诗书，坑术士，六艺从此缺焉。陈涉之王也，而鲁诸儒持孔氏之礼器往归陈王。于是孔甲为陈涉博士，卒与涉俱死。陈涉起匹夫，驱瓦合適戍，旬月以王楚，不满半岁竟灭亡，其事至微浅，然而缙绅先生之徒负孔子礼器往委质为臣者，何也？以秦焚其业，积怨而发愤于陈王也。"② 当然，也有一些文士选择了逃离。比如，《尚书》传人伏生为秦博士，后避居教授。《鲁诗》传人申培之师浮丘伯亦因焚书坑士而逃离隐居。叔孙通为故秦博士，在秦二世时被迫出逃。汉初，叔孙通方率徒拜访刘邦。而诸如刘交、申培等在学儒生，则只能中止学业。

事实上，诸如伏生、浮丘伯、陆贾、叔孙通、申培、刘交等，皆成为推动汉初文化发展的主力军，为推动儒学的发展作出了积极贡献，为

---

① 于迎春：《秦汉士史·引言》，北京大学出版社2000年版，第1页。
② （汉）司马迁：《史记》卷一百二十一《儒林列传》，中华书局1982年版，第3116—3117页。

汉代宗族的世族化奠定了人才基础。不过，在汉初七十年间，由于军功之臣占据高位，文士并未受到足够的重视。而在汉代各个学派的文士之中，儒学之士是推动文化发展的主导力量。然而，正如刘歆在《移书让太常博士》中所云：

> 汉兴，去圣帝明王遐远，仲尼之道又绝，法度无所因袭。时独有一叔孙通略定礼仪，天下唯有《易》卜，未有它书。至孝惠之世，乃除挟书之律，然公卿大臣绛、灌之属咸介胄武夫，莫以为意。至孝文皇帝，始使掌故晁错从伏生受《尚书》。《尚书》初出于屋壁，朽折散绝，今其书见在，时师传读而已。《诗》始萌牙。天下众书往往颇出，皆诸子传说，犹广立于学官，为置博士。在汉朝之儒，唯贾生而已。至孝武皇帝，然后邹、鲁、梁、赵颇有《诗》、《礼》、《春秋》先师，皆起于建元之间。

可见，汉初确实存在不重儒生的现象。《汉书·儒林传》也有类似的表述：

> 及高皇帝诛项籍，引兵围鲁，鲁中诸儒尚讲诵习礼，弦歌之音不绝，岂非圣人遗化好学之国哉？于是诸儒始得修其经学，讲习大射乡饮之礼。叔孙通作汉礼仪，因为奉常，诸弟子共定者，咸为选首，然后喟然兴于学。然尚有干戈，平定四海，亦未皇庠序之事也。孝惠、高后时，公卿皆武力功臣。孝文时颇登用，然孝文本好刑名之言。及至孝景，不任儒，窦太后又好黄、老术，故诸博士具官待问，未有进者。

两则史料说明，儒学之士被抑制的现象何其突出、严重！

当然，诸侯藩王的招贤纳士，却为他们提供了仕进的孔道。为了获取衣食之资、实现生命价值，他们多以游士的身份游走于诸侯藩王之间。比如，梁孝王刘武"招延四方豪杰，自山东游士莫不至"（《汉书·文三王传》）。淮南王刘安"招致宾客方术之士数千人"（《汉书·淮南衡山济北王传》）。吴王刘濞"招致天下之娱游子弟，枚乘、邹阳、严夫子之徒兴于文、景之际"(《汉书·地理志》)。河间献王刘德"修礼乐,被服儒术,造次必于儒者。山东诸儒多从而游"(《汉书·景十三王传》)。诸侯藩王们招贤纳士,为汉代文士走向士大夫阶层提供了历练的场所,也客观上为汉朝的文化发展储备了大量的人才。在一定程度上,这也为汉代文士的士大夫化、进而使其家族的世族化,奠定了基础。

随着大批军功之臣退出了政治舞台,国家对人才的需求量大增。所以,武帝即位之后推崇儒术,实行察举用士制度,进一步推动了汉代儒学的发展与兴盛,也培养了大批有文才的知识分子,从真正意义上推动了由文士转变为士大夫的历史进程。元朔五年(前124),汉王朝正式创建太学,其时名额有限,只有博士弟子五十人。此外,郡国也可推荐生员,但数量不会太大①。尽管如此,统治者对儒学教育的重视,为文士的培养提供了制度保障。从汉昭帝开始至王莽新朝时期,太学生人数不断增加,反映出社会对人才需求量的增大。比如,昭帝时太学生增至百人,宣帝时增至二百人,元帝时增至千人,成帝时一度增至三千人②。平帝时王莽秉政,"五经博士领弟子员三百六十,六经三十博士,弟子万八百人"③。可见,西汉中后期统治者非常重视儒士的培养。而东汉的历代帝王皆习儒学,光武帝、明帝、章帝等精通儒学,从而进一步推进了文士的士大夫化及其所属家族的世族化进程。这是汉代文学发展不可忽视的重要条件。这既为文人士子实现自身价值创造了条件,也为汉代文学家族的产生创造了条件。

总之,士阶层承担着思想传播和文化传承的历史使命,对古代中国文化的发展贡献极大。作为特殊的政治群体,他们在推进封建王朝的大一统制度上,也作出了杰出贡献。儒家学派,可谓是积极的推进者。而秦王朝建立后,以儒术之士为核心的文士们受到抑制甚至打击。所以,在秦汉之际,他们或隐居教授,或待时观变,或加入反秦行列,或成为

---

① 据《汉书·儒林传》,公孙弘上书建议武帝说:"郡国县官有好文学、敬长上、肃政教、顺乡里、出入不悖所闻者,令、相、长、丞上属所二千石。二千石谨察可者,常与计偕,诣太常,得受业如弟子。一岁皆辄课,能通一艺以上,补文学掌故缺;其高第可以为郎中,太常籍奏。即有秀才异等,辄以名闻。其不事学若下材,及不能通一艺,辄罢之,而请诸能称者。"

② 参见《汉书》卷八十八《儒林传》,中华书局1962年版,第3593—3596页。

③ 参见《太平御览》卷五百三十四引《三辅黄图》。

统治者的走卒，不一而足。不过，汉王朝建立之初，由于军功之臣占据高位，他们并未享受到更多的仕进机会。迫于无奈，他们选择依附于藩国诸侯。他们是汉代文学创作的重要力量，是汉代重要的文化人才资源。而武帝推崇儒术，儒士受到重用，加快了汉代文士的士大夫化、汉代宗族的世族化进程，为汉代文学家族的产生提供了必要条件。

第二节　汉代宗族的形成与发展

一　汉代宗族的形成

汉代文学家族是诸多因素共同作用的结果，而宗族发展更是不能忽视的重要因素。在汉史中，每涉及某人的宗族出身问题时，往往会以出身强族、名族、大族、旧族、著族、著姓、大姓、右姓、姓族、冠姓、衣冠、冠盖、豪宗、宗强、豪家、大家、世家等称谓之。其中，最为常见者是衣冠、著姓、冠盖、大家、大族、世家等。关于两汉时期的大宗族，赵沛名之以"豪族"：

> 豪族是两汉社会结构中的一个重要阶层……豪族首先是一个"族"的概念，即首先是一个大宗族。其次是大或豪，即规模大，势力强，依附人口众多。第三则是"久"，即世代延袭，形成世族。据此，笔者的界定为：豪族首先就是一个宗族，而且是那些通过政治、经济、文化途径，有的甚至只是凭借着声望而获得势力和社会地位，规模大，依附势力强的大宗族。从身份上看，包括贵族豪族、官僚豪族（尤其是其中的世族豪族）和地方豪富宗族三大类。而且就演进特征而言，三类豪族也不是同步发展的。这些豪族构成了两汉社会的上层，占据了两汉社会政治、经济、文化的绝对统治地位乃至社会声望的主流，是两汉社会结构中的上层。[1]

赵沛的三条标准"族""大""久"，确实反映了两汉豪族的一些特点。这些豪族著姓在政治、经济、文化等方面，也确实占据着主导地位。但

---

[1] 赵沛：《两汉宗族研究》，山东大学出版社2002年版，第6页。

是，就汉代文学家族而言，并非皆产自"豪族"。比如，夏阳司马氏（司马谈、司马迁）世代治史，便非豪族。当然，诸如扶风班氏、扶风马氏、扶风窦氏等确为世家著姓。所以，宗族因素是汉代文学家族兴起的重要因素。

两汉尚不具有严格意义的封建社会性质，而是以宗族为社会的主体单位。西汉承续着战国时代的政治文化精神，统治者既重视自己宗族的地位，也不敢丝毫忽视异姓宗族的发展与壮大。在武帝时期，甚至刘姓皇族也因枝叶丰茂而成为威胁皇权的异端力量，更何况那些异姓家族，更是统治者时刻关注的对象。事实上，西汉的宗族力量虽没有充分地发展起来，却为东汉豪族的兴起奠定了基础。到了东汉，豪族势力成为左右政局的主导力量。东汉豪族在经营自己家族的过程中，善于从盘根错节的复杂社会关系中寻找发展壮大的机缘。诸如皇族、外戚、官僚、富商、经学、新贵、著姓、素封等家族间的错综复杂关系，既可让光武帝刘秀光复汉室，也可以让其继承者们左右为难。所以，宗族的力量远远超过了人们的想象。它既左右着政局，也推动着世家大族的形成。

汉代社会可以笼统地称为宗族社会。而宗族社会是以血缘为基础、以姻缘为扩展而形成的"亲亲"关系网络社会。在此关系网之中，居于核心位置的应该是血缘关系。追溯历史，宗族兴起于两周时期。秦王朝建立后，试图改革古已有之的封建诸侯制度，实行郡县制。秦始皇还身体力行，并未分封同族同姓者为王为侯，并期望通过严刑酷法打破根深蒂固的宗族关系网。事实证明，秦始皇的改革带有一厢情愿色彩，而忽略了传统封建诸侯制的社会基础。所以，在反秦浪潮中，六国贵族蜂拥而起，利用起义大军推翻了秦王朝的统治。而汉王朝建立之后，吸取前朝教训，将郡县制与封建诸侯制结合在一起，扮演起社会形态过渡状态的角色。这对稳定汉王朝的统治曾经产生过积极的影响。那么，何谓宗族？班固解释说：

> 宗者，何谓也？宗者，尊也。为先祖主者，宗人之所尊也。《礼》曰："宗人将有事，族人皆侍。"古者所以必有宗，何也？所以长和睦也。大宗能率小宗，小宗能率群弟，通其有无，所以纪理族人者也。宗其为始祖后者为大宗，此百世之所宗也。宗其为高祖后

者，五世而迁者也。故曰：祖迁于上，宗易于下。宗其为曾祖后者为曾祖宗，宗其为祖后者为祖宗，宗其为父后者为父宗。父宗以上至高祖，皆为小宗，以其转迁，别于大宗也……族者，何也？族者，凑也，聚也。谓恩爱相流凑也。上凑高祖，下至玄孙，一家有吉，百家聚之，合而为亲，生相亲爱，死相哀痛，有会聚之道，故谓之族。《尚书》曰："以亲九族。"族所以有九何？九之为言究也。亲疏恩爱究竟，谓之九族也。父族四，母族三，妻族二。四者，谓父之姓为一族也，父女昆弟适人有子为二族也，身女昆弟适人者有子为三族也，身女子适人有子为四族也。母族三者，母之父母为一族也，母之昆弟为二族也，母之女昆弟为三族也。母昆弟者男女皆在外亲，故合而言之也。妻族二者，妻之父为一族，妻之母为二族。妻之亲略，故父母各一族。①

这样，在汉代人观念中，"宗"与"族"皆为以血缘关系为基础而形成的一种社会群体关系。不过，班固在解释《尚书》中"以亲九族"时，显然将姻缘关系也纳入"九族"的范围。因此，仅从宗族的社会关系角度看，血缘是基础，姻缘是补充；而从政治控制角度来看，则血缘与姻缘关系皆是统治者所不能忽视的宗族关系。不过，即使将姻缘关系纳入"亲疏恩爱究竟"的范围，统治者仍然重视血缘关系。因为"母族"中的母之父母、昆弟及女昆弟皆与血缘有关；"妻族"之中的"妻之父"族、"妻之母"族则属于妻子的血缘关系。所以，从宗族的男性成员角度看，"九族"将姻缘关系纳入其中；若从其女性成员的角度看，仍然是以血缘关系为基础的。这应是汉代人（至少是东汉人）的宗族观念。

冯尔康等在《中国宗族史》中认为："宗族是由父系血缘关系的各个家庭，在祖先崇拜及宗法观念的规范下组成的社会群体。"衡量宗族时应当关注四个要素：一是父系血缘系统的人员关系；二是家庭为单位；三是聚族而居或相对稳定的居住区；四是有组织原则、组织机构和领导人进行管理。"前三点是宗族、家族形成的基本条件，或者说是前提，而后一点才使它得以成为社会组织。没有后一条，居于一地的有父系血缘关

---

① （清）陈立：《白虎通疏证》，吴则虞点校，中华书局1994年版，第393—399页。

系的各个家庭，只有族的关系，而不成为宗族、家族组织的成员，不构成社会群体。所以组织对于宗族、家族的形成特别重要。考察宗族、家族历史，对此绝对不可丝毫的忽视。"① 所以，一般而言，凡是同宗同祖者，往往在高祖父、曾祖父与曾从祖父、祖父与从祖父、父与从父及兄弟与从兄弟、子与从子、孙与从孙、曾孙与曾从孙、玄孙与从玄孙之内的各个成员之间，构建起庞大的宗族关系网。而要维系其稳定与平衡，必须依赖于"社会组织"的建立。而这种社会组织是否具有严密的制度体系和组织领导，成为衡量"宗族"与否的重要条件。

二 汉代宗族的发展

冯尔康等《中国宗族史》将古代宗族的发展分为四个阶段：先秦典型宗族制时代，秦唐间世族、士族制时代，宋元间大官僚宗族制时代和明清绅衿平民宗族制时代。"秦唐间宗族成分增多，皇族、贵族以外，其他社会成分的宗族在发展，有秦汉时期的世族宗族、魏晋至隋唐的士族宗族，它们都有政治特权；还有豪族宗族、少数民族的酋豪宗族，它们有社会地位，但无政治特权；还有寒人宗族、义门宗族，多系平民宗族。相对于皇族来讲，世族、士族以下的宗族，都是民间宗族，称'素族'。秦唐间素族宗族在发展，这是宗族民间化的第一阶段。这使宗族不再基本上是贵族的社会群体，而有了一定的民间性。"秦汉时期的宗族组织从衰微走向恢复和发展，并根据宗族组织的状态、政治与社会地位，分为贵族宗族、仕宦宗族和平民宗族三大类型。其中，以食封贵族为主的贵族宗族是秦汉社会宗族的主要形态。贵族宗族包括皇族、外戚宗族和勋臣宗族，仕宦宗族包括官僚宗族和士林宗族，平民宗族则由地方豪强、高赀富人及兼并之家等组成。② 这样的分类基本符合汉代宗族社会的实际。

冯尔康等对皇族、外戚宗族与勋臣宗族，也有较为详尽和符合实际的分析。他们认为，汉代皇族经历了分封、削藩等政策之后，其影响力"从中央转到地方上，由政治的转为社会的，经过多年发展后，成为地方豪强，'不为士民所尊，势与富室无异'。汉武帝的推恩令，虽不合于嫡

---

① 冯尔康等：《中国宗族史》，上海人民出版社2009年版，第17页。
② 参见冯尔康等《中国宗族史》，上海人民出版社2009年版，第20—23页。

长子承爵的宗法继承原则,名义上是从亲情出发,但其后果,首先是削弱了王国势力,其次是加速了这部分皇族势力的乡土化过程,使他们成为地方上有势力的宗族,不随皇室的消亡而亡"。确实,这种现象在西汉后期已有明显的迹象。比如长安刘氏,本为楚元王刘交之后,但在元、成之世,刘交玄孙刘向、六世孙刘歆的处境与地方宗族相差不远,甚至其势力远没有地方宗族强大。

而两汉时期的"外戚宗族是与皇族兴衰相始终的强有力的宗族。它先是作为皇权的有力支持者而出现,以后又为皇权的制约者而告终。两汉时代,皇权均重用外家,然而西汉的外家与东汉的外家对朝政的影响程度却大不相同,其重要的原因之一是他们之间家族背景不同。西汉时代,社会不重门第,与皇家联姻的外家多数地位不高,甚至为倡为隶者也多有之,这样的外家自然没有强有力的家族背景。及至其家族势力膨胀之时,新君又立,又有新的外家,旧的外戚宗族或受打击衰弱下去,或逐渐转为地方豪族……西汉外戚宗族在政治上的影响远不及东汉长久深刻。东汉的婚姻已开始注意门第,皇族有意联姻豪族,以稳固自身的地位。外戚本来就有强有力的宗族背景,加之皇权的扶持,其家族势力迅速扩张,自然为皇权所难以驾驭了"。从汉代外戚宗族窦氏、马氏、梁氏等宗族的发展情况来看,确实如冯尔康所分析的那样。这些宗族随着皇帝更换和政治环境的变化而沉浮。但是,它们有一个共同的特点,皆为有势力的豪门大族。这充分说明,东汉重门第的婚姻观念已非常浓郁。

两汉勋臣宗族主要为功臣之后,"是'剖符而爵,泽流苗裔'的宗族,属于食封贵族……两汉功臣侯之间最大的区别,也在于他们出身于不同的家族背景,西汉功臣之家除了少数如张良出身于六国之后外,绝大多数来自社会下层,没有强有力的宗族背景……东汉的功臣则不同于西汉,功臣多来自南阳豪族,有强有力的宗族背景。他们当年投奔刘秀,也多是举宗而从的。受封之后,加强了政治经济和社会势力,其宗族组织更是得到了有力的发展,他们对政治和社会的影响力也就比西汉更长久更广泛"。总之,皇族、外戚、勋臣的宗族,"其贵族属性与战国以来处于显赫地位的军功贵族一脉相承。一般来说,其宗族结构比较完整,宗族组织比较完善,而且由政府直接或间接管理,属于带有'官办'性质的组织，也是这一时期宗族组织的主体"。①

仕宦宗族在社会上有一定的政治地位。官僚宗族属于统治集团中下层，最主要的是世吏二千石者。"他们的家族背景，有的是买官爵起家，有的是通过举孝廉步入仕途，有的是以经术之道进入政界。凭借着政治权势，其宗族势力在地方的发展尤为快速，不少官僚家族的显赫能连贯西汉与东汉两个时代。"而士林宗族的产生，开始于汉武帝独尊儒术，在汉元帝以后，儒生经学之术在政治上受到重视。"他们拥有家学背景，最讲求宗法伦理，又常在仕途上得意，其宗族组织发展也是相当快的。士林宗族的官僚化，与官僚宗族的儒质化，使得二者之间的界限日渐趋同，走向一体化。"② 事实上，在西汉中后期，官僚宗族与士林宗族之间的界限已经模糊化了。及至东汉，官僚宗族成员习儒成风，并逐渐成为家学传统。而士林宗族心向官僚体系、受到皇权的重视已是一种常态。

至于平民宗族，来源广泛而成分复杂，包括地方豪强、高赀富人及兼并之家等。其中，地方豪强之中有退职或在任的地方低级官吏、六国贵族之后的旧姓豪强、称霸乡间的强族豪宗；高赀富人及兼并之家都是具有经济实力的家族。西汉中后期之后，地方豪强、高赀富人及兼并之家"与官僚的结合有了明显的发展，拥有更大的政治、经济和地方社会势力，成为豪族……豪族们拥有雄厚的经济实力，有的还有私人武装，宗族联系纽带紧密。他们积极出仕为官，寻求政治上的发展，尤其是在东汉政权的庇护下，其宗族势力得以迅速膨胀"。当然，他们虽在政治上的地位不如上述贵族宗族和仕宦宗族，却在经济上具有明显的优势。他们"或以末业兴，或以本业富，他们被称为'素封之家'，即所谓'无秩禄之奉，爵邑之入，而乐于之比者'"。③ 而且，由于这个缘故，他们也往往是中央政府所关注甚至打击的对象，尤其是源于六国贵族的兼并之家和称霸乡间的豪杰之徒，曾是西汉朝廷迁徙、监督的重要目标。

---

① 关于皇族、外戚宗族和勋臣宗族的有关引述，参见冯尔康等《中国宗族史》，上海人民出版社2009年版，第93—96页。

② 关于世宦宗族和官僚宗族的分析，参见冯尔康等《中国宗族史》，上海人民出版社2009年版，第96—97页。

③ 关于士林宗族和平民宗族的分析，参见冯尔康等《中国宗族史》，上海人民出版社2009年版，第97—98页。

根据冯尔康等人的分析，三类宗族之中，贵族宗族中的皇族、外戚宗族和勋臣宗族之间的关系最为密切，它们也是汉代社会拥有政治特权的统治集团上层。仕宦宗族属于统治集团的中下层，在社会上有一定的政治地位。而平民宗族则相对来说没有政治地位。这只是一种静态的描述。若从动态角度来看，三类宗族一直在发生着变化。依据社会学的观点看，这种变化可以称为社会流动。社会流动主要有水平流动和垂直流动两种。水平流动更多地体现在居处地域的变化，而垂直流动则表现为社会身份与地位的变化。因而，垂直流动便有至上而下的流动和至下而上的流动两种类型。

而两汉的贵族宗族（包括皇族、外戚、勋臣宗族等）的变化，可能最为明显地体现在垂直流动的至上而下。事实上，西汉初的皇族不仅有王位特权，而且拥有辽阔的国土、与中央政府相似的官僚体系和经济的相对独立性。随着削藩之策的落实，至西汉中后期，大量的皇族成员转化为地方豪强，走向乡土化发展道路，其政治的影响力从中央转向了地方。汉代外戚宗族的地位变化比较复杂，有垂直流动和水平流动两种形式。在西汉，外戚宗族或因与皇族的联姻而地位上升，或因新帝继位而地位更迭、下移，因为西汉外戚多非豪族出身。比如，窦氏家族就是一个典型的例子。而在东汉时期，由于重视门第的婚姻观念之影响，皇族与外戚的关系便显得比较微妙。外戚虽因皇帝的更换而与皇权的关系发生了亲疏变化，但其豪强宗族的社会地位可能会基本保持。

就是说，这可能是一种水平流动，比如扶风马氏便很典型。而汉代的勋臣宗族基本上遵循了向下流动的社会规则。除了少部分因适时转化而保有特权地位外，多数沦为失去政治特权的平民阶层。在西汉143位被封为侯的功臣之中，其后代很少能持续享有勋臣的特权。而东汉的勋臣宗族们，也没有几个宗族的后裔可以享受永久的特权。当然，历史并非直线发展，勋臣宗族的发展也是比较曲折的。比如，弘农杨氏家族兴起于军功，是勋臣宗族。但在西汉中后期，已逐渐转向仕宦宗族。经历了两汉之际的文化积累，弘农杨氏在东汉成为儒学世家，是赫赫有名的士林宗族。扶风马氏也是这样，在西汉武帝时期是勋臣宗族，西汉后期为仕宦宗族，东汉初为勋臣宗族，明帝、章帝时为外戚宗族，东汉后期又成为士林宗族。至于仕宦宗族中的官僚宗族和士林宗族，则在相互效法学习的过程中获得了新的生命力，即所谓官僚儒质化和士林的官僚化。因而，这类群体的生命力比较强，往往表现出强劲有力的向上流动性。而平民宗族的变化也剧烈，它们虽在西汉前期备受打击，但在西汉中后期已表现出旺盛的生命力和强劲的向上流动性，并在东汉成为有影响的政治力量。

总之，正如历史并非一种直线的发展一样，上述三类宗族也一直处于复杂的变化之中。这种变化并非垂直流动和水平流动那样直接而简单，而一直表现出一种曲折和变化。从总体趋向上看，垂直流动（或向上、或向下）是主流，而水平流动（主要是迁徙）则随政策而变化。而且，以迁徙为主的水平流动在西汉时期甚至是一种常态。在"独尊儒术"观念的影响下，各宗族成员的文化水平显著提高，许多宗族甚至成为儒学世家。两汉宗族趋近于文化素养，重视培养子弟，这是孕育文学家族的重要条件。

三　汉代宗族的特点

两汉宗族需要利用宗法制度去维系、经营。有学者指出，宗法制是一种封建伦理制度①，该制度的确立依赖于以宗族为特点的社会组织形式②。所以，宗法社会的重要特点是重视宗族力量的营建和使用。由于宗法社会历史的演进轨迹不同，我们大体将中国宗族社会分为先秦、秦唐和唐以后三个历史时期。赵沛认为，先秦社会结构中的基本单位是"氏"的宗族，而"作为宗族社会发展的另一个重要历史时期的秦唐之间，其间汉代初期作为宗族的恢复和重建阶段，社会活动的基本单位一般多限于近亲的家族圈子之内，但到西汉后期，尤其是东汉后期，随着世家大族的出现，社会生活中的宗族联结逐步加强，'宗族数千家'、'宗族万三千余口'、'宗亲千余家'等记载不绝于史，说明至少到东汉后期，宗

---

① 李文治：《中国封建社会土地关系与宗法宗族制》（《历史研究》1989年第5期）认为，"宗法制指以血缘关系为基础，以父系家长制为核心，以大宗、小宗为准则，按尊卑长幼关系制定的封建伦理制度"。

② 徐扬杰：《宋明以来的封建家族制度述论》（《中国社会科学》1980年第4期）认为，宗族指"同一个男性的子孙，若干世代相聚在一起，按照一定的规范，以血缘关系为纽带结合而成的一种特殊的社会组织形式"。

已成为社会活动的基本单位"①。

而具有血缘关系的社会成员聚居一起，便容易形成颇具规模的宗族势力，尤其是西汉后期的世家大族和东汉时期世家大族在数量上的急剧增加，显示出两汉时期宗族发展过程中的一种新变化。这种变化，更引人注目的应该是不同类型宗族的文化特质有了不同程度的增强。不唯皇族、外戚和勋臣等贵族宗族开始重视以儒学为核心的文化修习，仕宦宗族中的官僚宗族也重视子弟们的儒学文化教育，而士林宗族则凭借自身的文化学养而走向仕途，平民宗族更因为拥有地方势力和强大的经济实力而向文化家族发展，以作为走向官僚仕途的重要方式：

> 宗族组织与宗法活动在西汉中后期以后，特别是东汉时期得到有力的恢复和发展。这主要反映在宗族的凝聚力已大大增强，具体两方面的内容：一是内在的，表现为宗族内部成员间联系纽带的日趋紧凑；二是外在的，表现为社会上对等宗族间婚姻圈的初步形成，尤以豪族婚姻集团为典型，这些为世家大族的形成与发展创造了必要的条件。
>
> 宗族组织的发达，族人凝聚力的增强，是以聚族而居和宗族管理为重要条件的，但在秦与西汉时，缺乏这种社会环境。统治者推行严密的什伍户籍组织，乡、里、亭等农村基层政权有效地发挥着其自身作用，非血缘关系的邻里间的交往和活动，在乡村生活中占有重要的位置……宗族势力的强盛，往往在于其与地方势力的结合，即乡与族的结合，秦汉统治者打击豪强大族的主要手段之一，便是实行迁豪政策，割断其宗族与地方势力的联系……
>
> 西汉末年，先前那种松散的宗族联系开始紧凑起来。东汉政权是在豪族地主势力的支持和扶植下建立的，在政府的放任下，豪族中最有权势的宗族势力发展最快，官府从舆论上更加强调尊祖敬宗的宗法理论，鼓励宗族势力的发展，章帝时完成的《白虎通义》一书从理论上进一步阐明了它的重要性……
>
> 宗族自身凝聚力的增强，使其在乡间上的影响力也加强了，但

---

① 参见赵沛《两汉宗族研究》，山东大学出版社2002年版，第4—5页。

毕竟一族一姓的力量有限，如果其要继续扩展势力，则往往重视通婚的手段，借用姻亲的力量来壮大本宗族在社会上的影响……人们重视通婚对方家族的门第，把婚姻视为"祸福之幾"，尚姓氏、重门第的观念已初步形成。

西汉中后期以后，集官僚、兼并之家与商人于一体的豪族和士林宗族发展最快。东汉政权的建立与性质，军功贵族带有豪族的特点，除此以外，士林家族所起的作用和所占的成分也不可忽视……东汉统治集团虽然也属军功贵族，但他们中很多人的家族有文化背景，官宦之家中也多为士大夫型，懂得以文守成持家之道。尽管光武帝在中央不以功臣任职，有意遏制他们在政治实力上的发展，但仍有不少家族成为延绵东汉一代的世家大族。

分析东汉政权统治基础的性质，反映出在两汉之际，那些有政治势力和社会影响的大族，开始由武质的宗族群体向文质的宗族群体过渡。其中，豪族越来越儒质化，士林的仕宦则由个人的活动演化而成家族的活动，士大夫开始豪族化。士林、豪族宗族之间这些因素的相互渗透，使得他们集政治地位、文化背景和经济财力于一体，从而形成延绵长久的世家大族，开始了向魏晋南北朝时期的士族转化。

在这个转化过程中，社会上宗族自身凝聚力的增强，大族间的相互通婚，初步形成了以宗族群体为中心的社会结构的基本模式；士林家族的仕宦化，豪族的儒质化，养成了其家族特有的门风和家教，产生了有影响的社会声望，区别于凡庶宗族，打下了社会上宗族间最初的门第基础；随着汉末影响世家大族和士人仕途（尤其在中央一级的仕途）的两个集团——外戚和宦官（主要是后者）——在相互争斗中的毁灭。到曹魏时期确立了九品中正制度，政府将两汉以来大族的政治地位等第化和世袭化，从而转入士族社会，世家大族转化为士族。[①]

根据社会学的资源权威理论，任何社会的政治、经济、文化等三大

---

① 参见冯尔康等《中国宗族史》，上海人民出版社2009年版，第107—113页。

资源往往操控于少数人手中，并形成相应的政治、经济和文化权威。如果说贵族宗族是两汉时期占有政治资源的政治权威，仕宦宗族中的士林宗族则是占有文化资源的文化权威，而平民宗族中的地方豪强、高赀富人及六国旧贵族后裔——兼并之家则往往是占有大量社会财富的经济权威。然而，三者并非互不相容的独立群体。从西汉开始，皇族、外戚和勋臣宗族凭借政治特权而为子孙后代创造了良好的文化学习条件，从而培育了他们的文化品格；官僚宗族充分认识到习儒通经对跻身仕途的重要性，因而非常重视子弟们的儒学教育；士林宗族以习儒通经为家学传统，以此教化后代，并努力为其创造走向仕途的条件；平民宗族更渴望向上流动，以雄厚的经济实力为基础，竭力向士林宗族靠近，从而达到提高自身政治地位的目的。所以，各类宗族尽管目的有别，但方向基本一致，宗族的儒质化背后有着渴求提高政治、经济、文化地位的强烈愿望。当然，各类宗族以儒质化为共同取向，实际上是汉代统治者"独尊儒术"政策落实的必然结果。而这种结果正是汉代文学家族得以生成的重要原因。如前所论，诸如长安刘氏、弘农杨氏、扶风班氏、扶风窦氏等都经历了儒化，最终成为文学家族。

所以，文学家族的产生与宗族的发展关系尤为密切，无论是长安刘氏、弘农杨氏，还是扶风班氏、扶风窦氏，皆是在发展的后期转为文宗的。可以看出，两汉政治、经济和文化的发展与变化是汉代文学家族产生的重要因素。在这个变化过程中，政治制度的影响力是强有力的。在其影响下，许多家族的政治地位发生了质的变化。尤其是政治地位上升时期所获取的财富积累机会，成为宗族发展的根本动力。而文化制度的影响力也不容忽视。许多宗族最终转向儒质化，正是儒学影响力巨大的直接体现。当然，由于宗族发展的基础不同，这些宗族的发展轨迹也各不相同。长安刘氏由皇族而为文化家族，起于始祖刘交对儒经的喜好，而更重要的原因则是皇族身份的淡化；弘农杨氏由勋臣而为官僚宗族，由官僚宗族而为经学世家，并在官僚与经学的双重影响下，该家族最终成为影响颇大的文学家族。扶风班氏则由兼并之家而为高赀富人，由高赀富人而为官僚宗族。在拥有外戚身份之后，其政治地位获得了显著的提高。在跻身官僚仕途的过程中，扶风班氏认识到儒学教育对家族发展的重要作用，并在成为外戚的同时，始终坚持着儒学教育的家学传统，从而最终成为文学世家。

本章小结

本章重点分析了汉代文学家族形成的历史基础。由于各个家族的历史发展轨迹具有差异性，因而并非所有的家族走着同样的发展道路，而是表现出不同的个性色彩。但不容否认，汉代文学家族的形成具有深厚的历史基础。

追根溯源，汉代文学家族的形成与士阶层的发展关系密切。战国时期，士阶层是重要的政治、文化力量。秦王朝建立后，文士、策士、谋士们却遭到冷遇。秦始皇设有博士官，但远不能满足士人们的仕进需求。"焚书坑儒"事件的发生，使许多文士选择了观望或逃走。汉朝建立之后，武力勋臣成为官僚体系的主角，文士们只能游走于藩国诸侯之间。这虽然让他们在文辞创作方面得到了历练，却因不能实现其政治理想和抱负而满腹牢骚。武帝即位后，文士们终于有了发挥才干的机会。他们迅速成长为儒质化的官僚。从此，由文士而士大夫，由士大夫而世族化的变迁之路开始了。这是汉代文学家族得以形成的历史背景。

汉代社会也是重视宗族的社会。宗族作为社会的主导力量，影响着社会的发展走向。在汉代宗族中，贵族宗族、世宦宗族和平民宗族居于社会上层。其中，贵族宗族包括皇族、外戚和勋臣宗族；世宦宗族则包括士林宗族和官僚宗族；而平民宗族则是地方富豪。三类宗族分别掌控着汉代社会的政治、文化与经济资源，是汉代社会政治、文化、经济三大权威。而在汉武帝即位之后，精通儒学成为走向仕进之路的必要条件。因此，在汉代出现了贵族宗族的平民化、官僚宗族的儒质化和平民宗族的官僚化等现象，上述三大宗族逐渐走向趋同性道路——世族化。而宗族的世族化，正是汉代文学家族得以形成的重要条件。

第十章

汉代文学家族形成的文化基础

"文化"的内涵很丰富，举凡社会生活的各个领域、与人类的物质生活和精神生活相关者皆可以文化名之。比如，对人类生活的规范、约束，便产生制度文化，包括刚性的制度体系和柔性的习俗规则。而不同地域的人群在生产与生活方式、语言与思维习惯、饮食与服饰、行为与观念等方面有差异，便形成具有地方特色的地域文化。同样，时代的变迁、观念的演进、思维方式的变化、制度体系的建构，又导致中国历朝历代之间存在文化的差异性。

第一节 文化政策与儒学教育

汉代的文化制度、措施等对汉代文学发展、汉代文学家族的兴起也有影响。可以说，汉代的文化政策与儒学教育，对文学家族的形成具有直接而深远的影响。这种影响改变了汉代宗族的性质，使各宗族重视儒学教育，从而培育了家族成员的文化性格，也促使其迅速实现儒质化。李山指出：

> 中国政治以文化理想作为治国最高理念，于是就产生两种法则——"历史的法则"与"思想的法则"的纠葛不清。什么是历史的法则？什么是思想的法则？二者的区别何在？简单地说，历史的法则是力量的、现实的、横向的法则；思想的法则是道德的、理想的（推论设想的）、纵向的法则。政治所要求的思维及行为，属于历史法则的范畴，而儒家所坚持的信念系统，则属于思想的法则……

遗憾的是，在中国文化中，两种法则经常是错位的，主要表现就是士大夫从政时，每每以思想的法则代替历史的法则，结果是给王朝政治带来灾难和混乱，加速王朝的灭亡。①

两汉统治者所采取的文化政策与措施，便是围绕历史的法则和思想的法则制定的。汉朝的文化制度与措施的现实意义，就是期望有利于统治。因此，文化制度所遵循的应当是历史的法则。但是，汉代毕竟是中国文化、思想史上的一个重要发展时期。统治者在制定文化政策与措施时，不可能不顾及思想的法则。可以说，以历史的法则为基础，以思想的法则为原则，应是汉代文化制度建立的两个维度。

一　博士官制度与儒生教育

博士官在战国时已存在，而博士官制度在秦朝成为一种政治文化制度，并在汉代最终定型化。钱穆在《两汉博士家法考》一文中，对秦汉时期的博士制度进行了详尽的考证。他说："战国鲁、魏皆有博士……儒术之盛自鲁、魏，是则博士建官本于儒术也。"② 秦朝博士官的主要职责是"通古今"③，大约相当于现今社会的参议员和顾问一类的角色。他们也参与议政，但主要职责是接受帝王的咨询。而且人数不会很多，不过七十人而已。④ 博士官属于学官。"大抵先秦学官有二：一曰史官，一曰博士官。史官自商、周以来已有之，此乃贵族封建宗法时代王官之旧传，博士官则自战国始有，盖相应于平民社会自由学术之兴起。诸子百家既盛，乃始有博士官之创建。博士官与史官分立，即古者'王官学'与后世'百家言'对峙一象征也。"随着时代的发展，如《诗》《书》等王官

---

① 李山：《中国文化史》，北京师范大学出版社2007年版，第392—394页。

② 钱穆：《两汉经学今古文平议》，商务印书馆2001年版，第184页。

③ 据《汉书·百官公卿表》，"博士，秦官，掌通古今"。正是由于博士执掌"通古今"之事，所以秦皇每有疑问，总会召博士咨询。据《史记·秦始皇本纪》载，秦始皇巡游，渡江至湘山祠，路遇大风，召集博士询问："湘君神？"博士回答说："闻之，尧女，舜之妻，而葬此。"秦始皇至琅琊，"梦与海神战，如人状。问占梦，博士曰：'水神不可见，以大鱼蛟龙为候。今上祷祠备谨，而有此恶神，当除去，而善神可致。'"参见《汉书》卷十九上《百官公卿表上》，中华书局1962年版，第721页。

④ 据《史记·秦始皇本纪》载，"始皇置酒咸阳宫，博士七十人前为寿"。

之学亦流传民间，诸子百家学派征引甚多，"故儒、墨皆道《诗》、《书》，于是《诗》、《书》遂不为王官所专有，然百家之言亦不以《诗》、《书》为限"。① 所以，秦博士所执掌的典籍，其范围当包括《诗》《书》及诸子百家之言②。

汉承秦制。西汉初的博士官所执掌者与秦王朝的博士官基本一样，也不限于儒术。如，贾谊颇通诸子百家之书，晁错学申商刑名而为文帝博士。"文、景两朝共踰四十年，先后为博士者逾百数。当时儒术未盛，经师犹乏，博士决不限于五经传记，断可想矣。"③ 文帝、景帝时已立《诗经》《春秋》等经学博士。武帝即位之后，卫绾、王臧、赵绾等皆建议罢百家言，但此项政策没有彻底执行。原因是窦太后好黄帝老子言，不好儒术。窦太后死后，武帝始于建元五年（前136）置五经（诗、书、礼、易、春秋）博士，其他百家语博士方被罢黜不用。元朔五年（前124），丞相公孙弘建议，开始为博士置弟子员。此后，习儒通经者越来越多④。而如果习儒与仕途没有关系，则这样的政策也缺乏影响力。据《汉书·儒林传》载，公孙弘上书武帝，期望增补博士弟子，并建议给予相应的出路：

---

① 钱穆：《两汉经学今古文平议》，商务印书馆2001年版，第186—187页。
② 据《史记·秦始皇本纪》，始皇置酒，博士上寿，仆射周青臣当面称颂始皇，而博士淳于越认为是"面谀"，建议"师古"。秦始皇于是下令讨论淳于越的观点。丞相李斯认为："五帝不相复，三代不相袭，各以治，非其相反，时变异也。今陛下创大业，建万世之功，固非愚儒所知。且越言乃三代之事，何足法也？异时诸侯并争，厚招游学。今天下已定，法令出一，百姓当家则力农工，士则学习法令辟禁。今诸生不师今而学古，以非当世，惑乱黔首。丞相臣斯昧死言：古者天下散乱，莫之能一，是以诸侯并作，语皆道古以害今，饰虚言以乱实，人善其所私学，以非上之所建立。今皇帝并有天下，别黑白而定一尊。私学而相与非法教，人闻令下，则各以其学议之，入则心非，出则巷议，夸主以为名，异取以为高，率群下以造谤。如此弗禁，则主势降乎上，党与成乎下。禁之便。臣请史官非秦记皆烧之。非博士官所职，天下敢有藏诗、书、百家语者，悉诣守、尉杂烧之。有敢偶语诗书者弃市。以古非今者族。吏见知不举者与同罪。令下三十日不烧，黥为城旦。所不去者，医药卜筮种树之书。若欲有学法令，以吏为师。"可见，当时博士官执掌的典籍包括《诗》《书》及百家语，显然超出了儒学的范畴。中华书局1982年版，第254—255页。
③ 钱穆：《两汉经学今古文平议》，商务印书馆2001年版，第193—194页。
④ 据《汉书·武帝纪》，"（元朔）五年春，大旱……夏六月，诏曰：'盖闻导民以礼，风之以乐。今礼坏乐崩，朕甚闵焉。故详延天下方闻之士，咸荐诸朝。其令礼官劝学，讲议洽闻，举遗举礼，以为天下先。太常其议予博士弟子，崇乡党之化，以厉贤材焉。'丞相弘请为博士置弟子员，学者益广"。《汉书》卷六《武帝纪》，中华书局1962年版，第172页。

为博士官置弟子五十人，复其身。太常择民年十八以上、仪状端正者，补博士弟子。郡国县官有好文学、敬长上、肃政教、顺乡里、出入不悖，所闻，令、相、长、丞上属所二千石。二千石谨察可者，常与计偕，诣太常，得受业如弟子。一岁皆辄课，能通一艺以上，补文学掌故缺；其高第可以为郎中，太常籍奏。即有秀才异等，辄以名闻。其不事学若下材，及不能通一艺，辄罢之，而请诸能称者。

公孙弘的建议得到汉武帝的支持，并同意实施。五经博士的弟子们在学习期满、考核合格后，就可以获得仕进的机会。这项政策具有非常重要的引导性作用，"自此以来，公卿大夫士吏彬彬多文学之士矣"。① 武帝之后，西汉历代帝王皆非常重视博士弟子的培养。恰如《汉书·儒林传》所云：

昭帝时举贤良文学，增博士弟子员满百人，宣帝末增倍之。元帝好儒，能通一经者皆复。数年，以用度不足，更为设员千人，郡国置《五经》百石卒史。成帝末，或言孔子布衣养徒三千人，今天子太学弟子少，于是增弟子员三千人。岁余，复如故。平帝时王莽秉政，增元士之子得受业如弟子，勿以为员，岁课甲科四十人为郎中，乙科二十人为太子舍人，丙科四十人补文学掌故云。②

可见，昭帝、宣帝、元帝、成帝及平帝时，博士弟子的人数剧增。武帝时只有博士弟子五十人，昭帝时增至百人，宣帝时增至二百人，元帝时增至千人，成帝时曾增至三千人，一年后又恢复为千人。而平帝时，虽未刻意增加博士弟子，但同时将贵族子弟、低级官吏及民间特别优秀者作为培养的对象，每年分别以甲科四十人为郎中、乙科二十人为太子

---

① （汉）班固：《汉书》卷八十八《儒林传》，中华书局1962年版，第3596页。
② 同上。

舍人、丙科四十人补文学掌故①。这样的政策引导，效果非常明显。班固甚为感慨地评价说："自武帝立《五经》博士，开弟子员，设科射策，劝以官禄，讫于元始，百有余年，传业者浸盛，支叶蕃滋，一经说至百余万言，大师众至千余人，盖禄利之路然也。"② 事实上，太学中培养的儒生远远不能满足国家对人才的需求。

因此，除了太学儒生而外，还有郡国官学、民间私学所培养的儒生。据禹平研究，西汉至少有三次颁布兴建地方官学的命令：一是武帝时期"令天下郡国皆立学校官"（《汉书·循吏传·文翁传》）；二是汉元帝时"郡国置《五经》百石卒史"（《汉书·儒林传》）；三是平帝时颁布地方官学制度，"郡国曰学，县、道、邑、侯国曰校，校、学置经师一人；乡曰庠，聚曰序，序、庠置《孝经》师一人"（《汉书·平帝纪》）。"由于政府的政令是具有强制性的，足见西汉地方官学的设置具有普遍性。虽然学校的招生规模已不可考，但这样遍及各地方大大小小行政区的官办学校，其招收的儒生数量当时非常可观的。"③

至于私学教育，禹平认为："武帝广开儒学入仕之途以后，研习儒学日渐成为学术的主流。这一时期不仅官府兴办各级官学，私学在这一大好的环境之下也与之竞进，不仅在野的儒生经师聚徒办学，就连太学的博士在公教之外也招收私淑弟子，私学的兴盛于此可见一斑……私学的发展，不仅促成了儒生群体数量的扩大，也为儒家经典、经义讲诵、研习的深入提供了条件。"④ 禹平的推论依据来源于毛礼锐等《中国教育通史》、赵承福《山东教育通史（古代卷）》和吴霓《中国古代私学发展诸问题研究》等研究成果。不过，私学在西汉的存在是必然的。西汉初期官学不很发达，私学的学习内容也不限于儒学，而包括诸子百家之学。

---

① 禹平认为，"增元士之子得受业如弟子"的政策确立并非在平帝时，而在王莽篡汉之后。她说："'元士'为王莽篡汉后，于始建国元年（公元9年）进行官制改革时设立的官号……《汉书·儒林传》将其归为'平帝时王莽秉政'阶段是错误的。"参见《两汉儒生的社会角色》，社会科学文献出版社2012年版，第56页注释②。按：据《汉书·平帝纪》载，"（元始四年），分京师置前辉光、后丞烈二郡。更公卿、大夫、八十一元士官名、位次及十二州名"。这说明"元士"见于平帝时，其时王莽秉政。《汉书·儒林传》所记不误。

② （汉）班固：《汉书》卷八十八《儒林传》，中华书局1962年版，第3620页。

③ 禹平：《两汉儒生的社会角色》，社会科学文献出版社2012年版，第57页。

④ 同上书，第58页。

《汉书·武帝纪》载,建元元年(前140)诏举贤良方正之士,丞相卫绾建议:"所举贤良,或治申、商、韩非、苏秦、张仪之言,乱国政,请皆罢。"① 这说明,当时的士子们不仅学习儒学,也学习诸子百家之学,而且应以私学教育为主。武帝之后有关私学教育的发展情况,尽管典籍记载不详,但《汉书·儒林传》所载经学大师及其弟子们,当并非全部出自官学。

东汉时期,统治者总体上更加重视儒学教育,并在相关的文化制度上明确之。据《后汉书·儒林列传》载:

> 及光武中兴,爱好经术,未及下车,而先访儒雅,采求阙文,补缀漏逸。先是,四方学士多怀协图书,遁逃林薮。自是莫不抱负坟策,云会京师……于是立《五经》博士,各以家法教授,《易》有施、孟、梁丘、京氏,《尚书》欧阳、大小夏侯,《诗》齐、鲁、韩,《礼》大小戴,《春秋》严、颜,凡十四博士,太常差次总领焉。
>
> 建武五年,乃修起太学……中元元年,初建三雍。明帝即位,亲行其礼……飨射礼毕,帝正坐自讲,诸儒执经问难于前,冠带缙绅之人,圜桥门而观听者盖亿万计。其后复为功臣子孙、四姓末属别立校舍,搜选高能以受其业,自期门羽林之士,悉令通《孝经》章句,匈奴亦遣子入学……
>
> 建初中,大会诸儒于白虎观,考详同异,连月乃罢。肃宗亲临称制,如石渠故事,顾命史臣,著为通义……孝和亦数幸东观,览阅书林……自安帝览政,薄于艺文,博士倚席不讲,朋徒相视怠散,学舍颓敝,鞠为园蔬,牧儿荛竖,至于薪刈其下。顺帝感翟酺之言,乃更修黉宇……试明经下第补弟子,增甲乙之科员各十人,除郡国耆儒皆补郎、舍人。本初元年,梁太后诏曰:"大将军下至六百石,悉遣子就学,每岁辄于乡射月一飨会之,以此为常。"自是游学增盛,至三万余生。然章句渐疏,而多以浮华相尚,儒者之风盖衰矣。党人既诛,其高名善士多坐流废,后遂至忿争,更相言告,亦有私行金货,定兰台漆书经字,以合其私文。熹平四年,灵帝乃诏诸儒

---

① (汉)班固:《汉书》卷六《武帝纪》,中华书局1962年版,第156页。

正定《五经》，刊于石碑，为古文、篆、隶三体书法以相参检，树之学门，使天下咸取则焉。①

光武帝出身儒生，因而非常重视儒学教育。从东汉初年起，建太学，置五经博士，允许根据家法教授，重视教养子弟等一系列举措，进一步促进了儒学的发展。而其后继者诸如明帝、章帝等皆精通儒术，甚至可以坐坛讲学。和帝亦重经术，顺帝重修太学，梁后倡导游学，太学生徒，多至三万。桓、灵之世，兴党锢之祸，官学不振而私学兴盛，转相教授，经学乖乱，于是灵帝树石经于太学，以正其典。事实上，东汉不仅官学昌盛，而且私学发达。经学门派众多，经师纷然出自乡间。他们授徒讲学，门生遍布天下，进一步推动了儒学教育的发展。同时，也为汉代培养了一大批能文善辞的作家。另外，东汉私学教育更重视家法，重视家庭教育，坚持家学传承，使勋臣、外戚、皇族等贵族宗族走向士族，士林宗族与官僚宗族渐行渐近，平民宗族为仕途着想而重视子弟教育，从而培育出许多颇通文学、善属文辞的文学家。

总体看，随着时代的变迁，汉代儒生的政治地位也相应变化。如果说汉初儒生处于政治的边缘地位，武、宣时期开始从边缘向核心地位过渡，那么元、成之世的儒生则居于政治主导地位：

> 汉初整个朝廷弥漫着轻儒的氛围……处于政治核心地位的，是所谓"军功受益阶层"，无论是从统治集团构成比例，还是从个体的政治活动经历来看，儒生都处于政治的边缘地带……武帝时期开始统治思想的更化，儒家思想开始受到重视……而且儒生也开始大量充任行政主官，位高者可以进身公卿甚至担任丞相。但是，这一时期对儒学的尊重更多是形式上的，占实质地位的统治思想还是外儒内法……儒生已经从政治上的边缘力量，进而成为核心力量的重要组成部分。元帝执政，改变了武宣以来"霸王道杂之"的执政理念，将儒家思想作为统治理念贯彻到政治生活当中，这一改变标志着儒

---

① （南朝宋）范晔：《后汉书》卷七十九上《儒林列传》，中华书局1965年版，第2545—2547页。

家思想作为政治指导思想的统治地位真正得以落实。与之相适应，此后迄至东汉末，儒生也在统治阶层中成为居主导地位的核心力量……如以郡守为例，随着汉元帝的全面尊儒和儒生政治的盛行，至成帝、哀帝之世，儒生不但成为郡太守的主体，而且出现了以儒家经学为纽带、以儒生入仕为途径、以宗族为后盾的所谓"士族"，其中坚便是所谓的"世吏两千石"，即世代做高官的儒生郡太守……甚至到了东汉时，儒学不仅在儒生群体内部传承，其影响更是深入社会各个阶层，甚至"期门羽林介胄之士，悉通孝经"了。因此，从元帝以后，儒生在政治群体中居于统治地位应是不争的事实。①

武、宣时期儒生地位的提高，推动了各家族对儒学教育的重视。而汉元帝即位后纯用儒生，更让人们迫切地认识到习儒通经对未来仕途的强大影响。两汉之际，曾使儒学官学教育暂时停顿，但私学教育仍然在山野乡间持续，比如杨震之父杨宝便在乡村执教。而在东汉，儒学的官学教育与私学教育并行发展，终于使儒生走进政治集团的核心，并成为中坚力量。汉代宗族的利禄之门一旦在儒学的引领下打开，其子弟们便基本上沿着传承家学、恪守家法的轨道走下去。与其说这是统治集团倡导、垂范的结果，倒不如说这是汉代宗族渴望世官世禄、代代延续、子孙绵延不绝的结果。

所以，宗族发展与儒学教育的相互影响，为汉代文学家族的纷然并兴创造了良好的外部文化环境。儒学的兴盛，促使太学、郡国官学重视儒生的培养。但是，仅靠官学尚不能满足社会对人才的需求。因此，私学教育成为培养读书人的重要补充。就西汉时代而言，《汉书·儒林传》称"大师众至千余人"，如此则大师弟子的数量当更多。至于东汉时期，历代统治者不仅重视儒学教育，而且自觉走向儒生化的道路。东汉太学三万生徒，而私学生徒更多。这些儒生经历了儒学文化教育之后，一方面成为汉王朝选拔人才的重要来源，另一方面也成为汉代的文学人才资源。例如，董仲舒、朱买臣、司马迁、王褒、扬雄、刘向、刘歆、班彪、班固、崔骃、傅毅、班昭、马融、窦章、王逸、杨修等不仅熟悉儒学，

---

① 禹平：《两汉儒生的社会角色》，社会科学文献出版社2012年版，第128—135页。

也善作文辞，成为汉代文学的重要力量。在重视儒学教育的社会氛围影响下，汉代宗族亦重视以儒学为重心的家庭教育，从而使许多家族多文学才士。这正是汉代文学家族形成的重要基础。

二　文化机构与文学发展

西周时期，统治者非常重视礼乐文化，设立专门的文化机构，并配备太师等专门的官员去管理相关的文化事务。据《周礼·春官宗伯》载：

> 大师：掌六律、六同，以合阴阳之声……教六诗，曰风，曰赋，曰比，曰兴，曰雅，曰颂；以六德为之本，以六律为之音。

太师掌"六律""六同"，主管礼乐事务，负责掌教化，教"六诗"。据《周礼》载，太师的属员是下大夫、小师、瞽矇、视瞭等，并配有多位办事人员：

> 大师：下大夫二人。小师，上士四人。瞽矇，上瞽四十人，中瞽百人，下瞽百有六十人。视瞭，三百人，府四人，史八人，胥十有二人，徒百有二十人。

另据《汉书·食货志上》，太师还负责采诗，并将采集的诗歌整理、配乐后上报天子，作为天子听政和施政的重要参考：

> 孟春之月，群居者将散，行人振木铎徇于路以采诗，献之大师，比其音律，以闻于天子。故曰王者不窥牖户而知天下。

除了采诗制度外，还有献诗、进言以规劝天子的制度。据《国语·周语上》：

> 故天子听政，使公卿至于列士献诗，瞽献曲，史献书，师箴，瞍赋，矇诵，百工谏，庶人传语，近臣尽规，亲戚补察，瞽、史教诲，耆、艾修之，而后王斟酌焉，是以事行而不悖。

不同于采诗制度，献诗、进言是直接将有关诗、曲、书、箴、赋、诵、谏言等献给天子，以作为天子施政的参考。两者都是从政治的需要出发，以帮助周天子治理天下为目的。这些制度和文化机构的设立，催生和成就了先秦文学的典范之作《诗经》。《诗经》虽是政治的副产品，却为中国现实主义诗歌的源头，在文学史上具有重要的地位。

汉王朝建立后，统治者逐渐认识到文化建设的重要性。然汉初几十年间，文化建设进程缓慢。武帝即位后，才开始重视文化建设。据《汉书·艺文志》载：

> 汉兴，改秦之败，大收篇籍，广开献书之路。迄孝武世，书缺简脱，礼坏乐崩，圣上喟然而称曰："朕甚闵焉！"于是建藏书之策，置写书之官，下及诸子传说，皆充秘府。①

西汉建藏书之策，置写书之官，广泛搜集散落民间的文化典籍，并藏于秘府之中，这对中国文学的影响是很大的。而成帝、哀帝等继续武帝的事业，将大量的典籍保存了下来，成为研究中国文化传统的重要基础。从这个意义上讲，汉代的这一文化举措可谓功德无量！此外，从事相关事务的官员之中，比如刘向、刘歆父子，他们不仅具有相当高的文化水平，而且也是西汉文学家中的重要代表。

在汉武帝时，一些诸侯藩王对当时文化建设的贡献也不能忽视。比如，梁孝王刘武、淮南王刘安、河间献王刘德等。他们养聚宾客，积极从事文化建设，也取得了辉煌的成就。诸如枚乘、庄忌、司马相如及淮南群臣等创作了大量的辞赋作品，这说明诸侯藩王重视文化建设的同时，也历练和成就了一大批颇有文采的作家群体。东汉延续西汉的文化政策，统治者也非常重视国家的文化建设。尤其是国家藏书秘府——东观，成为催生汉代作家群体的重要平台。东观既是东汉的国家图书馆，也是当时文人聚集的核心区域。在其间参与文化典籍整理与研究者，诸如班固、傅毅、崔骃、班昭、马续、马融、赵岐、王逸等，他们也是汉代文学家

---

① （汉）班固：《汉书》卷三十《艺文志》，中华书局1962年版，第1701页。

群体中的杰出代表。同时,汉朝的文化机构也为一些文学家族培养了骨干力量。比如,扶风班氏家族的班固、班昭,扶风马氏家族的马融、马续等。

汉代有专门的乐府机构,主要从事民间诗歌的采集。同时,乐府中的文人也从事歌诗创作,由专门的乐人配以曲调,用于朝会、宴飨、祭祀等场合进行演唱。乐府机构的建立,有利于文学作品的整理。据《汉书·艺文志·诗赋略》载:

> 自孝武立乐府而采歌谣,于是有代赵之讴,秦楚之风,皆感于哀乐,缘事而发,亦可以观风俗,知薄厚云。①

事实上,乐府是汉代的音乐机关,早在汉初已经存在。据《汉书·礼乐志》:

> 汉兴,乐家有制氏,以雅乐声律世世在大乐官,但能纪其铿锵鼓舞,而不能言其义。高祖时,叔孙通因秦乐人制宗庙乐……又有《房中祠乐》,高祖唐山夫人所作也……高祖乐楚声,故《房中乐》楚声也。孝惠二年,使乐府令夏侯宽备其箫管,更名曰《安世乐》……至武帝定郊祀之礼……乃立乐府,采诗夜诵,有赵、代、秦、楚之讴。以李延年为协律都尉,多举司马相如等数十人造为诗赋,略论律吕,以合八音之调,作十九章之歌。②

这说明,西汉初年有太乐官,负责演奏传统的经典音乐。叔孙通根据秦代音乐,制成汉代宗庙音乐。并且,汉高祖唐山夫人作《房中祠乐》,完全是楚歌。孝惠帝二年(前193),《房中乐》由乐府令夏侯宽进行再加工、创作,更名为《安世乐》,用于沛宫原庙的祭祀活动。汉代乐府经惠帝、文帝、景帝三朝,基本没有改变。武帝即位后,扩建乐府,拓展了乐府的功能。当时的乐府除了演奏传统音乐外,还将赵、代、秦、

---

① (汉)班固:《汉书》卷三十《艺文志》,中华书局1962年版,第1756页。
② (汉)班固:《汉书》卷二十二《礼乐志》,中华书局1962年版,第1043页。

楚等地民歌采集上来，配乐演唱。西汉乐府在哀帝时废除。东汉时，音乐机构为隶属于太常卿的太予乐署和隶属于少府的黄门鼓吹署。黄门鼓吹署主要由承华令掌管，负责为天子飨宴群臣提供歌诗。所以，西汉的乐府、东汉的黄门鼓吹署既组织文人创作朝廷需要的歌诗，也搜集和整理各地的民间歌谣。这些文人在创作歌诗和整理民间歌谣的过程中，得到了相应的文学素养、特别是诗歌创作素养的训练。这也为汉代文学家族的兴起储备了人才。

第二节 汉代文学的发展

如果汉代没有文学，自然谈不上文学家族的存在。事实上，汉代不仅有文学，而且在中国文学史上具有重要的地位和影响。而汉代文学的发展，对汉代文学家族的兴起具有很大影响。

一 汉赋发展与文学家族

王国维曾经说过："凡一代有一代之文学：楚之骚，汉之赋，六代之骈语，唐之诗，宋之词，元之曲，皆所谓一代之文学，而后世莫能继焉者也。"（《宋元戏曲考·自序》）汉赋是汉代文学的代表。汉赋之中，尤以富有"巨丽"之美、重视铺陈描写、篇幅宏大的散体赋为代表。此外，骚体赋、咏物赋、问答体赋的存在，使汉赋具有类别多样化的特点。

两汉赋的发展历程，可分为西汉早期（高祖至景帝）、武宣时期（武帝至宣帝）、西汉后期至东汉中期（元帝至和帝）和东汉中后期（安帝至献帝）四个阶段。其中，武、宣之世是汉赋发展的重要阶段。该期赋家众多，赋作纷呈，显示出汉赋富有生命力的发展态势。正如班固《两都赋序》所言：

> 至于武宣之世，乃崇礼官，考文章，内设金马石渠之署，外兴乐府协律之事，以兴废继绝，润色鸿业……故言语侍从之臣，若司马相如、虞丘寿王、东方朔、枚皋、王褒、刘向之属，朝夕论思，日月献纳；而公卿大臣，御史大夫倪宽、太常孔臧、太中大夫董仲舒、宗正刘德、太子太傅萧望之等，时时间作……故孝成之世，论

而录之,盖奏御者千有余篇,而后大汉之文章,炳焉与三代同风。

可见,汉赋家群体由言语侍从之臣和公卿大夫两部分构成。前者是汉赋创作的主要力量,而后者则是重要的补充力量。

在汉赋的各个阶段,皆培育了众多的赋家。西汉初有陆贾、贾谊、枚乘、庄忌等人;武、宣时期有司马相如、东方朔、董仲舒、枚皋、庄助、孔臧、刘辟疆、司马迁、王褒、刘德等人;西汉后期至东汉中期有扬雄、班婕妤、刘向、刘歆、班彪、杜笃、傅毅、班固、崔篆、崔骃、班昭等人;东汉后期有张衡、崔瑗、崔寔、马融、马芝、蔡邕、赵壹、王逸、王延寿、蔡琰、祢衡、曹植、杨修、陈琳、王粲等人。在众多赋家之中,诸如刘辟疆、刘德、刘向、刘歆祖孙四代,班婕妤、班彪、班固、班昭三代四人,崔篆、崔骃、崔瑗、崔寔五代四人,蔡邕、蔡琰父女,王逸、王延寿父子,马融、马芝父女等,分别是长安刘氏、扶风班氏、博陵崔氏、陈留蔡氏、南郡王氏、扶风马氏等几个文学家族的代表性作家。这说明,辞赋的发展为汉代文学家族的兴起培养了人才。

二 汉诗发展与文学家族

汉诗承先秦余绪,但也表现出继续发展的趋势。而西汉的诗歌以四言体、楚歌为主,这正是对先秦诗歌样式的继承。同时,武帝时期重视乐府建设,召集文人进行乐府歌诗创作和整理民间乐歌,也培养了一大批诗人。这意味着,文人诗应是汉乐府诗歌的重要组成部分。值得关注的是,采自民间、经过文人加工与整理的汉乐府民歌,颇多五言诗句,有的甚至通篇用五言,这对汉代五言体诗歌的兴起具有示范意义。时至东汉中期,成熟的文人五言诗开始出现于诗坛。通过前代诗人的努力,五言诗在东汉后期呈现出纷然并出的发展势头。

不唯五言诗,七言体诗歌也在汉代有了一定的发展。先秦时期除《诗经》《楚辞》已有七言句式外,《荀子》的《成相篇》就是模仿民间歌谣写成的以七言为主的杂言体韵文。西汉时期,除《汉书》所载的《楼护歌》《上郡歌》有七言诗句而外,还有司马相如的《凡将篇》、史游的《急就篇》等七言体通俗韵文。这些韵文对西汉七言体诗歌的发展是有重要影响的。

从目前所见西汉诗歌来看，若以时间而论，则据传武帝时期所作的柏梁台联句诗，就是比较成熟的七言体诗歌。然而，从清代的顾炎武开始，学界就其真伪争论不已。罗根泽、游国恩认为是伪作，而余冠英、逯钦立等人认为是真作①。刘勰在《文心雕龙·明诗篇》中说："孝武爱文，柏梁列韵，严马之徒，属辞无方。"可见，至少在南朝时期，该诗已为学者所关注。所以，我们不能轻易否定其真实性。该诗是七言联句体，这意味着西汉时期七言体诗歌已经出现。而西汉后期刘向也有七言体诗歌，现存诗歌《七言》残句共六句。这些残句皆辑录于萧统《文选》李善注。这充分说明，西汉后期已有七言诗。东汉时期，七言、杂言文人诗和民谣为数更多。例如，张衡所作的《四愁诗》《定情诗》，应是比较成熟的七言体文人诗。而东汉末年的《小麦谣》《城上乌》（司马彪《续汉书·五行志》）、桓灵时童谣《举秀才》（葛洪《抱朴子·审举》）都是很生动、通俗流畅的以七言为主的民歌。可见，七言体诗歌在东汉有了一定的发展。

而在两汉文人之中，诸如韦孟、苏武、李陵、司马相如、杨恽、韦玄成、刘向、班婕妤、班固、张衡、赵壹、郦炎、蔡邕、蔡琰、曹操、陈琳、王粲等皆对汉代诗歌的发展有贡献。其中，韦孟、韦玄成属扶风韦氏家族，杨恽属弘农杨氏家族，刘向属长安刘氏家族，班婕妤、班固属扶风班氏家族，蔡邕与蔡琰属陈留蔡氏家族。所以，汉诗的发展，同样对汉代文学家族的形成有重要影响。

三　汉代散文与文学家族

散文是一个大概念。若按照纯文学观来衡量，汉代散文多不符合相应的标准。不过，结合我国古代散文发展的实际，凡具有一定文学色彩、

---

① 汉武帝柏梁台联句诗的故事背景始见于《三辅黄图·台榭》，其诗内容始见于《古文苑》卷八、《艺文类聚》卷五十六和《三秦记》等。学术界对该诗的真伪尚存争论。清初学者顾炎武在《日知录》中说："汉武《柏梁台诗》本出《三秦记》，云是元封三年作，而考之于史，则多不符……反复考证，无一合者。盖是后人拟仿，剽取武帝以来官名及《梁孝王世家》乘舆驷马之事以合之，而不悟时代之乖舛也。"罗根泽、游国恩等赞同顾说。而丁福保、陈直、余冠英、逯钦立和方祖等人，认为柏梁台诗是真作。

重视语言艺术特点的文章，皆可纳入散文的范畴。汉代散文的发展主要体现在三个方面。

一是叙述历史事件、为历史人物作传的史传文学取得了辉煌成就。比如，西汉的司马谈、司马迁父子，代表作是我国第一部纪传体通史《史记》。而司马迁的外孙杨恽对《史记》的传播也有贡献。东汉时期，扶风班氏家族的班彪、班固、班昭两代三人创作《汉书》，是我国第一部纪传体断代史。而参与《汉书》学习与整理的还有扶风马氏家族中的马融、马续等人。东汉中后期还有大量的文人从事汉史的编撰与写作。例如，张衡、蔡邕、陈宗、尹敏、孟异、荀悦等皆曾参与或编写汉史。其中，荀悦的《汉纪》对后世影响很大。在这些文人中，诸如司马谈、司马迁父子属夏阳司马氏家族，班彪、班固、班昭父子属扶风班氏家族，杨恽属弘农杨氏家族，马融、马续属扶风马氏家族。所以，在两汉史传文学发展过程中，许多文人参与了史传文学的创作，也成为汉代文学家族的重要代表。

二是政论散文取得了长足发展。汉代政论散文承先秦诸子散文余绪，并具有明显的发展与变化。西汉时期的政论散文重视推理的严密性、逻辑性，也时时可见作者的情感色彩，具有抒情性色彩。而东汉政论散文则讲究典雅、平质，用语质朴，显然受到儒学的明显影响。在两汉政论散文家中，诸如陆贾、贾谊、晁错、董仲舒、公孙弘、萧望之、扬雄、刘向、班彪、严尤、王充、王符、崔寔、仲长统、蔡邕、应劭、王粲等皆知名。至于不被传统文学史关注而比较出色的政论散文家，则在两汉时期更多，诸如贾捐之、杜钦、杜业、杨震、杨秉、杨赐、马援、窦融、窦武、李固、荀爽、黄琼、崔骃等。在这些散文家之中，贾谊与贾捐之属洛阳贾氏；刘向属长安刘氏；班彪属扶风班氏；崔骃与崔寔属博陵崔氏；蔡邕属陈留蔡氏；应劭属汝南应氏；杜钦与杜业属杜陵杜氏；杨震、杨秉、杨赐属弘农杨氏；马援属扶风马氏；窦融与窦武属扶风窦氏；李固属汉中李氏；荀爽属颍川荀氏；黄琼属江夏黄氏；等等。可见，汉代政论散文家的代表人物之中，不少人属于汉代文学家族的代表。按照《文心雕龙》的文体分类，两汉政论散文的主体部分包括封禅、章表、奏启、议对等。其中，封禅的代表人物是司马相如、扬雄、班固等；章表的代表人物是胡广、曹操、孔融、祢衡等；奏启的代表人物是贾谊、晁错、匡衡、王吉、谷永、杨秉、张衡、陈蕃、蔡邕等；议对的代表人物是贾谊、晁错、董仲舒、吾丘寿王、韩安国、贾捐之、刘歆、鲁丕、应劭等。在这众多的文人之中，诸如贾谊、贾捐之属洛阳贾氏家族，杨秉属弘农杨氏家族，刘歆属长安刘氏家族，班固属扶风班氏家族，蔡邕属陈留蔡氏家族，等等。因此，两汉政论散文的发展，对汉代文学家族成员的创作影响也是巨大的。

三是书信体散文亦颇有特点，代表性作家不少。这类散文颇有抒情性色彩，是两汉散文值得关注的一类。在西汉时期，司马迁的《报任安书》、杨恽的《报孙会宗书》、刘向的《诫子歆书》等堪为代表；东汉时期则有马援的《与隗嚣将杨广书》与《诫兄子严敦书》、窦融的《与隗嚣书》、马融的《与窦伯向书》、李固的《临终与胡广赵戒书》、杨彪的《答曹公书》以及杨彪夫人袁氏的《与曹公夫人卞氏书》等也颇有名。而创作书信体散文的上述文人中，多为汉代文学家族的杰出代表。比如，司马迁是夏阳司马氏的代表，杨恽与杨彪是弘农杨氏的代表，马援与马融是扶风马氏的代表，窦融是扶风窦氏的代表，等等。

当然，汉代散文不只限于这三种类型。不过，这三种类型的散文作家中，有许多人是汉代文学家族的主要成员。这说明，汉代文学家族的兴起也有赖于散文的发展。各家族成员的积极创作，又进一步推进了散文的发展。

四 铭箴、诔碑与文学家族

铭箴、诔碑属于韵散结合的文体，应是汉代的实用性文体，可归于而今所谓的"应用文"范畴。不过，由于铭在于记功、箴在于谏过、诔在于悼亡、碑在于述亡，因而四者有着明显的差异，但也有相应的联系。追溯其文体发展，先秦时期有铭文，而秦朝的李斯曾作刻石文。这说明，这些文体在汉前已经有所发展。尤其是李斯等人的刻石文，对汉代影响较大，诸如《峄山刻石》《泰山刻石》《琅琊台刻石》等碑文，文辞整饬简洁，讲究押韵，读来朗朗上口。这既是秦文学的独创，也对汉代相关文体的发展有深刻影响。

关于汉代铭箴、诔碑的创作情况，刘勰《文心雕龙·铭箴》及《诔碑》中予以分别介绍。关于铭箴，刘勰以为，"服箴诵于官，铭题于器，名目虽异,而警戒实同。箴全御过,故文资确切;铭兼褒赞,故体贵弘润:其取事也必核以辨,其摘文也必简而深,此其大要也"。据其介绍,汉代冯衍、李尤、班固、张昶、蔡邕、桥玄、朱穆等皆是作铭文的名家;而扬雄、崔骃、崔瑗、胡广、潘勖等人则是作箴的名家。至于诔碑,刘勰以为,"写实追虚,碑诔以立"。这是诔碑的共同点。"详夫诔之为制,盖选言录行,传体而颂文,荣始而哀终。论其人也,暧乎若可睹;道其哀也,悽焉如可伤:此其旨也。"在汉代,扬雄、杜笃、傅毅、苏顺、崔骃、崔瑗、刘陶等是作诔的名家。至于碑文,刘勰以为,"夫属碑之体,资乎史才,其序则传,其文则铭……夫碑实铭器,铭实碑文,因器立名,事先于诔。是以勒石赞勋者,入铭之域;树碑述亡者,同诔之区焉"。其中,东汉的蔡邕、孔融是作碑文的名家。

而上列汉代文人中,崔骃、崔瑗为博陵崔氏的代表;冯衍为扶风冯氏的代表;班固为扶风班氏的代表;杜笃为杜陵杜氏的代表;蔡邕则为陈留蔡氏的代表。可见,这些文人参与铭箴、诔碑的创作,推动了该类文体的发展。

总之,汉代文学具有多元化发展格局,而上述四类文体可谓汉代文学的主要样式。可以看到,汉代许多家族的成员积极参与创作,并成为这些文体创作的重要代表。我们有理由认为,汉代文学的发展,对汉代文学家族的形成具有推动作用;反过来,汉代文学家族的出现,也进一步推动了汉代文学的发展。所以,汉代文学与汉代文学家族之间具有互动关系。当然,从根本上讲,文学的发展是文学家族产生的内因,而文学家族的发展又是推动文学发展的外在动力。

第三节　私学教育的兴起

关于汉代教育的发展,前已有所论及。从汉武帝开始,统治者重视以儒学为核心的政治教化,并收到了明显的效果。汉代宗族的儒质化就是最好的例证。西汉中后期,在功名利禄的引导之下,儒学教育渐次普及化。由于官学教育远远不能满足需求,私学教育便成为重要的补充形式。时至东汉,由于各宗族非常重视子孙后代的教育,而官学不能满足需要,因而私学教育已较为发达。

一 汉代私学教育兴起的背景

如果说重视教育是一种观念，则将此观念付诸实施是有前提的。这个前提就是社会上存在政治、经济与社会文化地位的差序格局。而这三个方面，也是汉代宗族赖以存在的重要基础。按照冯尔康对宗族的分类标准，秦汉时期的宗族可分为贵族宗族、仕宦宗族和平民宗族三大类型，而以食封贵族为主的贵族宗族是秦汉社会宗族的主要形态。贵族宗族包括皇族、外戚宗族和勋臣宗族，仕宦宗族包括官僚宗族和士林宗族，平民宗族则由地方豪强、高赀富人及兼并之家等组成。在这三类宗族中，论政治地位，则贵族为首；论文化地位，则仕宦宗族为首；论经济地位，则平民宗族为首。正如《史记·货殖列传》所称，"今有无秩禄之奉，爵邑之入，而乐与之比者。命曰'素封'"。可见在西汉社会上，除了具有"爵邑之入"的贵族、有"秩禄之奉"的官僚外，更多的是平民阶层。这个群体包括底层的贫困者，衣食无忧的中等收入者，以及"无秩禄之奉，爵邑之入"的"素封"宗族。而这"素封"宗族也就是平民上层中的商人和地主。陈英在其《汉代贫富差距与政府控制研究》一书中指出：

> 由王国、侯国统计可知，大约西汉户数的16.235%、东汉的25.59%成为贵族们的封户，大约1/6至1/4的租税为这批食利者占有。加上公主、王主的汤沐邑，西汉贵族食邑达25.271%，全国3091417.098户为他们所占有。东汉贵族食邑达35.25%，全国3418767.075户为他们所占有。而且明显感觉东汉作为西汉后期政权的延续，奢侈享受有递增的趋势。[①]

可见，贵族是两汉时期最富有的宗族。其中，西汉贵族拥有的食邑超过了全国总户数的四分之一，而东汉贵族拥有的食邑则超过了三分之一。他们作为社会的上层，完全有能力和条件举办以家族为中心的私学教育。

那么，两汉的官僚宗族所占有的社会财富又如何？陈英认为："所谓

[①] 参见陈英《汉代贫富差距与政府控制研究》，中国社会科学出版社2010年版，第36页。

'秩禄之奉'泛指汉代各级官吏,但其中能与'素封'财富相抗衡的'秩禄之奉'者只有官僚豪族这一阶层。"所以,若"将'吏两千石'作为官僚豪族阶层的官阶底线",则"西汉官僚豪族数目多于东汉,表明西汉突出官僚豪族的政治地位,而东汉有突出宗室贵族压低官僚豪族的倾向"。对于官僚豪族而言,其收入的主要来源是俸禄、赏赐和土地。从收入等级看,西汉官吏中的高级官员、中级官员及官与吏之间的收入差距较大。最高官员丞相的月俸相当于高级官员中二千石的两倍,相当于低级官员比六百石的20倍及低级小吏的100—600倍。而且,高级官员月俸基数高,级差大,中二千石、二千石、比二千石逐级下降4000钱,差额高于比六百石月俸的总额。而东汉俸禄标准与西汉大体相当,但千石以上月俸比西汉低,六百石以下月俸比西汉高。赏赐是汉代官员的收入来源之一。每逢皇帝登基、驾崩、策立太子及皇后、改元、祭祀或天降祥瑞等,官员皆可获得赏赐,而且涉及各个层面。这类赏赐属于不确定的制度赏赐,分为春赐和腊赐。而赐爵则是官僚豪族的第三项收入来源。赐爵的衡量标准是占地量。"作为官僚豪族赐爵的换算标准,关内侯受田95顷,卿爵级最低二千石左庶长受田74顷。"根据每亩2石均产、每石100钱、佃耕地租50%来计算,则二千石的年收入在百万钱以上。此外,少数官僚豪族、外戚还可以功赐和恩赐,这也是不容忽视的收入。汉代官僚还可利用政治特权,采取非法侵占、政治暴力与买卖相结合的方式攫取财富,所谓"富者有资可以买田,贵者有力可以占田"(马端临《文献通考·田赋考》)。当然,贪污、私求和中饱也是汉代官员的收入来源。而汉代"贪污受贿之所以公行,根源于特权支配经济"。[1]

所以,能够跻身官僚宗族也是极其诱人的人生目标。对于汉代人而言,如果已无机会成为贵族,尚有机会成为官僚。而且,跻身官僚上层、成为富豪强宗应是许多汉代人的梦想和追求。而实现这一梦想的前提,是接受儒学教育。同样,对于官僚豪族而言,要想保证子孙后代永享富豪的生活,必须让他们接受良好的儒学教育,以达到实现进身官僚的目

---

[1] 该段有关汉代官僚宗族的收入资料及观点,皆来自陈英《汉代贫富差距与政府控制研究》。尤其是作者的各类列表及相关计算分析,详尽明确,令人信服。参见中国社会科学出版社2010年版,第38—56页。

的。正如班固在《汉书·儒林传》中所云，"自武帝立《五经》博士，开弟子员，设科射策，劝以官禄，讫于元始，百有余年，传业者浸盛，支叶蕃滋。一经说至百余万言，大师众至千余人，盖禄利之路然也"。显然，接受儒学教育是走向利禄之门的最好选择。

而对于凭借经营得法致富的汉代"庶民农工商贾"，即司马迁所谓的"素封"豪族而言，他们虽拥有万贯家私，富比王侯，但"没有政治地位，是一群非身份性的豪民阶层"。这些人在汉代史书中被称为豪富民、豪强、豪右、豪大家、大姓、著姓、强宗等，"为了提高政治地位、免除徭役甚至免罪，必定要取得较高的爵位，通过政府赐予累计或买卖获得。在取得爵位的同时，可以享受和现任官吏相应的赏赐待遇"。[①] 其实，这只是"素封"豪族提高政治地位的一种方式。与贵族联姻、重视子弟的儒学文化教育，更是有远见的素封豪族们努力的方向。比如，扶风班氏家族、安定梁氏家族就是这样发展起来的。这些素封宗族必须迎合尊儒、重儒的时代精神，努力为后代子孙创造良好的教育环境，为提高自身及家族的政治身份而创造条件。这正是汉代儒学教育发达、私学兴盛的重要原因之一。

二 私学教育在汉代的发展

汉代教育不外乎官学与私学两种模式。在汉武帝之前的七十年间，汉朝似乎没有办官学，而私学当首先在人口较密集的城市发展起来。据《汉书·儒林传》：

> 及高皇帝诛项籍，引兵围鲁，鲁中诸儒尚讲诵习礼，弦歌之音不绝，岂非圣人遗化好学之国哉？于是诸儒始得修其经学，讲习大射乡饮之礼。叔孙通作汉礼仪，因为奉常，诸弟子共定者，咸为选首，然后喟然兴于学。然尚有干戈，平定四海，亦未皇庠序之事也。孝惠、高后时，公卿皆武力功臣。孝文时颇登用，然孝文本好刑名之言。及至孝景，不任儒，窦太后又好黄、老术，故诸博士具官待

[①] 参见陈英《汉代贫富差距与政府控制研究》，中国社会科学出版社2010年版，第59—60页。

问，未有进者。

　　汉兴，言《易》自淄川田生；言《书》自济南伏生；言《诗》，于鲁则申培公，于齐则辕固生，燕则韩太傅；言《礼》，则鲁高堂生；言《春秋》，于齐则胡毋生，于赵则董仲舒。及窦太后崩，武安君田蚡为丞相，黜黄老、刑名百家之言，延文学儒者以百数，而公孙弘以治《春秋》为丞相，封侯，天下学士靡然乡风矣。①

可见，西汉初年只是儒者受到了冷遇，而百家之学仍得以传授讲习。由于官方没有专门的教育场所，许多知识的传授依赖于私学教育，西汉太学是在窦太后死后才开始兴办的。所以，田蚡丞相延用的一百余位"文学儒者"，当是私学培养的人才。高后时，楚元王刘交派其子刘郢与中大夫申培到长安，师从浮丘伯学《诗》，也应是非官方的私学教育。有关西汉私学的例子很多。据《汉书·儒林传》：

　　伏生，济南人也，故为秦博士……秦时禁《书》，伏生壁藏之，其后大兵起，流亡。汉定，伏生求其《书》，亡数十篇，独得二十九篇，即以教于齐、鲁之间。

　　申公，鲁人也。少与楚元王交俱事齐人浮丘伯受《诗》。汉兴，高祖过鲁，申公以弟子从师入见于鲁南宫。吕太后时，浮丘伯在长安，楚元王遣子郢与申公俱卒学。元王薨，郢嗣立为楚王，令申公傅太子戊。戊不好学，病申公。及戊立为王，胥靡申公。申公愧之，归鲁退居家教，终身不出门。复谢宾客，独王命召之乃往。弟子自远方至受业者千余人，申公独以《诗经》为训故以教，亡传，疑者则阙弗传。

　　严彭祖字公子，东海下邳人也。与颜安乐俱事眭孟。孟弟子百余人，唯彭祖、安乐为明，质问疑谊，各持所见。孟曰："《春秋》之意，在二子矣！"孟死，彭祖、安乐各颛门教授。由是《公羊春

---

① （汉）班固：《汉书》卷八十八《儒林传》，中华书局1962年版，第3592—3593页。

秋》有颜、严之学。①

上述三例中的伏生、申培和眭孟等人，其实就是办私学者。他们在当时教育领域中的地位，大体相当于现今办培训班一类的教育工作者，而不是从事规模化办学的民办教育家。再如，昭帝时的丞相韦贤，也是居家教授的私学教育家。据《汉书·韦贤传》载，"贤为人质朴少欲，笃志于学，兼能《礼》、《尚书》，以《诗》教授，号称邹鲁大儒"。而东汉杨震之父杨宝，在西汉末年也是隐居教授的私学教育家："杨震字伯起，弘农华阴人也……父宝，习《欧阳尚书》。哀、平之世，隐居教授。"（《后汉书·杨震列传》）所以，西汉的私学已较为发达。它们的存在，填补了官学的空缺与不足，为西汉培养了不少文才之士。

而在东汉时期，许多经师名家聚徒讲学，门徒众多，这显然不是当时的官学教育所能容纳的。所以，东汉儒学的昌盛，离不开私学教育的贡献。不容否认，东汉官学教育的规模也是惊人的。如前所述，以儒学教育为主的东汉官学在光武帝、明帝、章帝、和帝朝比较发达，但在安帝时衰落。顺帝时，又重修太学，广建校舍，以明经举士，有力地促进了官学的发展。尤其是汉质帝本初元年（146），梁太后下令重视官僚子弟的教育，致使太学盛极一时，生员达三万余人。但是，桓、灵之世，世尚浮华，儒学浸微。党锢之祸，精通儒学的名士遭禁锢流废。灵帝熹平四年（175），为纠正经书文字混乱，特正定五经，刊于石碑。但这里也透露出：其一，东汉私学兴盛；其二，由于东汉私学不尊官定经书，以致出现"私行金货，定兰台漆书经字，以合其私文"的局面。而关于东汉私学教育的概况及经师名家，《后汉书》中的《儒林列传》《文苑列传》和《逸民列传》皆有介绍。《后汉书·儒林列传》中的记载，即反映了东汉私学教育的盛况：

> 刘昆字桓公，陈留东昏人，梁孝王之胤也。少习容礼。平帝时，受《施氏易》于沛人戴宾……王莽世，教授弟子恒五百余人……建

---

① （汉）班固：《汉书》卷八十八《儒林传》，中华书局1962年版，第3603、3608、3616页。

武五年，举孝廉，不行，遂逃，教授于江陵……子轶，字君文，传昆业，门徒亦盛。

洼丹字子玉，南阳育阳人也。世传《孟氏易》。王莽时，常避世教授，专志不仕，徒众数百人。

任安字定祖，广汉绵竹人也。少游太学，受《孟氏易》，兼通数经。又从同郡杨厚学图谶，究极其术……学终，还家教授，诸生自远而至。

杨政字子行，京兆人也。少好学，从代郡范升受《梁丘易》，善说经书。京师为之语曰："说经铿铿杨子行。"教授数百人。

张兴字君上，颍川鄢陵人也。习《梁丘易》以教授。建武中，举孝廉为郎，谢病去，复归聚徒。后辟司徒冯勤府，勤举为孝廉，稍迁博士。永平初，迁侍中祭酒。十年，拜太子少傅。显宗数访问经术。既而声称著闻，弟子自远至者，著录且万人，为梁丘家宗……子鲂，传兴业，位至张掖属国都尉。

孙期字仲彧，济阴成武人也。少为诸生，习《京氏易》、《古文尚书》。家贫，事母至孝，牧豕于大泽中，以奉养焉。远人从其学者，皆执经垄畔以追之，里落化其仁让。

欧阳歙字正思，乐安千乘人也。自欧阳生传《伏生尚书》，至歙八世，皆为博士。歙既传业，而恭谦好礼让……歙在郡，教授数百人……坐在汝南赃罪千余万发觉下狱。诸生守阙为歙求哀者千余人，至有自髡剔者。

济阴曹曾字伯山，从歙受《尚书》，门徒三千人，位至谏议大夫。子祉，河南尹，传父业教授。

牟长字君高，乐安临济人也……长少习《欧阳尚书》，不仕王莽世……长自为博士及在河内，诸生讲学者常有千余人，著录前后万人……子纡，又以隐居教授，门生千人。

宋登字叔阳，京兆长安人也……登少传《欧阳尚书》，教授数千人。

孔僖字仲和，鲁国鲁人也。自安国以下，世传《古文尚书》、《毛诗》。曾祖父子建，少游长安，与崔篆友善……僖与崔篆孙骃复相友善，同游太学，习《春秋》……二子：长彦、季彦……长彦好章句学,季彦守其家业,门徒数百人。

杨伦字仲理,陈留东昏人也。少为诸生,师事司徒丁鸿,习《古文尚书》……讲授于大泽中,弟子至千余人。

包咸字子良,会稽曲阿人也。少为诸生,受业长安,师事博士右师细君,习《鲁诗》、《论语》……因住东海,立精舍讲授……建武中,入授皇太子《论语》,又为其章句……显宗以咸有师傅恩,而素清苦,常特赏赐珍玩束帛,奉禄增于诸卿,咸皆散与诸生之贫者……子福,拜郎中,亦以《论语》入授和帝。

魏应字君伯,任城人也。少好学。建武初,诣博士受业,习《鲁诗》……教授山泽中,徒众常数百人……应经明行修,弟子自远方至,著录数千人。

薛汉字公子,淮阳人也。世习《韩诗》,父子以章句著名。汉少传父业,尤善说灾异谶纬,教授常数百人。

杜抚字叔和,犍为武阳人也。少有高才。受业于薛汉,定《韩诗章句》。后归乡里教授。沈静乐道,举动必以礼。弟子千余人。

杨仁字文义,巴郡阆中人也。建武中,诣师学习《韩诗》,数年归,静居教授……肃宗既立……拜什邡令。宽惠为政,劝课掾史弟子,悉令就学。其有通明经术者,显之右署,或贡之朝,由是义学大兴。

董钧字文伯,犍为资中人也。习《庆氏礼》……永平初,为博士……当世称为通儒。累迁五官中郎将,常教授门生百余人。

丁恭字子然,山阳东缗人也。习《公羊严氏春秋》。恭学义精明,教授常数百人,州郡请召不应。建武初,为谏议大夫、博士,封关内侯。十一年,迁少府。诸生自远方至者,著录数千人,当世称为大儒。

周泽字稺都,北海安丘人也。少习《公羊严氏春秋》,隐居教授,门徒常数百人。

甄宇字长文,北海安丘人也。清净少欲。习《严氏春秋》,教授常数百人……传业子普,普传子承。承尤笃学,未尝视家事,讲授常数百人。诸儒以承三世传业,莫不归服之。建初中,举孝廉,卒于梁相。子孙传学不绝。

楼望字次子，陈留雍丘人也。少习《严氏春秋》。操节清白，有称乡间……教授不倦，世称儒宗，诸生著录九千余人……卒于官，门生会葬者数千人，儒家以为荣。

程曾字秀升，豫章南昌人也。受业长安，习《严氏春秋》，积十余年，还家讲授。会稽顾奉等数百人常居门下。

张玄字君夏，河内河阳人也。少习《颜氏春秋》，兼通数家法……及有难者，辄为张数家之说，令择从所安，诸儒皆伏其多通，著录千余人。

李育字元春，扶风漆人也。少习《公羊春秋》。沉思专精，博览书传，知名太学，深为同郡班固所重……常避地教授，门徒数百。

颍容字子严，陈国长平人也。博学多通，善《春秋左氏》，师傅太尉杨赐……初平中，避乱荆州，聚徒千余人。

谢该字文仪，南阳章陵人也。善明《春秋左氏》，为世名儒，门徒数百千人。

蔡玄字叔陵，汝南南顿人也。学通《五经》，门徒常千人，其著录者万六千人。①

刘昆、洼丹、任安、杨政、张兴、孙期、欧阳歙、曹曾、牟长、宋登、孔长彦、孔季彦、杨伦、包咸、魏应、薛汉、杜抚、杨仁、董钧、丁恭、周泽、甄宇、楼望、程曾、张玄、李育、颍容、谢该、蔡玄等，只是东汉儒林名家中的一部分。他们教授儒学，虽身处不同地域，但聚徒讲学是其最主要的教学方式。当然，动辄数百人甚至数千人的门徒之中，也有一些人并未亲临听授，而是沽名钓誉，只是著录为门徒而已。比如，楼望著录九千人、蔡玄著录一万六千人。这些名儒以通经教授，或传家学，或兴义学（即私学），相互之间虽有乖讹，却是东汉儒学教育的重要补充，也是培养汉代文学人才的重要途径。从《后汉书·文苑列传》的有关记载来看，许多文学才士曾接受过儒学教育。比如：

夏恭字敬公，梁国蒙人也。习《韩诗》、《孟氏易》，讲授门徒常

---

① （南朝宋）范晔：《后汉书·儒林列传》，中华书局1965年版，第2545—2588页。

千余人……恭善为文，著赋、颂、诗、《励学》凡二十篇……子牙，少习家业，著赋、颂、赞、诔凡四十篇。举孝廉，早卒，乡人号曰"文德先生"。

傅毅字武仲，扶风茂陵人也。少博学。永平中，于平陵习章句……建初中，肃宗博召文学之士，以毅为兰台令史，拜郎中，与班固、贾逵共典校书……毅早卒，著诗、赋、诔、颂、祝文、《七激》、连珠凡二十八篇。

黄香字文强，江夏安陆人也……遂博学经典，究精道术，能文章，京师号曰"天下无双江夏黄童"……所著赋、笺、奏、书、令、凡五篇。

崔琦字子玮，涿郡安平人，济北相瑗之宗也。少游学京师，以文章博通称……所著赋、颂、铭、诔、箴、吊、论、《九咨》、《七言》，凡十五篇。

边韶字孝先，陈留浚仪人也。以文章知名，教授数百人……著诗、颂、碑、铭、书、策，凡十五篇。

张升字彦真，陈留尉氏人，富平侯放之孙也。升少好学，多关览，而任情不羁……著赋、诔、颂、碑、书，凡六十篇。

高彪字义方，吴郡无锡人也。家本单寒，至彪为诸生，游太学。有雅才而讷于言……后郡举孝廉，试经第一。除郎中，校书东观。数奏赋、颂、奇文，因事讽谏，灵帝异之。[1]

夏恭、傅毅、黄香、崔琦、边韶、张升、高彪皆是儒生，而夏恭和边韶甚至是授徒讲学的经师。他们在习儒通经的过程中，自身的文化修养得到提高，文学素养也由此提升。这正是其从事文学创作的最基本条件。所以，诸如黄香、崔琦等分别是汉代文学家族江夏黄氏和博陵崔氏的重要成员。除了《文苑列传》所载文学家而外，许多家族的传记资料也说明了这个问题。比如，马融曾师从关西大儒挚恂习儒学，遂成为著名经学家和文学家。据《后汉书·马融列传》：

---

[1] （南朝宋）范晔：《后汉书》卷八十《文苑列传》，中华书局1965年版，2595—2649页。

> 初，京兆挚恂以儒术教授，隐于南山，不应征聘，名重关西，融从其游学，博通经籍。恂奇融才，以女妻之。①

而在汉代隐士之中，也有兴办私学者。如上述马融的业师、岳父挚恂就是其中的一位。另据《后汉书·逸民列传》：

> 高凤字文通，南阳叶人也。少为书生，家以农亩为业，而专精诵读，昼夜不息……其后遂为名儒，乃教授于西唐山中。
> 法真字高卿，扶风郿人，南郡太守雄之子也。好学而无常家，博通内外图典，为关西大儒。弟子自远方至者，陈留范冉等数百人。②

可见，挚恂、高凤、法真皆为名儒，但不出仕，而是隐居教授，甚至法真有弟子多达数百人。正如范晔所云："自光武中年以后，干戈稍戢，专事经学，自是其风世笃焉。其服儒衣，称先王，游庠序，聚横塾者，盖布之于邦域矣。若乃经生所处，不远万里之路，精庐暂建，赢粮动有千百，其耆名高义开门受徒者，编牒不下万人，皆专相传祖，莫或讹杂。至有分争王庭，树朋私里，繁其章条，穿求崖穴，以合一家之说……且观成名高第，终能远至者，盖亦寡焉，而迂滞若是矣。然所谈者仁义，所传者圣法也。故人识君臣父子之纲，家知违邪归正之路。"③ 这恰恰反映了汉代儒学教育官学、私学皆发达的情况。这是汉代文学家族产生的重要基础。当然，汉代文学家族的产生，与儒学教育的家族化倾向关系更为密切。

三 私学教育与汉代文学家族

如前所述，从汉代贵族、官僚的收入情况可以看出，享有政治特权

---

① （南朝宋）范晔：《后汉书》卷六十上《马融列传》，中华书局1965年版，第1953页。
② （南朝宋）范晔：《后汉书》卷八十三《逸民列传》，中华书局1965年版，第2768、2774页。
③ （南朝宋）范晔：《后汉书》卷七十九下《儒林列传》，中华书局1965年版，第2588—2589页。

是多么重要。而且，政治特权凌驾于私有制之上，对素封富豪们的吸引力更大。就其外部环境而言，从汉武帝时开始，统治者皆重视儒学教育。因为儒学教育既是强化政治伦理的需要，更是网罗天下人才的重要通道。然而，在西汉百余年间的儒学官学教育发展中，太学博士弟子人数从武帝时的50人发展为哀平之世的3000人。这个数字的变化说明太学教育滞后，远不能满足社会各阶层的需求。所以，汉代郡县皆有地方官学，以此弥补太学教育容量有限的不足，这在一定程度上缓解了社会需求的压力。但是，中央太学与郡县官学的教育容量仍然有限。于是，汉代重视子弟教育的许多家族便以家学相传承，而具有儒学教育的家族化倾向。这也是汉代文学家族形成的重要原因。

这种变化应始于西汉。比如，在贵族宗族之中，楚元王刘交这一支系便非常重视子弟教育，并以《诗》传家。楚元王刘交曾"受《诗》于浮丘伯"，并作《元王诗》。吕后时，曾遣次子刘郢从浮丘伯习《诗》，还让儿子们皆读《诗》。这正是西汉最早以《诗》传家的例证。而刘交第四子刘富既熟悉《诗》，其子刘辟疆能传家学，"亦好读《诗》，能属文"。刘辟疆子刘德有智略，亦善文。刘德子刘向通《诗》《书》，"通达能属文辞"，刘向子刘歆"通《诗》、《书》，能属文"。可见，正是由于长安刘氏家族重视子孙教育，几乎代代通《诗》而善属文，才成为西汉知名的文学世家。

扶风韦氏家族属于官僚宗族，但其发展的情况与刘氏相似。据《汉书·韦贤传》，韦贤高祖韦孟，曾为楚元王太傅，是楚夷王、楚王戊父子两代的师傅。楚王刘戊荒淫，韦孟谏而不听，遂迁徙于邹。韦孟五世孙韦贤"笃志于学，兼能《礼》、《尚书》，以《诗》教授，号称邹鲁大儒"。昭帝时，韦贤征为博士，授昭帝《诗》。宣帝即位，韦贤以明经为丞相。韦贤少子韦玄成"好学，修父业"。汉元帝时，"复以明经历位至丞相。故邹鲁谚曰：'遗子黄金满籯，不如一经。'"韦贤次子韦弘子韦赏"亦明《诗》"，汉哀帝为定陶王时，韦赏为太傅。哀帝即位，韦赏列为三公，赐爵关内侯。可见，韦氏家族素以《诗》传家，重视子孙的儒学教育，最终成为大姓宗族。韦氏家族除了两任丞相外，"宗族至吏二千石者十余人"。这也是扶风韦氏家族成为汉代文学家族的原因之一。

扶风班氏家族最初属于"素封"宗族，后来成为官僚、外戚，最终成为文学世家,其发展更具有典型意义。班氏远祖与楚同姓。秦始皇末年,班壹避地雁门郡楼烦,经营畜牧,有马牛羊数千群。汉孝惠帝、高后时,班壹"以财雄边",班氏由此成为当地富户豪族。班壹子班孺任侠,而班孺子班长为上谷守。班长子班回举茂材为长子令。若以时间推断,班回任长子令当为武、宣时期。而班回生班况,初举孝廉为郎。班况女班姬为成帝婕妤,"诵《诗》及《窈窕》《德象》《女师》之篇"。班况长子班伯少受《诗》于师丹,学小夏侯《尚书》《论语》于郑宽中、张禹,与许商讲论大、小夏侯《尚书》之异同。次子班斿"博学有俊材",与刘向同校秘书。三子班稚方正守直。班斿子班嗣虽学儒而好老庄之学,班稚子班彪则"唯圣人之道然后尽心"。而班彪长子班固、次子班超、女班昭皆通儒学。在班氏发展史上,由贵胄之苗裔而为难民,由难民而为富豪,由富豪而为官僚宗族、进而为外戚,再由外戚而为文化宗族,并成文学世家。班氏重视儒学教育,无论男女皆读儒经。这是其最终成为文学世家的重要原因。

上述三例说明,以家族为中心的儒学教育在西汉得以出现。长安刘氏家族、扶风韦氏家族和扶风班氏家族分别代表了当时社会上层中的三种类型——贵族、官僚和素封平民宗族。然而,在子弟教育这一点上,这三个家族皆重视子弟的儒质化,重视家学传承的共性特点,显示出汉代儒学教育的家族化倾向早在西汉时已肇其端。

而在东汉,儒学教育的家族化倾向更加明显。例如,弘农杨氏家族世传《欧阳尚书》,即具有重视家学教育的家族化倾向。该家族中,杨宝、杨震、杨秉、杨众、杨赐、杨彪五代六人皆传家学,显然是儒学教育家族化的结果。而杨氏家族也是汉代的文学家族,西汉杨敞、杨恽及东汉杨震、杨秉、杨赐、杨彪、杨修、杨奇等皆有文名。

扶风马氏也重视子弟的教育。据《后汉书·马援列传》,马援少学《齐诗》,重视子弟教育,曾作《诫兄子严敦书》以教导侄儿马严、马敦。马援小女(明德马皇后)亦受到良好的教育,她"能诵《易》,好读《春秋》《楚辞》,尤善《周官》《董仲舒书》"(《后汉书·皇后纪》)。马援侄子马严、马敦亦通儒学,号曰"钜下二卿"。章帝崩,马严"乃退居自守,训教子孙"。在他的七个儿子中,马续、马融最知名。马续"七岁能通《论语》,十三明《尚书》,十六治《诗》",马融十三岁即以"明经"为太子舍人。而马融也重视子女教育。班昭作《女诫》，马融"善之"，并令妻女学习。（《后汉书·列女传》）马融之女皆有文才，马伦"少有才辩"。马芝有《申情赋》存世，这应与马融重视家庭教育有关。这说明，重视子女教育是马氏家族的传统。

再如，南阳邓氏家族也非常重视子女教育，并培养出一代皇后邓绥。据《后汉书·邓寇列传》："邓禹字仲华，南阳新野人也。年十三，能诵诗，受业长安。时光武亦游学京师，禹年虽幼，而见光武知非常人，遂相亲附。数年归家。"建武元年（25），年仅二十四岁的邓禹为大司徒。明帝时，邓禹升任太傅。邓禹第六子邓训，"少有大志，不好文学，禹常非之"。可见，邓禹经常训导邓训应读儒经。而邓训五子中，四子邓弘"少治《欧阳尚书》，授帝禁中，诸儒多归附之"。邓弘成为邓氏家族第二代帝师。邓训之女、和熹皇后邓绥曾与诸兄同读经传，甚至相互讨论学习，显示出邓氏家族良好的儒教家风。据《后汉书·皇后纪》载：

>　　和熹邓皇后讳绥，太傅禹之孙也……六岁能《史书》，十二通《诗》、《论语》。诸兄每读经传，辄下意难问。志在典籍，不问居家之事。母常非之，曰："汝不习女工以供衣服，乃更务学，宁当举博士邪？"后重违母言，昼修妇业，暮诵经典，家人号曰"诸生"……是时，方国贡献，竞求珍丽之物，自后即位，悉令禁绝，岁时但供纸墨而已……太后自入宫掖，从曹大家受经书，兼天文、算数。昼省王政，夜则诵读，而患其谬误，惧乖典章，乃博选诸儒刘珍等及博士、议郎、四府掾史五十余人，诣东观雠校传记。事毕奏御，赐葛布各有差。又诏中官近臣于东观受读经传，以教授宫人，左右习诵，朝夕济济。[①]

由于邓氏家族与皇族通婚，皆重儒学教育，加之邓绥为皇后、太后，执掌权柄，使该家族"累世宠贵，凡侯者二十九人，公二人，大将军以下十三人，中二千石十四人，列校二十二人，州牧、郡守四十八人，其余侍中、将、大夫、郎、谒者不可胜数，东京莫与为比"（《后汉书·邓寇

[①] （南朝宋）范晔：《后汉书》卷十上《皇后纪上》，中华书局1965年版，第418页。

列传》）。可以说，南阳邓氏家族最终能够成为东汉外戚望族，与其重视家族子弟的儒学教育不无关系。

沛郡龙亢桓氏更为典型，家学传承绵绵不绝。据《后汉书》载，桓荣"少学长安，习《欧阳尚书》，事博士九江朱普……会朱普卒，荣奔丧九江，负土成坟，因留教授，徒众数百人。莽败，天下乱。荣抱其经书与弟子逃匿山谷，虽常饥困而讲论不辍，后复客授江淮间"。建武十九年（43），为太子刘庄讲《欧阳尚书》。桓荣子桓郁"敦厚笃学，传父业，以《尚书》教授，门徒常数百人……永平十五年，入授皇太子经……郁经授二帝，恩宠甚笃，赏赐前后数百千万，显于当世。门人杨震、朱宠，皆至三公。初，荣受朱普学章句四十万言，浮辞繁长，多过其实。及荣入授显宗，减为二十三万言。郁复删省定成十二万言。由是有《桓君大小太常章句》"。桓郁中子桓焉，不仅"能世传其家学"，而且"明经笃行，有名称"。安帝永初元年（107），桓焉入授安帝，为帝师。安帝永宁年间，刘保立为皇太子，桓焉为太子少傅。顺帝刘保即位，拜桓焉为太傅。永和五年（140），代王龚为太尉。桓焉作为一代帝师，"弟子传业者数百人，黄琼、杨赐最为显贵"。桓焉之孙桓典，"复传其家业，以《尚书》教授颍川，门徒数百人"。恰如范晔所云，"中兴而桓氏尤盛，自荣至典，世宗其道，父子兄弟代作帝师，受其业者皆至卿相，显乎当世"。在桓氏家族中，桓焉从子桓鸾、鸾子桓晔，桓晔从子桓麟、麟子桓彬并有名。其中，桓鸾"学览六经，莫不贯综"，桓麟著碑、诔、赞、说、书凡二十一篇，而桓彬少与蔡邕齐名，著《七说》及书凡三篇。蔡邕等赞美桓彬"有过人者四：凤智早成，岐嶷也；学优文丽，至通也；仕不苟禄，绝高也；辞隆从窊，洁操也"①。可见，桓氏家族世代重视儒学教育，最终也成为文学家族。

从儒学教育的家族化角度看，博陵崔氏家族不仅代代传承儒学，而且是汉代非常典型的文学家族。崔骃高祖父崔朝在昭帝时为幽州从事，崔朝生崔舒，崔舒生崔篆。而崔篆母师氏以"能通经学、百家之言"而知名于新莽之时。崔篆应从小受到母亲的教育、熏陶。新莽时，崔篆为

---

① （南朝宋）范晔：《后汉书》卷三十七《桓荣丁鸿列传》，中华书局1965年版，第1249—1262页。

郡文学,"以明经征诣公车",官终建新大尹。因崔氏家族在新莽时期贵宠无比,所以在东汉初年,崔篆曾受到怀疑,仕途一直不顺。崔篆生崔毅。崔毅因病隐居不仕。崔毅生崔骃。而崔骃"年十三能通《诗》《易》《春秋》,博学有伟才,尽通古今训诂百家之言,善属文"。显然,崔骃接受的是以儒学为核心的家学教育。崔骃子崔瑗"锐志好学,尽能传其父业"。不仅如此,崔瑗拜大儒贾逵为师,"质正大义",为贾逵所器重。因游学洛阳,"遂明天官、历数、《京房易传》、六日七分。诸儒宗之"。同样,崔瑗子崔寔"少沉静,好典籍",儒学功底深厚。如范晔所云,"崔氏世有美才,兼以沉沦典籍,遂为儒家文林"。博陵崔氏以儒学传家,世代沉潜于典籍。该家族代代善作文辞,成为东汉儒林"文宗",真所谓"崔为文宗,世禅雕龙"。①

需要说明的是,汉代地主田庄的兴盛是各个宗族重视子女教育、推动儒学教育家族化的经济基础。汉代田庄兴起于西汉前期,在西汉中期已有一定的发展。此后,田庄成为当时较为普遍的经济实体。而"汉代地主田庄的形成,就与当时人们还保留着十分强烈的宗族观念有着密切的关系"②。就是说,汉代田庄成为汉代宗族共同生活的场所。在汉代的田庄之中,除了经营农业、手工业及季节性的商业活动外,"为了统治的需要和培养后继的力量,田庄对子弟的教育也很重视"。除了"言传身教"式的家庭教育而外,田庄主也非常重视"家馆"式的学校教育,"规定幼童入小学,成童和成童以上分期入大学。幼童主要先学习识字、算学和术学等方面的基础知识,然后学习《孝经》、《论语》;成童则主要学习'五经'"。③ 特别是从西汉中期起,"随着儒学独尊地位的确立,政府选官多以儒学取士。因此,经学传授成为田庄教育重点……在田庄里办学校,也有利于文化、教育事业的发展,提高田庄成员的素质,密切相互之间的关系,同时也为宗族的兴盛培养了人才,通过仕途利禄的获取加强本宗族的社会地位,保证了田庄的长久发展"④。田庄教育属于私学

---

① (南朝宋)范晔:《后汉书》卷五十二《崔骃列传》,中华书局1965年版,第1703—1733页。
② 杜庆林:《汉代田庄研究》,山东大学出版社2010年版,第11页。
③ 同上书,第215页。
④ 同上书,第218—221页。

教育，作为汉代教育体系的重要补充力量，有力地促进了儒学教育的家族化，也培养了大批文化人才。

综上所述，汉代统治者以仕进为激励士子习儒的条件，并积极兴办官学教育，扩大官学教育的规模和受教育者的范围。尤其在地方郡县兴办官学，扩大了受教育者的范围，使儒学教育进一步得到普及。不仅如此，从西汉中期开始，以儒学教育为中心的私学教育渐次兴盛。在聚徒设坛讲学的儒学经师之中，既有隐逸之士，也有退居故里的官员和不得志的大儒。这既有利于儒学教育的普及，也为汉代文学培育了大批文学人才。尤其是东汉时期儒学教育的家族化，使许多儒学世家渐次转变成为影响深远的文学家族。当然，这种转变或许并非出自各家族成员对文学的自觉认识（即使诸如博陵崔氏等少数家族代代善属文，也可能没有这种自觉意识）。他们之所以参与文学创作，只不过是借文学创作来表达自己的观点和看法。所以，从这个意义上讲，汉代文人的文学兴趣也只是汉代儒学昌盛的副产品而已。尽管如此，这个副产品却有力地推动了汉代文学的发展，也催生了大批汉代文学家族的出现。这应是值得我们关注的地方。尤为重要者，在众多家族之中，重视家族子弟、家庭子女教育的家学教育是汉代儒学教育的有益补充。许多家族不仅重视男性子弟的教育，也不忽视对女儿的教育，使我们深切感受到汉代女性拥有与男性相对平等的受教育权。不过，重视女性教育并非出自对其未来仕途的考虑，而是出自对其未来家庭婚姻生活的考虑。因为从东汉开始，重视门第的婚姻观念比较普遍，讲究贞节的观念也渐次形成。而且，汉代非常重视孝道伦理，而孝道也是汉代女性的必修课。女性接受教育，也使汉代女性作家多了起来。比如，班婕妤、班昭、马伦、马芝、蔡琰等女性作家，有不少的文学作品传世，皆在汉代文学史上占有一席之地。这从另一个方面说明，汉代儒学教育的家族化倾向对汉代文学家族形成具有深远影响。

本章小结

本章重点分析了汉代文学家族的文化基础。尽管汉代文学家族是多种因素共同作用的结果，但不容否认，两汉时期的文化与教育的发展具有重要作用。

其一，汉代的文化政策及文化机构的设立、汉代儒学教育的发展及汉代文学的发展，是文学家族产生的重要原因。博士官制度和儒学教育制度为汉代文学家族的形成提供了制度保障；汉代文化机构则是培养和历练文人、提高其创作能力的重要场所；汉代发达的儒学教育培养了大批文学人才。

其二，汉代文学的发展也有力地促进了文学家族的形成。如果说文化政策、文化机构及儒学教育是文学家族形成的外因，则文学的发展是其形成的内因。文学发展与文学家族之间是相辅相成、相互促进的关系。

其三，汉代官学教育虽然发达，但毕竟不能满足社会的需求。而民间私学和家族私学的兴起，对汉代宗族的儒质化具有重要影响。特别是儒学教育的家族化，使许多家族形成别具特色的家学传统。对男女一视同仁的教育观念，也是汉代儒学教育家族化的重要特点。儒学教育的家族化在东汉显得尤为突出，推进了许多家族的世族化进程。这也是汉代文学家族形成的必然途径。

当然，西汉时代的移民政策、东汉时代重门第的观念、地域文化的强大影响力等对汉代文学家族的形成也有重要作用。其实，汉代文学家族是汉代的政治、文化、教育活动的副产品。对于各家族成员而言，他们并没有从事文学创作的自觉意识，也不会仅凭文学创作的单一途径去营建自己的家族文化。在很大程度上，儒学教育的主导作用，仕进选择的功利目的，使得各家族的文学创作具有鲜明的时代特征，政治与经学、仕途与命运、理想与失意成为汉代文士创作的主题。

第十一章

汉代三辅地区的文化核心地位

两汉时期，京兆尹、左冯翊、右扶风合称三辅，也是汉代关中的文化核心区。根据前面的介绍，我们发现，除了弘农杨氏而外，诸如京兆杜陵杜氏、京兆长安刘氏、左冯翊司马氏、扶风马氏、扶风窦氏、扶风韦氏、扶风班氏等七个文学家族皆产生于三辅地区，占汉代关中文学家族总数的87.5%。这说明，汉代三辅地区对文学家族的形成具有非常重要的影响。当然，从更深层的原因来看，人口的迁徙、流动对汉代文学家族的形成有着更为直接的影响。一方面，长安作为西汉的政治、经济与文化中心，吸引众多家族聚居于此；另一方面，以长安为中心的三辅地区，也是汉王朝政策性人口迁徙的目的地。所以，两汉（特别是西汉）各个家族这种辐辏三辅的现象，也有着政策性因素的影响。

第一节 三辅地区的历史沿革

在传说时代，古中国分为十二州，大禹治水之后，并为九州：冀州、兖州、青州、徐州、扬州、荆州、豫州、梁州、雍州。西周时，九州区域又有变改，"周既克殷，监于二代而损益之，定官分职，改禹徐、梁二州合之于雍、青，分冀州之地以为幽、并"[①]。而周代的九州依次为：东南为扬州、正南为荆州、河南为豫州、正东为青州、河东为兖州、正西为雍州、东北为幽州、河内为冀州、正北为并州。随着时代变迁，地域分野顺时而变，历经春秋、战国之后，秦汉时期的地域疆土又有了新的

---

① 参见《汉书》卷二十八上《地理志上》，中华书局1962年版，第1539—1543页。

拓展。正如《汉书·地理志》所云，"至武帝攘却胡、越，开地斥境，南置交阯，北置朔方之州，兼徐、梁、幽、并夏、周之制，改雍曰凉，改梁曰益，凡十三部，置刺史"①。汉武帝所确立的十三部之中，司隶刺史部居于国土中央，地跨函谷关之东西，包括京兆尹、左冯翊、右扶风和弘农郡、河东郡、河内郡和河南郡。其中，由京兆尹、左冯翊、右扶风组成的"三辅"是以长安为中心的三个行政区，若再加上弘农郡，则其地域大体与今陕西关中地区相当。

追溯历史，三辅地区辖区范围和名称经历过多次变化。秦王朝时期，"三辅"原属秦内史。在汉初，三辅各个行政区域的名称有过变化。为了便于叙述，现就京兆尹、左冯翊和右扶风的范围、辖地等予以分述。

京兆尹，辖地在今秦岭以北、西安以东、渭河以南。京兆尹在高祖元年（前206）属塞国，高祖二年（前205）更为渭南郡，高祖九年（前198）复改为内史，武帝建元六年（前135）分为右内史，太初元年（前104）正式更名为京兆尹。京兆尹辖县十二：长安（在今西安市西北）、新丰（在今陕西临潼东北十四里）、船司空（在今陕西华县东部及潼关县境内）、蓝田（在今陕西蓝田西三十里）、华阴（在今陕西华阴东南）、郑（在今陕西华县西北三里）、湖（在今河南灵宝西）、下邽（在陕西渭南东北二十余里处）、南陵（在今西安东南白鹿原上）、奉明（在西安城北八里）、霸陵（在今西安城东北三十五里）、杜（在今西安市长安区少陵原上）。京兆尹的治所在当时西汉的首都长安（今西安市西北）。

左冯翊，辖境相当于今长安以东、渭河以北、泾河以东、洛河中下游地区。左冯翊在高祖元年（前206）属塞国，二年（前205）更名为河上郡，九年（前198）复为内史，武帝建元六年（前135）分为左内史，太初元年（前104）更名为左冯翊。辖县二十四：高陵（在今陕西高陵县西南一里）、栎阳（在今陕西临潼北）、翟道（在今陕西黄陵、宜君二县东部）、池阳（在今陕西泾阳西北二里）、夏阳（在今陕西韩城南）、衙（在今陕西白水县东北，黄河西岸）、粟邑（在今陕西白水县以北三十七公里处）、谷口（在今陕西礼泉县东北）、莲勺（在今渭南市北部、蒲城县西南）、鄜（在今陕西洛川县东南七十里）、频阳（在今陕西富平东

---

① 参见《汉书》卷二十八上《地理志上》，中华书局1962年版，第1543页。

北五十里)、临晋(在今大荔县东)、重泉(在今蒲城县东南)、郃阳(在今陕西合阳东南四十里)、祋祤(在今陕西铜川市耀州区)、武城(在今陕西华县东)、沈(音 quē)阳(在陕西华县东北十五里)、怀德(在今大荔县东南部)、徵(在今陕西澄城县西南)、云陵(在今陕西淳化县东南)、万年(在今陕西临潼北)、长陵(在今陕西咸阳东北)、阳陵(在今陕西咸阳东北,泾河、渭河之间)、云阳(在今陕西淳化西北)。可见,左冯翊的辖区范围包括今陕北南部的黄陵、洛川和宜君、铜川等区域。左冯翊的治所亦在长安。

右扶风,辖地相当于今秦岭以北、户县、咸阳、旬邑以西地区。右扶风在高祖元年(前206)属雍国,二年(前205)更名地中郡,九年(前198)复为内史,武帝建元六年(前135)分为右内史,太初元年(前104)更名主爵都尉为右扶风。辖县二十一:渭城(在今咸阳东北二十里)、槐里(在今陕西兴平市东南十里)、鄠(今陕西户县北)、盩厔(在今陕西周至东三十里)、斄(在今咸阳市杨陵区、武功县及扶风县东南部)、郁夷(在今陕西宝鸡陇县西北部及甘肃省华亭县地)、美阳(在今陕西扶风、岐山二县北部)、郿(在今陕西眉县东)、雍(在今陕西凤翔南)、漆(在今陕西彬县及永寿县北部)、栒邑(在今陕西旬邑东北)、隃麋(在今陕西千阳东)、陈仓(在今陕西宝鸡市东)、杜阳(在今陕西麟游西北)、汧(在今陕西陇县南)、好畤(在今陕西乾县东十里)、虢(在今陕西宝鸡市)、安陵(在今陕西咸阳市东北)、茂陵(在今陕西兴平市东南)、平陵(在今咸阳市西北十五里)、武功(辖区约为今眉、岐山两县的渭河以南地区及太白县东部)。右扶风的治所也在长安。

可见,汉代"三辅"历经了六次更名,至汉武帝太初元年(前104)方最终定名。此后,历经西汉百余年未有大的变化。[1] 东汉时期,西汉司隶刺史部所辖七郡未有变改,仍隶属司隶校尉部。不过,据《后汉书》志第十九《郡国一》所载,七郡的次序有了变化。其中,河南尹居首,因其是东汉首都洛阳所在地。其次为河内、河东、弘农、京兆尹、左冯翊、右扶风[2]。可见,曾在西汉为京都所在地的三辅地区,因政治中心的

---

[1] (汉)班固:《汉书》卷二十八上《地理志上》,中华书局1962年版,第1543—1556页。
[2] (南朝宋)范晔:《后汉书》志第十九《郡国一》,中华书局1965年版,第3389—3408页。

东移而成为"三河"地区的附庸,甚至被列于弘农郡之后。当然,在东汉时期,三辅区域所辖地域也有变化。例如,东汉弘农郡中的湖、华阴两县,原属西汉京兆尹;东汉京兆尹中的长陵、阳陵两县原属西汉左冯翊,商、上洛两县原属西汉弘农郡;东汉时的右扶风所属武功县曾一度废止,至汉明帝永平八年(65)方复为县,等等。不过,查谭其骧先生所编的《中国历史地图集》第二册图15—16和图42—43,两汉时期三辅的区域面积没有太大的变化。

更为重要者,无论从政治、经济角度,还是从文化角度来衡量,汉代的三辅区域很早就是先民活动的区域。夏、商、周以来,该区域既是古代先民活动的中心区域,也是历史上人口比较集中的区域,更是周边区域民众向心流动的中心所在地。秦汉以来,三辅区域既是当时的政治中心,也是经济相对发达的区域,并且是具有深厚历史文化积淀的文化中心区。

从政治角度来看,早在殷商时期,在殷商西部的周主要活动于今陕西境内,亦在两汉时期的三辅范围之内。西周时期,宗周镐京在今西安附近;而成周洛邑则在今河南境内。历经春秋、战国的兼并战争之后,统一了六国的秦王朝最终将都城设置于咸阳,并在黄河沿岸置三川郡、河东郡、河内郡等。而且,秦朝时的内史、三川、河东、河内郡,正是汉代确定三辅、三河的地域基础。弘农郡为汉武帝时所设,其辖地在秦朝时属内史辖地。西汉时,长安为首都,而以西都长安为中心的三辅地区,便成为当时的政治中心区。

从经济角度看,三辅地区是汉代农业比较发达的地区,也是两汉时期的粮食生产基地。早在原始社会时期,仰韶文化遗址与龙山文化遗址密度最高的区域在黄河沿岸,其范围大体在三辅、三河及弘农郡一带。其中,旧石器时代早期及晚期遗址主要分布在三辅、三河的交界地带;新石器时代的早期及晚期遗址也密密匝匝地分布于这个区域。远古人类选择黄河两岸为栖息地,也与两岸河水冲积形成的平原地带有着密切的关系。肥沃的土壤、温湿的气候和充沛的雨量适宜于农作物的培育与生长,也是中国古代农业文化的发源地之一。商周以来,黄河两岸成为农业经济的发达地区。《诗经》歌咏农事生产、农俗生活的诗篇,也主要产生于这些区域。例如,《魏风·伐檀》《豳风·七月》《小雅·无羊》《小雅·楚茨》《小雅·甫田》《大雅·生民》《周颂·臣工》《周颂·噫嘻》《周颂·丰年》《周颂·载芟》《周颂·良耜》等。这些诗作给我们提供的重要信息，就是两周文明建立在农业经济的基础之上。两周农业文明奠定了该区域的经济地位。战国时期，该区域的农业经济获得了长足的发展。秦发源于甘肃天水地区，而后向东推进至雍州（今陕西凤翔）。二百五十多年之后，再次东进咸阳，并经过一百四十多年的经营①，使这片区域成为高度发达的农业经济区。尤其是工匠郑国主持修建的郑国渠，既提高了农田亩产，也使咸阳及其周边地区渐渐成为沃野千里、物产丰饶之地，为秦国最终统一六国奠定了坚实的经济基础②。正如《汉书·地理志下》所云，"故秦地天下三分之一，而人众不过什三，然量其富居什六"③。

秦汉之际的战乱，使该区域的农业生产活动遭到严重的破坏。汉王朝建立之初，关中一带人烟稀少，都邑残破。④ 据《汉书·食货志上》称，"汉兴，接秦之敝，诸侯并起，民失作业而大饥馑。凡米石五千，人相食，死者过半。高祖乃令民得卖子，就食蜀、汉。天下既定，民亡盖臧，自天子不能具醇驷，而将相或乘牛车。上于是约法省禁，轻田租，

---

① 据考古资料显示，20世纪90年代在甘肃礼县大堡子山发现秦人早期遗址，2006年在陕西凤翔发现并发掘秦公大墓，说明二者之间有前后相继的关系。参见王学理、尚志儒、呼林贵等《秦物质文化》有关"都邑""陵墓"的论述，三秦出版社1994年版，第60、254页。另外，王学理的《咸阳帝都记》也有较为详细的介绍，该书由三秦出版社1999年出版。

② 据《汉书·地理志下》载，"故秦地于《禹贡》时跨雍、梁二州，《诗·风》兼秦、豳两国。昔后稷封斄，公刘处豳，大王徙岐，文王作酆，武王治镐，其民有先王遗风，好稼穑，务本业，故《豳诗》言农桑衣食之本甚备。有鄠、杜竹林，南山檀柘，号称陆海，为九州膏腴。始皇之初，郑国穿渠，引泾水溉田，沃野千里，民以富饶"（中华书局1962年版，第1642页）。

③ （汉）班固：《汉书》卷二十八下《地理志下》，中华书局1962年版，第1646页。

④ 据《后汉书》志第十九《郡国一》，李贤注引《帝王世记》云："然考苏、张之说，计秦及山东六国，戎卒尚存五百余万，推民口数，尚当千余万。及秦兼诸侯，置三十六郡，其所杀伤，三分居二；犹以余力，行参夷之刑，收太半之赋，北筑长城四十余万，南戍五岭五十余万，阿房、骊山七十余万，十余年间，百姓死没，相踵于路。陈、项又肆其余烈，故新安之坑，二十余万，彭城之战，睢水不流。至汉祖定天下，民之死伤，亦数百万。是以平城之卒，不过三十万，方之六国，五损其二。"（中华书局1965年版，第2387—2388页）关于汉初人口总量，葛剑雄《中国人口史》卷一第七章《两汉时期的人口数量》指出，"王育民称'汉初实际人口估计当在1500万至1800万之间'，与我的结论完全一致"（复旦大学出版社2005年版，第316页）。在谈到汉初三辅地区人口时，葛剑雄认为"估计该地区当时的总人口数为征发人数的3倍多，约为50万人"（复旦大学出版社2005年版，第334页）。所以，三辅地区在秦汉之际因战乱导致人口稀少应是不争的事实。

十五而税一，量吏禄，度官用，以赋于民。而山川、园池、市肆租税之入，自天子以至封君汤沐邑，皆各为私奉养，不领于天子之经费。漕转关东粟以给中都官，岁不过数十万石"①。这说明：其一，战乱导致人口锐减；其二，经济凋敝是汉初的重要问题；其三，关东作为汉王朝的粮食主产区，一年能提供的粮食不过数十万石而已。

尽管如此，函谷关以西的三辅地区，仍然具有相应的经济潜力。经过近七十年的与民休息，汉王朝终于可以过上比较富足的生活。正如《汉书·食货志》所言，"至武帝之初七十年间，国家亡事，非遇水旱，则民人给家足，都鄙廪庾尽满，而府库余财。京师之钱累百巨万，贯朽而不可校。太仓之粟陈陈相因，充溢露积于外，腐败不可食"②。我们知道，经济是政治的基础，也是文化发达的基础。在古代中国，统治者选择都城往往有着相似的条件。诸如经济发达、交通便利、军事战略地位突出、文化底蕴深厚等条件，是所有王朝立都的重要依据。不过，经济与交通当为首位。例如，商都安阳、西周都镐京、东周都洛邑、秦都咸阳、西汉都长安、东汉都洛阳等，这些都城都在农业主产区，也在水陆交通相对便利之地。所以，汉王朝讨论定都问题时，最终采纳了娄敬定都长安的建议。很重要的原因是关中土地丰饶、交通便利，"此所谓金城千里，天府之国也"。③

当然，三辅所在区域也是历史文化积淀最为深厚、各种文化汇聚交流的地区。如前所述，三辅之地自古就是先民的重要生活居所。旧石器时代、新石器时代的大量文化遗址，多分布于这一区域。由于文化积淀

---

① （汉）班固：《汉书》卷二十四上《食货志上》，中华书局1962年版，第1127页。
② 同上书，第1135页。
③ 汉帝国建立之初，秦都附近可谓到处是残垣断壁，项羽的一把火，几乎使咸阳化为废墟。在讨论建都问题时，刘邦所部多为关东人，期望建都洛阳，而娄敬则建议都长安，两派争持不下。而张良认为，关中为"金城千里，天府之国"，最终说服刘邦，建都长安。详见《史记·留侯世家》：刘敬说高帝曰："都关中。"上疑之。左右大臣皆山东人，多劝上都雒阳："雒阳东有成皋，西有崤黾，倍河，向伊雒，其固亦足恃。"留侯曰："雒阳虽有此固，其中小，不过数百里，田地薄，四面受敌，此非用武之国也。夫关中左崤函，右陇蜀，沃野千里，南有巴蜀之饶，北有胡苑之利，阻三面而守，独以一面东制诸侯。诸侯安定，河渭漕挽天下，西给京师；诸侯有变，顺流而下，足以委输。此所谓金城千里，天府之国也，刘敬说是也。"于是高帝即日驾，西都关中（中华书局1982年版，第2043—2044页）。

深厚，使这一区域成为先秦两汉时期的文化中心。周起于西部，但也将宗周建于渭水两岸。据《史记·周本纪》，周文王姬昌初都丰邑。裴骃《史记集解》云，"徐广曰：'丰在京兆鄠县东，有灵台。镐在上林昆明北，有镐池，去丰二十五里。皆在长安南数十里。'"① 所以，西周礼乐文化是从地处西部的关中区域向四方传播的。当然，文化具有历史层级的积累性。也就是说，三辅地区之所以成为文化中心，与人口迁徙所带来的文化交融有着极为密切的关系。这也是下文重点论述的内容。

第二节　人口迁徙与文化核心的形成

根据《汉书》卷二十八《地理志上》所载，至西汉平帝元始二年（2），三辅地区人口总量不少。京兆尹有十九万五千七百零二户，六十八万二千四百六十八人，其中长安一地就占八万八百户，二十四万六千二百人。左冯翊有二十三万五千一百零一户，九十一万七千八百二十二人，其中长陵有五万零五十七户，十七万九千四百六十九人。右扶风有二十一万六千三百七十七户，八十三万六千零七十人，其中茂陵有六万一千零八十七户，二十七万七千二百七十七人。② 据此统计，三辅地区在汉平帝元始二年（2）共有人口二百四十三万六千三百六十人，若当时西汉人口五千万人，约占全国总人口的二十分之一。而且，长安、长陵和茂陵三地共有人口七十万二千九百四十六人，占三辅总人口的 28.85%。而这三个地方正是人口迁徙最多的区域。而人口迁徙对三辅文化中心地位的形成也有直接的影响。这是因为人口迁徙其实也是文化交流和交融的重要形式。

三辅地区不仅是传统文化的积淀区域，也是各种文化的汇聚、交流之地。特别是人口的迁徙，对三辅地区杂文化特点的形成具有非常重要的影响。而人口的迁徙在秦汉时期一直在持续。比如，秦始皇二十六年（前221），"迁天下豪富于咸阳十二万户"。秦始皇三十五年（前212），

---

① （汉）司马迁：《史记》卷四《周本纪》，中华书局1982年版，第118页。
② （汉）班固：《汉书》卷二十八上《地理志上》，中华书局1962年版，第1543—1547页。

"隐宫徒刑者七十余万人,乃分作阿房宫,或作丽山……因徙三万家丽邑,五万家云阳,皆复不事十岁"。① 云阳在今咸阳西北淳化县附近,丽邑则在其东南鸿门附近,皆在秦内史区域。可见,早在秦朝时,三辅地区已为来自不同文化区域移民的杂居之地。

关于西汉政策性移民的记载,主要见于《史记·高祖本纪》《史记·货殖列传》《汉书·高帝纪》《汉书·景帝纪》《汉书·武帝纪》《汉书·昭帝纪》《汉书·宣帝纪》《汉书·地理志》等。根据《史记·高祖本纪》所载,汉王朝建立后,于高祖五年(前202)六月决定建都城于长安。葛剑雄认为,"这本身就是一次规模不小的移民"。这次移民首先使本土的秦文化与刘邦军事集团所带来的楚文化等实现了广泛的交融。可以说,这既是东西文化的交融,也是南北文化的交融。汉高祖七年(前200),刘邦为太上皇刘太公在丽邑建新丰,此即西汉初年的另一次大规模移民。因为当时的工匠完全按刘太公故乡丰县的样子改建了丽邑,并命名为新丰,然后将丰县故乡的人口,特别是"旧社屠儿酤酒煮饼"者纷纷迁来。② 汉高祖九年(前198)则是汉初史书记载的第三次移民。该年十一月,刘邦采纳了娄敬的"强干弱枝"的建议,"徙贵族楚昭、屈、景、怀、齐田氏关中"(《史记·高祖本纪》)。根据《史记·货殖列传》的记载,此次移民的范围比较广,涉及"齐诸田,楚昭、屈、景,燕、赵、韩、魏后,及豪桀名家"等,大约十余万口之多③。

除了上述三次记载外,《汉书》中有关西汉时期政策性人口迁徙的记载还有:

---

① (汉)司马迁:《史记》卷六《秦始皇本纪》,中华书局1982年版,第239—256页。
② 葛剑雄:《中国人口史》第一卷,复旦大学出版社2005年版,第523—524页。
③ 据《史记·货殖列传》:"汉兴,海内为一,开关梁,弛山泽之禁,是以富商大贾周流天下,交易之物莫不通,得其所欲,而徙豪杰诸侯强族于京师。"(第3261页)而据《史记·刘敬叔孙通列传》,刘敬奉命与匈奴和亲。从匈奴归来之后,对刘邦云:"匈奴河南白羊、楼烦王,去长安近者七百里,轻骑一日一夜可以至秦中。秦中新破,少民,地肥饶,可益实。夫诸侯初起时,非齐诸田,楚昭、屈、景莫能兴。今陛下虽都关中,实少人。北近胡寇,东有六国之族,宗强,一日有变,陛下亦未得高枕而卧也。臣愿陛下徙齐诸田,楚昭、屈、景、燕、赵、韩、魏后,及豪杰名家居关中。无事,可以备胡;诸侯有变,亦足率以东伐。此强本弱末之术也。"刘敬的建议得到刘邦赞同,"乃使刘敬徙所言关中十余万口"。这些人口主要迁徙于关中三辅地区的高陵、栎阳及华阴一带。唐司马贞《史记索隐》云:"案:小颜云'今高陵、栎阳诸田,华阴、好畤诸景,及三辅诸屈诸怀尚多,皆此时所徙也。'"(中华书局1982年版,第2719—2720页)

五年春正月，作阳陵邑。夏，募民徙阳陵，赐钱二十万。(《景帝纪》)

　　(建元三年)，赐徙茂陵者户钱二十万，田二顷。(《武帝纪》)

　　(元朔二年)夏，募民徙朔方十万口。又徙郡国豪杰及訾三百万以上于茂陵。(《武帝纪》)

　　太始元年春正月……徙郡、国吏民豪桀于茂陵、云陵。(《武帝纪》)

　　(始元四年夏)，徙三辅富人云陵，赐钱，户十万。(《昭帝纪》)

　　本始元年春正月，募郡国吏、民訾百万以上徙平陵。(《宣帝纪》)

　　元康元年春，以杜东原上为初陵，更名杜县为杜陵。徙丞相、将军、列侯、吏二千石、訾百万者杜陵。(《宣帝纪》)

　　可见，移民集中的地方是阳陵、茂陵、云陵、平陵和杜陵等诸陵县。不过，西汉移民诸陵的政策可能在汉元帝时期取消。据《汉书·元帝纪》载，"(永光四年)九月戊子，罢卫思后园及戾园。冬十月乙丑，罢祖宗庙在郡国者。诸陵分属三辅。以渭城寿陵亭部原上为初陵"。而且，汉元帝下诏云："安土重迁，黎民之性；骨肉相附，人情所愿也。顷者有司缘臣子之义，奏徙郡国民以奉园陵，令百姓远弃先祖坟墓，破业失产，亲戚别离，人怀思慕之心，家有不安之意。是以东垂被虚耗之害，关中有无聊之民，非久长之策也。《诗》不云乎？'民亦劳止，迄可小康，惠此中国，以绥四方。'今所为初陵者，勿置县邑，使天下咸安土乐业，亡有动摇之心。布告天下，令明知之。"因此，元帝"又罢先后父母奉邑"。所以，可能是汉元帝下诏废除了这一长期坚持的移民诸陵政策。

　　关于西汉统治者移民诸陵县的用意和目的，葛剑雄指出，"加强中央政权的统治基础和经济实力，防范和削弱关东地方势力和诸侯王国成为西汉一以贯之的政策，而从关东移民入关就是实行这项政策的主要措施"。他强调说，"西汉向关中移民的主要办法是设置陵县。元帝前的诸帝在即位后就开始修建自己的陵墓，同时在陵墓附近建立居民点，或扩大原有的居民点，迁入移民，称为陵邑。至皇帝死后葬入陵墓，陵邑即升格为县级政区，成为陵县，并改属太常管辖"。正是由于这个缘故，西汉历代统治者几乎都不会忽略这个问题，至少在汉元帝之前是这样的。

比如，汉高祖长陵在今咸阳市东北，其主要居民是刘邦从关东迁入的移民；惠帝安陵故址在今咸阳市东北，曾迁入5000户；文帝霸陵在今西安市东北，原名芷阳，文帝九年（前171）筑陵改名；景帝阳陵在今高陵县西南，景帝五年（前152）夏"募民徙阳陵，赐钱二十万"；武帝茂陵故址在今兴平市东北，本槐里茂乡，建元二年（前139）筑陵置邑，并三次移民于茂陵，共迁入16000户；昭帝平陵故址在今咸阳市西北，宣帝本始元年（前73）移民迁入；文帝母薄太后南陵故址在今西安市东，文帝前元七年（前173）建陵，景帝前元二年（前155）置县；昭帝母赵婕妤云陵故址在今淳化县东南，武帝后元二年（前87）昭帝即位后筑陵，始元二年（前85）和四年（前83）移民迁入，初设县时为3000户；宣帝父史皇孙悼园，故址在今西安市西北，元康元年（前65）户数增加到1600户，立为县。可见，迁徙大量移民于诸陵，正是西汉设立诸陵县的重要基础。

而迁入人口的成分与文化背景极其复杂。葛剑雄认为："迁入陵县的对象，包括丞相、御史、将军等现职高级官员，即所谓'七相五公'；宠臣、公主、外戚及其他特殊人物；吏二千石，包括九卿、郡太守、都尉、郎中令等；六国诸侯、贵族的后裔；豪杰；高赀富人，具体标准往往因时而异；群盗；汉初功臣后裔。迁入移民的来源很广，至少来自37个郡国，功臣侯后裔至少来自39个郡国，基本都在关东。"可见，迁入西汉各陵县的众多人口不仅成分极其复杂，而且文化背景也极其多样化。如果说这些移民在当时所起的表象作用是为诸陵县的设立提供了人口依据，那么，到了西汉末年，这些移民的后裔总量很大，终于显示出了强大的影响力。据葛剑雄估算，高祖九年（前198）迁入关中的移民后裔至西汉末年达40万，占三辅总人口的六分之一。而"西汉期间从关东迁入关中的人口累计近30万，至西汉末年，移民后裔已有约122万，几乎占三辅人口的一半。由于居住集中，在长安和陵县中移民后裔的比例更高"。[1]当然，问题至此并没有得到合理的解释。实际上，我们不仅要关注人口

---

[1] 葛剑雄：《中国人口史》第一卷，复旦大学出版社2005年版，第523—526页。

的迁入问题，还要关注迁入人口的文化背景。因为这既是人力资源的转移，也是文化资源的迁徙。

从上面的有关介绍来看，迁入关中者包括"七相五公"、九卿、太守、都尉、郎中令、宠臣、公主、外戚、特殊人物、六国诸侯贵族后裔、豪杰、高訾富人、群盗及功臣后裔等，可谓人口的构成成分十分复杂。当然，在这些人群之中，除了少数不通文墨者外，总体上以有文化的知识分子为主，其中也不乏更高层次的知识分子。所以，移民关中政策的落实过程，也是多元文化的交会与融合的过程。《汉书·地理志下》如此描述移民关中的意义与影响：

> 汉兴，立都长安，徙齐诸田，楚昭、屈、景及诸功臣家于长陵。后世世徙吏二千石、高訾富人及豪杰并兼之家于诸陵。盖亦以强干弱支，非独为奉山园也。是故五方杂厝，风俗不纯，其世家则好礼文，富人则商贾为利，豪杰则游侠通奸。濒南山，近夏阳，多阻险轻薄，易为盗贼，常为天下剧。又郡国辐凑，浮食者多，民去本就末，列侯贵人车服僭上，众庶放效，羞不相及，嫁娶尤崇侈靡，送死过度。①

可见，西汉关中地区会聚了来自不同文化背景的人口，致使以长安为中心的三辅地区"五方杂厝，风俗不纯"。但是，这种多元的文化因素将成为长安文化的新鲜血液，从而导致关中区域呈现出多元文化共存的格局。

刘跃进指出："秦汉区域文化的划分应当综合考虑，这里应当特别提请注意的是自然地理因素，因为所谓的文化区域，往往以大中城市为中心向四周辐射，或者依托交通要道，绵延伸展。"② 他将秦汉时期的区域文化分为三辅、河西、巴蜀、幽并、江南、河洛、齐鲁和荆楚等八个文

---

① （汉）班固：《汉书》卷二十八下《地理志下》，中华书局1962年版，第1642—1643页。
② 刘跃进：《秦汉文化论丛》，凤凰出版社2008年版，第295页。

化类型①。所以，在秦汉时期，移民迁入和人口流动所带来的异质文化因素，使三辅地区集中了河西、巴蜀、幽并、河洛、江南、齐鲁和荆楚等文化因子。所以，三辅地区既是汉代文化中心区域，也是多种文化交流与碰撞的集散地。

总之，汉代三辅地区作为当时的文化交流中心，在政治、经济、文化等方面，具有举足轻重的地位。从文化角度衡量，文化交流促进了地域文明的进步，也促进了人口的流动变迁；而人口的流动变迁又为文化的发展与繁荣奠定了良好的人才基础。两汉文学家族的兴起与发展，三辅地区文学家族之所以比较多，与该区域的多种文化并存的文化影响力有着极其密切的关系。

本章小结

汉代三辅地区是汉代关中文学家族产生的中心。因此，汉代的文学家族具有很强的地域性色彩。我们发现，汉代许多家族的发展史皆与迁徙有关，而且迁徙地与西汉诸陵县高度关联。

汉代三辅地区自古以来就是政治、经济和文化中心。从远古的旧石器时代、新石器时代一路走来，三辅地区在殷商时期是周部族的活动中

---

① 刘跃进先生认为，三辅文化主要包括京畿长安周围的京兆尹、左冯翊、右扶风三个区，是关中的核心区；河西文化主要包括安定、天水、陇西、武威、金城、张掖、酒泉、敦煌等地。巴蜀文化在秦岭以南，包括巴、蜀、益州、犍为、牂柯、越嶲、哀牢等地及汉中。幽并文化指黄河以北的广大地区，包括魏、赵、巨鹿、信都、渤海、广阳、涿郡、渔阳、辽西、辽东、玄菟、右北平、上谷、中山、代郡、真定、常山、上党、五原、定襄、雁门、太原、河东及河套地区的朔方、西河及上郡等地。江南文化指开发较晚的长江以南地区。齐鲁文化包括北部的平原、济南、北海、千乘，西部的泰山、东平、山阳及山东半岛的琅邪、城阳、胶东、东莱等地。河洛文化指黄河以南地区，大致相当于今天的郑、汴、洛范围。该区在战国时主要为韩国、魏国所辖地。该区既指洛水与黄河交汇而形成的夹角地带，也泛指以洛阳、嵩山为中心的河南、陈留、颍川等地，及南部的汝南、淮阳等地。其中汝南和淮阳涉及荆楚文化，东部的济阴、山阳、梁国蕴含鲁文化因素，河内、东郡虽在黄河北岸，但与河洛文化息息相关。荆楚文化较为复杂，在战国中后期，沿着长江、淮河流域有"三楚"之说，主要集中在长江中下游和淮河流域。江淮流域的西部为"西楚"，东部为"东楚"。长江下游的"南楚"远至湖南、江西等地。尽管楚地辽阔，但其政治中心区域主要集中在江淮地区中西部，尤以郢都为中心。笼统划分，荆楚文化东部主要包括东海、临淮、广陵，西部以南阳为界，而"南楚"的政治文化中心集中在江夏、六安、九江、庐江、广陵等地。参见刘跃进《秦汉文学论丛》，凤凰出版社2008年版，第295—298页。

心，两周时期，该区域成为宗周所在地。春秋、战国时期，这里又是秦国的政治中心。

　　秦王朝定都咸阳，实行移民，使该区域文化具有多元的性质。尤其是西汉时期多次移民，更使该区域具有"五方杂厝""风俗不纯"的多元文化色彩。三辅地区在西汉时期曾是政治、经济、文化的中心，也是多元文化的聚集地。东汉时期，政治中心虽然东移洛阳，但以长安为中心的三辅地区并未失去文化中心的地位。

第十二章

汉代三辅地区文学家的分布特征

探讨汉代三辅地区文学家的分布特征，首先必须解决籍贯与祖籍的问题。由于西汉曾多次移民，使得许多作家的籍贯和祖籍相差较大。而祖籍与籍贯的问题，其实就是人、地关系问题。梅新林依据现代户籍统计的"惯例"，认为"籍贯应限于三代以内，三代以上为祖籍"①。这样的区分是有道理。因此，在梳理汉代三辅作家总体情况的过程中，我们基本上遵从了这样的分类原则。诸如刘姓皇族中有文辞传世者，我们一般按照三代之内属沛郡，而在长安居住的第四代则属三辅作家的原则予以归类。同样，其他作家也按此原则予以归类。总之，我们不管其祖籍在何地，只要在三辅区域居住了三代以上，则其第四代当属三辅籍。若他们有文辞作品传世，则皆可列入三辅区域的作家行列。

第一节 汉代三辅地区文学家的分布特征

梅新林在《中国文学地理形态演变》一书中，曾根据曾大兴《中国历代文学家的地理分布》一书中的有关统计②，指出两汉时期204位文学家之中，有籍贯可考者191位。其中，西汉文学家籍贯可考者77位。据其所列之表显示，西汉14个刺史部之中，司隶刺史部属于三辅籍的著名

---

① 梅新林：《中国文学地理形态演变》，复旦大学出版社2006年版，第44页。
② 曾大兴：《中国历代文学家的地理分布》由湖北教育出版社1995年出版。曾著的文献来源是谭正璧的《中国文学家大辞典》。而谭著由中国书店出版社1983年出版，文献来源于历代史书中的《文苑传》《艺文志》，还有《四库全书》及各家文学史。由于谭著收录不全，将许多文学家漏录，但可大体反映历代文学家的总体情况。

文学家共21位，其中京兆郡16位（长安13位、杜陵2位、华阴1位）、扶风郡3位（茂陵2位、平陵1位）、冯翊郡2位（云阳1位、夏阳1位）。而在这21位文学家之中，包括刘武、刘胜、刘越、刘彻、刘弗陵、刘钦、刘偃、刘辟疆、刘德、刘向、刘歆、刘细君等12位刘氏皇族[①]。应当说，梅新林先生的文献来源本身是有不足之处的。因为谭正璧《中国文学家大辞典》收录范围本就存在问题，而曾大兴依据此书予以分类统计自然并不完整。而梅著却没有作更新，说明其所做的工作也有不完整、全面的地方。按照梅新林的分类，由于西汉都城长安隶属于司隶刺史部，而刘姓皇族居住长安时间较长（已达三代以上），所以在他所统计的21位文学家之中，刘姓皇族就有12位，占总数的57.1%。而非刘姓文学家9位，仅占总数的42.9%。而在西汉77位文学家之中，属三辅地区的文学家占总数的27.3%，居于当时各文化区之首位。当然，这个数字有待商榷。

经过查检相关资料，若按有文辞传世者即为作家的标准予以统计，则西汉三辅地区的作家共有24位（不包括刘武、刘胜、刘越、刘钦、刘偃、刘细君等刘姓皇族成员）。其中，左冯翊2人，占总数的8.3%；右扶风3人，占总数的12.5%；而京兆就有19人，占总数的79.2%（参见表1）。

表1　　　　　　　　　西汉时期三辅作家统计

区域	作家名单	数量（个）	比例（%）
京兆尹	刘辟疆 刘德 刘向 刘歆 刘彻 刘弗陵 挚峻 杨贵 苏武 公孙兴 朱博 班婕妤 班嗣 杜钦 杜业 杜参 谷永 谷吉 韦玄成	19	79.2
左冯翊	司马谈 司马迁	2	8.3
右扶风	韦贤 王嘉 李寻	3	12.5

可见，在西汉三辅地区的作家群体中，仅京兆作家就占将近五分之

[①] 梅新林：《中国文学地理形态演变》，复旦大学出版社2006年版，第45页表1—3"西汉时期著名文学家籍贯地域分布表"。

四，这个比例非常高。而这正是京兆为汉代都城所在地，也是当时的文化中心的最为直观的体现。西汉三辅地区的文学家之所以人数众多，这既与都城长安的政治、文化中心地位有关，也与汉初的政策性移民关系密切。据《汉书·地理志下》：

> 汉兴，立都长安，徙齐诸田，楚昭、屈、景及诸功臣家于长陵。后世世徙吏二千石、高赀富人及豪杰并兼之家于诸陵。盖亦以强干弱支，非独为奉山园也。是故五方杂厝，风俗不纯，其世家则好礼文，富人则商贾为利，豪杰则游侠通奸。

西汉都城长安所在地为"故秦地"，即今陕西关中区域。而从汉高祖刘邦开始的"强干弱枝"移民诸陵政策，在景帝、武帝、昭帝、宣帝、元帝等在位期间继续执行①，这为西汉关中文学家的大量出现奠定了良好的基础。可以说，西汉移民诸陵的政策，一方面将大量的财富聚集于长安，促进了长安及其周边地区的经济发展；另一方面也促进了关中地区的文化多元化发展，所谓"五方杂厝，风俗不纯"。然而，正如《汉书·地理志》所云，"其世家则好礼文，富人则商贾为利，豪桀则游侠通奸"。而那些"好礼文"的世家大族，正是文学家产生的摇篮。

---

① 关于西汉移民的记载，在《汉书》的《高帝纪》《景帝纪》《武帝纪》《昭帝纪》《宣帝纪》中多有记述。"（高祖九年）十一月，徙齐、楚大族昭氏、屈氏、景氏、怀氏、田氏五姓关中，与利田宅。""五年春正月，作阳陵邑。夏，募民徙阳陵，赐钱二十万。"（《汉书·景帝纪》）"（建元三年），赐徙茂陵者户钱二十万，田二顷。"（《汉书·武帝纪》）"（元朔二年）夏，募民徙朔方十万口。又徙郡国豪杰及訾三百万以上于茂陵。"（《汉书·武帝纪》）"太始元年春正月……徙郡、国吏民豪桀于茂陵、云陵（阳）。"（《汉书·武帝纪》）"（始元四年夏），徙三辅富人云陵，赐钱，户十万。"（《汉书·昭帝纪》）"本始元年春正月，募郡国吏、民訾百万以上徙平陵。"（《汉书·宣帝纪》）"元康元年春，以杜东原上为初陵，更名杜县为杜陵。徙丞相、将军、列侯、吏二千石、訾百万者杜陵。"（《汉书·宣帝纪》）西汉移民诸陵的政策在汉元帝时期予以取消。据《汉书·元帝纪》载，（永光四年）九月戊子，罢卫思后园及戾园。冬十月乙丑，罢祖宗庙在郡国者。诸陵分属三辅。以渭城寿陵亭部原上为初陵。诏曰："安土重迁，黎民之性；骨肉相附，人情所愿也。顷者有司缘臣子之义，奏徙郡国民以奉园陵，令百姓远弃先祖坟墓，破业失产，亲戚别离，人怀思慕之心，家有不安之意。是以东垂被虚耗之害，关中有无聊之民，非久长之策也。《诗》不云乎？'民亦劳止，迄可小康，惠此中国，以绥四方。'今所为初陵者，勿置县邑，使天下咸安土乐业，亡有动摇之心。布告天下，令明知之。"又罢先后父母奉邑。所以，直到汉元帝时，才下诏废除了这一长期坚持的移民诸陵政策。

表1所列数据显示,西汉文学家之中,籍贯属诸陵县者共9人,分别分布在杜陵和平陵两个陵县。其中,杜陵有6人(苏武、韦玄成、杜钦、杜业、杜参、朱博),平陵有3人(韦贤、王嘉、李寻)。可见,两陵县的文学家人数,占当时三辅文学家总数的37.5%。这说明,在三辅地区的24位文学家中,将近五分之二来自杜陵和平陵两个陵县。而在杜陵和平陵这两个陵县中,韦贤、韦玄成父子原籍邹鲁大地。同样,诸如杜钦、杜业、杜参等,其先祖也非居住于杜陵,而是居住于南阳杜衍。杜钦之祖杜周在汉武帝时迁居于茂陵,其子杜延年又别居于杜陵。可见,在9位诸陵县的文学家之中,至少有5位是移民后裔,占西汉诸陵县文学家总数的55.55%。这充分说明,西汉移民诸陵的政策与措施,从文学发展角度来看,对三辅地区文学家的产生有着明显地影响。

当然,移民政策对汉代文学家群体的强大影响力主要体现在东汉时期。历经二十余年的战乱之后,东汉定都于洛阳,汉王朝的政治、经济与文化中心东迁。然而,该时期三辅区域的作家人数不仅没有减少,反而比西汉时有所增加。据有关史料记载,大量作家的籍贯属霸陵、茂陵、长陵、安陵、杜陵、平陵等西汉帝王诸陵县。这说明,西汉的移民政策不仅对汉代的政治、经济产生了影响,而且对文学家的产生也具有广泛而深远的影响。

我们首先看梅新林先生对东汉文学家的统计数字。据他统计,东汉有籍贯可考的文学家总数为114人。其中,司隶刺史部(今属陕西籍)有23人:右扶风18人(安陵7人、平陵4人、茂陵4人、长安3人),京兆尹4人(杜陵2人、霸陵1人、郑县1人),弘农郡1人(华阴1人);凉州刺史部(今属陕西籍)有1人:北地郡1人(泥阳1人);益州刺史部(今属陕西籍)有1人:汉中郡1人(南郑1人)。[①] 按照梅新林的统计,在东汉114位文学家之中,今属陕西籍的文学家25人,占到总数的21.9%。可以看出,虽然当时的都城已不在西都长安,但今属陕西籍的文学家数量仍很可观。

---

① 参见梅新林《中国文学地理形态与演进》,复旦大学出版社2006年版,第49—51页附表1—4"东汉时期著名文学家籍贯地域分布表"有关数据。这些数据虽不完整,但可大略看出东汉文学家的分布特征。

不过，据笔者统计，载录于史籍、有籍贯可考的、属今陕西籍作家共计69人。而在这69位作家中，来自西汉帝王诸陵县者有48人，占到东汉今属陕西籍作家总数的69.6%。就是说，在东汉陕西籍文学家中，来自诸陵县者占总数的三分之二以上。各陵县的分布为：霸陵3人、茂陵18人、长陵4人、安陵3人、杜陵5人、平陵15人。可见，仅茂陵和平陵两个陵县，就产生了文学家33人，占诸陵县文学家总数的68.8%，即各陵县三分之二以上的作家籍贯为茂陵和平陵两县。

我们对来自三辅区域的东汉作家人数进行统计，发现在69位今属陕西籍的文学家中，属于三辅地区者共57人，占今属陕西籍文学家总数的82.6%。其中，京兆尹有15人，左冯翊2人，而右扶风高达40人。东汉三辅地区的文学家人数是西汉三辅地区的近2.4倍，可见三辅地区仍然是东汉文学家产生的主要区域。而据笔者粗略估计，东汉文学家的总数应当在150人左右。若以此为基数进行比较，则东汉三辅地区的文学家至少占总数的38%左右。这说明，政治中心的东移并没有从根本上动摇三辅地区的文化中心地位。

通过对比来自诸陵县的文学家数量发现，移民政策与文学家人数之间也存在着较强的关联性。西汉时期，来自诸陵县者共计9人，其中杜陵6人、平陵3人，占当时今属陕西籍文学家总数的37.5%；东汉时期，来自诸陵县的文学家共计48人，其中霸陵3人（苏顺、韩康、王遵）、茂陵18人（傅毅、矫慎、申屠刚、马援、马廖、马防、明德马皇后、马严、马融、马续、马伦、马芝、杜林、耿弇、耿舒、耿国、耿秉、耿恭）、长陵4人（第五伦、乐恢、赵岐、王元）、安陵3人（班彪、班固、班昭）、杜陵5人（杜笃、冯衍、张纯、张奋、范廉）、平陵15人（梁鸿、苏竟、何敞、方望、朱勃、窦融、窦宪、窦章、窦武、鲁恭、鲁丕、韦彪、贾逵、班超、班勇），占当时今属陕西籍文学家总数的69.6%（参见表2）。

表2　　　　　　　　两汉时期来自三辅诸陵县文学家统计

	西汉	比例（%）	东汉	比例（%）
霸陵	0	0%	3	6.25%
茂陵	0	0%	18	37.50%

续表

	西汉	比例（%）	东汉	比例（%）
长陵	0	0%	4	8.33%
安陵	0	0%	3	6.25%
平陵	3	33.3%	15	31.25%
杜陵	6	66.7%	5	10.41%
总计	9	100%	48	100%

在这48位文学家中，扶风茂陵人申屠刚的七世祖申屠嘉本是梁人，则申屠刚是移民者后裔；扶风窦氏先祖原居于清河观津，因窦融七世祖窦广国乃孝文窦皇后之弟，因此窦氏家族在西汉时期渐渐发展。在汉宣帝时，窦氏家族又因吏二千石自常山迁徙于扶风平陵，其后裔属于东汉文学家者，有窦融、窦宪、窦章、窦武等4位；扶风马氏也是移民后裔，"武帝时，以吏二千石自邯郸徙焉"（《后汉书·马援传》）。就是说，马氏在汉武帝时从邯郸迁徙至扶风，其后裔属于东汉文学家者有马援、马严、马廖、马防、马皇后、马融、马续、马伦、马芝等9位；冯衍曾祖父冯奉世迁徙于杜陵，也是移民后裔；班氏家族先祖班壹来自楚地，后迁居于楼烦。至第五代班况，又于汉成帝时迁居于长安，则班彪、班固、班超、班昭、班勇等5位东汉文学家也是移民者后裔；扶风茂陵耿氏家族的先祖由巨鹿迁徙于茂陵，因此耿弇、耿舒、耿国、耿恭等东汉作家也是移民后裔；京兆长陵人第五伦先祖为齐诸田，是移民后裔；杜笃六世祖杜周由南阳杜衍迁至扶风茂陵，其高祖父杜延年由茂陵迁至杜陵；贾逵九世祖贾谊为洛阳人，曾祖父贾光在宣帝时从洛阳迁徙至扶风平陵，因此贾逵为扶风平陵人，显然也是移民后裔；鲁恭、鲁丕之祖先在哀平间由鲁迁徙于扶风平陵；韦彪则是韦贤后人，也是移民后裔；何敞祖籍为汝阴，其先祖在宣帝年间迁徙于扶风平陵。

这样，在48位来自诸陵县的东汉文学家之中，有31位文学家属于移民后裔，占诸陵县文学家总数的将近三分之二，百分比为64.6%。这说明，西汉移民诸陵的政策不仅在西汉时期有一定的影响，而且在东汉时期显示出长期的影响力。在东汉文学家群体的形成过程之中，这种影响力是不容忽视的。

这充分说明，虽然东汉时期的三辅地区不再是皇都所在地，但由于西汉移民诸陵的政策影响，那些富豪、著姓、大族及丞相、将军、列侯、吏二千石之家等的后代们，在东汉时期的身份地位发生了明显的变化，逐渐转向文化世族，由此产生了具有一定影响力的文学家。有些家族甚至成为文学世家。

第二节　三辅地区文学家族的成因

我们通过前面各章的讨论发现，从籍贯上来看，许多文学家族原不属于三辅地区。后来，由于西汉的移民政策，他们迁居于三辅地区。比如，扶风马氏原籍邯郸，秦王朝时居于咸阳，汉武帝时迁居于扶风茂陵；扶风班氏原籍雁门郡楼烦，汉成帝时，班氏第五代班况迁于昌陵，昌陵后罢，班氏方定居于长安。至班况之孙班彪时，再迁居于扶风安陵；扶风窦氏原籍赵国清河观津，汉宣帝时，窦氏家族以吏二千石自常山迁居于扶风平陵；杜陵杜氏原籍南阳杜衍，汉武帝时，杜周以吏二千石迁居于扶风茂陵，其少子延年迁居于京兆杜陵。可见，汉代这四个文学家族皆是遵从移民政策而迁居于各陵县的。而且，无论他们在西汉时期属于富豪、外戚、勋臣还是世宦家族，其家族性质毫无例外地在东汉时期发生了转变。

比如，扶风马氏在西汉时期兴起于军功，属于勋臣家族，但在西汉后期成为官僚宗族。在东汉时期，该家族重新成为勋臣宗族及影响一时的外戚豪族，而在东汉中后期，该家族从武宗转为文宗。扶风班氏起于富豪，但在东汉时期成为名副其实的文宗。窦氏家族在西汉时属于外戚宗族，但在东汉成为勋臣宗族，并在东汉中后期由武宗转向文宗。而杜陵杜氏家族在西汉时期属于官僚宗族，但在东汉时期已失去了昔日的辉煌地位，而转向文宗。

如前所述，汉代文学家族的形成，与东汉重视宗族教育有着密切的关系。而正是加强对宗族成员的教育，使许多家族逐渐向文化世族转化。这为魏晋时期门阀士族制度的形成奠定了良好的基础。假如没有两汉时期的准备，则魏晋门阀士族制度的形成或许会推迟。当然，魏晋门阀士族制度的形成具有极其复杂的原因。不过，西汉重视家族成员的儒化教育，东汉重视门第等级观念等，也是探讨魏晋士族时不应忽视的历史因素。

如前所述，汉代三辅地区的作家形成与西汉多次实施移民诸陵县的政策有关。加之各家族非常关注自身的儒质化和官僚化，培育出大量的文学家。特别是东汉时期，大量的作家来自诸陵县，这说明西汉的移民政策在东汉时期方显现出极其深远的影响。而且，许多家族代代创作文辞作品或参与文学活动，从而在三辅地区催生了许多值得关注的文学家族，并在文学史上具有一定影响力。

在上编中，我们有侧重地探讨了八个文学家族，属于三辅地区的文学家族有七个（严格意义上都属于三辅地区，因为华阴在西汉原属京兆）。其中，有的属于西汉文学家族，有的属于东汉文学家族，也有的则横跨两汉，绵延久远。比如，西汉时期的夏阳司马氏，只有司马谈、司马迁父子两代，长安刘氏则延续了刘辟疆、刘德、刘向、刘歆等四代。而杜陵杜氏在西汉延续了杜延年、杜钦、杜业等三代，在东汉还有杜笃等进行创作；平陵韦氏在西汉延续韦贤、韦玄成父子两代，在东汉时期还有韦彪等参与创作；扶风班氏在西汉有班婕妤、班嗣两代，东汉时期有班彪、班固、班超、班昭、班勇等三代五人参与创作；扶风茂陵马氏在东汉时期有马援、马廖、马防、明德马皇后、马严、马融、马续、马伦、马芝等四代共九人参与文学创作；扶风平陵窦氏在东汉有窦融、窦宪、窦章、窦武等。另外，还有诸如京兆杜陵张氏延续张纯、张奋两代，长安谷氏延续谷吉、谷永两代，扶风茂陵耿氏延续耿弇、耿舒、耿国、耿秉、耿恭等三代五人，这三家也可以称为文学家族。只是因其文学成就不突出，影响力比较小，所以从略。而如此众多的文学家族产生于三辅地区，说明三辅地区不仅是汉代文学家的摇篮，也是汉代文学家族的摇篮。这样，探究三辅地区文学家族的成因，将有助于我们理解汉代文学家族形成的基本规律。

如前所述，从汉代文学家的籍贯分布来看，汉代的政策性移民对文学家族的形成有着明显的影响，但这种影响只是就家族的文化传承方面而言的。因为在多次的移民过程中，有许多具有较高文化水平的家族被迁徙至三辅诸陵县。迁入诸陵者包括"七相五公"、九卿、太守、都尉、郎中令、宠臣、公主、外戚、特殊人物及六国诸侯贵族后裔、豪杰、高赀富人、群盗及功臣后裔等。在这些群体中，诸如官僚宗族、六国诸侯贵族后裔、功臣后裔、皇族与外戚等家族多具有较高的文化水准。而这些家族的后裔之中，有相当数量者成为文学家，并代代为文，成为"世禅雕龙"的文学家族。比如，扶风平陵韦氏、扶风班氏、扶风茂陵马氏等家族最为突出。所以，汉代移民政策成为汉代作家群体形成、汉代文学家族产生的原因之一。

各家族重视儒学教育，也是文学家族形成的重要原因。如前所述，西汉武帝时期以儒学取士的制度，使许多家族非常重视后代的儒学教育。诸如沛郡桓氏、颍川荀氏等，皆以儒学世家著称于世。毫无疑问，这两个家族也是汉代知名的文学家族。就三辅地区的文学家族而言，也有一部分家族源于儒学世家。比如，扶风平陵韦氏家族原籍彭城，韦贤高祖韦孟原为楚元王太傅。因楚元王之孙楚王刘戊不听劝谏，韦孟迁居于邹，居家教授儒学。至其玄孙韦贤，为邹鲁大儒。昭帝时，以吏二千石迁居于平陵，官终丞相。而其子韦玄成亦以儒学知名，嗣父爵，亦为丞相。邹鲁之地因传民谣云："遗子黄金满籯，不如一经。"正是这种重视儒学的家学传统，使韦氏家族成为颇有声望的文化家族。这是韦氏成员成为文学家的必备条件。再如，长安刘氏家族也是这样。他们并非因为政策性移民迁徙而来的，而是因为政治的原因避居长安。但该家族非常重视儒学教育，而且代代读经。从刘交开始，刘富、刘辟疆、刘德、刘向、刘歆等皆以儒学传家。所以，刘氏家族也是儒质化的家族。

在两汉时期，汉高祖时分封功臣、汉武帝时期大兴武功、光武帝建国后亦封功臣，使得一部分家族得以因军功而兴起。随着时代的变迁，军功家族逐渐感受到文化教育的重要性，因而由武宗转向文宗。比如，扶风窦氏家族原为西汉外戚。但在东汉时期，其先祖窦融却以军功封侯。此后，窦氏家族逐渐发展，产生了诸如窦章、窦武等精通儒学之士。而扶风马氏家族也以军功起家。马援曾祖马通在武帝时以军功封重合侯。其祖马宾为议郎、父马仲为玄武司马。马援三兄在王莽时皆官至二千石。马援少时读经，东汉时以军功封侯。而他非常重视后代的儒学教育，其子马廖、马防、女明德马皇后皆熟悉经学，而其从子马严、马严之子马融与马续等皆以儒学知名。同时，该家族也是东汉知名的文学家族。

夏阳司马氏、扶风班氏等家族的发展历程则比较复杂。夏阳司马氏家族在先秦时期为史官世家，后因内乱，司马氏分奔各地。其中一支司马错在战国时期成为军功大臣。在汉初，该家族已不再以军功名世。汉武帝时期，司马氏家族先后出现了两位史学家，并成为影响较大、贡献颇高的微型文学家族。而扶风班氏家族则先兴于"素封"，此后转向儒学传家。至班况时，其女班姬为成帝婕妤，因以二千石迁于昌陵。昌陵废，因居长安。班况三子班伯、班斿、班穉皆通经学，班婕妤亦熟悉儒经。而班穉子班彪则以儒学教授，王充曾就学门下。而班彪之子班固、班超，女班昭亦精通儒学。正是这种良好的文化基础，使他们创作了大量的作品，最终使班氏成为两汉知名的文学世家。

总之，三辅区域文学家族形成的规律，基本上是这样的：首先转变家族身份，成为官僚宗族，然后是尽快使家族儒质化，成为文化家族。在文化家族的基础上，其成员积极参与创作，最终成为文学家族。当然，三辅地区文学家族的形成规律，与其他地区的文学家族大体上是一致的。但三辅地区特殊的文化中心地位，使该区域产生了不少的文学家。这些文学家的后代们坚持创作，代代相传，从而培育出为数不少的文学家族。尤其是政策性移民的影响，对汉代三辅地区文学家族的形成具有重要的影响。这是我们必须关注的地方。

本章小结

两汉三辅地区一直是文学家比较集中的区域。西汉时期自不必说，来自诸陵县的文学家比例较高。而在东汉时期，该区域的文学家总数约占东汉文学家总数的三分之一。尤为重要的是，在三辅地区的文学家群体中，多数来自诸陵县，尤以茂陵和平陵人数最多。这充分说明，西汉的移民政策的强大影响在东汉时期方得以显现出来。尤其是六国旧贵族及勋臣、外戚贵族的后裔、二千石官僚的后裔和高赀豪族的后裔，在该区域文学家中占有相当高的比例。所以，汉代三辅地区文学家族的形成，既与移民政策有关，也与家世背景关系密切。

从汉代三辅地区文学家族的发展轨迹来看，对于外戚和官僚宗族而言，儒质化是其走向文化家族行列的重要步骤。在此基础上，许多家族最终成为文学家族。而对于高赀豪族等平民宗族而言，则需要经历官僚化、儒质化、世族化等三个阶段。所以，该区域的文学家族具有较相似的成因——儒质化是最为关键的一步。这一点，也是汉代关中文学家族的共同特点。

总之，汉代关中文学家族之形成具有规律性。通过比较三辅地区几个文学家族的家族史，我们发现，几乎所有的家族都经历了官僚化和儒质化的过程。官僚化是政治基础，儒质化则是文化基础。这正是汉代关中文学家族形成的必要条件。

主要参考文献

（汉）司马迁：《史记》，中华书局1959年版。
（汉）司马迁：《史记》，中华书局1982年版。
（汉）班固：《汉书》，中华书局1962年版。
（汉）荀悦、（晋）袁宏撰：《两汉纪》，张烈点校，中华书局2002年版。
（汉）刘珍等撰，吴树平校注：《东观汉记校注》，中华书局2008年版。
（晋）葛洪：《西京杂记》，上海古籍出版社1991年版。
（晋）陈寿撰，（南朝宋）裴松之注：《三国志》，中华书局1982年版。
（南朝宋）范晔：《后汉书》，中华书局1965年版。
（南朝梁）萧统编，（唐）李善注：《文选》，岳麓书社2002年版。
（宋）欧阳修、（宋）宋祁：《新唐书》，中华书局1975年版。
（宋）王益之：《西汉纪年》，王根林点校，中州古籍出版社1993年版。
（清）严可均辑：《全汉文》，商务印书馆1999年版。
（清）严可均辑：《全后汉文》，商务印书馆1999年版。
（清）陈立：《白虎通疏证》，吴则虞点校，中华书局1994年版。
刘大白：《中国文学史》，上海大江书铺1933年版。
韩泉欣：《文心雕龙直解》，浙江文艺出版社1997年版。
徐复观：《中国文学精神》，上海书店出版社2004年版。
黄留珠：《秦汉历史文化论稿》，三秦出版社2002年版。
郭英德：《中国古代文体学论稿》，北京大学出版社2005年版。
陆侃如：《中古文学系年》，人民文学出版社1985年版。
冯尔康等：《中国宗族史》，上海人民出版社2009年版。
黄留珠：《秦汉仕进制度》，西北大学出版社1985年7月版。
陈寅恪：《隋唐制度渊源略论稿》，上海古籍出版社1982年版。

刘师培：《中国中古文学史讲义》，上海古籍出版社2000年版。

张少康、卢永璘编：《先秦两汉文论选》，人民文学出版社1996年版。

彭卫：《汉代婚姻形态》，中国人民大学出版社2010年版。

鲁迅：《鲁迅辑录古籍丛编》，人民文学出版社1999年版。

袁行霈：《中国文学史》，高等教育出版社1999年版。

吕思勉：《秦汉史》，上海古籍出版社2005年版。

王启才：《汉代奏议的文学意蕴与文化精神》，人民出版社2009年版。

薛建芳等编：《风追司马》，陕内资图批字GW（2007）07号。

刘永济：《十四朝文学要略》，中华书局2010年版。

杨树增、陈桐生、王传飞：《盛世悲音——汉代文人的生命感叹》，河北大学出版社2001年版。

费振刚等校注：《全汉赋校注》，广东教育出版社2005年版。

梅新林：《中国文学地理形态与演变》，复旦大学出版社2006年版。

马积高：《赋史》，上海古籍出版社1987年版。

李浩：《唐代关中士族与文学》（增订本），中国社会科学出版社2003年版。

曹道衡、刘跃进：《先秦两汉文学史料学》，中华书局2005年版。

徐扬杰：《中国家族制度史》，武汉大学出版社2012年版。

董治安：《两汉文献与两汉文学》，上海古籍出版社2005年版。

张剑、吕肖奂、周扬波等：《宋代家族与文学研究》，中国社会科学出版社2009年版。

钱穆：《两汉经学今古文平议》，商务印书馆2001年版。

逯钦立编：《先秦汉魏晋南北朝诗》，中华书局1983年版。

刘跃进：《秦汉文学编年史》，商务印书馆2006年版。

张鹏一编：《扶风班氏遗书》，教育图书社、陕西文献征辑处校印，1922年。

龚克昌：《全汉赋评注》，花山文艺出版社2003年版。

赵超编：《新唐书宰相世系表集校》（上），中华书局1998年版。

陈蔚松：《汉代考选制度》，湖北辞书出版社2002年版。

陈英：《汉代贫富差距与政府控制研究》，中国社会科学出版社2010年版。

葛剑雄：《中国人口史》第一卷，复旦大学出版社 2005 年版。
阎爱民：《汉晋家族研究》，上海人民出版社 2005 年版。
曾大兴：《中国历代文学家的地理分布》，湖北教育出版社 1995 年版。
孟祥才：《秦汉人物散论》，上海古籍出版社 2005 年版。
于迎春：《秦汉士史》，北京大学出版社 2000 年版。
赵沛《两汉宗族研究》，山东大学出版社 2002 年版。
刘跃进：《秦汉文学论丛》，凤凰传媒集团凤凰出版社 2008 年版。
李山：《中国文化史》，北京师范大学出版社 2007 年版。
禹平：《两汉儒生的社会角色》，社会科学文献出版社 2012 年版。
陶秋英：《汉赋之史的研究》，台湾新文丰出版公司 1981 年版。
赵逵夫：《汉魏六朝赋点评》，陕西出版集团三秦出版社 2010 年版。
阎步克：《士大夫政治演生史稿》，北京大学出版社 1996 年版。
谭其骧主编：《中国历史地图集》，地图出版社 1982 年版。
曾大兴：《文学地理学研究》，商务印书馆 2012 年版。
王永平：《汉晋间社会阶层升降与历史变迁》，社会科学文献出版社 2011 年版。
阎步克：《察举制度变迁史稿》，中国人民大学出版社 2009 年版。
陈国庆编：《汉书艺文志注释汇编》，中华书局 1983 年版。
李振宏：《居延汉简与汉代社会》，中华书局 2003 年版。
刘永济：《刘永济集——文学论·默识录》，中华书局 2010 年版。
［日］泷川资言：《史记会注考证》，北岳文艺出版社 1999 年版。
［日］守屋美都雄：《中国古代的家族与国家》，钱杭、杨晓芬译，上海古籍出版社 2010 年版。
［英］R. J. 约翰斯顿：《哲学与人文地理学》，蔡运龙等译，商务印书馆 2000 年版。
王洪军：《汉代博士文人群体与汉代文学》，中国社会科学出版社 2010 年版。
刘蓉：《汉魏名士研究》，中华书局 2009 年版。
侯文学：《汉代经学与文学》，人民出版社 2010 年版。
余英时：《士与中国文化》，上海人民出版社 2003 年版。
杜庆余：《汉代田庄研究》，山东大学出版社 2010 年版。

阎爱民：《凑聚之道：古代的家族与社会群体》，天津古籍出版社2012年版。

赵逵夫：《〈七发〉与枚乘生平新探》，《西北师范大学学报》（社会科学版）1999年第1期。

李文治：《中国封建社会土地关系与宗法宗族制》，《历史研究》1989年第5期。

徐扬杰：《宋明以来的封建家族制度述论》，《中国社会科学》1980年第4期。

许菁频：《近三十年中国古代家族文学研究综述与展望》，《中州学刊》2010年第2期。

胡建次、罗佩钦：《20世纪90年代以来我国古代家族文学研究述要》，《青海社会科学》2010年第1期。

吴桂美：《豪族社会的文学折光：东汉文学家族的生态透视》博士学位论文，华南师范大学，2007年。

李朝军：《家族文学史建构与文学世家研究》，《学术研究》2008年第10期。

张剑：《绘制文学家族的文化地图》，《中国社会科学报》2009年9月1日。

梅新林：《文学世家的历史还原》，《中国社会科学》2011年第1期。

刘跃进：《秦汉文学史研究的困境与出路》，《文学遗产》2003年第6期。

后　　记

我感觉，我一直生活在梦中。工作27年来，我总是梦想能够著作等身。但在现实中，要出版一本著作谈何容易！而今，除了稿件的质量要高而外，你还要想法设法去筹集出版经费。否则，辛苦写出来的著作，只能束之高阁，等待资助的机会！

早在5年前，我已完成了《汉代关中文学家族研究》的初稿。2011年，我申报并获批延安大学校级人文重点项目，获得资助1万元，规定结项时间是2013年，结项成果是出版一本专著。因此，该书完全可以作为延安大学2011年人文重点项目的结项成果。但是，因出版经费不足的问题，该项目未能按时结题，只能选择多次延期结题。为了早日出版，我曾填报2014年陕西省社科基金后期资助项目申请书，期待该书获得省社科基金项目的出版资助。然而，省社科规划办的工作人员打电话来，问我是否有社科项目没有结题，我说有。省社科规划办便以尚有项目未结项为由，决定不予立项。就这样，我期待出版该书的愿望再次落空！2018年8月，延安大学科研处发布申报出版资助项目的通知，我又重燃起出版该书的希望。于是，我认真填写了申报书，将书稿打印装订。大约1个月后，延安大学科研处的工作人员打电话来，问我是否有一个校级项目没有结题。我说有，这正是我申报出版资助项目的原因。因此，在科研处不久后公布的资助项目名单中，并没有看到我的名字！为此，我专门打电话咨询相关负责人，回答是项目未结题不能资助。就这样一波三折，这本书的出版经费再次无着落，我又一次陷入无法出版的无奈与等待中。

"山重水复疑无路，柳暗花明又一村。"2018年9月底，我回延安大学办事，巧遇文学院古代文学专业教研室召开座谈会。教研室主任霍建波教授通知我参加座谈会，文学院院长梁向阳教授也出席了这次座谈会。在座谈过程中，我讲了自己已完成了一本专著，只是因筹集不到出版经费而无法出版。梁院长很关心这件事，当场表态，可将该书列入陕西省高水平大学建设专项资金资助项目出版计划，并表示可以资助3万元。不过，梁院长向我提出两个条件：一是出版社须是国家级出版社，二是2018年底前必须见到出版合同。当时，尽管我心中没谱，但还是勉强答应了。

回到西安，我立即着手联系出版事宜，并首选中国社会科学出版社。2012年4月，我曾在该社出版了一本学术专著，责任编辑是曲弘梅老师。所以，我电话打过去，希望找到曲弘梅老师，商量出版事宜。接电话的是一位男士，听声音年龄不大。他告诉我，曲老师已退休了。当他得知我打算出版的是古代文学方面的著作后，便自我介绍说他叫顾世宝，主要负责中国古代文学学术专著的编辑工作。于是，我俩加了微信。顾老师将选题申请表发给我，并嘱咐我尽快填好。一个月后，传来喜讯。顾老师告诉我，出版社审核顺利通过，可以签订出版合同。根据出版合同，我需要缴纳出版经费5万元。而我只筹集到了4万元！心里想，实在不行的话，先自己将余款垫付了再说。为了落实出版经费，我再次回到延安大学，准备先将4万元借出来。在财务处，我将科研经费卡递过去，问了科研经费的余额情况。让我大感意外的是，我还有3万元的科研经费！这真是天助我也！我可以一次性支付5万元的出版经费啦！就这样，出版经费得以顺利落实。

根据合同要求，我必须在11月30日前提交修改好的书稿。此时，各项年终考核与总结等工作千头万绪，忙得不可开交。征得顾老师的同意，我将手头工作完成之后，再抽时间修订书稿。2019年1月12号放寒假后，我立即投入到修订工作中。在此期间，曾于腊月十五左右回了一趟老家，告诉老父亲正月不回来了。从此，每天从早到晚，我几乎没有离开过电脑！如此坚持了半个多月后，高强度的工作使我的视力有所下降，有时看东西模糊不清。而且，由于长时间坐在电脑前，脖子变得僵直起来，颈椎疼痛难忍。就这样，直到2月4日，也就是春节前一天，才终于将书稿发给顾老师，胜利完成了任务！

在这本书出版过程中，我得到了许多贵人的支持与帮助！

我要特别感谢延安大学文学院梁向阳院长。如果没有梁院长的慷慨资助和大力支持，我的书稿恐怕还要再放几年！人的一生中，总会幸运地得到贵人的帮助。可以说，在我的科研之路上，梁院长就是我所遇到的贵人之一！

我非常感谢延安大学科研处的领导与同事们。正是有了延大科研处的立项资助和宽容等待，才让我的著作得以最终面世。从立项到结项，经历了长达8年的时间！科研处领导多次调整，但该项目却一直未被撤项！正是这种宽容与耐心等待，才让我的书得以从容面世！

我更要感谢我的博士生导师张新科教授。恩师一直是我学习效法的榜样。只因我天性愚钝，只能心向往之而无法企及。书稿修改完成后，我非常期待恩师为该书作序。尽管他事务繁忙，但听说我有新著要出版，很爽快地答应了。本书序言，是恩师在百忙之中抽空写的。序中的谬奖之意，其实是对我的一种鞭策和鼓励，更是我前行的动力！对张老师的感激之情，无法用文字来描述，我只能以实际行动，努力钻研业务，尽可能写出更多、更好的学术成果，以报答恩师的杏坛垂教之恩！

我还要感谢中国社会科学出版社的顾世宝老师。很幸运，在中国社会科学出版社，我再次遇到了一位很负责任的编辑。顾老师耐心与细致的审读，让这本等待了六年之久的学术著作得以体面地出版。对我而言，这种支持和帮助很难忘记！

当然，我还要感谢家人的宽容和理解。寒假期间，我每天坐在书房里，除了不停地写，就是不停地查阅资料，几乎没有承担任何家务，也没有时间陪他们。夫人和儿子非常理解我，没有丝毫抱怨，并尽可能创造出安静的环境，让我能够静下心来，从容地修改书稿。所以，该书得以出版，也有他们的一份功劳。

我要感谢的人真的很多！最后再说一句：

感谢大家的支持和帮助！

刘向斌
2019年5月30日于长安